Hutan Lipur Pantai Keracut mempurnyai lokasi yang menarik iaitu berhadapan dengan pantai. Ole itu, kawasan ini amat sasuai untuk aktiviti seperti berkhemah dan berkelah. Tidak jauh dari pantai ini terdapat sebuah tempat yang sesuai untuk memancing. Kera-kera boleh dilihat berkeliaran untuk melihat penyu-penyu jenis'Hawksbill'yang naik ke pantai pada waktu malam. Hutan lipur yang meliputi kawasan seluas 8 hektar ini mempunyai banyak pokok-pokok menjalar dan tumbuhtumbuhan renik yang merupakan ciri-ciri hutan bukit pantai. Perjalanan ke hutan lipur yang terletak di barat laut Pulau Pinang ini memakan masa 45minit dengan menaiki bot atau I jam berjalan kaki. Meliputi kawasan paya darat seluas kira-kira IIhekutar. Bersempadan dengan dua batang sungai

自由行

乐游全球……21

马来西亚

新旧文化碰撞融合
的时代背景下所迸
发出的新景象

实业之日本社海外版编辑部◎编著
张乐乐◎译

北京 · 旅游教育出版社

自由行

乐游全球…… 21 **马来西亚** Malaysia

目录 CONTENTS

逛街便携版

可剪切的超大城市地图

吉隆坡（正面）

槟城岛 / 兰卡威岛（背面）

旅行信息

旅行信息

加享之旅

街角一览

重要信息

真情提示

本书的使用方法

●货币符号 RM=马来西亚令吉。RM1=1.61元人民币（2016年10月）

●地图符号

H…酒店	✈…机场
R…餐厅	✚…医院
S…商店	ℹ…观光咨询处
N…夜店	☒…警局
E…美容院	⛳…高尔夫球场
〒…邮局	——LRT
⛪…基督教堂	- - - -单轨
卍…佛教寺院	——铁路
🕌…清真寺	⚲…巴士站牌

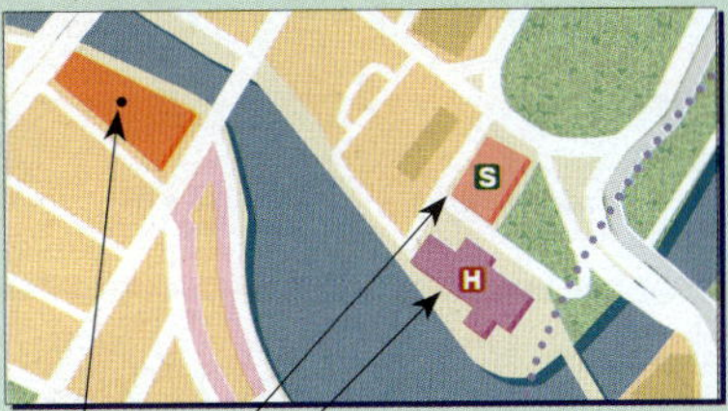

●这类颜色的建筑表示酒店
●这类颜色的建筑表示购物中心
●这类颜色的建筑表示主要观光景点

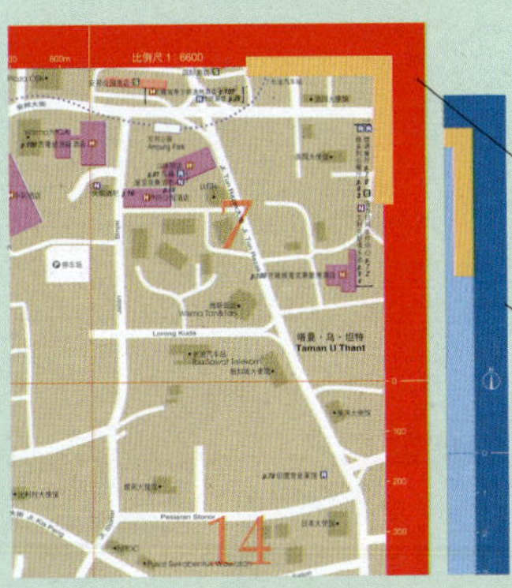

卷首剪切地图的使用方法
正面：红色边框　反面：蓝色边框

剪切地图的正面为红色边框（吉隆坡）、反面为蓝色边框（槟城岛、兰卡威岛）。地图上标有各个旅游景点和商店的信息。例：

●剪切地图-15、P.29-A
↑表示地点位于剪切地图正面、标号为15的区域内。此外，在内文第29页地图的A区也可以找到该地点。

●剪切地图-30、P153.-A
↑表示地点位于剪切地图反面、标号为30的区域内。此外，在内文第153页地图的A区也可以找到该地点。

◎本书中的收费标准、营业时间、电话号码、交通时刻等各种信息数据均以2014年10月为准。各酒店的住宿费用为最低消费（S为单人间、T为标准间）。具体信息如有变动，请咨询当地旅行社或致电垂询。休 为法定休息日。

◎餐厅、酒店相关介绍中的各项数据都有其简写符号，在其相对应的简介部分亦有详细说明，这里不再赘述。

◎本书中楼层的表示方法为英式：GF为一层、1F为二层，B1F、B2F为地下一层、地下二层。

马来西亚全景地图
Malaysia

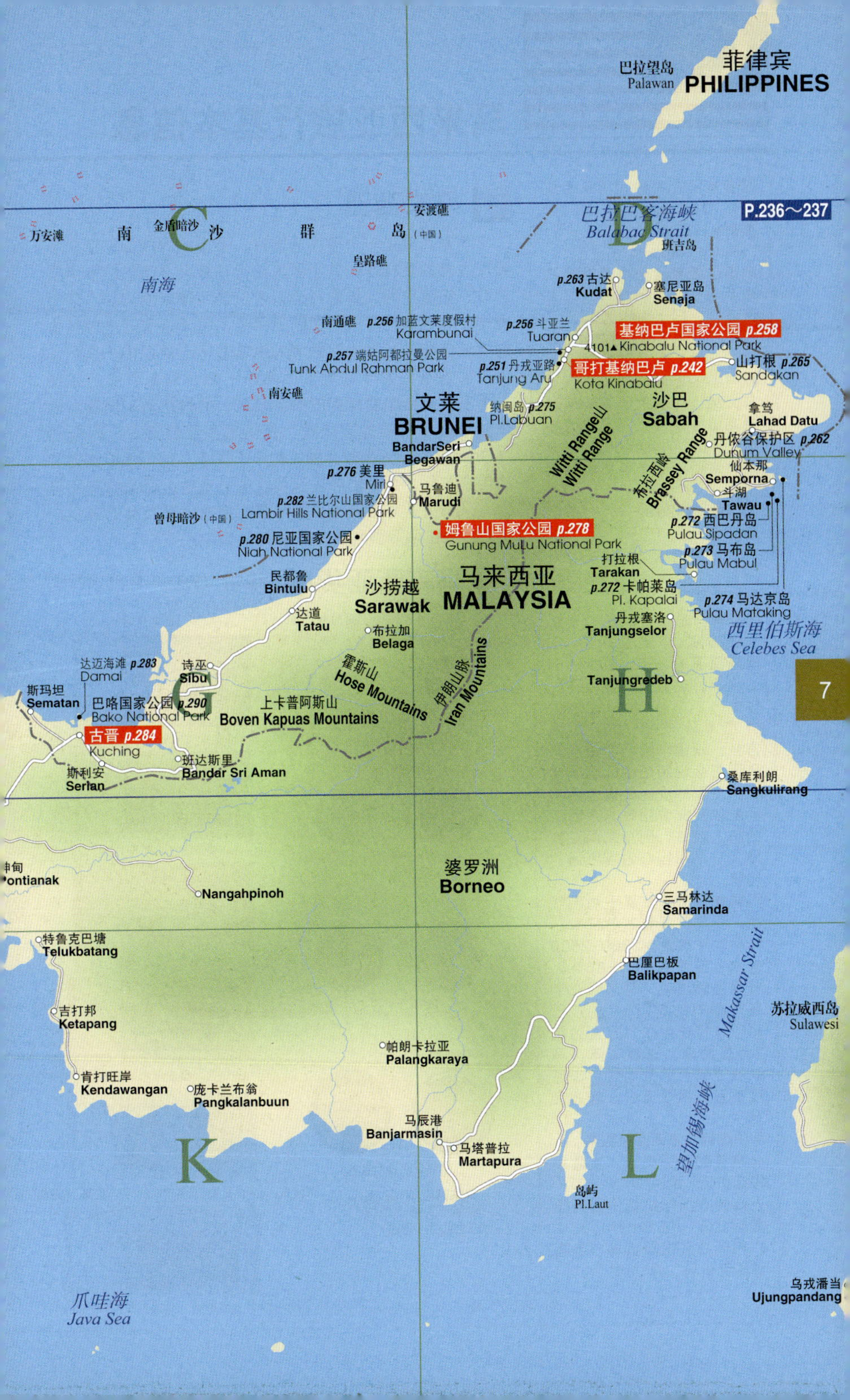

巴拉望岛
Palawan
菲律宾
PHILIPPINES
P.236～237
巴拉巴克海峡
Balabac Strait
C
D
万安滩
南
金盾暗沙
沙
群
岛
安渡礁
（中国）
皇路礁
南海
斑吉岛
p.263 古达
Kudat
塞尼亚岛
Senaja
南通礁
p.256 加蓝文莱度假村
Karambunai
p.256 斗亚兰
Tuaran
基纳巴卢国家公园 p.258
4101▲Kinabalu National Park
p.257 端姑阿都拉曼公园
Tunk Abdul Rahman Park
p.251 丹戎亚路
Tanjung Aru
哥打基纳巴卢 p.242
Kota Kinabalu
山打根 p.265
Sandakan
南安礁
文莱
BRUNEI
纳闽岛 p.275
Pl.Labuan
沙巴
Sabah
拿笃
Lahad Datu
BandarSeri
Begawan
Witti Range山
Witti Range
布拉西岭
Brassey Range
丹侬谷保护区 p.262
Dunum Valley
仙本那
Semporna
斗湖
Tawau
p.276 美里
Miri
马鲁迪
Marudi
p.282 兰比尔山国家公园
Lambir Hills National Park
曾母暗沙（中国）
姆鲁山国家公园 p.278
Gunung Mulu National Park
p.272 西巴丹岛
Pulau Sipadan
p.273 马布岛
Pulau Mabul
p.280 尼亚国家公园
Niah National Park
打拉根
Tarakan
p.272 卡帕莱岛
Pl. Kapalai
民都鲁
Bintulu
沙捞越
Sarawak
马来西亚
MALAYSIA
p.274 马达京岛
Pulau Mataking
达道
Tatau
丹戎塞洛
Tanjungselor
西里伯斯海
Celebes Sea
布拉加
Belaga
达迈海滩 p.283
Damai
诗巫
Sibu
霍斯山
Hose Mountains
伊朗山脉
Iran Mountains
Tanjungredeb
斯玛坦
Sematan
巴咯国家公园 p.290
Bako National Park
上卡普阿斯山
Boven Kapuas Mountains
G
H
古晋 p.284
Kuching
斑达斯里
Bandar Sri Aman
斯利安
Serian
桑库利朗
Sangkulirang
坤甸
Pontianak
婆罗洲
Borneo
Nangahpinoh
三马林达
Samarinda
特鲁克巴塘
Telukbatang
巴厘巴板
Balikpapan
Makassar Strait
苏拉威西岛
Sulawesi
吉打邦
Ketapang
帕朗卡拉亚
Palangkaraya
肯打旺岸
Kendawangan
庞卡兰布翁
Pangkalanbuun
望加锡海峡
马辰港
Banjarmasin
马塔普拉
Martapura
K
L
岛屿
Pl.Laut
乌戎潘当
Ujungpandang
爪哇海
Java Sea

马来西亚旅行基本信息

国名●正式名称：马来西亚联邦（Malaysia）

首都●吉隆坡（Kuala Lumpur）

地理位置●马来西亚纵跨马来半岛和婆罗洲岛（东马来西亚），国土面积为33万平方千米。国土面积的3/4为森林和湿地。马来西亚半岛北部与泰国接壤，东马来西亚与文莱、印度尼西亚接壤。最高山峰是位于沙巴州的基纳巴卢山，海拔4095.2米，是马来西亚首个世界自然遗产。

人口● 约2995万人（截至2013年）

80%以上的人口居住在马来西亚半岛，剩余的20%居住在东马来西亚。

民族●马来人占66%、中国人占26%、印度人占8%。东马来西亚的马来人较少，卡达山族、达雅克族等原住民较多。

语言●马来语（官方语言）、汉语、泰米尔语。马来西亚会说英语的人也非常多，主要的观光景点也通常会配以英文介绍。马来西亚的华人较多，到马来西亚旅游几乎不用担心语言不通的问题。

气候●马来西亚属于热带气候，平均气温在26~27℃。年平均降水量为2000~2500毫米、湿度在63%~80%，气候温暖湿润。马来西亚半岛东海岸和婆罗洲岛的沙巴州、沙捞越州在11月至翌年2月是雨季，雨量丰沛。马来西亚的大部分地区常年温度适宜，雨量适中，舒适宜居。

从中国到马来西亚航程●

北京首都国际机场→吉隆坡国际机场 约6小时

上海浦东国际机场→吉隆坡国际机场 约5.5小时

广州新白云国际机场→吉隆坡国际机场 约4小时

马来西亚

马来西亚是一个多民族国家，多重的民族信仰促成了国民性格的多样性。其主要人口为马来人，他们信奉伊斯兰教，纪律严明，日常行为以古兰经所推崇的五功六信为准则。礼拜堂在马来西亚随处可见，每天都有前来做祷告的虔诚信徒。马来西亚的华人也非常多，他们善于交际，主要居住在马来半岛地区西海岸一带。马来西亚的印度人大多数来自印度南部的泰米尔族，他们在马来西亚当地已然形成了自己的文化圈。西马来西亚的奥兰·阿斯利（Orang AsLi）是较为独特的一个民族。他们保留着古老的传统文化，至今仍居住在传统的民宅中，保持着野外狩猎、采集果实等古老的生活习惯。但是随着社会的进步，这些传统生活习惯也正在慢慢发生着变化。

马来西亚货币（令吉〈RM〉）

硬币 （正面图案） 纸币（图案内容）

5仙（卡达山图案）

10仙（奥兰阿斯利部落的手工艺品）

20仙（茉莉花）

50仙（苏卢尔红豆）

＊马来西亚货币以仙（Sen）为最小单位，100个仙为1令吉

1令吉（马来西亚风筝）

5令吉（大犀鸟）

10令吉（大王花）

20令吉（棱皮龟和玳瑁龟）

50令吉（马来西亚第一任首相端姑·阿卜杜勒·拉赫曼）

100令吉（基纳巴卢山）

注意 CHECK! 除了马来语之外，英语也是马来西亚的主要语言之一。外国游客到马来西亚旅游几乎不用担心语言的问题。在商店可以买到英文版的旅游景点手册、旅游指南、报纸等。

货币兑换

在中国国内的银行、旅行社以及马来西亚的银行、银行直属的货币兑换所以及酒店等场所都可以兑换货币。通常情况下，酒店的汇率要高一些。马来西亚的银行营业时间为9:30~16:00。周六、周日银行不营业。在吉兰丹州、登嘉楼州的伊斯兰城市，每周的周五、周六为银行休息日。除此之外，在一线城市的市中心、主要观光景点和大型购物中心内也都设有货币兑换中心。

电话联系

可以拨打市内电话、长途电话和国际电话。在酒店拨打电话时，首先要拨外线号码（一般为0或9），听到语音提示后，再拨打对方的电话号码。在酒店拨打电话比使用公共电话要贵一些。

随着手机的普及，插卡式公共电话已逐渐淡出人们的视线。近些年，手机电话卡正受到外国游客的青睐。对外国游客来说，最经济方便的国际长途手机卡是iTalk卡。iTalk卡有RM10、RM20、RM30、RM50四种业务套餐。

使用方法：首先拨打卡背面的固定号码，然后输入卡号，最后拨打对方（国内或国外）的电话号码。使用当地手机拨打国际长途，拨打两次之后则无须再次输入卡号。

拨打国际长途电话时，需要输入国际代码。中国的国际代码为“86”，马来西亚的国际代码为“60”。

邮寄·快递

马来西亚的邮局叫作POS MALAYSIA，营业时间为周一至周五的8:00~17:00（邮政以外的业务办理时间为8:00~16:30，周日、节假日休息。部分邮局全年无休）。从吉隆坡往中国寄信或邮寄明信片的话，四五天时间即可收到。从马来西亚其他城市寄往中国需要1周至10天的时间。

若邮寄重要物品或大型包裹，建议使用EMS。EMS的特点是快捷方便，24小时之内可邮寄到马来西亚全国各个城市。邮寄到国外的话，要比航空件节约一半的时间。

国际快递比EMS更加安全、快捷。从马来西亚寄往中国仅需2~3天。马来西亚常见的国际快递有DHL、FedEX、OCS等，收费各不相同。

宗教●马来西亚的国教是伊斯兰教。此外，佛教、基督教、儒教、锡克教、印度教也是主流宗教。

政治体制●马来西亚的政体是君主立宪制（议会制民主主义）。宪法规定，由全国9个州的世袭苏丹，以及马六甲、槟榔屿、沙巴和沙捞越这4个州的州长组成“首脑会议”，由首脑会议选举产生国家最高元首，即为马来西亚国王（任期为5年）。最高元首有权任命首相和内阁，并拥有军队最高统治权。马来西亚现任国家元首（国王）为端姑·阿卜杜勒·哈利姆，于2011年12月13日加冕。马来西亚第四任首相马哈蒂尔提出了“VISION 2020”国家宏愿的计划，立志要在2020年将马来西亚发展为政治、经济、文化各个领域均有重大突破的发达国家。

※马来西亚对于政治极为敏感。建议外国游客不要在公开场合讨论或批判马来西亚的政治问题。

经济●20世纪80年代后期，马来西亚的工业迅速发展，工业制品的输出带动了马来西亚的经济腾飞。马来西亚是全世界最大的棕榈油输出国之一。人均GDP为10 578美元（2012年），在东盟诸国中位列第三。马来西亚经济长期发展策略为：①消灭贫困；②努力提高马来人、原住民的经济地位（原住民政策）。

节假日●关于马来西亚的节假日请参考p.304。

文化●马来西亚是一个多民族国家，各民族传统文化相互交融，形成了不一样的文化特色，各地区有着不同的传统舞蹈和仪式。一些旅游景点内设有专门的传统文化中心，定期举行传统歌舞表演，对马来西亚传统文化感兴趣的游客可以去了解一下。

酒店内的SPA

餐厅用餐注意事项

在马来西亚，除了高档的酒店、餐厅之外，普通的用餐场所对于着装并没有太多的要求。马来人习惯用手抓饭吃，华人和外国游客则习惯手持汤勺或叉子用餐。用餐完毕后，坐在餐桌前招呼侍应生过来结账即可。中档以上的餐厅都可以刷卡结账。大部分餐厅内禁止吸烟，并且马来西亚的餐厅内鲜有酒水类饮料出售。

马来西亚的电压

跟中国一样，马来西亚的电压也为220V、50Hz。插孔为三孔型（BF型）。笔记本电脑、吹风机等电器可以在马来西亚直接使用，无须转换插头。酒店内一般都会提供吹风机。

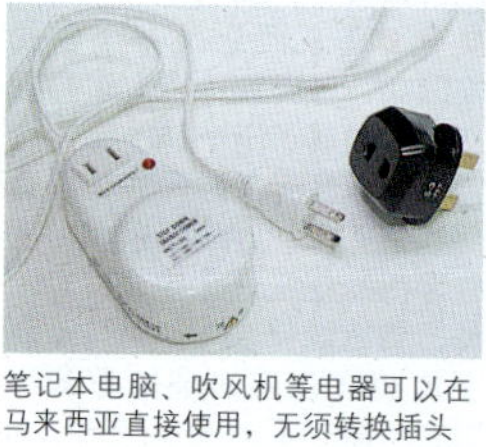

笔记本电脑、吹风机等电器可以在马来西亚直接使用，无须转换插头

注意CHECK! 马来西亚的治安状况良好，极少有宰客的现象发生。但无论如何，出门在外还是要谨慎为佳。

选择酒店

马来西亚的首都吉隆坡是东南亚地区的国际性大都市。这里有各种类型的酒店，既有奢华的七星级高档酒店，也有价格低廉的平民旅馆。游客可以结合预算、活动范围、目的、旅行经验等各个方面来综合选择最适合的住宿场所。比如，如果想要方便外出购物的话，可以选择入住毗邻大型购物中心的武吉兔登（p.38）周边的酒店；如果想要方便出行的话，可以选择住在交通便利的唐人街一带。旅游达人们可以按照自己的旅游计划来规划好自己的住宿地点。

住宿设施

马来西亚的酒店大致分为以下几个档次：

1 **顶级酒店**：拥有超一流的住宿设施。这些顶级酒店的住宿费用非常高，大都在RM1000以上，是有钱人消费的地方。

2 **高档酒店**：多为世界知名连锁酒店，住宿设施完善。每天的消费在RM300~500。

3 **普通酒店**：住宿设施完备，安全系数也有保障。每天的消费为RM100~200。

4 **经济型酒店**：仅提供住宿必需设施，住宿费比较便宜。有多人间和男女混住间。

上述酒店大都支持网上团购，在旅游淡季时也会打折，建议入住之前先咨询一下。经济型酒店大都设有公共服务间，里面有公共洗衣机、电视机以及冰箱等设施。大部分经济型酒店的安全系数较低，卫生情况也不太乐观，入住时需提前做好准备并提高警惕。住在这里的好处一是可以省钱，二是可以跟同宿的游客交流旅游心得、获取旅游信息。

娱乐场所

吉隆坡作为国际性的大都市，酒吧和夜店等娱乐场所不在少数。但是，马来西亚是一个伊斯兰国家，娱乐场所内也有一定的行为制约。比如：酒精类饮料的价格相对较高，有的场所甚至不允许饮酒。夜店内的音乐以雷鬼和说唱（RAP）等流行音乐为主，咖啡厅和酒吧的装饰也极具个性，在五光十色的霓虹灯下煞是迷人，让许多喜欢夜生活的年轻人流连忘返。另外，在一些僻静的酒吧里面，有歌手即兴演唱，顾客也可以亲自登台唱歌。

快乐玩转马来西亚

好吃的路边摊

高楼大厦林立的现代化大都市吉隆坡（KL）、享有旅游度假胜地之称的马来群岛、自然风光秀丽的东马来西亚……马来西亚的景点非常之多，让我们不妨先规划好路线再出发吧！

购物

吉隆坡最大的购物中心位于双子塔（p.86）和武吉免登（p.38）一带。大型百货中心（p.30有相关介绍）也有不少精致时尚的购物地点。这里有名牌商品、亚洲特产、传统工艺品等。想要购买马来西亚特产的话，可以到中央艺术坊（Central Market）来寻觅。除此之外，马来西亚槟城也有很多大型购物中心。兰卡威岛上的商店均为免税店。

美食

马来西亚的主要居民是马来人、华人和印度人，这里有各种口味的亚非美食。除此之外，在这里也可以品尝到正宗的日本料理、意大利料理等外国料理。高档酒店的内部一般都设有餐厅，街边的美食店也随处可见。另外，小饭馆和路边摊的美味小吃也令人赞不绝口。

海滩&高原

位于马来西亚半岛西侧的兰卡威岛、槟城岛、邦咯岛以及马来西亚半岛东侧的热浪岛、刁曼岛是非常有名的度假岛屿，许多国外游客喜欢到这里度假、潜水、欣赏海边美景。东马来西亚的停泊岛和诗巴丹岛也是非常不错的度假胜地。

马来西亚的云顶高原是旅游必去的景点之一，这里被称作马来西亚的拉斯韦加斯。

享受自然美景

东马来西亚的基纳巴卢国家公园和马来西亚国家森林公园已被联合国列为世界自然遗产。此外，东马来西亚的热带雨林、红树林、珍奇野生动植物园也是人气很高的旅游景点。

探寻历史文化

2008年7月7日，马来西亚的马六甲和槟城被联合国教科文组织列为世界文化遗产。马六甲是马来西亚最古老的城市，距离吉隆坡非常近。槟城曾是古时东西方贸易的重要港口，如今已成为著名的旅游胜地。

旅行常用语

●Jalan
道路、大道的意思。在街边可以招停出租车。

●Masjid
清真寺。有时也用英语Mosque。

●Kuil
寺院。有时也用英语Temple。

●Tandas
洗手间、厕所。酒店、大型购物中心以外的公共厕所也用Tandas表示。

●Trishaw
人力车。在吉隆坡，这种人力交通工具已不多见。但在槟城、马六甲等城市仍是主流交通工具。

购物打折季

每年的7~8月是马来西亚的商品打折季。在此期间，马来西亚全国的商品都会打折。建议以购物为目的的游客在此期间到马来西亚旅游。除此之外，每年的3~4月、12月也是商品的打折季。

几乎所有的高级酒店都有游泳池

泰国
查希尔清真寺
兰卡威岛
P.134
亚罗士打
P.180
哥打巴鲁
P.209
乐浪岛
P.221
乌布迪亚清真寺
太平 P.182
瓜拉江沙 P.188
怡保 P.184
槟城岛
P.154
马六甲海峡
马来西亚
查拉洞
金马伦高原
P.118
邦咯岛
P.176
关丹 P.224
塔
南海
吉隆坡
P.37
国家清真寺
双子塔
马六甲
P.189
新山
P.200
新加坡
甘榜吉宁清真寺
阿布·巴卡清真寺
地图上的标记
大排档、路边摊
旅游景点
海滩
潜水点
丛林漫步
高尔夫
购物
图标越多评分越高
同时出现三个相同图标为满分
※马来半岛与东马来西亚实际位置非上图所示

按目的寻找

Malaysia

马来西亚旅游规划图

马来西亚纵跨马来半岛和婆罗洲岛（东马来西亚），毗邻中国南海，自然风光秀美，拥有众多观光景点和历史建筑。马来西亚既有吉隆坡、新山这样的繁华都市，也有槟城岛、兰卡威岛等景色迷人的度假岛屿，更有塔曼尼加拉、姆鲁山国家公园等世界级高原旅游胜地。下面为大家列出了一些比较知名的景点，让我们先来了解一下。

马来西亚风情

寻访吉隆坡传统建筑文化遗产

随着现代化的推进，吉隆坡的高楼大厦拔地而起，旧貌换新颜。但是，凝聚着传统历史和文化的古老建筑物仍矗立在城市的各个角落，散发着亘古不变的魅力。吉隆坡火车站和独立广场周围也相继建起了由古建筑改建而成的现代时尚高楼。

❶吉隆坡大华酒店（p.97）

该酒店修建于1932年，是吉隆坡的地标性建筑。经整顿后于2012年末再次对外营业。酒店的客房仍保留着殖民地时期的装饰风格。

❷马来西亚铁道总局（p.59）

马来西亚铁道总局位于吉隆坡火车站对面，是非常重要的交通枢纽。它跟吉隆坡火车站一样，也是由英国著名建筑设计师A.B.Hubbock主持设计的。

❸吉隆坡火车站（p.59）

吉隆坡火车站于1911年正式竣工，是一座典型的摩尔式历史建筑，也是英国文化在马来西亚最具代表性的建筑。乘客可从这里搭乘火车去往马来半岛的任何一个城市，也可以去往泰国、新加坡。

❹吉隆坡城市画廊

修建于1899年，是莫卧儿与文艺复兴风格相混合的建筑物。这里曾是殖民地政府的印刷局，在2011年改建为主题艺术博物馆。

❺瓦拉庭园饭店

该饭店修建于1919年，是一座具有近百年历史的建筑物。第二次世界大战之前，这里曾是渣打银行的办公大楼，如今已改建为饭店。

❻纺织博物馆

该博物馆位于SAS大道一侧，是一座典型的莫卧儿风格建筑。它于1907年竣工之后，曾作为吉隆坡铁道局的办公大楼和建设行政局使用。如今这里已成为著名的纺织品博物馆，展出产自马来西亚各州的纺织品。

❼皇家雪兰莪俱乐部（p.56）

都铎风格的建筑物。1884年，这里曾是殖民地时期的社交场所，内部设有板球场供人们娱乐。1984年，雪兰莪州的州长在其修建100周年的纪念仪式上，正式授予其“皇家”称号，并沿承至今。如今的皇家雪兰莪俱乐部仍是著名的社交场所。

❽维多利亚喷泉

维多利亚喷泉位于独立广场一角，修建于1897年，具有新艺术时期的设计风格。该喷泉是为了纪念英国维多利亚女王登基60周年而修建的。

❾圣玛利亚教堂（p.57）

该教堂修建于1894年，它出自英国建筑师A.C.Norman之手。这座古典的英国教堂内珍藏着一架绝世罕见的管乐风琴。

❿苏丹阿都沙末大厦（p.56）

简称为SAS大厦。雄伟大气的苏丹阿都沙末大厦综合了摩尔和莫卧儿古典建筑风格，是吉隆坡的标志性建筑。大厦建于1897年，曾作为英国殖民地政府的办公场所，如今也是许多重要活动的举办场地，每年的国庆庆典的钟声都会在这里敲响。

⓫班达拉亚剧院

该剧院修建于1904年，与苏丹阿都沙末大厦采用相同的设计风格，多使用尖塔造型。该剧场是殖民地时期唯一的剧场，至今仍在使用。

⓬占美清真寺（p.57）

占美清真寺修建于1909年。清真寺大大的圆顶沿袭了摩尔风格，与苏丹阿都沙末大厦的设计有异曲同工之妙。这座清真寺建在吉隆坡的发源地——巴生河与鹅麦河的交接处。

马来西亚风情

个性迥异的度假胜地

马来西亚从来不缺乏风景优美、气候宜人的度假胜地。这些度假村、温泉别墅时常人满为患，它们有着不一样的特色，却拥有着同样超赞的人气。

S = 名字（英文）
✉ = 地址
☎ = 电话
FAX = 传真
HP = 官网
RM = 费用
室 = 客房数量

班雅兰温泉避暑山庄

该避暑山庄位于马来西亚怡保市郊，于2010年对外开放，是马来西亚第一个温泉避暑度假村。这里自然景观独特，巨型石灰岩嶙峋矗立，热气腾腾的温泉雾气更为它增添了一份神秘感。这里不仅有室内温泉，还有露天温泉，并有特殊的SPA服务。

MAP p.184
S The Banjaran Hot Spring Retreat
✉ No 1, Persiaran Lagun Sunway 3
☎ 05-210-7777
FAX 05-210-7778
RM RM1400~
室 25
HP www.thebanjaran.com

槟城硬石酒店

槟城硬石酒店位于巴都丁宜地区，是美国一家著名的全球连锁酒店，在亚洲的知名度位列前五。酒店拥有高品质的服务以及完善的设施，可满足游客们的所有需求。这里设有岛上最大的游泳池，客房建在游泳池四周。

MAP ●剪切地图-30、p.155-A
S HARD ROCK HOTEL PENANG
✉ Batu Ferringhi Beach
☎ 04-881-1711
FAX 04-881-2155
RM RM410~
室 250
HP penang.hardrockhotels.net

入住度假区的建议

马来西亚旅游度假区的数量正如雨后春笋般逐年增加。这些度假区内的酒店大都为科洛尼亚风格建筑，外观非常漂亮，客房内部装饰华丽，各种现代化设备齐全。这些酒店一般都设有美容体验室、健身房、餐厅等消费场所，并为客人提供其他免费服务，建议在入住之前确认一下。

温泉城堡和有机健康度假村

温泉城堡和有机健康度假村位于马来西亚彭亨州的柏嘉雅群山内，海拔高达1200米，受12世纪法国阿尔萨斯的柯尼克斯城堡的影响，内部装饰非常豪华。这个世界一流的温泉浴场为顾客提供身体清洁和按摩护理服务。除此之外，还有有氧健美操、骑马等各种有益身体健康的健身项目。

MAP p.131-H
S The Chateau Spa & Organic Wellness Resort
✉ KM 48 Persimpangan Bertingkat Lebuhraya Karak
☎ 09-221-3888
FAX 09-221-3828
RM （S/T）RM700~
室 130
HP www.thechateau.com.my

黄金棕榈树度假村

位于马六甲海峡对岸，是亚洲唯一一个建在海上的棕榈树度假村。客房面积超过52m²，并设有宽敞的海景房。酒店为马来西亚传统式建筑，内部以多根梁柱支撑着挑高的屋顶，开放式的空间与户外风光融为一体。这里有美容、瑜伽训练等美容健身项目，还有儿童泳池等娱乐设施。

MAP p.131-K
S Golden Palm Tree
✉ No.67, Jl. pantai Bagan Lalang, Kg. Bagan Lalang
☎ 03-3182-3600
FAX 03-3182-3700
RM （S/T）RM780~
室 392
HP www.goldenpalmtree.com

吉隆坡

KL 沉醉于酷炫的酒吧

马来西亚风情

吉隆坡的高层建筑群白天和晚上是截然不同的两种容颜。吉隆坡的酒吧时尚炫丽，内部空间设计独一无二。喝着鸡尾酒，沐浴在城市的灯红酒绿之中，是旅途中最独特的记忆。

合力空中酒吧

Heli Lounge Bar MAP ●剪切地图-12、p.51-G

机场变身为酒吧

该酒吧位于楼顶，在这里可以360度全方位欣赏吉隆坡的夜景，看到不远处灯火通明的吉隆坡塔和双子塔。如果天气不好的话，露天顶层区域会被封闭。这时，可以到屋内品尝美酒。酒吧的屋子里面摆放着白铁皮飞机模型，非常精致。酒吧里面主要有鸡尾酒等饮品，还有意大利面、汉堡等简单小吃。可以穿晚礼服前往。

交从地铁Raja Chulan站出来步行2分钟 ✉ 34F, Mrnara KH, Jalan Sultan Ismail ☎03-211-5034 营18:00~24:00（周四营业至翌日凌晨2:00，周五、周六营业至翌日凌晨3:00）休周日 ◆鸡尾酒

屋顶观景酒吧

View Rooftop Bar MAP ●剪切地图-7、p.50-C

吉隆坡当地的人气酒吧

该酒吧位于G-tower的29层。酒吧拥有大大的落地玻璃窗，五颜六色的炫酷灯束点缀着内部空间，营造出一种魔幻又时尚的感觉。在窗边俯瞰吉隆坡美丽的夜景，一定会让你心潮澎湃。入场时会被要求出示身份证。酒吧的下层是西餐厅，可以在这里享用正宗的西餐。

交从安邦公园站出来，步行5分钟
✉ Level 29, G Tower, 199 Jalan Tun Razak
☎03-2168-1881
营周一至周四17:00至翌日1:00（周五、周六、节假日前天至翌日3:00）休周日 ◆鸡尾酒

三十 · 8

Thirty 8 MAP ●剪切地图-13、p.50-D

成年人的休闲中心

酒吧位于吉隆坡君悦酒店的38层，集休闲餐厅和时尚酒吧于一体。酒吧柜台是圆形的，在靠窗边的位置还可以看到美丽的双子大厦。酒吧内的餐厅提供牛排、海鲜以及美味的日本料理。酒吧内会定期举行小提琴或乐队的表演。这里氛围比较宁静，是成年人放松身心的地方。

交从raja chulan站步行10分钟到达
✉12 Jalan Pinang ☎03-2182-1234
营12:00~24:00（周六、周日至翌日1:00）
休无 ◆鸡尾酒RM35~

马里尼 · 57

Marini's On 57 MAP ●剪切地图-5、p.50-D

不断变换的灯束让人沉迷

酒吧坐落在吉隆坡国家石油双峰塔－3（Petronas Tower）的57层，是马来西亚的顶级观景酒吧。店内播放着马来西亚最时尚的流行音乐。每天的17:00~21:00可以在酒吧内欣赏夕阳沉入海面的美丽景色，这一期间酒吧内的酒水也会打折。在这里不仅可以欣赏到美轮美奂的夜景，还可以看到余晖下的夕阳，让人沉醉。

交从KLCC站出来，步行5分钟
✉Level57, Menera3 Petronas, Persiaran KLCC
☎03-2386-6030 营17:00至翌日3:00（周五、周六至翌日3:00）休无 ◆鸡尾酒

火焰酒吧

Fuego MAP ●剪切地图-7、p.50-C

微风迎面扑来，夜景在眼前展开

酒吧位于吉隆坡于2011年修建的顶级公寓拓意卡（The Troika）的顶层。酒吧内还设有拓意卡天空餐厅（Troika Sky Dining）。酒吧提供露天座席，开放感十足，可以欣赏对面的吉隆坡塔和吉隆坡夜景。每逢周末，这里就会人满为患，建议提前预订座位。

交从安邦公园站出来，步行5分钟
✉Level 23A, The Troika, Tower A
☎03-2162-0886
营18:00~24:00 休无
◆鸡尾酒

马来西亚风情

漫步在艺术圣地 槟城岛乔治市

槟城岛乔治市已被列为世界遗产，近年来已发展成为艺术圣地，吸引了大批游客前来。在充满历史气息的古街道上，不时可以看到一些艺术作品。

斑斓的建筑物墙壁上画满了壁画

艺术气息扑面而来

足以以假乱真的铁丝艺术品

个性十足、充满想象力的艺术创作

融入生活之中的街道艺术

2008年，槟城岛乔治市与马六甲的古街道一同被列入世界遗产，这也是马来西亚最早的世界遗产。18世纪后期，马来西亚被英国统治，许多华裔商人来到乔治市聚居，他们修建起了大片的长屋。这些长屋见证了当时的古老岁月，至今仍保留完整，逛街时很容易就能看到。乔治市的艺术街道也非常出名。其中，最有名的当属位于城市中心、南北走向的Love Lane大街，这条古老的街道上到处是铁丝制成的艺术品和漂亮的壁画。乔治市面积不大，步行的话，一天的时间就能逛完。建议静下心来，深入僻静的古老街道，感受这里的文化。

栩栩如生的壁画

在长屋咖啡厅内休憩

乔治市虽然袖珍，但是却堪比美丽的南国。逛街逛累了的话，可以到街边的长屋内休息一下。唐人厝（参照p.162）集画廊、图书馆以及特产商店于一体，非常适合购物和休憩。胡同餐厅（参照p.162）是利用长屋改建而成的咖啡厅，以它为首的长屋咖啡厅还有很多。长屋的一楼是商店，二楼是卧室，并且走廊很窄，比较狭长。

胡同餐厅长屋咖啡厅的外观和内部环境截然相反

中国屋内设有咖啡厅和艺术画廊

参观槟城岛的历史建筑

张弼士故居墙壁的颜色是鲜艳的蓝色，非常醒目

除了长屋之外，乔治市还有许多古老的历史建筑物。娘惹文化是中国、英国和马来西亚文化的融合，侨生博物馆（参照p.160）是娘惹文化的代表性建筑。

博物馆里面展示了曾经的奢侈品，极具观赏价值。张弼士故居（参照p.160、p.172）的墙面是鲜艳的蓝色，在导游的陪同解说下（英语）可以很好地了解它的历史。穿梭于乔治市的大街小巷，静静地感受这里的前世今生。

充满怀旧气息的侨生博物馆

享受健康舒适的 SPA&美容保健

马拉西亚人非常重视美容和身体保健。在马来西亚的大街上，足浴店、美容店、SPA体验店随处可见。店内的美容项目非常之多，可以养护身体的各个部分。这大概与其国民性格的丰富性有关吧。

美妙的SPA体验，风靡世界的马来西亚传统美容法

马来西亚的美容养护历史悠久，有着非常传统的养护手法。其中，最常见的项目是马来西亚传统按摩。

马来西亚传统按摩 Traditional Malay Massage

用指尖或掌心击打、按压肌肉和穴位。精油中含有从姜、肉桂、姜黄根、香茅等珍贵药材中提炼出的精华，渗入人体肌肤后会使人感到温暖舒适。精油分为薰衣草、依兰香等各种香味，可以选择适合自己的功效和气味。

花瓣浴 Foot Bath

所谓花瓣浴，就是躺在撒满花瓣的浴缸里沐浴。据说在古时候，即将出嫁的女子会在撒满花瓣的浴缸里沐浴，同时为自己的将来许下美好的愿望。如今，花瓣浴已成为马来西亚的经典护理项目之一。

发质养护 Mandi Bunga

药草精油头部按摩和发质养护能够有效地抑制脱发，使头发乌黑光亮，并使头部得到放松。头部按摩的精油使用从椰果中提炼的精华制成，对头部皮肤和头发大有好处。

足疗 Scrub

将劳累了一天的双脚泡在漂浮着香草和花瓣的木桶里，驱除身体的疲劳。木桶足疗不但能减轻疲惫，缓解双脚肿胀，更能去除角质，保养肌肤。足疗项目一般安排在全身按摩之前，普通的按摩套餐都包含足疗项目。

去除角质 Hair Care

去除身体上多余的角质和死皮。用香草、咖啡豆、姜黄根、红糖泡成的特殊药水浸泡肌肤，使得角质和死皮软化脱落。对药材过敏的人可以使用专门的无刺激药汤。

产后护理 Post Natal Care

马来西亚的女性在产后6周内会进行产后护理，目的在于促进骨盆和子宫的产后恢复。该护理手法同样注重瘦身和美容，深受广大女性的青睐。技师会根据每一位女性的身体情况进行个性化服务。

在这里体验SPA

- 塔纳梅拉美容院（KL） p.70
- 圣地美容院(兰卡威岛) p.141
- 阿雅妮度假村（瓜拉登嘉楼） p.219
- 月之影度假村（兰道阿邦） p.223

丰富多样的美容体验

瑞典式按摩
Swedish Massage

将精油涂满全身进行推压按摩。可以促进淋巴系统和血液循环，缓解神经和肌肉紧张，消除疲劳。

巴厘岛式全身按摩　Balinese Massage

将精油涂满全身进行按摩。与传统的马来西亚按摩方法相比，力道更加舒缓，能够有效缓解肌肉的紧张。

深层次护理　Deep Tissue

用强劲的按摩和推拿手法深度唤醒肌肤，解除身体疲劳。可以促进淋巴系统循环，缓解肩痛、肌肉疼痛、头疼等症状。

精油理疗　Shirodhara

将温热的精油滴在额头上进行按摩，是马来西亚的特色按摩项目之一。精油理疗也被叫作“大脑按摩”，可以有效地治疗失眠，缓解精神压力。

足底按摩　Foot Reflexthology

足疗按摩疗法来自中国的足底穴位按摩。在街边和购物中心内多有足疗反射疗法按摩室，在逛街和购物之余可以来放松一下。

在人气SPA美容店体验绿色护理

得益于马来西亚优越的自然条件，这里的香草、香料种类非常之多。除了用于烹饪美食，这些珍贵的药草香料还被用来辅助按摩和护理。

使用这些纯天然香草进行的美容护理叫作绿色护理。提供绿色护理的美容店叫作绿色美容店，这些店的特色是不使用任何化学颜料和加工后的香料，而是单纯使用人工采集的柠檬草、肉桂、椰果等来自自然界的纯天然材料，对身体没有任何副作用。这些原材料可以制成精油、沐浴露、洗发乳等美容产品。有时间的话，建议到吉隆坡的塔纳梅拉美容院（p.70）体验一下。

马来西亚的部分度假村内也有专门的美容院，这些美容院有着各自的品牌，精油、香皂等护理品多为自制，并且拥有独特的美容手法和理疗方式。金马仑高原度假村（p.123）内的美容院以独特的茶药和草莓肌肤护理而闻名；月之影度假村（p.223）内的美容院有自己种植的玫瑰园，玫瑰的花瓣被采摘下来用于花瓣浴；马六甲大华酒店（p.198）内的美容院用肉豆蔻和番茄制成的药草具有独特的护理疗效。霹雳州班雅兰温泉避暑山庄（p.16、p.186）内的美容院将药草与美食很好地结合在一起，将内调与外养完美结合。

尽享马来西亚美食

马来西亚的居民以马来人、华人和印度人为主。在这里可以品尝到马来西亚、中国以及印度的正宗美食。马来西亚人对美食有着近乎偏执的喜爱。在餐厅、菜馆、路边摊可以品尝到不同口味的美食。

马来料理

马来西亚的传统料理多使用椰果、辣椒、姜黄根等调味料，口味辛辣刺激。马来人信奉伊斯兰教，餐桌上几乎见不到猪肉。荤菜多以鸡肉、鱼肉为主。

炸虾糕
Cucur Udang

将大虾配以蔬菜炸制而成，是经典的马来菜肴，可以蘸着辣椒番茄酱吃。

■新派马来菜馆→p.75　前菜拼盘RM30

椰浆饭
Nasi Lemak

把椰汁倒在蒸好的米饭上，同时放上煮好的鸡蛋、小鱼、鸡肉等，配成可口的饭菜。

■阳光广场美食城→p.86 RM3

三巴臭豆虾
Sambal Petai

“Sambal”（三巴，即辣椒酱）是马来西亚菜系中不可缺少的调味酱。上图是将圆葱和大豆用辣椒酱炒制而成的菜肴。

■新派马来菜馆→p.75　RM48

马来红烧鱼
Ikan Masak Merah

马来西亚风味红烧鱼。制作过程中放入大量的辣椒和香辣料，口感刺激，鱼香味浓郁。

■新派马来菜馆→p.75　RM75

炒面
Mee Goreng

马来西亚风味炒面。也有中国风味以及印度风味的炒面。

■阿罗街大排档→p.85　RM4

炒饭
Nasi Goreng

马来西亚风味炒饭。米饭上面放上煎鸡蛋，然后再加上沙嗲烤肉和烤虾片。

■阳光广场美食城→p.86　RM5

烤肉串
Satay

马来风味的烤鸡肉串，用调好的酱料腌泡鸡肉，在炭火上烤好后蘸着甜花生酱吃。

■阿罗街大排档→p.85
1串RM0.60

马来豆腐盒
Tauhu Sumbat

将切成细条的蔬菜卷在豆腐皮里炸制而成，是马来西亚常见的家常菜肴，蘸着辣椒番茄酱吃。

■新派马来菜馆→p.75　前菜拼盘RM30

马来西亚的其他常见菜肴

●**炸鸡** Ayam Goreng
马来西亚的风味炸鸡。口感微辣，酥嫩可口。

●**鸡肉炒饭** Nasi Ayam
马来西亚口味的鸡肉炒饭。将鸡肉、牛肉、羊肉和蔬菜等混在一起放在平底锅里炒，以辣味为主。

●**炭火烤鱼** Ikan Bakar
马来西亚风味烤鱼。将洗好的活鱼用香蕉叶包裹，放在炭火上烤好即可享用。

●**啰吔** Rojak
马来西亚的沙拉。将蔬菜和水果、豆腐等食材放入盘中，倒入辣椒酱和沙拉酱拌好即可食用。

菜单上常见的马来语

●炸、炒	goreng	●煮	masak	●米饭	nasi
●炒	tumis	●鱼	ikan	●面	mee
●烤	bakar	●肉	daging	●辣椒酱 由三巴酱、虾酱和辣酱制作而成的辣椒酱	sambal
●烤（小火）	panggang	●鸡肉	（daging）ayam		

中华料理

在马来西亚可以品尝到正宗的中华料理。即便在路边摊或小餐馆，也可以尝到非常美味的东方菜肴。其中，鸡肉饭、肉骨茶是马来西亚独创的中华小吃。下面为大家介绍一些美味可口的民间小吃。

肉骨茶
Bah Kut Teh

用中药作调味料，将带骨猪排、干香菇放入锅中煮制而成的药膳型汤羹。将浓郁的汤羹浇在米饭上食用。

■新峰肉骨茶→p.77　1人份RM15.50

云吞面
Wantan Mee

掺入馄饨的拉面。有时也把炒面和馄饨合着吃，非常美味。

■阿罗街大排档→p.85　RM4.50

粥
Porridge/Congee

放入鲜鱼煮制而成的美味粥品。除了鲜鱼之外，还可以加入海鲜和鸡肉。

■KL食堂　RM3

椒丝腐乳卷心菜
Chili Kang Kong

将卷心菜和辣椒一起炒制而成，是一道可口的下酒菜。

■阿罗街大排档→p.85　RM5

瓦煲鸡饭
Clay Pot Chickin Rice

将米饭放在砂锅内蒸好，并配以鸡肉的美味盖浇饭。根据个人偏好，可加入不同口味的浇头。

■阳光广场美食城→p.86　RM6

福建面
Hokken Mee

用虾煮汤，在汤里面放入肉类，再放入调好味的香辣调味料。

■阿罗街大排档→p.85　RM5

口味多样的中华料理

马来西亚的中华料理是传统中华料理与马来西亚风味的融合。

槟城美食多源于中国福建，而怡保菜肴有着浓厚的广东特色。马来西亚的独创菜肴也不少，比如肉骨茶、鱼头咖喱等。有的菜肴保留了原来的味道，比如海南炒饭、潮州粥、港式茶点等。中国人到马来西亚旅游完全不用担心吃不惯的问题。

火锅
Steamboat

马来风味火锅。把鱼、贝、蔬菜和鸡肉等煮在一起吃。

■客家饭店→p.77　2人份RM44~

海南鸡饭
Hainan Chickin Rice

源自中国海南岛的美食。鸡肉经过熏蒸后肉质鲜嫩。可以配上酱油、姜汁、辣椒酱食用。

■KL食堂　1人份RM10~

娘惹料理

娘惹菜肴结合了中国菜系和马来菜的特色，融合了甜酸、辛香、微辣等多种风味，口味浓重，所用的酱料均由起码十种以上的香料调配而成。娘惹（p.189）菜餐厅在槟城、马六甲非常之多。在部分传统马来西亚餐厅也能品尝到娘惹料理。

帽形馅饼
Pie Tee

将蔬菜和虾仁蘸着小麦粉炸好，形状似帽子。是一道非常常见的开胃菜，可以蘸着辣椒番茄酱吃。

■娘惹菜馆→p.77
RM6.80

豆腐焖牛肉
Babi Pongteh

娘惹式豆腐焖牛肉。将牛肉块、马铃薯等食材放入锅中焖煮而成，口感辛辣。

■娘惹菜馆→p.77
RM14.80

甲必丹咖喱鸡
Kari kapitan

娘惹风味咖喱鸡。椰奶、辣椒是制作这道菜肴时不可或缺的调味料。非常可口。

■娘惹菜馆→p.77
RM13.90

娘惹叻沙
Nyonya Laksa

经典娘惹菜肴。加入椰果的辣味汤面，汤面里还可以加入大虾和蔬菜。

■娘惹菜馆→p.77
RM9.80

其他代表性的娘惹料理

●乌达 Otak Otak
将鲜鱼或大虾涂满香辣料，用香蕉叶包裹烤制而成。

●卤肉卷 Lobak
将新鲜蔬菜用切成薄片的牛肉卷好烤制而成，蘸着调好的酱料吃。

●娘惹炸鱼 Goreng Cilli
娘惹风味炸鱼。炸好的鱼又酥又脆，蘸着辣椒番茄酱吃更美味。

印度料理

印度料理分为北印度料理（以荤菜为主，口感清淡）和南印度料理（多加入椰果，口感辛辣）。高档餐厅中以北印度料理为主，小餐馆内以南印度料理居多。

鱼头咖喱
Fish Head Curry

将鱼头、香辣料、椰奶放入锅内一同煮制而成。鱼香味浓郁。

■KL食堂 RM18~

坦都里烤鸡
Tandoori Chicken

将鸡肉放入香辣料里腌制，然后放入土陶中烤好。口感辛辣刺激，非常美味。

■KL食堂 RM5

馕
Naan

配着咖喱吃。馕是起源于北印度地区的主食。有时也撒上蒜瓣吃。

■KL食堂 RM5

印度煎饼
Roti Canai

用小麦粉、黄油、鸡蛋制作的薄煎饼。一般是配着咖喱一起吃。

■KL食堂 RM1.50

印度料理小知识

在小餐馆、马来西亚露天饮食档口嘛嘛档（Mamak）都可以品尝到美味的印度煎饼。这些煎饼大都是黄油口味或香蕉口味的，配着咖喱吃再合适不过。“Mamak”原意为印度人中的回教徒。

美味的马来西亚甜点

在马来西亚的唐人街有很多露天商铺、水果店、小吃店等，在这里可以买到当地的特色小吃和点心。逛街逛累了可以在这儿买一些零食和点心果腹。

杧果刨冰 Ice Kachang

刨冰上面撒上杧果粒和杧果露。杧果香味十足，非常美味。/RM4

果露刨冰
Durian de Ice Kachang

五颜六色的果露刨冰。有不同的口味可供选择。/RM4.80

榴梿刨冰 Mango Lolo

榴梿口味的刨冰。喜欢吃榴梿的人一定不要错过这道甜点。/RM3.30

马拉糕 Ma ra Kao

中华风味蒸糕，口感香嫩甜糯。/RM0.70

龙眼水

加入罗汉果的甜饮。有冷热两种口味可选。/RM1.10

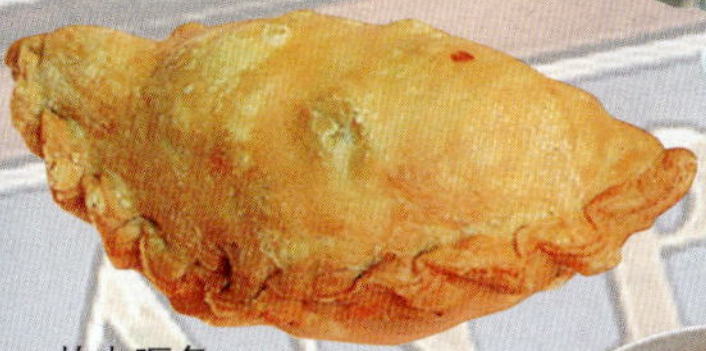

当地特色点心

"U hu! hu!"点心在当地非常受欢迎/6个RM25

炸咖喱角 Curry Puff

将咖喱馅儿放入面粉中炸制而成。口感辛辣。

咖啡牛奶 Kopi Susu

加入大量砂糖和牛奶的咖啡。非常香甜可口/RM3.30

拉茶 The Tarik

香甜的印度尼西亚口味奶茶。非常甜，一喝就会上瘾。/RM2

榴梿甜甜圈 Durian Donuts

在人气美食店Big Apple Donuts&Coffee内可以买到最正宗、最美味的榴梿甜甜圈/RM2

超市人气饮品!

来一杯休息一下

当地的可口饮料

维他精 Vitagen

乳酸饮料。有白兰瓜、葡萄、柠檬等7种口味。/RM4左右

仙地啤酒
Anglia Shandy

酒精度为1%的啤酒饮料。清爽的柠檬口味，非常好喝。/RM2.50

红牛
Red Bull

爽口清甜的滋补型饮料。可以补充体能、提神清脑。/RM3.20左右

汽水 Sarsi

药草口味的碳酸饮料。据说喝多了会上瘾/RM1.70左右

马来西亚风情

品种多样的新鲜水果

马来西亚地属热带，气候湿润多雨，一年四季都可以吃到各种水果。在超市、路边水果摊都有专卖水果的摊位。马来西亚的水果多种多样，让我们先来了解一下吧。

木瓜 Papaya

果肉厚实，口感独特。富含维生素A、C以及多种营养成分。未熟的木瓜果皮呈青色，可以用来制作沙拉。

椰子 Coconut

热带水果。果肉和种子可以用来制作植物油以及烹饪。椰壳内全是椰汁，是热带常见的水果饮料。

菠萝 Pineapple

马来人经常把菠萝挂在自家门前，据说这样可以赶走恶魔和坏运气。菠萝也可以用来烹饪，在咕噜肉和咖喱类菜肴中常加入菠萝。

菠萝蜜 Jackfruit

大型水果之一，单个重量可达20~30千克。果皮为淡黄色并有小刺，里面有很多籽，果肉周围黄色部分可食用，很甜。

红毛丹 Rambutan

外观看上去像是一团红头发。用手剥开壳吃其果肉。果肉很甜，带有大量白色乳汁。

杨桃 Starapple

横切面像是星星形状，果肉酸甜。路边摊经常出售杨桃口味的绿色饮料。

牛油果 Avokado

果肉为黄绿色，吃起来像黄油一样的口感。富含油脂和蛋白质，口味独特。果肉可以用来提炼植物油。

山竹 Mangosteen

山竹有“水果女王”之称。剥开其果壳，红紫色的汁水和白色的果实就露了出来。完全成熟后味道酸甜。

香蕉 Banana

马来西亚的香蕉甜度很高，种类也很丰富。路边摊卖一种叫油炸香蕉脆片的小点心，味道也很不错。

柚子 Limau Tambun

个头较大的柑橘类水果。果皮厚。果实味道酸甜，并有淡淡的苦味。马来人经常用柚子制作沙拉。

榴梿 Durian

榴梿享有“水果之王”“森林奶酪”的美誉。榴梿外部包裹着大大的倒刺，需要用刀将其劈开。榴梿味道刺鼻，但是非常好吃。

马 石榴 Delima

薄薄的果皮内是满满的红色果粒。果粒为酸甜味道。石榴花颜色非常鲜艳。成熟的石榴果皮会自动开裂。

杧果 Mango

杧果分为很多品种，形状、颜色各不相同。最为常见的是黄色、绿色和红色。成熟的杧果果实甘甜，未熟的杧果果实非常酸。

兰撒果 Langsat

果实为半透明状，像是果冻一样，味道香甜。富含维生素和各种矿物质，营养价值很高。

番荔枝 Custardapple

热带水果。将果皮削去，取其白色半透明果实食用。果实酸甜，吃起来跟荔枝差不多。有核仁。

番石榴 Guava

果实为淡红色或黄白色，有小籽，味道很甜。富含维生素C，常被用来制作饮料。

马来西亚风情

各式各样的地方特产

当地特产

工艺杂货篇

马来西亚除了有很多当地特色商品之外，还有不少来自泰国、越南甚至巴厘岛的小商品，堪称大型百货中心。

蜡染艺术&装裱

蜡染是马来西亚传统工艺品的代表。将溶解的树脂和蜡注入金属笔尖内在布上绘画，然后将布浸入染料染色。蜡染是马来西亚最受欢迎的旅游纪念品。在蜡染商店内可以买到。将蜡染装裱在画框内非常精美。下图三个蜡染作品的价格依次为RM42（左下）、RM76（中间）、RM103（右下）。

藤制品

马来西亚的藤制品有多种鲜艳的颜色，造型新颖，非常具有南国气息。带拉链的提包（RM79）、钱包（大的RM45、小的RM25）、荷包等商品很受欢迎。

白镴制品

白镴是马来西亚的特产之一。用白镴制成的酒杯、玻璃杯（RM135）、垂形吊灯（RM180）、酒架（RM180）非常精美，可以当作旅游纪念品。

木制品

圆形游戏盘（RM35）、国际象棋等娱乐用木制品非常多。除此之外，书架（RM45）、调料盒（RM45）也是热卖商品。

椰子制品

椰子制品除了常见的汤勺、叉子之外，还有灯罩（RM150）等，外观非常可爱。

娘惹服饰

娘惹服饰是在马来传统服装的基础上，改良成西洋风格的低胸衬肩，再加上中国传统的花边修饰，非常好看。娘惹装多薄如轻纱，颜色不仅有中国传统的大红、粉红，还有马来人的吉祥色土耳其绿。

丝绸蜡染丝巾

丝绸质地光滑，与皮肤接触非常舒服，戴在身上彰显高雅气质。有丝巾、头巾、围巾类等。

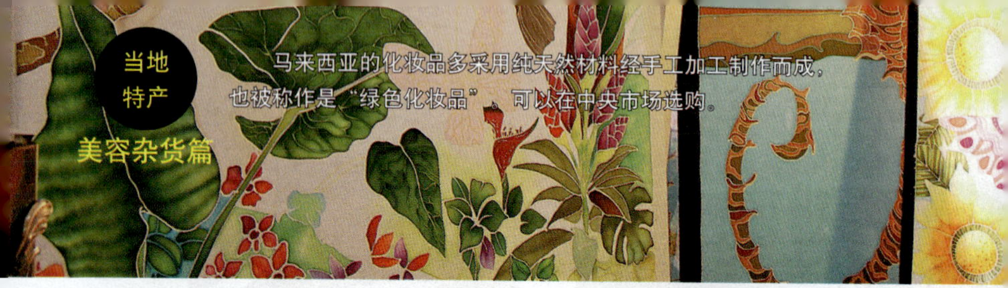

当地特产

美容杂货篇

马来西亚的化妆品多采用纯天然材料经手工加工制作而成，也被称作是“绿色化妆品”，可以在中央市场选购。

唇膏
（Green Kisses）RM14.50

香皂
（用米和羊奶制成）RM15

美容品 塔纳梅拉

最早生产绿色化妆品的品牌是“塔纳梅拉”。该品牌的化妆品不使用任何染料和香料，仅从柠檬草、肉桂、椰果等天然植物中提炼出精华成分，不经任何化学加工制作而成，是马来西亚名气最大的化妆品。在中央市场商城（p.91）中有专卖店。

Detox香茶
RM25（每盒25袋）

WARMA香皂
（竹笋、姜黄根、椰果三种气味装）RM28

沐浴乳
（Brown Sugar）
RM22.50（袋）、RM72.50（瓶）

其他美容品

海参皂

提取海参精华制成的香皂和乳膏是马来西亚的特色美容品。最近又推出了一款新型香皂，该香皂提取杧果、甜橙、玫瑰、苹果、香蕉等水果精华制成，香味浓郁、色彩鲜艳，1个RM10、3个RM20、10个RM60。在中央市场商城（p.91）内有专卖店。

姜黄根皂

姜黄根皂除菌、去污效果非常好。在印度商店内可以买到。在中央购物商城内也有专卖店。RM2.5/个。

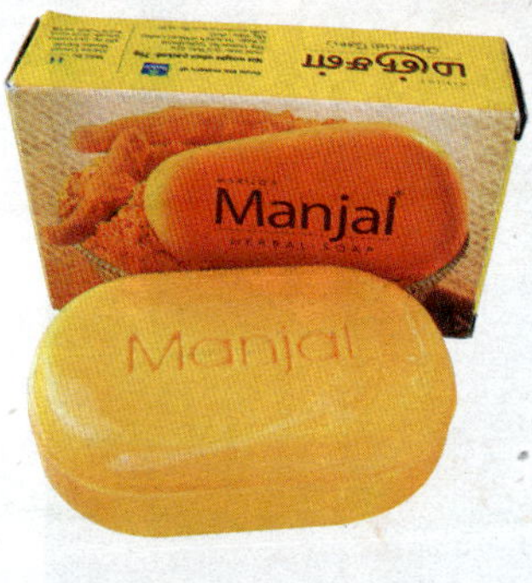

当地特产

食物篇

专卖店、超市都有出售！

既可以自己吃，又可以送人，是最佳旅游纪念品！

中国食品

中国生产的肉干在马来西亚非常受欢迎。在众多品牌中，林明记是最好的肉干品牌。有猪肉做成的肉干，也有大虾做成的肉干。除了可以直接吃以外，还可以将虾肉干用春卷卷好放至热油中炸后食用。在林明记专卖店可以买到。虾肉干（500g）RM55、炸春卷肉干RM17.50.

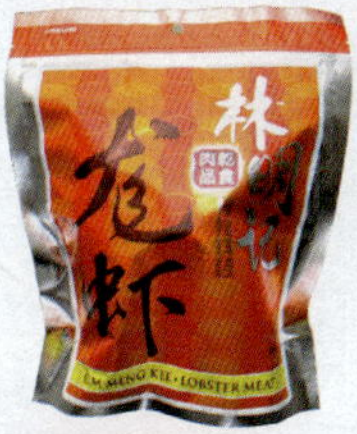

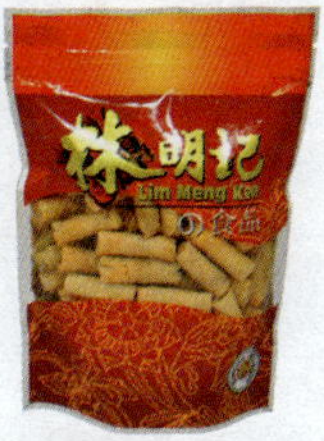

猫屎咖啡

猫屎咖啡顾名思义，是将猫屎中未消化的咖啡豆取出，研磨而成的咖啡。猫屎咖啡分为“金咖啡”、银咖啡和铜咖啡三种。其包装盒很精致，送人的话很上档次。在中央市场（p.91）内有专卖店（RAHSIAHERBAL）。

椰粉（sabtan）

将椰果磨成粉，溶于水后可饮用。最常见的食用方法是将椰粉加入咖喱或撒在甜点上食用。椰粉较轻，便于携带，作为礼物带回国很合适。在普通超市内都有出售。RM1.54/袋。

中国糕点

春节期间大受欢迎的中国糕点。凤梨奶油口味的蛋糕RM13~、春卷RM15~。这些极具中国特色的点心是马裔华人的最爱。喜欢中国食物的游客千万不要错过。

香辣调味料

在烹饪时放入各种口味的香辣调味料，让菜肴变得更加可口！RM2~5/袋。

白咖啡

马来西亚白咖啡用来送人也非常合适。一般为袋装速溶咖啡。有加入砂糖和牛奶粉的甜咖啡和不加任何糖分的苦咖啡两种口味。在超市都有出售。25袋装售价RM14.69。

果酱

用椰奶制作而成的果酱在马来西亚的餐桌上经常可以见到。香味浓郁，非常好吃。RM2.4/罐。

软罐头食品

马来西亚的软罐头食品中最有名的品牌是Brahim's。最畅销的是牛肉罐头、鸡肉咖喱饭（带马铃薯）等口味。在超市都有出售。RM6~/份。

方便面

马来西亚当地的速食面。很多牌子的口味也不错。RM3.8/5袋。

香茶

香草晒干后可以当作茶叶饮用。香茶有美容养颜、促进身体健康的作用。马来西亚当地人都爱喝这种茶。RM9。

红茶

产自金马仑高原的BOH和产自加里曼丹岛的品牌SABAH TEA是马来西亚的两大红茶品牌。RM6/袋。

马来西亚风情
大型购物中心里尽享乐趣

马来西亚的新型购物中心层出不穷。这些大型购物中心集酒店、餐厅、影院等娱乐设施于一身，汇集国内外知名品牌，吸引着来自全世界各地的消费者。这些购物中心设施完善，无论是独自购物，还是结伴逛街，都能感受到无处不在的便捷服务。

①

②

③

店名		特点
吉隆坡双子塔阳光广场 Suria KLCC	MAP ●剪切地图-6，p.50-A	位于双子塔下面的大型综合购物大厦。从国际一流品牌到本地品牌应有尽有。一楼大厅有管弦乐表演，并设有美术馆、科技馆等。
吉隆坡帕威廉购物中心PAVILION KL	MAP ●剪切地图-20，p.51-H	位于武吉免登地区。这里拥有国内外各大一线品牌，是奢侈品牌最为齐全的购物商场之一。用餐场所也很多。
谷中城美佳广场 Midvalley Megamall	MAP p.45-C	是亚洲品牌最多的商厦。商厦内部设有电影院和两座大型酒店。
吉隆坡花园购物中心 The Gardens	MAP p.45-D	海外品牌众多的大型复合型购物商厦。商厦最顶层为The Garden酒店。
吉隆坡时代广场 Times Square KL	MAP ●剪切地图-26，p.51-J	设有保龄球馆和游乐园，是与家人一起外出游玩购物的首选地。以年轻时尚品牌为主。附近有很多按摩店。
双威金字塔购物中心 Sunway Pyramid	MAP p.45-C	位于佩塔灵加雅郊区。休闲品牌和餐厅较多。毗邻双威水上乐园（Sunway Lagoon），适合与家人一同前往。
曲线购物中心 The Curve	MAP p.45-A	位于雪兰莪北部的珍珠白沙罗。这里的品牌以休闲品牌为主。餐厅很多。商场毗邻全球知名家居生活馆“宜家”。
绿野坊广场 The Mines	MAP p.45-D	集娱乐设施与购物商铺于一体的大型商业中心。商场位于河边，可以乘坐观光船欣赏河畔风景。

方便实惠的旅游购物打折卡

图为阳光广场Suria KLCC针对国外游客所发行的7日旅游购物打折卡。该卡按照国外游客的护照号码对应发行。帕威廉购物中心PAVILION KL也推出了相应的购物打折卡，只要在其麾下的购物中心以及店铺消费，即可享受10%~15%的折扣。相应折扣可以持护照在购物中心服务台处申领。除此之外，吉隆坡花园购物中心The Garden也发行了自己的购物打折卡。只要一次性购物消费超过RM2500，即可成为会员，享受会员特惠待遇。

当地特产大扫货

大型购物商厦内一般都设有特产商品专区，在这里可以一次性购买所需的特产商品。特产商品专区的售价相对较便宜，而且特产商店比较集中，既能节省时间，又能节省金钱。

美食城的饕餮盛宴

在购物中心的美食城不仅可以品尝到正宗的马来西亚料理，还能吃到亚洲其他各国菜肴，就连罕见的阿拉伯料理也可以在这里找到。品尝完美味的菜肴之后，再来一道饭后甜点。

3D电影院

几乎所有的大型购物中心内都有电影院。这些电影院一般都设有3D电影、夜场电影等。逛街逛累了，可以欣赏几部佳片。电影票差不多RM20。有时也会打折。

娱乐消遣

阳光广场内设有美术馆、科技馆等娱乐消遣区。双威金字塔购物中心旁边就是大型主题公园“双威水上乐园”，在购物之余，还能和家人一起享受天伦之乐。

马来西亚设计师品牌

马来西亚每年都会举办购物嘉年华。
让我们来关注一下购物天堂马来西亚都拥有哪些著名品牌吧！

BRITISH INDIA

该品牌设计理念出众，多以休闲风格为主，非常适合年轻人。产品多为纯棉制品，穿在身上非常舒适。在阳光广场、帕威廉购物中心等大型购物中心都有分店。

JENDELA BATIK

马来西亚最出众的本地时尚品牌之一。女士连衣裙设计新颖，彰显高贵典雅。休闲搭配随意又不失风度。该品牌在亚洲也很受欢迎。

VINCCI

深受名模和空姐青睐的时尚女鞋品牌。价格并不昂贵，款式众多，让人挑花了眼。

SEED

该品牌在中国、日本、韩国都具有一定的知名度。在吉隆坡的各大购物中心都设有分店。夏装款式新颖。

BONIA

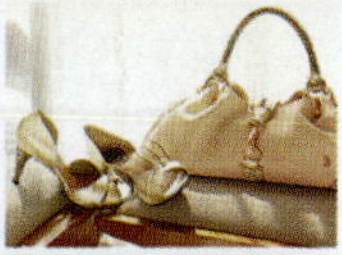

该品牌在亚洲其他国家都有分店。箱包种类丰富，设计出色，与其姐妹品牌Sembonia在马来西亚都拥有超高的人气。

IKARRTINI

该品牌大胆使用多种混搭颜色，剪裁修身，深受广大年轻人喜爱。价格并不算贵。

位于新山市郊的大型主题公园——乐高乐园

近年来，马来西亚致力于新山的多元化发展，不少企业、大学、研究机构陆续进驻新山市郊，当地政府也相应地修建起了多所大型购物中心和娱乐场所。这座边境城市正以崭新的面貌展现在世人眼前。

2012年，亚洲第一座乐高主题公园、世界第六座乐高主题乐园在马来西亚新山(JB)(p.200)市郊的努沙再也地区全新开幕。乐高乐园主要分为七个主题园区，有入口处游乐园区、乐高城、小人国、探险之地、幻想乐园、乐高王国与乐高技术园区。2013年，位于乐高公园内的商贸酒店正式开业，广迎八方来客。酒店共有83间客房，旅游旺季时需提前预订。马来西亚新山乐高主题乐园将会是游客旅程中拥有最多欢乐元素的地方。

马来西亚政府还计划着重发展东海岸的蒂沙鲁和丰盛港，将其定为下一个旅游开发目标。

马来西亚的第一只大熊猫亮相

2014年5月，马来西亚的第一只大熊猫在吉隆坡郊区的国家动物园(Zoo Negara,p.66)正式亮相。

2014年是中国和马来西亚建交40周年，中国政府将国宝大熊猫赠予马来西亚政府，作为两国友好往来的纪念。为迎接大熊猫的到来，马来西亚政府提前修建了0.6公顷的熊猫馆（温度保持在22～24℃），并栽种了16公顷的竹林作为大熊猫的栖息地，总耗资达2500万RM。

因为大熊猫的到来，马来西亚国家动物园的游客数量翻了一番，年度游客流量达到了200万人次。

马来西亚第二家园计划——MM2H

马来西亚气候温暖湿润，生活节奏缓慢，环境良好，是全世界名列前茅的宜居国家。马来西亚当局提出了马来西亚第二家园计划（简称MM2H）。根据这一计划，外国人可获得在马来西亚最长10年的居留权，在此10年内可无限次出入马来西亚，10年之后可续签。申请成功者可携配偶、子女（未满21周岁、未婚）、父母（60岁以上）在马来西亚定居。

令人拍手叫好的拉面表演

帕威廉购物中心（p.86）6楼的“共荣拉面馆”在吉隆坡非常出名。这里的拉面非常筋道，配菜新颖，不光是中国人和日本人喜欢吃，就连许多欧洲国家的食客吃过之后也赞不绝口。蔬菜拉面RM24、经典拉面RM27。

KUALA LUMPUR
吉隆坡

吉隆坡

主要景区概览

吉隆坡城市面积较大，坐落着许多景点。下面为大家介绍一下吉隆坡的主要景点和购物中心。

独立广场周边 （→p.56）
Merdeka Square

独立广场是为纪念马来西亚独立而修建的广场。其周边有很多19世纪后期至20世纪初期的古建筑，这些建筑大多保留有英国统治时期的印记。其中的一部分建筑物目前正作为政府办公大楼使用，禁止游客入内参观。除此之外的其他古建筑均可自由参观。

独立广场上飘扬着马来西亚国旗

吉隆坡火车站周边 （→p.59）
Kuala Lumpur

吉隆坡火车站于1911年竣工。整座火车站是一座穆尔风格的古典建筑，外观非常漂亮，具有很高的观赏价值。吉隆坡火车站的周边有天后宫等观光景点。

吉隆坡火车站

武吉免登
Bukit Bintang

类似于日本的银座、中国的王府井。这里有很多大型综合购物中心，集中了诸多世界级名牌，从一线奢侈名牌到马来西亚国内品牌一应俱全。每到夜幕降临时分，华灯初上，霓虹闪烁，煞是好看。武吉免登地区附近是远近闻名的大排档（p.85），经常通宵营业。

唐人街周边 （→p.58）
China Town

唐人街是华人聚集的区域，这里有很多小商店和中国餐馆。一到傍晚，街道两旁就会布满路边摊和大排档，好不热闹。唐人街的北侧是大型购物中心——中央市场（p.91）。其周边坐落着几所寺院和庙宇。

唐人街的入口处有很多店铺

旅游小贴士 ●马来西亚观光中心吉隆坡中环车站（MAP●剪切地图-5、p.50-D）✉109Jl Ampang KL ☎03-9235-4848／4900 开8:00~22:00●KL中环（MAP p.46-I）✉KL Railway Station, Lot 21, tigkat 2 ☎03-2272-5823

KLCC（吉隆坡城中城）周边 （→p.61）

KLCC

石油双峰塔（双子塔）是全世界第三高的建筑物，被看作是吉隆坡的象征。在双峰塔的脚下有阳光广场（Suria KLCC）（p.86）等几所大型购物中心。塔的南侧是喷泉、清真寺、KLCC公园，逛街逛累了可以来这里休息一下。

站在双子塔上俯瞰吉隆坡城全景

端姑阿都拉曼路周边

Jl.Tuanku Abdul Rahman

端姑阿都拉曼路周边是印度人的聚集区。著名的印度剧场——（MAP●剪切地图-10、p.48-A）科洛西姆剧场就坐落在这里。而与之相邻的另一条街道——印度清真寺路上，有很多服装店、CD店等。这里的治安状况不是特别好，建议不要在夜间独自前往。

秋杰周边

Chow kit

秋杰位于端姑阿都拉曼路东侧，是马来人聚集区（MAP p.46-B）。这里有一个非常大的市场，当地人称其为"秋杰市场"。市场内出售生鲜、食品类，无论是白天还是晚上，这里都人满为患。该区域的治安状况不太好，不要晚上独自前往。

湖滨公园周边 （→p.63）

Lake Garden

湖滨公园指的是位于中心街道西侧、一大片绿色葱郁的公园及其周边。湖滨公园内又分为飞禽公园、木槿公园、蝴蝶公园等几个小公园。

湖滨公园里的美丽花卉

孟沙 （→p.95）

Bangsar

孟沙是外国侨民的高级住宅区，住宅区内有很多欧洲风格的咖啡厅、餐馆。从吉隆坡市中心坐车前往孟沙大约20分钟的路程。

年轻人常去的咖啡厅

尽享街区漫步乐趣

分门别类的观光线路

吉隆坡洋溢着活力与激情。唐人街、孟沙、秋杰等地区有着各自的风土人情和面貌。下面为大家介绍一下几条常见的逛街线路。

寻觅吉隆坡历史

看了又看的历史景点

吉隆坡的主要景点是博物馆、美术馆以及唐人街。想要了解吉隆坡历史的人可以参照该路线游览。

10:00 KL塔（吉隆坡塔）

→p.60

吉隆坡塔位于与石油双峰塔（双子塔）相邻的大街上，是吉隆坡的地标性建筑。在塔顶可以360度全方位俯瞰吉隆坡市景。中午可以在顶层的Atmosphere360旋转餐厅(p.74)用餐，同时将吉隆坡城市景色尽收眼底。

吉隆坡最高的瞭望台

▶乘坐出租车15分钟

13:00 独立广场

→p.56

独立广场上国旗飘扬，旗杆高达100米，是世界第一高的旗帜。独立广场对面是一座漂亮的穆尔式建筑——苏丹阿都沙末大厦（旧联邦调查大厦）。

独立广场的夜晚灯火长明

▶乘坐出租车15分钟

体验缤纷吉隆坡

购物&SPA

女性最喜欢的无外乎购物和美容。下面为广大女性朋友们推荐一条精心打造的购物&美容路线。

10:00 石油双峰塔（双子塔）

→p.60

双子塔是全世界最高的塔。在两座高塔的41层处有天空之桥连接。这座天空之桥向公众开放，可以在这里欣赏市景（需要收费）。

连接两座塔的天空之桥

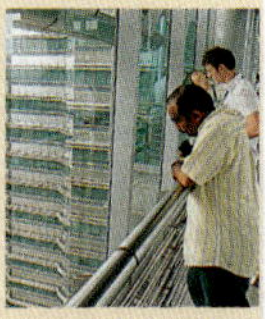

天空之桥为玻璃扶栏

▶徒步1分钟

11:00 阳光广场

→p.86

位于双子塔内的大型购物中心。这里被称作是吉隆坡最时尚的购物中心，里面有很多名牌商店、百货店、餐厅以及咖啡厅。中午可以在这里用餐。

阳光广场内有很多奢侈品店

▶乘坐出租车10分钟

郊外之旅

郊外的景点也值得一看

吉隆坡的郊外也不乏美丽的观光景点。在公园内散步、参观白鑞工厂、游览洞窟寺院……在郊外能体会到一份难得的宁静。

10:00 湖滨公园

→p.63

湖滨公园是以人工湖为中心的大片绿色场地，里面又分为几个小公园。其中，木槿公园、飞禽公园、蝴蝶公园是游客们比较垂青的休息场所。

可以自由拍照

木槿公园内争先开放的热带花朵

▶乘坐出租车10分钟

逛街时的注意事项

在吉隆坡逛街，如果交通不太拥堵的话，可以乘坐出租车前往各个景点，这样能够省下不少时间。各大景点、购物中心附近都有出租车招停点。如果是去郊外的话，可以租一辆车自驾前往。也可以在市区内乘坐单轨列车和轻轨前往。

14:00 旧王宫

→p.59

在以前，王宫是禁止游客进入内部参观的。现在，王宫的部分区域已正式对外开放(9:00~17:00)。

▼ 乘坐出租车10分钟

14:30 国家博物馆

→p.64

这里展示有代表马来西亚历史、文化的诸多展品。国家博物馆是典型的传统马来西亚建筑。

▶ 乘坐出租车5分钟

16:00 国家清真寺

→p.65

国家清真寺的屋顶为蓝色五角星状，非常漂亮。进入寺内参观时，注意不要穿着暴露的服装（可以在清真寺入口处租一条长披巾）。

▲ 徒步3分钟

16:30 伊斯兰美术馆

→p.65

伊斯兰美术馆位于国家清真寺对面，是一座介绍伊斯兰美术历史的美术馆。美术馆内有咖啡厅，可以在这里休憩聊天。

▶ 乘坐出租车10分钟

18:00 唐人街

→p.58 p.85

每到傍晚时分，这里就开始热闹起来。在一眼望不到头的街道上观光，叫卖声此起彼伏，不绝于耳。这里到处是大排档和路边摊，要想品尝小吃的话，到这里来最合适不过了。

享受购物、美食乐趣

14:00 武吉免登

→p.38

这里是购物者的天堂。标志性建筑是Lto10 (p.86)，除此之外，还有升禧廊购物广场Starhill Gallery (p.87)、金河广场Sungei Wang Plaza (p.88) 等大型购物中心。

▶ 徒步10分钟（去往购物中心）

16:00 SPA

→p.70

在名品店大采购之后，再到美容店里做一下SPA，让疲劳的身体得到放松。

武吉免登的美容店

▶ 从市区乘坐出租车20分钟

18:30 孟沙

→p.95

晚上到热闹的集市——孟沙来逛一逛。除了商店、小摊之外，还有咖啡厅、酒吧、餐厅等娱乐场所。可以在这里享用晚餐。

晚上的集市也很热闹

沿途经过

卡尔克萨内加拉酒店

→p.96

位于吉隆坡郊外的一座精致酒店。可以在这里享用午餐，再喝个下午茶，好好休憩一番。

▶ 乘坐出租车30分钟

14:00 白镴工厂

→p.67

白镴是马来西亚传统的工艺品。最著名的白镴工厂是皇家雪兰莪工厂。工厂内专门设有白镴制作展示车间，供游客参观欣赏。

近距离观看白镴制作流程

工厂内设有休息室

▶ 乘坐出租车15分钟

16:00 黑风洞

→p.66

马来西亚最大的印度寺院。攀上272级台阶之后，是一座大型的洞窟寺院。寺院内部建有博物馆。

通往洞窟寺院的石阶坡度比较陡

蓬勃发展的马来西亚艺术文化

马来西亚人非常推崇自己的文化。尤其是近年来，随着经济的快速发展，以城市为中心的艺术、表演活动也蓬勃发展起来。吉隆坡作为马来西亚艺术的先锋城市，每年都要举办大量的艺术活动，已逐渐形成崭新的艺术交流中心。

吉隆坡表演艺术中心

MAP p.45-B The Kuala Lumpur Performing Arts Centre KLPAC

吉隆坡表演艺术中心是由独立团体运营的、为舞台艺术发展而成立的综合型剧院。每年都会在这里举行马来西亚各民族的舞台剧表演。此外，吉隆坡表演艺术中心还与海外艺术团体合作，是新一代的马来西亚戏剧交流中心。除了固定的戏剧表演之外，每年还在这里举办大型的音乐剧以及舞蹈表演。

✉ Sentul Park, Jalan Strachan
☎ 03-4047-9010 HP www.klpac.org

国家剧院

MAP p.45-B
Istana Budaya

马来西亚国家剧院被称为“文化宫殿”，是为促进马来西亚文化发展而建立的大型剧院。剧院设有上、中、下三层观众席，总共可容纳1400余人。国家交响乐团和民族舞蹈团定期在这里举行表演。国际古典音乐节、流行音乐节以及演奏会也常年在这里演出。

✉Kementerian Pelancongan & Kebudayaan Malaysia Jalan Tun Razak
☎03-4026-5555 FAX 03-4025-5975
HP www.istanabudaya.gov.my/

马来西亚国家剧院

马来西亚的舞台艺术，特别是戏剧领域，最显著的特点是发展创造了融合多民族特色的马来西亚文化。在吉隆坡表演艺术中心上演的剧作大多以马来语和英语为主流表演语言。这些剧作体现了马来西亚各民族的风俗习惯以及地域文化。马来西亚的文化氛围良好，一些戏剧中不乏讽刺时局、褒贬时事的段子。马来西亚国家剧院内除了有国内一流演员压轴的戏剧表演之外，还有管弦乐、大型乐团的公演。以马六甲王国历史题材为背景的经典剧目《汉丽宝公主》每年都会在国家剧院定期演出。

除此之外，国家剧院每年也会举办国际音乐节，促进全世界流行音乐和古典音乐的交流。马来西亚融合了中国、印度尼西亚、印度等国家的不同文化，并将其精髓融入音乐领域内，创造出了独具特色的多民族音乐盛典。

聆听马来西亚的音乐

马来西亚从来不缺歌星。努尔哈丽莎①被誉为马来西亚歌后，她擅长英文歌曲，在印度尼西亚和新加坡拥有众多粉丝；新感觉派歌手尤娜②曾在美国举办过演唱会，在国际上享有一定的知名度；摇滚乐团Hujan③是马来西亚最出名的重金属摇滚乐团，深受年轻音乐爱好者喜爱，最近推出的新专辑*Hits*④更是跻身音乐排行榜首位。

全新的城市——布城

布城距离吉隆坡市区大约30千米。可以在吉隆坡报团前往布城。以Wendy旅行社（p.69）为首的各大旅行社都有前往布城的旅游团。布城的主要观光景点有水上清真寺、首相官邸、近代伊斯兰建筑群等。

❶

❷

❺

㉔

布城是马来西亚新建的中央行政区，亦是一个全新的城市。马来西亚首相官邸和政府各部门已迁入布城办公，住宅区、商业区、文化、休闲设施和交通体系已基本配套。布城独立广场位于总理府对面，公众假期时举行节日庆典以及游行集会。水上清真寺是一座修建在水上的美丽建筑，它融合了多个伊斯兰国家的建筑风格，是马来西亚目前最大的清真寺之一。它分为上下两层。如果不想报团，也可以乘坐观光巴士（RM1）从吉隆坡去往布城。

MAP p.45-F

交 从KL中环车站乘坐KLIA布城线在布城站下车，约25分钟

RM RM9.50

㉕布城旅行社
Cruise Tasik Putrajaya
✉ Jeti Putra, Jambatan Putra, Presint 1, Putrajaya
☎ 03-8888-5539
HP www.cruisetasikputrajaya.com

吉隆坡及其周边 Around Kuala Lumpur

吉隆坡市区
Kuala Lumpur
0
500m
N
端姑山
Bukit Tuanku
Jl. Bukit Tuanku
Jl. Syers
Jl. Tuanku
Lebuhraya Mahameru
去往郊区
Jl. Kuching
怡保街
Jalan Ipoh
PWTC
吉隆坡新里太平洋酒店 p.99
p.339 富都汽车站
Putra Bus Terminal
p.99 吉隆坡双威普特拉酒店
p.88 摩尔购物中心
The Mall
普特拉
Putra
Jl. Tun Ismail
Jl. Kuching大街
S. Gombak
Jl. Putra
去往郊区
格兰德大酒店
Jl. Ipoh Kecil
Jl. Ipoh
Chow Kit
Jl. Chow Kit
Jl. Raja Laut
Jl. Hj Taib
Lrg. Tiong Nam 3
p.39 秋杰市场
Chow Kit Market
Jl. Sri Amar
秋杰
Chow K
A
B
剪切地图（正面）
苏丹伊斯迈尔路
Sultan Ismail
p.105 吉隆坡和谐酒店
Jl. Tuanku Abdul Rahman
苏丹伊斯迈
Medan
p.103 吉隆坡凯丽酒店
Jl. Tuanku Putra
Lebuhraya Mahameru大街
Jl. Sultan Salahuddin
Jl. Tun Ismail
马哈默鲁
Mahameru
p.57 端姑·阿卜杜勒纪念馆
Tuanku Abdul Rahman Putra Memorial
Jl. Dato Onn
p.48～49
Jl. Kuching
Jl. Dong Wangi大街
Jl. Dong W
班达拉亚
Bandaraya
克洛西姆酒店
K酒店
诺贝尔酒店
国家银行
Bank Negara
古晋路
Jl. Raja Laut
拉亚拉乌路
端姑·阿卜杜勒路
Jl. Bunus
Jl. Masjid India
Jl. Gallagher
塔曼杜塔
Taman Duta
Persiaran Sultan Salahuddin
Jl. Tun Ismail
市政府
DBKL
安邦大街
E
F
占美清真寺
Masjid Jamek
Jl. Parlimen大街
Jl. Parlimen
国会大厦
Bangunan Parlimen
国家英雄纪念碑 p.65
National Monument/Tugu Pahlawan
Jl. Ledang
KTM
警察局
独立广场 p.56
Merdeka Square
Jl. Tangling
Jl. Bukit Aman
Jl. Raja Lebuh
Lebuh Ampang
Jl. Tun Perak
Jl. Silang
Jl. Gereja
Jl. Cenderamulia
Jabatan Perangkaan Malaysia
蝴蝶公园 p.64
Butterfly Park
Jl. Tembusu
木槿花园 p.63
Hibiscus Garden
中环市场
哥打拉亚
Jl. Cheng Lock
Jl. Cheng Lock大街
卡尔克萨内加拉酒店 p.96
p.63 驯鹿公园
Deer Park
Jl. Perdana
兰花园 p.63
Orchid Garden
中央邮局
中央市场汽车站
Pasar Seni
Jl. Hang Lekir
瑞士酒店
背包旅客客栈
Jl. Damansara
湖滨公园 p.63
Lake Garden
Jl. Kebun Bunga
T. Perdana
KL飞禽公园 p.64
KL Bird Park
Jl. Lembah
国家清真寺 p.65
Masjid Negara
Jl. Tugu
Jl. Sultan
中央市场长途汽车站
Pasar Seni Bus Station
警察局
Jl. Selangor
Jl. Kelantan
Jl. Damansara大街
p.65 警察博物馆
Police Museum
伊斯兰美术馆 p.65
Islamic Arts Museum
唐人街 p.58
Chinatown
基纳巴卢大街
Jl. Kinabalu
伊斯兰中心
Pusat Islam
p.64 国家天文馆
Planetarium Negara / National Planetarium
p.59 马来西亚铁道局
Ibu Pejabat Keretapi
p.97 吉隆坡大华酒店
吉隆坡火车站 p.59
KL Railway Station/Stesen Keretapi
Maharajalela
Jl. Persekutuan
I
J
国家博物馆 p.64
National Museum
酒店
Jl. Sultan
中国大会堂
Chinese Assembly Hall
Jl. Sulaiman
联邦山
Federal Hill
p.101 吉隆坡艾美酒店
Jl. Damansara
夜店区
Exhibition & Convention Center
Brickfields
Jl. Johore
Jl. Negeri Sembilan
Jl. Selangor
Cangkat Damansara
Lorong Travers
p.101 吉隆坡希尔顿大酒店
p.94 捷达酒吧
KL中环车站
KL Sentral
p.88 KL 崇光百货
旅游信息咨询中心
p.39
Jl. Tun Sambanthan
吉隆坡青年旅社
p.105
Jl. Padang Belia
Jl. Scott
Tun Sanbanthan
Jl. Damansara
甘榜阿答
Kampong Attap
Jl. Belfield
Jl. Istana
Jl. Syed Putra
Jl. Tebing
旧王宫 p.59
Istana Negara
ERL机场快轨
Jl. Travers大街
Jl. Travers
Jl. Rumah Sakit Bangsar
孟沙 p.95、
赛佳餐厅 p.78、
烟熏屋 p.82

吉隆坡医院
Hospital Kuala Lumpur
Raja Muda Abdul Aziz
Jl. Raja Muda Abdul Aziz大街
Jl. Raja Muda Abdul Aziz
Jl. Datuk Abdul Malik
Jl. Gurney
Jl. Perumahan Gurney
Jl. Hamzah
Jl. Raja Bot
Jl. Raja Abdullah
Jl. Raja Uda
Jl. Haji Sirat
甘榜巴鲁
Kampong Baharu
Jl. Raja Mahmud
Jl. Datuk Keramat
Jl. Keramat
巴生河
S. Kelang
Jl. Damai
Raja Alang
Jl. Raja Alang
Jl. Raja Muda Musa
Jl. Sungai Baharu
C
D
Abd. Razak
Jl. Aman
Jl. Sejahtera
长途汽车站
甘榜巴鲁市场
甘榜巴鲁
Kampong Baharu
Jl. Yap Kwan Seng
吉隆坡大华酒店
1919餐厅 p.74
Jl. Mayang
安邦公园市场
格拉那再也线（地下部分）
克拉斯酒店
KLCC
安邦公园
Ampang Park
Jl. Ampang
吉隆坡洲际酒店
Jl. Tun Razak大街
甘帮坎达纳
Kampong Cendana
Sultan Ismail
吉隆坡喜来登帝国酒店 p.99
曼达芬旅行中心 p.70
Jl. Ampang
国油双峰塔 p.60
Petronas Twin Towers
KLCC阳光广场
KLCC
吉隆坡文艺复兴酒店
新世界文艺复兴酒店
安邦大街
吉隆坡赛房酒店
Dang Wangi
苏丹伊斯迈尔路
Jl. P. Ramlee
KLCC公园 p.61
Taman KLCC
Lorong Kuda
Jl. Tun Razak
Bukit Nanas
吉隆坡黄金屋酒店
东方酒店
金三角
Golden Triangle
Jl. Sultan Ismail
Jl. Pinang
KL集会中心
KL单轨
吉隆坡丛林酒店
Jl. Stonor
吉隆坡大酒店
Jl. Kia Peng大街
Pesiaran Stonor
KL塔 p.60
KL Tower
酒店
酒店
Jl. Kia Peng
Jl. Eaton
咖啡山公园
Bukit Nanas Recreational Park
G
商店
H
Raja Chulan
Jl. Raja Chulan
吉隆坡王子酒店
Jl. Conlay
Raja Chulan大街
Changkat Raja Chulan
Jl. Bukit Ceylon
伊斯塔纳酒店
购物中心
Compleks Budaya Kraft
Lrg. Ceylon
帕威廉购物中心
Jl. Ceylon
Pesiaran Raja Chulan
酒店
JW酒店
酒店
华氏88
Pudu Lama
酒店
Star商店
丽思卡尔顿大酒店
Jl. Bukit Bintang
阿格拉酒店
武吉免登 p.38
Bukit Bintang
都汽车站
酒店
Jl. Bukit Bintang
Lot10
Bukit Bintang
Jl. Kemuning
人民广场
Plaza Rakyat
Jl. Pudu大街
Jl. Alor
马来西亚大酒店
Jl. Imbi
Jl. Kampung
Jl. Inai
吉隆坡皇家公园酒店
Jl. Tun Razak
Jl. Pudu
安邦线/斯里八打灵线
武吉免登大街
吉隆坡联邦酒店
双威购物广场
Jl. Utara
Jl. Delima
Jl. Melati
吉隆坡梅里亚酒店
Imbi
燕美路
Jl. Barat
Jl. Melur Punai
Jl. Galloway
时代广场
Jl. Horley
Jl. Tun Razak大街
p.50～51
吉隆坡时代成功广场酒店
Jl. Hang Jebat
富都监狱
Penjara Pudu
Jl. Chan Wing
Jl. Selatan
皇家雪兰莪俱乐部
Royal Selangor G.C.
国家体育馆
Stadium Negara
Hang Tuah
Hang Tuah
Jl. Pudu路
Jl. Cangkat
体育场
Stadium Merdeka
Jl. Hang Tuah
Jl. Nyonya
富都
Pudu
Jl. Davis
Jl. Kenanga
Jl. Pudu
K
Jl. Kampung Pandan
L
马路里花园
Taman Maluri
Jl. Maharajalela大街
Jl. Maharajalela
Jl. Kijang
Jl. Seladang
Jl. Pelandok
Jl. Rusa
Jl. Jarrett
吉隆坡文雅酒店 p.102
富都
Pudu
Jl. Beruang
Jl. Yew
Jl. Tun Razak
Lrg. Cochrane
Jl. Cheong Yoke Choy
Jl. Nakhoda Yusof
Jl. Temenggong
Jl. Pasar
Jl. Wisma Putra
Jl. Lapangan Terbang
Jl. Loke Yew
Jl. San Peng
Jl. Pasar Baharu
富都市场
Pudu Market
Jl. Nicholas
Jl. Cochrane
Jl. Coales
Jl. Sungai Besi
安邦、双威购物广场
Jl. Peel
Jl. Mcconechy

金三角
Golden Triangle
吉隆坡塔 p.60
KL Tower
360全景餐厅 p.74
咖啡山公园
Bukit Nanas Recreational Park
咖啡山
Bukit Nanas
Jl. Puncak
Lorong P.Ramlee
Jl. Sultan Ismail
苏丹伊斯迈尔路
KL单轨
安邦大街
Jl. Ampang
萨洛玛小酒馆 p.74
旅游信息咨询中心
新世界文艺复兴酒店
硬石咖啡厅 p.93
新故乡酒楼 p.76
情趣餐厅 p.83
吉隆坡协和酒店 p.100
Menara IMC
p.99 吉隆坡万丽酒店
p.81 潘佛
p.80 日本餐厅
p.76 香宫
p.100 吉隆坡香格里拉大酒店
Bangunan Amanah Capital
UBN
Ming Fung
Mui Plaza
月吧 p.92
酒店
Wisma Nusantara
p.88 威特洛购物广场
Menara Weld
Wisma MPL
Wisma Pekerti
Lrg. Ceylon
Plaza See Hoy Chan
Changkat Raja Chulan
p.75 新派马来菜
Jl. Bukit Ceylon
Jl. Raja Chulan
Jl. Raja Chulan大街
Wisma Budiman
丹麦大使馆
Dang Wangi
KLCC
Jl. Raja Abdullah
Perkasa Finance
Wisma Mat Jan
新加坡航空
Singapore Airlines
CI Holding
Wisma USF
SRK Convent Bt. Nanas 1&2
Sekretariat USKUP Agung K. L.
Sek Men St. John Bkt Nanas
Menara Olimpia
Jl. Bukit Nanas
Korej Rima
Menara Hulipurpose
S. Kelang
Capital Square
长途汽车站
Menara Hulipurpose
巴生河
安邦线/斯里八打灵线
Jl. Doraisamy
亚洲文化遗产保护中心
Jl. Munshi Abdullah
Wilayah Complex
Jl. Dang Wangi
Jl. Dang Wangi大街
Campbell Complex
City One
Semua House
诺贝尔酒店 p.104
Wisma Shen
Jl. Bunus
India
Jl. Masjid India
宫酒店
Pasaraya Selangor
Wisma A/A
Wisma ABB
Sek. Keb St. John 1&2
Bangunan Ming
Takaful Nasional
Menara Bumiputra
Wisma Yakin
印度清真寺
Masjid India
Wisma Hang Lekiu
Wisma AMGM
Jl. Gereja
Wisma TAS
Ampang
Wisma Damansara
Wisma Bandar
Lebuh Ampang
Tun Hs Lee
Pertama Complex
塔纳梅拉美容院 p.70
KL崇光百货 p.88
平民餐厅 p.81
Jl. Tuank Abdul Rahman
p.104 K酒店
Menara UOB
p.83 怀旧咖啡厅
p.104 体育场酒店
KWSP
科洛西姆剧场 p.39
Coliseum Theater
印度人街・坡
Lorong Gombak
Wisma Bandar
TNB
Menara UAB
Majlis Peguam
Wisma Lee Rubber
占美清真寺
Masjid Jamek
占美清真寺 p.57
Jl. Raja Laut
Jl. Raja Laut大街
Wisma PKNS
Menara Tun Razak
市政府
Bangunan DBKL
圣玛利亚教堂 p.57
Cathedral of St. Mary the Virgin
Mahkamah Tinggi p.56
皇家雪兰莪俱乐部
Royal Selangor Club
独立广场 p.56
Merdeka Square
Jl. Kuching
班达拉亚
Bandaraya
国家银行
Bank Negara
国家银行博物馆 p.57
巴生河
S. Gombak
LTM
去往郊区

吉隆坡市区
（独立广场、唐人街周边）
0
300m
苏丹阿都沙末大厦 p.56
Sultan Abdul Samad Building
Bgn. Citibank
Bgn. KYB
Wisma Lin Ho
Jl. Silang
Tun Perak
马来亚银行
Menara Maybank
Pesiaran Maybank
Jl. Pudu Lama
Istana Pahang
Jalan Raja Chulan
City Gardens Condominium
SRJK Nan Kai
Tung Shin
Maternity Hospital
City Gardens
Condominium
Jl. Sahabat
第八宾馆 p.104
Tingkat Tong Shin
Jl. Raja Lebuh
Pasar Besar
纤维博物馆
Bgn. Bank
pertanian
Malaysia
购物中心
Bgn. Fung Keong
盘古银行
Bgn. Bangkok Bank
梅维尤
荣誉酒店 p.104
Wisma Lai Choon
Sinar Kota
Lrg. Pudu
Jl. Lebuh Pudu
Jl. Petaling
中环市场 p.91
Central Market
亚达布米大厦
Kompleks Daya Bumi
Bgn. Hong Leong
大家购物中心 p.88
Wisma Fui Chiu
Jl. Cheng Lock
富都汽车站 p.338
Puduraya Bus Station
人民广场
Plaza Rakyat
Chinese Maternity Hospital
Jl. Pudu路
Jl. Pudu
Wisma Global
诺瓦酒店
Plaza Magnum
瑞士花园酒店
Wisma Magnum
Jl. Robertson
吉隆坡安卡桑酒店 p.102
Jl. Cheng Lock大街
惠勒客栈 p.105
p.90 私人百货商场
p.105 背包客酒店
Jl. Hang Lekir
p.90 私人百货商店
Jl. Sultan
Jl. Wesley
吉隆坡瑞士旅馆 p.102
背包客客栈 p.105
唐人街 p.58
Chinatown
Lorong Bandar
中央邮局
Jl. Tugu
p.58 马哈马里安曼兴都庙
Sri Mahamariamman Temple
Jl. Sultan
Hs Lee
Pasar Seni
紫藤茶艺学习中心 p.91
Jl. Hang Jebat
Y.W.C.A.
SRJK Jin Davidson
MCA Plaza
Jl. Sin Chee Kee
City Park Apartment
Jl. Galloway
警察局
中央市场汽车站 p.339
Pasar Seni Bus Station
Sultan Mohamed
火车站专用车道
警察局
Tun
Jl.
娘惹菜馆 p.77
Jl. Petaling大街
Jl. Petaling
Tunas Utama
体育场
Stadium chinwoo
Changkat Pavilion
Jl. Cangkat Stadium
Jl. Hanr Jebat
警察局
国家体育
Stadium Negara
KL单轨
武吉免登
富都监狱
Penjara Pudu
汉都亚路
汉都亚
Hang Tuah
汉都亚
Hang Tuah
基纳巴卢大街
Jl. Kinabalu
Bulatan Merdeka
陈氏书院 p.58
Chan See Shu Yuen
Jl. Stadium
Jl. Stadium
吉隆坡火车站 p.59
KL Railway Station/
Stesen Keretapi
Wisma Tun Sambanthan
Bgn. Sime Bank
Jl. Sultan Sulaiman
Wisma Pahlawan
p.58 中国大会堂
Chinese Assembly Hall
紫藤茶餐厅 p.77
Jl. Akar
观音寺 p.58
Kuan Yin Teng
马哈拉惹里拉路
Maharajalela
默迪卡体育场
Stadium Merdeka
Sek Men Victoria
Jl. Kenanga
中环车站
中环车站
中环车站

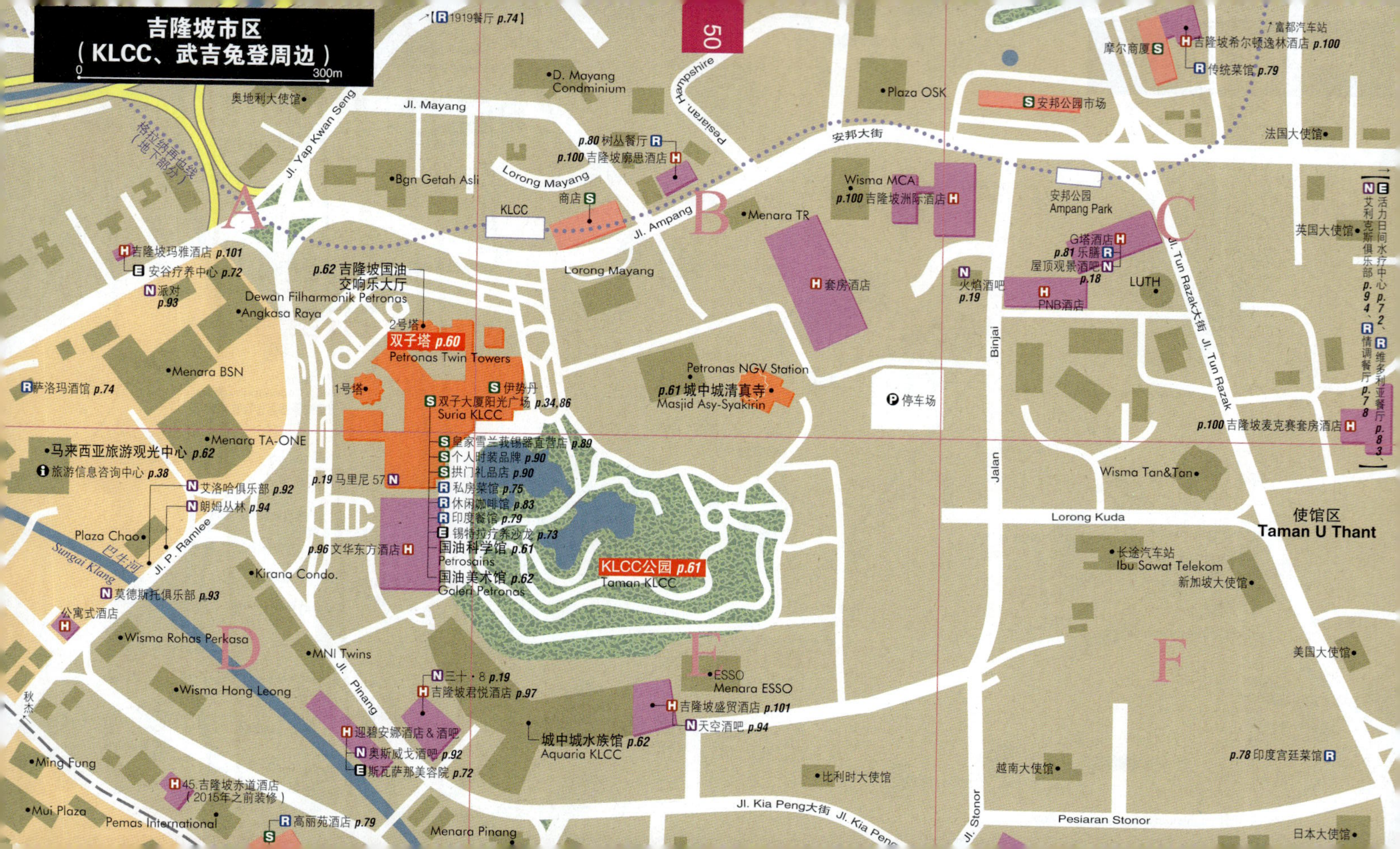

吉隆坡市区
（KLCC、武吉免登周边）
0
300m
50
1919餐厅 p.74
D. Mayang Condminium
Plaza OSK
摩尔商厦
吉隆坡希尔顿逸林酒店 p.100
富都汽车站
传统菜馆 p.79
安邦公园市场
奥地利大使馆
Jl. Mayang
格拉纳再也线（地下部分）
Jl. Yap Kwan Seng
p.80 树丛餐厅
p.100 吉隆坡廊思酒店
Pesiaran Hampshire
安邦大街
法国大使馆
Bgn Getah Asli
Lorong Mayang
Wisma MCA
p.100 吉隆坡洲际酒店
安邦公园 Ampang Park
商店
KLCC
Jl. Ampang
Menara TR
英国大使馆
吉隆坡玛雅酒店 p.101
安谷疗养中心 p.72
派对 p.93
p.62 吉隆坡国油交响乐大厅
Dewan Filharmonik Petronas
Angkasa Raya
Lorong Mayang
套房酒店
火焰酒吧 p.19
G塔酒店
p.81 乐膳
屋顶观景酒吧
p.18
PNB酒店
LUTH
Jl. Tun Razak大街
Jl. Tun Razak
活力日间水疗中心 p.72
艾利克斯俱乐部 p.94
情调餐厅 p.78
维多利亚餐厅 p.83
2号塔
双子塔 p.60
Petronas Twin Towers
Menara BSN
1号塔
伊势丹
双子大厦阳光广场 p.34、86
Suria KLCC
Petronas NGV Station
p.61 城中城清真寺
Masjid Asy-Syakirin
停车场
Jalan Binjai
p.100 吉隆坡麦克赛套房酒店
萨洛玛酒馆 p.74
Menara TA-ONE
马来西亚旅游观光中心 p.62
旅游信息咨询中心 p.38
皇家雪兰莪锡器直营店 p.89
个人时装品牌 p.90
拱门礼品店 p.90
私房菜馆 p.75
休闲咖啡馆 p.83
印度餐馆 p.79
锡特拉疗养沙龙 p.73
国油科学馆 p.61
Petrosains
国油美术馆 p.62
Galeri Petronas
艾洛哈俱乐部 p.92
朗姆丛林 p.94
p.19 马里尼 57
Wisma Tan&Tan
Lorong Kuda
使馆区
Taman U Thant
Plaza Chao
Sungai Klang
巴生河
Jl. P. Ramlee
p.96 文华东方酒店
KLCC公园 p.61
Taman KLCC
长途汽车站
Ibu Sawat Telekom
新加坡大使馆
Kirana Condo.
莫德斯托俱乐部 p.93
公寓式酒店
Wisma Rohas Perkasa
D
MNI Twins
E
ESSO
Menara ESSO
F
美国大使馆
Wisma Hong Leong
Jl. Pinang
三十·8 p.19
吉隆坡君悦酒店 p.97
吉隆坡盛贸酒店 p.101
天空酒吧 p.94
秋杰
迎碧安娜酒店＆酒吧
奥斯威戈酒吧 p.92
斯瓦萨那美容院 p.72
城中城水族馆 p.62
Aquaria KLCC
越南大使馆
p.78 印度宫廷菜馆
Ming Fung
45.吉隆坡赤道酒店（2015年之前装修）
比利时大使馆
Mui Plaza
Pemas International
高丽苑酒店 p.79
Menara Pinang
Jl. Kia Peng大街
Jl. Kia Peng
Jl. Stonor
Pesiaran Stonor
日本大使馆
A
B
C

Menara Dion
Jl. Tengah
N 合力空中酒吧 p.18
治疗中心
Menara Promet
Wisma Genting
Raja Chulan
Wisma Cosway
Jl. Perak
Jl. Kia Peng
H 套房酒店
R 客家饭店 p.77
Bangunar Amanah Capital
Wisma Lim Foo Young
p.76 马可波罗餐厅 R
Menara Boustead
Wisma MISC
H 吉隆坡太子酒店 p.99
Jl. Cangkat Kia Peng
Istana Perlis
Istana Terengganu
Istana Kelantan
Jl. Conlay
皇家酒店 H
NCCIM
Wisma Jantung Malaysia
吉隆坡手工艺品中心 p.61
Kompleks Budaya Kraft
S 克里奈克手工艺品中心 p.90
Jl. Raja Chulan
LTAT
Menara Worldwide
吉隆坡皇家公园套房酒店 p.98
H
p.96 伊斯塔娜酒店 H
p.74 塔玛酒馆 R
Lrg. Ceylon
Jl. Mesui
Jl. Nagasari
N 拒绝晚礼服酒吧 p.94
N J&P魔法屋餐厅 p.93
Menara Genesis
Menara Shahzan Insas
S 帕威廉购物中心 p.34,86
R 一番屋 p.80
R 勒八 p.81
R 面包屋 p.83
R 鼎泰丰 p.76
E 温泉鱼疗中心 p.73
Wendy旅行社 p.69
Central Plaza
武吉免登 p.38
Bukit Bintang
Wisma Jerneh
p.71 升禧美容院 E
Light Style
Menara Keck Seng.
p.98 吉隆坡万豪大酒店 H
H 酒店
H 吉隆坡帝盛酒店 p.98
Jl. Beranagan
斯特拉餐吧 p.79
H 武吉免登瑞帕利卡客栈 p.105
帝国酒店
p.97 吉隆坡千禧大酒店 H
Changkat Bukit Bintang
H 吉隆坡富丽华酒店 p.103
H 幸福特因客栈 p.105
p.103 阿格拉酒店 H
H 港龙酒店 p.105
R 龙记菜馆 p.77
R 酷餐厅 p.82
H 吉隆坡太阳酒店 p.103
Allson Genesis
p.103 吉隆坡星光传统酒店 H
阿罗街大排档 p.85
Jl. Alor
S 华氏88广场 p.87
Fahrenheit88
p.97 吉隆坡皮科洛酒店 H
Wisma Peladang
Menara Berjaya Prudential
Jl. Gading
S 升禧廊购物中心 p.87
Star Hill Gallery Center
R 美食餐厅 p.75
R 权兵卫 p.80
R 舒克餐厅 p.82
R 杰克烤肉店 p.82
E 艾希内尔足底反射疗养中心 p.73
H 丽思卡尔顿大酒店 p.96
E 吉隆坡SPA美容度假村 p.70
Wisma Imbi
Jl. Grenier
Yayasan Selangor
武吉免登 Bukit Bintang
S Lot10 p.86
Jl. Sultan Ismail
Jl. Walter Grenier
Jl. Bukit Bintang
H 吉隆坡马来西亚大酒店 p.102
瑞宝足底反射按摩室 p.73 E
武吉免登大街 p.38
H 酒店
p.88 金河广场 S
Sungei Wang Plaza
S 武吉免登广场 Bukit Bintang Plaza
BB park
Jl. Bulan
S 刘蝶广场 p.87
R 澳洲牛排店 p.83
S 菲尼蜡染 p.90
p.77 广东菜馆 R
Jl. Imbi
H 吉隆坡皇家酒店 p.102
H 吉隆坡皇家公园酒店 p.98
p.77 新峰肉骨茶 R
Medan Imbi
S 林明记 p.33
Jl. Jati
吉隆坡皇家大酒店 p.99
吉隆坡联邦大酒店
p.98 吉隆坡梅里亚酒店 H
燕美广场
Imbi Plaza
阿墨达大楼
吉隆坡JCB广场 p.36
KL单轨
燕美路
Jl. 1/77B
Lorong Pudu
Sun Complex
Imbi
Plaza Berjaya
H 吉隆坡贝拉亚时代广场酒店 p.97
S 吉隆坡时代广场 p.34,87
R 海南鸡饭 p.75
R 首相餐厅 p.75
E 陈女士足底反射疗养中心 p.73
Sek Ren Jen Keb Jin Imbi
Jl. Khoo Teik Ee
Jl. Barat
Jl. Melur Punai
Jl. Kemuning
Jl. Utara
Jl. Melati
Jl. Kapung
S 倍乐思巧克力店 p.91
Jl. Inai
Jl. Delima
Jl. Bukit Bintang
Citroen
科威特大使馆
印度尼西亚大使馆
p.79 湃思纪印度餐厅 R
Wisma Inai
The Forum Condominium
Menara AA
RHB Centre
Jamina Filem
G
H
I
J
K
L

吉隆坡 市 内 交 通

TRAFFIC OF KUALA LUMPUR

吉隆坡的主要交通工具是单轨列车（KL）和轻轨（LRT）。如果去吉隆坡郊区或周边城市的话，可以乘坐电动火车（KTM）。

KL单轨列车
KL Monorail

KL单轨列车于2003年开始正式运行，是吉隆坡最发达、最便捷的交通工具。单轨列车只有两节车厢。起点是吉隆坡中环车站，所经路线贯穿吉隆坡市最主要的商业区、夜店区及蒂蒂旺莎。从基隆坡乘坐单轨列车可以直达武吉免登和时代广场（p.87），途中可以换乘其他交通工具。

HP www.myrapid.com.my

单轨列车每个车站内都有路线图和价格表

◇**运行时间**

6:00~24:00；客流高峰期每隔4~5分钟发车，非客流高峰期每隔7~20分钟发车。

◇**车费**（※以KL中环车站为例）

马哈拉惹里拉车站（唐人街） RM1.60

燕美车站（毗邻时代广场） RM1.60

武吉免登站 RM2.10

秋杰站 RM2.50

如何乘车

❶买票

将目的地告知售票窗口的工作人员，使用现金买票（无自动售票机）。车票分为一次性车票和套票（面值RM20、RM50）。

售票窗口。建议提前备好零钱

❷检票

将车票在自动检票机上刷一下，检票口的门会自动打开。

车票为圆形

❸上车

有A、B两个站台。进入站台之后无须再次检票。等待车辆停稳后上车。车内有英语广播和马来语广播。

乘车途中可以欣赏吉隆坡市景。车内有空调

重要信息 吉隆坡的铁路网

吉隆坡拥有马来西亚唯一的城市铁路网。为缓和首都圈内拥堵的交通状况，马来西亚当局致力于扩张吉隆坡铁路网，力图使市民坐上实惠、舒适、方便、准时的交通工具。目前，马来西亚提出的计划是继续延长轻轨LRT的格拉纳再也线和斯里八打灵线，使这两条线路在南部的太子高地站相连接，并将该站作为终点站。

另外，政府计划开发MRT（大众快运系统）铁路网。该计划所涉及的交通路线总长度为51千米，连接吉隆坡南北郊区，并有地下隧道贯穿整个吉隆坡市区。该工程目前已正式开工，预计于2017年竣工。

吉隆坡发展多种公共交通工具，减少了家庭用车的开支和私家车所带来的环境污染。

轻轨LRT
Light Railway Transit

LRT（轻轨）共有安邦线、斯里八打灵线和格拉纳再也线三条线路运行，与KL单轨列车同属一家公司。

地铁入口标志

◇**运行时间**
6:00~23:00运行，客流高峰期每隔4~5分钟发车，非客流高峰期每隔10~15分钟发车。

安邦线/斯里八打灵线

起始站点为洗都东站和安邦站，与斯里八打灵线重合，由六节车厢组成。

◇**车费**［※占美清真寺（独立广场周边）等主要车站］
人民广场（巴士终点站） **RM1.20**
蒂蒂旺莎（巴士终点站） **RM1.20**
PWTC（世界贸易中心） **RM1.20**
新街场（赛马场） **RM1.70**

格拉纳再也线

始发站点为鹅麦和格拉纳再也。共有两节车厢。

◇**车费**（※KL中环车站等主要车站）
孟沙站 **RM1.00**
中央市场（唐人街） **RM1.00**
占美清真寺（独立广场周边） **RM1.30**
KLCC站（双子星塔） **RM1.60**
★从孟沙站步行前往孟沙市区大约20分钟，乘坐出租车大约5分钟

电动火车（KTM）
KTM Commuter

KTM连接吉隆坡市区、郊区以及吉隆坡周边城市。共有两条线路。

HP www.ktmkomuter.com.my

◇**运行时间**
5:30~24:00，每小时内发车2~3次。

KL中环车站~巴生港线

◇**车费**（※KL中环车站等主要车站）
梳邦机场站
RM1.30
莎阿南站（蓝色清真寺）
RM2.50
巴生港站（巴生港）
RM4.30

万饶~芙蓉市线

◇**车费**（※KL中环车I站等主要车站）
谷中城站 **RM1.00**
沙登站
RM1.70
尼莱站（机场巴士始发站）
RM4.70
芙蓉站（芙蓉市中央大街）
RM6.00

出租车 TAXI

与轨道交通工具相比，出租车具有更为快捷、灵活的优点。马来西亚的出租车起步价不高，适合出游时乘坐。目前，吉隆坡市区共有大约1万台出租车，外出打车非常方便。

◇出租车收费及乘坐方法

吉隆坡的出租车基本上都是打表计价。起步价为前1公里RM3。超过1公里之后，每115米或每21秒收费10分。夜间（晚上24：00~翌日6:00）打车加收50%的费用，高速费另算。可以在路边的出租车招停点打车，也可以打电话叫车（打电话叫车需加收RM3的叫车费）。在酒店门口候客的出租车一般也会收取额外的服务费。KL中环车站的售票处出售出租车打车代金券。

◇乘坐出租车的注意事项

吉隆坡的出租车一般是打表计价，但有的司机会根据目的地远近和道路状况采取不打表计费的方式。在未与乘客达成一致的情况下，不按照计价器收费可视作是宰客行为，乘客有权投诉。乘坐出租车时，建议避开早高峰和晚高峰。

交通高峰期建议乘坐KL单轨列车

吉隆坡的出租车公司

- Comfort Radio Cabs
  ☎03-8024-2727
- Public Cab
  ☎03-6259-2020（24小时热线服务）
- Sunlight Cab
  ☎1300-800-222

巴士 Bus

吉隆坡的巴士有两种：巴士快线和地铁巴士。乘坐巴士按地区收费，票价RM0.90~RM2.50。Hop-on、Hop-off观光汽车是专门面向游客的观光服务车（运行时间9:30~20:00/RM45），每隔15~30分钟发车。KLCC—武吉免登和中央市场—武吉免登区间有免费的巡回巴士GO-KL运行。

◇乘坐巴士的注意事项

巴士站牌带有大大的防雨遮板，非常醒目。如果候车乘客较少、且未及时示意司机停车时，巴士可能不停车直接开往下一站。

巴士快线 Rapid KL

途经吉隆坡市区各大主要景点。此外，还可以乘坐该巴士去往博物馆（p.66）和国家动物园（p.66）。

巴士快线的车厢外观为红、白、蓝三色相间

地铁巴士 Metro Bus

连接吉隆坡近郊梳邦再也巴士终点站和吉隆坡市区。可以乘坐该巴士去往绿野坊广场（p.34）。

地铁巴士的车身为白色和蓝色相间

观光

吉隆坡

独立广场周边

独立广场周边有很多历史建筑。

独立广场

Merdeka Square

建筑

MAP ●剪切地图-16、p.48-D

1957年8月31日，英国国旗缓缓落下，马来西亚国旗冉冉升起，向世人宣布马来西亚正式独立。长达100米的旗杆是全世界第一高的旗杆，国旗周围簇拥着马来西亚各个州的旗帜。独立广场面积为8.2公顷，每年都会在这里举行国庆庆典与各项赛事等。广场上还有一座修建于1897年的喷泉。

苏丹阿都沙末大厦

Sultan Abdul Samad Building

建筑

MAP ●剪切地图-17、p.49-G

苏丹阿都沙末大厦坐落于独立广场对面，这座摩尔式的砖瓦大楼修建于1894年，是由英国著名建筑师A.C.Norman主持设计建造的。大厦顶端华丽的钟塔被人们看作是吉隆坡的象征之一。在英国统治时期，苏丹阿都沙末大厦曾是联邦调查局所在地。目前大厦未全部对外开放，仅在8月和周末允许游客进入参观。

■苏丹阿都沙末大厦

原为最高法院，禁止游客参观，位于大厦左侧的纤维博物馆如今已正式对外开放。

开 9:00~18:00 RM 免费

交 从LRT占美清真寺车站步行约10分钟

苏丹阿都沙末的圆拱形柱廊非常漂亮

皇家雪兰莪俱乐部

Royal Selangor Club

建筑

MAP ●剪切地图-16、p.48-D

皇家雪兰莪俱乐部位于独立广场东侧，是一座迷人的仿都德式建筑。在殖民地时期，这里是各国上流人士的社交场所。如今这里仍旧是社会精英的聚集地，经常可以看见社会知名人士的身影。

■皇家雪兰莪俱乐部

皇家雪兰莪俱乐部以及门前的草坪区域非会员不得进入

交 从LRT占美清真寺车站步行约10分钟

褐色的屋顶和绿色的草坪相互辉映

街角一览

独立广场：马来西亚独立纪念日庆祝场所

1957年8月31日，马来西亚正式脱离了英国的殖民统治，开始了独立自主的现代化进程。

马来西亚每年都会在独立广场举行独立纪念日庆祝活动。1957年8月31日，马来西亚的第一任首相——端姑·阿卜杜勒·拉赫曼在广场上面向国民连续高喊三声："Merdeka（独立）！"，向全世界宣告马来西亚正式摆脱了英国的殖民统治。马来西亚独立之后，政府特地在马六甲修建了马来西亚独立纪念馆，马来西亚独立仪式就是在该纪念馆前的草坪上举行的。

独立广场不仅是举行国庆庆典仪式的场所，也是市民们节假日休闲娱乐的好去处。

圣玛利亚教堂
Cathedral of St.Mary the Virgin

教堂　MAP ●剪切地图-10、p.48-D

圣玛利亚教堂位于独立广场北侧，是英国统治时期修建的教堂。该教堂与苏丹阿都沙末大厦一样，由英国建筑师A.C.Norman主持设计，于1894年正式竣工。英国女王伊丽莎白曾专门造访。教堂有管风琴乐队，每个周日都会在这里进行表演。

■圣玛利亚教堂
开 9:00~13:00、14:00~16:30（周六至12:30） 休 周日
交 从LRT占美清真寺车站步行约10分钟

造型别致漂亮的圣玛利亚教堂

占美清真寺
Masjid Jamek

清真寺　MAP ●剪切地图-17、p.48-D

坐落于巴生河与鹅麦河交汇处，修建于20世纪初期，是吉隆坡市内最古老的清真寺。白色洋葱头形状的穹顶、素烧瓦砖墙、白色大理石地板和拱形柱廊非常漂亮。每周五有很多信徒前来做礼拜。

椰树围绕之中的占美伊斯兰清真寺

■占美伊斯兰清真寺
开 8:30~12:30、14:30~16:30
休 周日　交 从LRT占美清真寺车站步行约3分钟

国家银行博物馆
Bank Negara Museum

博物馆　MAP ●剪切地图-9、p.48-A

位于国家银行（Bank Negara）内。博物馆内展示了马来西亚迄今发行过的纸币、硬币、军票以及现行货币，可以全面而详细地了解马来西亚的货币历史。博物馆戒备森严，有专门导游陪同讲解。

■国家银行博物馆
☎ 03-9179-2784
开 10:00~18:00
休 无　RM 免费
交 从KTM国家银行车站步行约5分钟

端姑·阿卜杜勒纪念馆
Tuanku Abdul Rahman Putra Memorial

建筑　MAP ●剪切地图-2、p.46-E

为纪念马来西亚第一位首相——端姑·阿卜杜勒·拉赫曼而修建的纪念馆。该纪念馆毗邻马来西亚首相府，曾是端姑·阿卜杜勒·拉赫曼的办公场所和住所，在马来西亚独立之前是英国政府的办公大楼。纪念馆保存着与端姑·阿卜杜勒·拉赫曼有关的纪念品和与马来西亚独立运动相关的资料等珍贵文物。

■端姑·阿卜杜勒纪念馆
☎ 03-2694-7277
开 10:00~17:30
休 周一　RM 免费
交 从KTM国家银行车站步行约10分钟

沉稳大气的端姑·阿卜杜勒·拉赫曼纪念馆

吉隆坡

观光

唐人街周边

唐人街洋溢着永恒的魅力与激情。

■马哈马里安曼兴都庙

开 6:00至翌日1:00

需在门口处脱鞋光脚进入（鞋子寄存费20分）

交 从LRT中央市场车站步行3分钟

马哈马里安曼兴都庙外壁布满了色彩鲜艳的浮雕

■陈氏书院

开 8:30~19:00（周六、周日至17:00）

交 从KL单轨马哈拉惹里拉车站步行3分钟

■观音寺

开 9:00~17:00

交 从KL单轨马哈拉惹里拉车站步行3分钟

■中国大会堂

开 9:00~17:00

交 从KL单轨马哈拉惹里拉车站步行3分钟

中国大会堂位于马哈拉惹里拉大街尽头处

马哈马里安曼兴都庙

Sri Mahamariamman Temple

寺院

MAP ●剪切地图-24、p.49-J

马哈马里安曼兴都庙是吉隆坡最大的印度教神庙，修建于1873年，曾在1999年进行了改建，重新涂刷了塔的颜色，较之以前更加漂亮。在一年一次的印度大宝森节上，众信徒给两头牛装扮好，让牛拉着载有神像的车从这里走到黑风洞。

陈氏书院

Chan See Shu Yuen

寺院

MAP ●剪切地图-24、p.49-K

1897年为纪念陈氏家族而修建的寺院。寺院的外观、内饰均运用大量精巧别致的中国广东风格雕饰，具有很高的观赏价值。周末会在寺院内宽阔的草坪上举行舞会、歌会、书法大赛等活动。

寺院墙壁上雕刻着关于中国神话的浮雕

观音寺

Kuan Yin Teng

寺院

MAP ●剪切地图-24、p.49-K

观音寺位于马哈拉惹里拉大街对面，是中国佛教寺院，墙壁为白色。与旁边的陈氏书院相比，这里显得更加朴素宁静。到观音寺祭拜的信徒多为中国广东、福建等地区的华裔后代。

观音寺白色的墙壁

中国大会堂

Chinese Assembly Hall

建筑

MAP ●剪切地图-24、p.49-J

位于唐人街南端，马哈拉惹里拉大街的尽头处。中国大会堂内设有集会堂和餐厅，是马来西亚华人的聚集地和社交场所。平日里也有不少游客到这里参观。

观光

吉隆坡火车站周边

古新建筑混合，车水马龙、川流不息。

吉隆坡火车站

KL Railway Station / Stesen Keretapi

建筑

MAP ●剪切地图-23、p.49-J

吉隆坡火车站始建于1885年，1911年经过改建之后正式开通。吉隆坡火车站作为马来西亚铁路的象征，为南来北往的乘客提供优质的服务。但如今，吉隆坡火车站已被KL 中环车站取代，只剩下电动火车（KTM）在此停靠。

马来西亚铁道局

Railway Offices / Ibu Pejabat Keretapi

建筑

MAP ●剪切地图-23、p.46-J

马来西亚铁道局位于吉隆坡火车站对面，是马来西亚铁道部办公的地方。铁道局和火车站宿舍都是由英国设计师主持设计，是典型的摩尔式建筑。铁道局外壁用火山石堆砌而成，显得非常威严大气。

天后宫

Thean Hou Temple

寺院

MAP p.45-D

豪华大气的天后宫

天后宫修建于19世纪80年代，是一座中国道教寺院，也是东南亚规模最大的寺院之一。寺院的屋顶、柱廊、内饰多采用浮雕装饰，看上去非常辉煌大气。在寺院顶楼可以远眺吉隆坡街景。平日里有很多香客前来供奉。

旧王宫

Istana Negara

建筑

MAP p.46-J

马来西亚国王的宫殿。旧王宫最初曾是华人富商陈振永的私人住宅，修建于1928年。在战争年代，日本军队曾在这里驻扎。后来，马来西亚的国王搬入，将这里作为自己的王宫。马来西亚的国王从各州苏丹和州长中选出，每届任期为五年。

从远处眺望旧王宫

■吉隆坡火车站

车站内有超市、食堂、邮局、宿舍等设施。

吉隆坡火车站（上）对面的建筑物就是马来西亚铁道局（下）

■天后宫

开 8:00~20:00

交 从KTM 谷中城站乘坐出租车约5分钟

■旧王宫

＊平日不对外开放。旅游旺季时可以进入参观。

开 9:00~17:00

交 从KL中环车站乘坐出租车约5分钟

吉隆坡塔和双子塔

在高楼耸立的吉隆坡建筑群中，最引人注目的当属吉隆坡塔和双子塔。这两座塔可以说是马来西亚的象征性建筑。让我们登上这两座名塔，将吉隆坡的景色尽收眼底。

吉隆坡塔 KL Tower

MAP ●剪切地图-11、p.48-F

吉隆坡塔于1996年5月正式竣工，总高度达421米，是世界上最高的混凝土塔。加之吉隆坡修建在吉隆坡中心地带偏东的咖啡山上，远看更显得异常高大。球形尖顶的设计灵感来源于马来西亚人常玩的陀螺，塔身的装饰风格透露着浓厚的阿拉伯风情。

吉隆坡塔除了作为通信大楼外，还设有瞭望台和顶楼的Atmosphere360度全景餐厅（p.74）。乘坐高速电梯可以从底层一楼直达总高度为276米的瞭望台，而全程仅需1分钟。在瞭望台可以360度全方位欣赏吉隆坡的市景。吉隆坡塔附近还有多种娱乐项目，比如可以在塔下的小森林里散步（forest in the city）、在迷你动物园看动物（animal zone）、骑马、观看F1雪邦大奖赛、游览文化村（culture village，需购票）等。

吉隆坡塔上的瞭望台

HP www.menarakl.com.my 开 9:00~22:00（售票时间至21:30）休 无

RM ①全票：成人RM117、儿童RM87②基本项目套票（瞭望台、森林漫步+动物园等项目中二选一）：成人RM57、儿童RM37③导游陪同（包含所有娱乐项目的套票）：成人RM127、儿童RM97 ☎03-2020-5444

交 有免费班车从环球大厦对面开往吉隆坡塔。每天9:00~17:45，每隔15分钟发车

※可以租赁耳机式导游解说播放器

双子塔 Petronas Twin Towers

MAP ●剪切地图-6、p.50-A

双子塔高452米，地上建筑共88层，是世界上最高的双塔楼。这两幢高楼分别由日本和韩国的建筑公司承建，在两幢高楼的中间部分有空中桥梁连接，空中桥梁为法国建筑公司建造。整个建筑过程历时两年半，最终于1998年正式竣工。双子塔隶属于马来西亚国营石油公司总部，所以也叫作国油双峰塔。

美国动作电影《偷天陷阱》中，男主角就是从这里成功逃脱的。早些时候，双子塔还未正式开放，禁止游客进入参观。最好的瞭望地点是41层的空中桥梁。游客先进入塔2，在候梯室等候电梯。候梯室内挂有双子塔修建过程中拍摄的照片。电梯到来后，经X射线检查完行李之后即可进入电梯。电梯停在距离地面170米的空中桥梁处，正下方就是KLCC公园，可以在这里俯瞰吉隆坡的美丽景色。瞭望台的高度较吉隆坡塔瞭望台要低100米，但是并不影响游客俯瞰吉隆坡全景。节假日期间游客较多，建议早点去。

站在双子塔上眺望KLCC公园

HP www.petronastwintowers.com.my

开 9:00~21:00（售票处8:30~，每天的参观人数是有限的，建议提前一天预订）

休 周一、周五13:00~14:30 ☎03-2331-8080

RM 空中桥梁+86层瞭望台：成人RM80、儿童RM30

交 从KLCC车站步行2分钟

吉隆坡

观光

KLCC周边

时尚大厦鳞次栉比，凸显现代都市氛围。

国油科学馆

Petrosains

建筑

MAP ●剪切地图-6、p.50-D

国油科学馆隶属于马来西亚国营石油公司，入口处位于阳光广场四楼。这里详细介绍了马来西亚石油与石油产业的历史，游客可以通过幻灯片解说、石油知识猜谜游戏等娱乐活动更好地了解石油。

KLCC公园

Taman KLCC

建筑

MAP ●剪切地图-6、p.50-E

KLCC公园内漂亮的喷泉

公园位于双子塔南侧。这里曾经是赛马场，但是后来在双子塔修建过程中破坏了部分赛马场场地，于是政府将之改建为公园。公园内有喷泉、游泳池、水池，很多人喜欢到这里游玩。

城中城清真寺

Masjid Asy-Syakirin

清真寺

MAP ●剪切地图-6、p.50-B

该教堂位于KLCC公园内，是典型的乌兹别克斯坦建筑风格。寺内建有喷泉，总共可以容纳6000余人。在当地拥有很多信徒。

吉隆坡手工艺品中心

Kompleks Budaya Kraf

观光设施

MAP ●剪切地图-21、p.51-I

马来西亚民族手工艺品综合展示中心。该区域设有手工艺品博物馆和工艺品商店，在这里能买到货真价实的马来西亚工艺品。手工艺品中心里面有艺术展区，众多擅长绘画、雕刻等艺术创作的民族艺术家经常在这里扎堆创作，游客们可以欣赏工艺品的制作过程，也可以购买他们的作品。此外，手工艺品中心内也设有面向外国游客的工艺品制作体验室。

■国油科学馆

开 平日9:30~17:30（最晚入场时间为16:00）、节假日9:30~18:30（最晚入场时间为17:00）
休 周一
RM 成人RM15、儿童（13~17岁）RM10、（3~12岁）RM5
☎03-2331-8181
交 从KLCC车站步行3分钟

国油科学馆入口

■KLCC公园

交 从KLCC车站步行5分钟

清真寺被称为是“公园内的宝石”

■城中城清真寺

开 9:00~18:00
☎03-2382-8000
交 从KLCC车站步行10分钟

■吉隆坡手工艺品中心

开 9:00~19:00　休 无
☎03-2162-7533
交 从KLCC车站步行15分钟、乘坐出租车约5分钟

手工艺品中心内的博物馆

马来西亚旅游观光中心

Malaysia Tourism Centre

观光设施　　MAP ●剪切地图-5、p.50-D

位于安邦大街。旅游观光中心为游客提供景点、酒店、交通工具等相关信息。另外，旅游观光中心内还有电脑，可免费上网。

旅游观光中心内设有小型戏院，每周会举行四次（周二、周三、周四15:00~、周六20:30~）传统舞蹈表演（门票RM5）。一些民间艺术家也会在这里举办个展。

旅游观光中心内有民族工艺品店、甜品店、餐厅（萨洛玛酒馆 p.74）等，为游客提供全方位的服务。

■马来西亚旅游观光中心
开 8:00~22:00
休 109, Jalan Ampang
HP www.matic.gov.my
交 从吉隆坡单轨列车咖啡山车站步行5分钟

国油美术馆

Galeri Petronas

美术馆　　MAP ●剪切地图-6、p.50-D

位于阳光广场三楼。该美术馆的建成是为了振兴马来西亚国内艺术以及培育年轻艺术家。馆内展示了当地艺术家们出色的绘画和雕刻作品。

■国油美术馆
开 10:00~20:00
休 周一　RM 免费
HP www.galeripetronas.com.my
交 从KLCC站步行3分钟

国油交响乐大厅

Dewan Filharmonik Petronas

建筑　　MAP ●剪切地图-6、p.50-A

位于双子塔二楼，是马来西亚国内第一个交响乐团音乐厅。马来西亚的交响乐团、管弦乐团每年都会在这里举行演奏会。除此之外，马来西亚国内外知名的乐队和歌唱家也会在这里进行音乐公演。

■国油交响乐大厅
HP www.dfp.com.my
交 从KLCC站步行约3分钟到达

城中城水族馆

Aquaria KLCC

水族馆　　MAP ●剪切地图-13、p.50-E

位于双子星塔附近的会议中心。水族馆里生活着大约150种、3500多条热带淡水鱼和海水鱼。高5.3米、长90米的水中圆形隧道异常醒目。在水中圆形隧道内可以近距离欣赏漂亮的热带海洋生物。水族馆内有很多家礼品商店，售卖个性纪念T恤等商品。

■城中城水族馆
开 10:30~20:00（最晚入馆时间为19:00）
RM 成人RM50、儿童RM40
HP www.aquariaklcc.com
交 从KLCC站步行5分钟

观光

吉隆坡

湖滨公园周边

喧嚣城市中的恬静绿洲。

湖滨公园

Taman Tasik Perdana (Lake Garden)

建筑

MAP ●剪切地图-15 22 23、p.46-I

位于吉隆坡市中心西部丘陵地区的湖滨公园，总面积约92公顷，绕公园步行一圈大约需要半天的时间。公园始建于1880年，湖滨公园的中心是一座美丽的人工湖。该公园24小时对外开放。湖滨公园内又分为飞禽、蝴蝶公园、木槿公园等几个主题公园。湖滨公园周围有很多博物馆。

驯鹿公园

Deer Park

建筑

MAP ●剪切地图-22、p.46-I

驯鹿公园总面积约2公顷，被栅栏所包围，内部有美丽的草坪和水池。公园内放养着大约十几头来自荷兰的梅花鹿和马来西亚雨林区的鼠鹿（kancil）。马来西亚人非常喜欢鹿。周末和节假日有很多家庭到这里来游玩。

木槿花园

Hibiscus Garden

建筑

MAP ●剪切地图-15、p.46-E

木槿花园

木槿花又被称为“热带花之后”。木槿花园内总共有500多种木槿花，它们在花园里竞相开放，色彩斑斓，煞是好看。

兰花园

Orchid Garden

建筑

MAP ●剪切地图-15、p.46-I

兰花园紧邻木槿花园，这里是兰花的天堂，园内总共种植着800多种兰花。兰花园里设有专门研究兰花的学术机构。每到花季时，紫色、黄色、粉色等各种颜色的兰花怒放，非常漂亮。周末会在这里举行兰花义卖会。

■湖滨公园内的交通

湖滨公园内有园内往返观光车，在指定的地点停车。公园内没有出租车，仅在飞禽公园和蝴蝶公园门口可以打到车。出租车不打表计价，车费需要与司机协商。

＊院内往返观光车

RM 每次成人RM2，儿童RM1

交 从吉隆坡火车站步行约15分钟

湖滨公园内的往返观光车

■驯鹿公园

开 9:00~18:00

休 无

RM 免费（周六、周日、节假日RM1）

交 从国家清真寺步行约10分钟

■木槿花园

开 9:00~18:00 休 无

RM 免费（周六、周日、节假日RM1）

交 从国家清真寺步行约15分钟

■兰花园

开 9:00~18:00 休 无

RM 免费（周六、周日、节假日RM1）

交 从国家清真寺步行约15分钟

兰花园内有各种兰花

■KL飞禽公园

开 9:00~18:00　休 无

RM 成人RM48、儿童RM38

交 从国家清真寺步行约10分钟

近距离欣赏珍奇的热带鸟类

■蝴蝶公园

开 9:00~18:00　休 无

RM 成人RM20、儿童RM10、持相机入内另付RM4

交 从国家清真寺步行约15分钟

■国家天文馆

开 9:30~16:30　休 周一

RM 展示场馆 免费、天文馆 成人RM12、儿童RM8

交 从吉隆坡火车站步行约20分钟

国家天文馆的入口

■国家博物馆

开 9:00~18:00　休 无

RM 成人RM5、儿童RM2（6周岁以下儿童免费入场）

交 从KL中环车站步行约15分钟

＊国家博物馆位于白沙罗大街和特雷沃大街之间。逛完湖滨公园、国家天文馆之后，可沿白沙罗大街步行来到这里。

KL 飞禽公园

KL Bird Park

建筑

MAP ●剪切地图-23、p.46-J

KL飞禽公园是东南亚面积最大的鸟兽花园。公园内共有约100多种、500多只鸟类。这里的鸟类90%以上都是马来西亚独有的热带鸟类，比如犀鸟、红鹳等。它们的羽毛颜色鲜艳，吸引游客纷纷拍照留念。和鸟儿合影需要收费。

蝴蝶公园

Butterfly Park

建筑

MAP ●剪切地图-15、p.46-E

这里饲养着120多种、6000多只蝴蝶。为使蝴蝶能更好地繁殖，公园内模拟了热带雨林生态环境，游客仿佛置身于热带丛林之中。公园内还建有蝴蝶博物馆，让游客们深入了解关于蝴蝶的各种知识。

国家天文馆

Planetarium Negara (National Planetarium)

建筑

MAP ●剪切地图-23、p.46-I

国家天文馆建在湖滨公园的小山丘上，为圆形穹顶。这里展出太空翱翔、太空电影等以天空、宇宙为主体的各种影片，在主厅内常年播放与宇宙科学相关的影音资料。天文馆内还有架设望远镜的天文台。

国家博物馆

Muzium Negara (National Museum)

博物馆

MAP ●剪切地图-22、p.46-I

国家博物馆建于1963年，是马来西亚传统风格建筑。博物馆内有历史馆、金属乐器馆、文化馆、运动馆和自然馆五个分馆，将马来西亚的历史、文化详尽地展现在世人面前。另外，博物馆外还展示了古代搬运锡矿石的蒸汽车、马车以及迷你巴士等历史文物。马来西亚旧王宫的模型也保存于此。

国家博物馆的外壁上是以历史为主题的壁画

国家英雄纪念碑

National Monument (Tugu Pahlawan)

建筑　MAP ●剪切地图-15、p.46-E

国家英雄纪念碑位于湖滨公园北端。马来西亚独立战争始于1948年，在之后的12年，无数人民英雄为国家牺牲了自己的生命。为纪念在战斗中牺牲的英雄们，政府下令修建了这座国家英雄纪念碑。整个纪念碑高达15.5米，碑身为黄铜铸成，由美国著名设计师菲力克斯·德·威尔顿（Felix de Weldon）设计建造，于1960年正式竣工。纪念碑旁矗立着无名英雄纪念塔。

■国家英雄纪念碑

休 无　RM 免费

交 从湖滨公园乘坐汽车到国会路下车，步行2分钟。从吉隆坡火车站步行25分钟

象征马来西亚独立的国家英雄纪念碑

国家清真寺

Masjid Negara

清真寺　MAP ●剪切地图-23、p.46-J

国家清真寺的宣礼塔高73米，屋顶是雨伞状设计。国家清真寺是由马来西亚第一位首相端姑·阿卜杜勒·拉赫曼提议建造，历时五年，最终于1965年正式竣工。清真寺的礼拜堂总共可容纳8000余人。礼拜堂内设有马来西亚第二位首相阿卜杜拉·拉扎克以及众多为国家独立而做出卓越贡献的先驱者们的灵位。每年，来自全世界各地的伊斯兰信徒们都会在这里举行宗教大会。

国家清真寺的屋顶是醒目的蓝色

■国家清真寺

开 10:00~12:00、15:00~16:00、17:30~18:30（周五15:00~16:00、17:30~18:30）

休 无　RM 免费

交 从吉隆坡火车站步行3分钟

伊斯兰美术馆

Islamic Arts Museum

美术馆　MAP ●剪切地图-23、p.46-J

伊斯兰美术馆位于国家清真寺对面，修建于1994年。美术馆的墙壁为白色，配以蓝色的花纹和图案，显得格外素雅。阳光透过大大的透明玻璃窗照进来，非常明亮。美术馆内有一个小型喷泉，二楼有几家美术品商店、餐厅、咖啡厅。三楼和四楼是主要展馆。三楼的展示室内陈列有来自全世界各地的清真寺艺术临摹作品和伊斯兰建筑资料。四楼展示有编织品、陶制品、金属餐具、武器以及货币等。这里还保存着各种版本的古兰经。在美术馆的瞭望室可以观看吉隆坡街景。

■伊斯兰美术馆

开 10:00~18:00　休 无

RM 成人RM12、儿童RM6

交 从吉隆坡火车站步行8分钟

藏品众多的伊斯兰美术馆

警察博物馆

Police Museum

博物馆　MAP ●剪切地图-23、p.46-J

博物馆修建于1961年，馆内展示有关于马来西亚警察的诸多文物和资料。游客们可以看到马来西亚警察的制服、武器以及秘密犯罪组织的材料，展品多达2500余种。

■警察博物馆

开 10:00~18:00　休 周一

RM 免费

交 从吉隆坡火车站步行15分钟（位于伊斯兰美术馆旁边的坡道上）

吉隆坡郊外

远离都市的喧嚣，到郊外感受自然之美。

■黑风洞
［博物馆］ 开 8:00~19:00
休 无　RM 免费
交 乘坐KTM在黑风洞站下车步行1分钟。从市区乘坐出租车约20分钟

黑风洞

■国家动物园
开 9:00~17:00
休 无
RM 成人RM50、儿童RM20（包含昆虫馆入场券）含大熊猫中心门票售价RM80、儿童票RM40
交 乘坐格拉纳再也线（原Putra LRT），在旺沙玛朱站换乘U34，在国家动物园站下车。或乘坐安邦线（原Star LRT），在蒂蒂旺莎站换乘U23，在国家动物园下车。历时约50分钟

黑风洞

Batu Caves

洞窟 MAP p.45-A

黑风洞是一座天然钟乳洞，位于距离吉隆坡市区约13千米的北部山区。这里有一个很大的喀斯特洞穴，曾经是全世界最大的印度教圣地。在马来西亚独立战争时期，这里曾被共产党用来作为地下活动的据点和弹药库。在未开放之前，黑风洞对当地老百姓来说是一处神秘的场所。

攀上272级石阶之后，到达喀斯特洞穴。洞内高度达100米左右，四周林立着无数石灰岩石柱。在洞穴尽头处有一座寺院，每年的一月下旬，有很多信徒赶来参拜印度神灵。这里是大宝森节的舞台，届时，信徒们会有独特的庆祝仪式。洞穴内还有一座博物馆，馆内展示有印度教的诸位神灵雕像。

国家动物园

Zoo Negara

建筑 MAP p.45-B

国家动物园位于吉隆坡市区东北处，直线距离约13千米。这里饲养着马来西亚半岛以及亚洲各地的哺乳类动物和鸟类，总共涉及200多个物种。动物园内有一个水族馆，馆内生活着80余种海洋生物。

动物园内最受欢迎的是大猩猩和大象。可以给大象喂食或是骑到象背上拍照留念。除了骑大象之外，还可以骑马、观看海獭表演秀。动物园面积很大，游客可以乘坐园内的免费观光巴士参观。

与野生动物亲密接触

重要信息

吉隆坡中心地带的步行走廊

马来西亚人不喜欢步行。理由不外乎这几点：高温酷暑、暴雨、汽车尾气。于是，政府特地在吉隆坡市区修建了一条豪华步行道。该步行道设有空调和电梯，非常快捷、舒适。步行道的起点是吉隆坡展览馆，终点是吉隆坡会展中心。并且，步行道和吉隆坡的主要购物中心、阳光广场、LRT KLCC车站相连接，大大节省了人们的时间，非常方便。

参观皇家雪兰莪锡器厂

白镴（锡器）是马来西亚最具代表性的工艺品之一。皇家雪兰莪锡器厂是世界上最著名的白镴生产工厂。锡器厂欢迎广大游客入内参观。

皇家雪兰莪锡器厂的诞生

19世纪末期，华人杨坤独自一人白手起家，在这里开设了锡器工厂。工厂最初只生产一些香炉、酒杯等小型白镴器皿。之后的几十年，在杨坤的苦心经营下，锡器厂的规模逐渐扩大，工人也越来越多，一跃成为全世界规模最大的锡器工厂。皇家雪兰莪锡器厂现在在马来西亚国内拥有数十家分厂、200多家连锁商店，生产的锡器销往世界各地。

了解锡器的制作过程

在吉隆坡郊区坐落着皇家雪兰莪锡器厂的生产车间。这里是全世界规模最大的锡器生产车间，共有500多名工人在这里从事锡器的制作和生产。

将锡液慢慢倒入铸具

工厂内有专门的英语导游带领游客参观。开始参观之前，先听导游详细地讲解锡器的制造过程、加工方法，再按照规定路线参观锡器的生产流程。

锡质地软，富延展性，是相对容易加工的金属。但缺点是比较脆弱，容易受损。因此，工业上一般将锡和铜、锑等金属混合在一起加工，这样不仅可以提高硬度和强度，还可以使产品表面具有光泽。将锡高温熔解之后，慢慢注入铸具。待完全冷却后进行加工、塑性、打磨，一件漂亮的锡器就完成了。游客们可以近距离观看锡器的整个制作流程。

精心打磨、雕琢

购买纪念品

皇家雪兰莪锡器厂的产品种类多达1000余种，既有常见的酒杯、茶壶等白镴制品，也有高档的手工艺品、名作摹本等珍贵纪念品。这些锡制品精致漂亮，极具艺术性和观赏性。皇家雪兰莪锡器厂内设有展览室，里面摆放有众多精美的锡制品。在厂区内的草坪上，坐落着一个高2米、重1.6吨的巨型锡制酒杯，这是为纪念皇家雪兰莪锡器厂诞生100周年而专门制作的。有机会的话，一定要到这里来参观一下，了解马来西亚最具特色的产业。

入选吉尼斯世界纪录的大型锡制酒杯

MAP p.45-B
✉ 4 Jalan Usaha-wan 6,Setapak Jaya
☎ 03-4145-6122　FAX 03-4022-3000
开 9:00~17:00　RM 免费
交 从吉隆坡市区乘坐出租车约20分钟
HP visitorcentre.royalselangor.com

加享之旅

风靡马来西亚的运动休闲项目

高尔夫、赛马和F1大奖赛

马来西亚的魅力不仅在于购物和海滩。马来西亚盛行打高尔夫，且因价格亲民，被看作是平民运动。马来西亚自1999年开始成为亚洲F1赛事的主办国，赛车也是一项风靡马来西亚的竞技运动项目。

高尔夫

高尔夫运动自殖民地时期传入马来西亚之后，迅速被当地人民接受并推广，现在已发展成为全民休闲运动。在马来西亚打高尔夫不需要花费太多，可以选择海边、山麓等不同的高尔夫场地。费用：平日RM150~RM200、周末RM200~RM350（高尔夫球场使用费）。建议避开周末、节假日等客流高峰期段前往。

[吉隆坡郊区的高尔夫球场]

●邓普勒公园乡村俱乐部

Templer Park Country Club MAP p.45-A

位于蓝天碧水间、风景秀美的俱乐部。

✉ KM 21,Jl. Rawang, Selangor ☎ 03-6091-9630

FAX 03-6091-9807 HP www.tpcc.com.my

●绍嘉纳高尔夫乡村俱乐部

Saujana Golf & Country Club MAP p.45-C

由世界著名高尔夫球场设计师罗纳尔多·弗利姆主持设计。球场内各种设施完善。

✉ Section U2,Shah Alam ☎ 03-7846-1466

FAX 03-7846-7818 HP www.saujana.com.my

赛马

赛马运动是在殖民地时期由英国传入的。19世纪末期在吉隆坡举办了第一届赛马比赛。现在，每个周末（周六、周日）都会在雪兰莪、槟城、新加坡、怡保四个城市定期举办赛马大赛。观看赛马比赛时，不能穿着短袖T恤和短裤入场。

[吉隆坡郊区的赛马场]

●雪兰莪跑马场俱乐部

Selangor Turf Club MAP p.45-D

位于吉隆坡南部，距离市区20千米。在LRT双溪伯西站和KTM 双文丹站下车，乘坐巴士前往。

✉ Jl. Sungei Besi ☎ 03-9058-3888

FAX 03-9058-5755 HP www.selangorturfclub.com

观看F1

1999年，在吉隆坡举办了第一届雪邦国际赛道F1大奖赛。马来西亚时任首相马哈蒂尔提出发展运动强国、加入世界发达国家的目标，实行官民一体方针，大力发展体育运动，国际汽车赛事在政府的推动下应运而生。摩托车赛事近年来也逐渐受到赛车爱好者的追捧。

F1大奖赛门票价格根据观看天数和席位有所不同。最便宜的票是看台票，票价为RM100。近年来，亚洲和欧洲的F1赛事粉丝日益增多，有时会出现一票难求的情况。感兴趣的游客可以通过登录官网或提前打电话预约，也可以报名参加F1赛事观战旅游团。

雪邦国际赛道F1大奖赛除了举办F1赛事之外，还会举行各种类型的摩托车赛。比如摩托车一轮赛、二轮赛等。这里也吸引了大批摩托车赛事粉丝。建议提前在官网查询好相关比赛的时间。

[购票联系方式]

●雪邦国际赛车场

Sepang International Circuit MAP p.108-B

✉ Jalan Pekeliling

Kuala Selangor Darul Ehsan

☎ 03-8778-2222

FAX 03-8783-1000

HP www.malaysiangp.com.my

e-mail:inquiries@sepangcircuit.com.my

专业、方便的旅行团

一边听着导游的讲解一边参观各大景点。按照个人实际需求选择不同路线的旅行团。高效、轻松地游览吉隆坡。

吉隆坡半日游

旧王宫、国家博物馆、国家清真寺、独立广场、双子塔、购物

RM 成人RM130、儿童RM65

所需时间：5小时

夜游吉隆坡

参观高达421米的吉隆坡塔、品尝马来料理、欣赏马来西亚传统舞蹈。

RM 成人RM230、儿童RM115

所需时间：4小时（带晚餐）

吉隆坡半日游

逛KLCC公园、早市、特产店、甜品店、SPA。

RM 成人RM180、 儿童RM90

所需时间：6小时（周一除外）

马来西亚料理教室（Shall We Cook）

在吉隆坡郊区体验马来西亚的美味料理。

RM 成人RM340、儿童RM170

所需时间：5小时（周一、周日除外）

动物园之旅/大象自然保护区

参观位于吉隆坡郊区的大象自然保护区。可以骑大象、给大象喂食、洗澡。

RM 成人RM320、儿童RM160

所需时间：8小时（带午餐、周五除外）

森林漫步&中华料理

参观位于吉隆坡郊区的马来西亚森林研究所（FRIM）、漫步森林、在30米高的树干上行走。晚餐品尝美味的中华料理。

RM 成人RM280、儿童RM140

所需时间：6小时（周一、周二、周四、周六）

吉隆坡郊区游

参观蜡染工厂、黑风洞、白镴工厂。

RM 成人RM160、儿童RM80

所需时间：5小时

雪兰莪河 观萤火

泛舟雪兰莪河、观萤火。

RM 成人RM300、儿童RM150

所需时间：6小时（带晚餐）

布城观光

参观政府新城——布城。

RM 成人RM300、儿童RM150

所需时间：7小时

马六甲一日游

RM 成人RM340、儿童RM170

所需时间：9小时

Wendy旅行社 Wendytour

KL Office MAP ●剪切地图-19、p.51-G

✉ Lot 1306-C, 13th. Floor Central Plaza, 34, Jalan Sultan Ismail ☎03-2145-4518

FAX 03-2145-4517

e-mail:yoyaku@wendytour.com.my

HP malaysia.wendytour.com

＊有汉语导游。可带两名导游（需提前预约）。提前协商好费用。也有去往槟城、兰卡威岛、基纳巴卢（p.254）的旅行团。

吉隆坡

美容

SPA、按摩

吉隆坡的SPA&美容店服务周到全面，价格公道合理。当地的人气美容店需要提前预约。

SPA　　KL中环

塔纳梅拉美容院

Tanamera Spa

英 预　　MAP ●剪切地图-3、p.48-A

位于SOGO百货超市旁边的第一购物中心内。这里提供传统的马来式护理服务。美容技师用拇指和食指按压穴位，让身体得到完全的放松。

✉Lot FF9, Tingkat 1, Imej Ceria, Pertama Kompleks, Jalan Tunku Abdul Rahman
☎03-2694-6260
营10:00~18:00　休周一、节假日
RM马来西亚传统按摩（1小时）RM90、温石按摩（1小时15分）RM150

全身美容　　KLCC

蔓达梦水疗中心

Imperial Spa By Mandara

英 预　　MAP ●剪切地图-4、p.47-C

位于喜来登酒店5楼，是吉隆坡最高级的美容沙龙。这里最具特色的服务是豪华气泡浴。除了常见的女性保养项目之外，还有专门针对男士和敏感肌肤的面部保养以及温石疗法。撒满花瓣和芳香精油的花瓣浴也很受年轻女性的青睐。SPA保养收费RM260（2小时）。

✉Level 5, Sheraton Imperial Hotel, 11, Jln. Sultan Ismail
☎03-2717-9900
营10:00~22:00
休无
RM巴厘式按摩（50分钟）RM195、蜂蜜精油按摩RM595
预需提前预约
◆文艺复兴酒店（p.99）内设有分店。

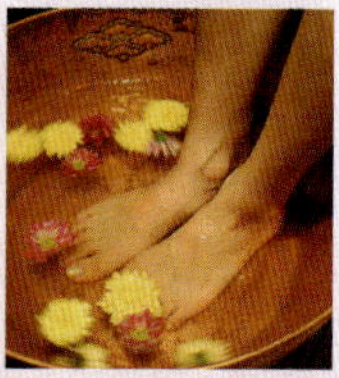

全身美容　　武吉免登

吉隆坡SPA美容度假村

Spa Village Kuala Lumpur

英 预　　MAP ●剪切地图-20、p.51-K

位于里茨卡尔顿酒店内，于2005年正式开业。该美容度假村仿造绿中海度假村（p.178）而建，在当地拥有众多女性顾客。该美容度假村虽位于闹市区，却有着乡野般的宁静。做美容的过程中，加入音乐、光、振动、香气、味觉等多重感官刺激元素，让顾客得到全身心的放松。除了常见的美容保养项目外，还提供按摩服务。

✉4th Floor, The Ritz Carlton, 168, Jln Imbi
☎03-2782-9090
营10:00~22:00（最晚入店时间为20:30）
休无
RM全身按摩（1小时30分钟）RM350、情侣SPA体验（2小时）RM1500
预需要提前预约

英提供英语服务　中提供中文服务　预可以提前预约

全身美容 武吉免登

升禧美容院

Starhill Spa

英 中 预 MAP ●剪切地图-20、p.51-H

位于吉隆坡万豪酒店内。这里除了提供常见的全身按摩服务项目外还有特色海洋全身疗法、富含矿物质的药泥全身疗法等特色护理方法。店内的按摩服务、SPA、全身护理等项目分为中式、马来西亚式及印度式，满足不同国家人群的需求。

✉Level 5, JW Marriott Hotel, 183 Jl. Bukit Bintang
☎03-2719-8343/2719-8342
营10:00~22:00（周日至20:00）＊21:00之前接受预约
休无
RM高级按摩（60分钟）RM290、升禧美容院独创的全身护理服务RM556.80

全身美容 武吉丁宜

城堡温泉身体疗养度假村

La Santé, The Organic Wellness Spa

英 预 MAP p.131-H

位于武吉丁宜高原著名的旅游观光区——柏嘉雅群山，是一座欧式风格的美容院。该美容院使用具有独特功效的自创草药，在蒸汽作用下使药汁流出并滋润肌肤，配合富含矿物质的淤泥达到排毒养颜、平衡体内水分、加快新陈代谢的效果。做完美容后住宿的话，还有相应的折扣。

✉KM 48 Persimpangan Bertingkat Lebuhraya Karak
☎09-221-3888 HP www.thechateau.com.my
营10:00~22:00 休无 RM按摩（50分钟）RM290~、全身护理（120分钟、推油+按摩）RM380~
◆从吉隆坡市区乘坐出租车约1小时20分钟 。也可以乘坐往返电车（往返RM55，10:00、13:00、17:00）。

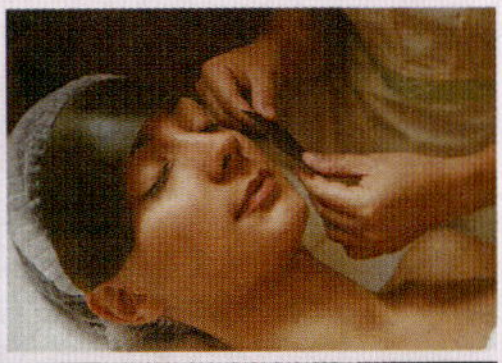

全身美容 八打灵再也

双威蔓达梦度假村

Mandara Spa Sunway Resort Hotel & Spa

MAP p.45-C

位于吉隆坡郊区的双威主题度假公园内。该美容院占地面积很大，拥有几所大型美容馆，在这里能享受到最全面的全身护理和按摩服务。在远离城市浮华的度假村内尽情体验美容服务，光是想想就惬意十足。最常见的美容项目有面部护理、巴厘式按摩、足浴等。

✉Persiaran Lagoon, Bandar Sunway Petaling Jaya
☎03-7495-2080
HP www.mandaraspa.com
营10:00~21:00 休无
RM巴厘式按摩（50分钟）RM195、身体调理按摩（1小时50分钟）RM405

全身美容　　KLCC

斯瓦萨那美容院
Swasana Spa

MAP ●剪切地图-12、p.50-D

位于吉隆坡迎碧安娜酒店内，装潢精美，将现代时尚与传统风格融为一体。使用药草和香料的泡浴是这里的特色项目。按摩可分为泰式按摩、巴厘式按摩等7种。该店的特色按摩是斯瓦萨那按摩，融合了巴厘式按摩、泰式按摩和马来西亚式按摩的技巧和手法，深受顾客欢迎。按摩场所设在游泳池边，显得随意而自然。

✉Impiana KLCC
☎03-2147-1111 （转内线3333）
营10:00~22:00　休无
HP www.impiana.com.my
RM巴厘式按摩（1小时）RM239、斯瓦萨那按摩（1小时30分钟）RM348

全身美容　　安邦大街

活力日间水疗中心
Energy Day Spa

英 预　MAP ●剪切地图-7、p.50-C

该店的服务宗旨是让顾客的心灵和身体得到全面放松。店内设有有氧训练健身馆。不论是男士还是女士，都可以在这里体验到从头至脚无微不至的护理。常见的按摩项目有指压按摩、温石按摩、耳部按摩和水晶理疗等。有单人按摩室，也有情侣按摩室。

✉Lot 4, level 4, Great Easten Mall, 303 Jl. Ampang
☎03-4256-8833
营11:00~20:00
休无
HP www.energymindbodyspirit.com
RM按摩（1小时）RM148、气泡浴（30分钟）RM110~

SPA　　安邦大街

安谷疗养中心
Anggun Spa

MAP ●剪切地图-5、p.50-A

位于玛雅酒店内。提供泰式按摩、巴厘岛式按摩以及融合以上两种按摩技艺的独创按摩手法。将药草放入浴缸内，浸入全身沐浴之后再做按摩效果更佳。这里提供温水喷射疗法，在吉隆坡独此一家。店内还设有休闲室和娱乐室。

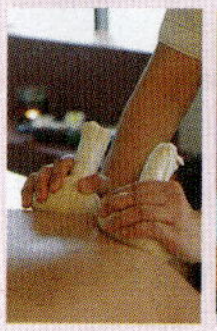

✉Hotel Maya, 138, Jalan Ampang
☎03-2711-8866 内线 290
营10:00~22:00　＊21:00之前接受预约
休无　预需要提前预约
RM全身按摩（50分钟）RM300、玛雅式按摩（1小时30分钟）RM480

全身美容　KLCC

锡特拉疗养沙龙
Citra Ayu DNT Saloon

英 预　MAP ●剪切地图-6、p.50-D

位于阳光广场内，是一家专门为女性提供服务的美容沙龙。按摩室和浴室面积并不大，但是收费相对较低，在当地深受女性们的欢迎。

不借助按摩工具、使用纯天然药草是该店的一大特色。这样的理疗方法可以将药草的治疗效果发挥至最佳。配合穴位按压疗法可以使全身的肌肉都能得到放松。

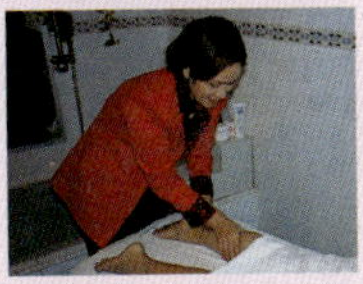

✉Lot No.401D, Level 4, Suria KLCC, Kuala Lumpur City Centre ☎03-2382-0848 营10:00~22:00（全身护理按摩截止到20:30）休无 RM全身按摩（1小时）RM120、生姜按摩（1小时）RM180

足底按摩　武吉免登

瑞宝足底反射按摩室
REBORN FOOT REFLEXOLOGY

MAP ●剪切地图-19、p.51-J

位于武吉免登大街联合酒店对面。该店装饰朴素，有着大大的透明落地玻璃窗。除了足底按摩外，还有中式推背、肩部按摩、头部按摩、背部按摩等项目。

✉No.18 Jalan Bukit Bintang
☎03-2144-1288
营11:00至翌日3:00
休无
HP www.reborn.com.my
RM足底按摩（1小时）RM72、中国式全身按摩（1小时30分钟）RM115

足底按摩　武吉免登

温泉鱼疗中心
Kenko Reflexology & Fish Spa

英 预　MAP ●剪切地图-20、p.51-H

小鱼足疗的鼻祖店。将双脚浸入透明鱼缸内，小鱼会慢慢聚拢过来，将足底的角质和死皮吃掉。除了特色鱼疗之外，店内也提供全身护理项目。在谷中城设有分店。

✉Lot No.：5.01.09, Level 5, Pavilion KL
☎03-2141-6651
营10:00~22:00 休无
RM小鱼足疗（30分钟）　RM38

按摩　武吉免登

艾希内尔足底反射疗养中心
Asianel Reflexology Spa

英 预　MAP ●剪切地图-20、p.51-K

位于吉隆坡升禧廊购物广场内的足疗沙龙。店内装饰精美，很多购物逛街的女性会忙里偷闲来享受一下。常见的项目有温水足疗、足底反射疗法、摩擦疗法和足浴等。有多达12种理疗方法和10种养护手法，让您的双足变得更加健康、美丽。

✉Lot S17 Pamper Floor, Starhill Gallery, 181 Jalan Bukit Bintang
☎03-2142-1397
营10:00~21:00（19:45之前接受预约）
休无
HP www.asianel.com RM缓解肌肉・精神紧张（1小时）RM95~、个人理疗（1小时30分钟）RM168~

按摩　武吉免登

陈女士足底反射疗养中心
Madam Chan Foot Reflexology

英　MAP ●剪切地图-26、p.51-J

店主陈女士拥有娴熟的足底按摩技艺，也为顾客提供全身按摩服务。用真空竹筒刺激脉络是该店的独创按摩手法，可以有效地缓解腰痛、神经痛。竹筒疗法会在身体上留下印记，数日后慢慢消退。

陈女士是治疗坐骨神经痛的行家。坐骨神经痛是困扰人们的顽疾，需多次治疗才可以根除。很多亚洲明星、政界名人都来这里治疗。店内有多位按摩技师提供服务，如果想得到陈女士亲自按摩治疗，则需要提前预约。

✉03-39, Berjaya Times Square, Jalan Imbi
☎03-2148-5205
营10:00~22:00
休无

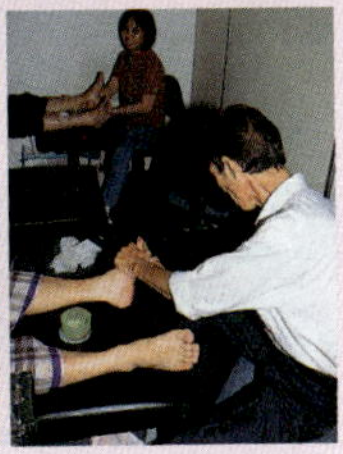

吉隆坡

美食

马来料理

根据人数、口味以及预算来选择合适的就餐场所。吉隆坡既有高档酒店，也有休闲餐厅，更有路边摊和大排档，为美食爱好者奉上各种各样的美味料理。

高档 KLCC

萨洛玛酒馆

Saloma Bistro

英 预 MAP ●剪切地图-5、p.50-A

位于马来西亚旅游观光中心内。餐厅内有一个大大的舞台，每晚会在这里举行传统舞蹈表演。顾客们可以边用餐边欣赏舞蹈。店内的马来西亚传统料理味道正宗。

✉139,Pusat Pelancongan Malaysia（MTC）Jl. Ampang
☎03-2161-0122
营 11:00~23:00
休 无
HP www.saloma.com.my
◆午餐套餐RM38、晚餐套餐RM80

高档 KLCC

1919餐厅

1919 Restaurant

英 预 MAP p.47-D

距离双子塔非常近，是当地非常出名的娘惹菜餐厅。甜辣口味的油炸食品、马来西亚豆腐、炸茄子等美味非常好吃。

✉15A, Jalan Yap Kwan Seng
☎03-2161-9919 营 11:30~15:00、17:30~22:30
休 不定期休息
◆马来西亚豆腐RM23.9

高档 武吉免登

塔玛小酒馆

Taman Sari Brasserie

英 预 MAP ●剪切地图-19、p.51-G

位于伊斯塔纳酒店内。该餐厅为传统和时尚相结合的装饰风格，非常漂亮。中庭为热带风装潢，在这里享用传统的马来料理肯定别有一番风味。营业时间较长。

✉LF, Hotel Istana, 73 Jl. Raja Chulan ☎03-2141-9988 营 6:00~22:30 休 无 HP www.hotelistana.com.my

高档 KLCC

360全景餐厅

Atmosphere360

英 预 MAP ●剪切地图-11、p.48-C

位于吉隆坡塔的瞭望台内。该餐厅为旋转餐厅，每一个半小时自由旋转一周，食客们可以边享用美食边全方位欣赏吉隆坡街景。该餐厅在吉隆坡非常受欢迎，就餐需要提前预约。吉隆坡塔的门票套票中也包含了该餐厅的餐费。

✉TH02 Menara Kuala Lumpur, Jl. Puncak off Jl. P.Ramlee ☎03-2020-2121
营 11:30~15:00、19:00~23:00 休 无 ◆午餐RM88、晚餐RM198、周末下午茶（15:30~17:30）RM68

英 提供英语服务 中 提供中文服务 预 可以提前预约

高档 武吉免登

新派马来菜馆

Bijan . Bar & Restaurant . Fine Malay Cuisine

英 预 MAP ●剪切地图-19、p.48-F

将马来西亚传统料理的精髓和新颖的烹饪方法完美地融合在一起。追求色、香、味俱全，为食客奉上难得的感官盛宴。店内的葡萄酒、鲜榨果汁也非常不错。服务热情周到。

✉No3.Jalan Ceylon ☎03-2031-3575
营16:30~23:00 休无 ◆海虾咖喱RM85、烤肉RM68

高档 武吉免登

美食餐厅

Enak KL

英 预 MAP ●剪切地图-20、p.51-K

位于升禧廊购物大厦地下一楼，是一家马来西亚传统料理餐厅。该店曾被美食杂志评选为最佳餐厅，在当地非常有名。马来风味咖喱、椰浆饭、炒饭是该店的特色名吃。

✉LG2, Feast Floor, Starhill Gallery, 181, Jalan Bukit Bintang ☎03-2141-8973 营12:00~24:00 休无 ◆马来风味咖喱RM28~

中档 KLCC

私房菜馆

Madam Kwan's

英 预 MAP ●剪切地图-6、p.50-D

马来西亚一位姓关的女士开办的餐厅，在孟沙设有分店。位于阳光广场四楼，很多外国食客慕名前来就餐。装饰风格华丽时尚，菜肴亲民实惠。

✉Lot 420/421, Level 4, Suria KLCC, Kuala Lumpur City Centre ☎03-2026-2297 营11:00~22:30 休无
◆炒饭RM16.90、椰浆饭RM22.90

中档 武吉免登

海南鸡饭

Chicken Rice Shop

英 预 MAP ●剪切地图-26、p.51-J

伊斯兰教徒比较爱吃的海南鸡饭连锁店。除了海南鸡饭，还有中国拉面、马来料理等美食。在KL中环车站设有分店。

✉Lot 04-97 & 04-98, 4th Floor, Berjaya Times Square, No. 1 Jalan Imbi
☎03-2144-2602 营10:00~22:00
休海南鸡饭（1人份）RM14.99

中档 武吉免登

首相餐厅

Rasa Utara

英 预 MAP ●剪切地图-26、p.51-J

位于马来西亚半岛北部地区，是一家传统的马来餐厅。马来西亚前首相马哈蒂尔经常光顾该餐厅。米粉类面食、牛肉炒饭是北部地区的特色主食，味道很棒。

✉G-12, 13, Ground Floor, Berjaya Times Square, No. 1, Jalan Imbi ☎03-2110-0884 营10:00~22:00 休无 ◆单点菜品每道荤菜RM10~15、鱼肉料理RM20~30

美食

中华料理

中华料理在马来西亚很受欢迎，无论是高档餐厅还是路边摊都可以经常见到中华菜品。中华料理餐厅分为不同口味，有海鲜、甜品和娘惹菜肴等。

高档　　武吉免登

鼎泰丰
Din Tai Fung

英 预　MAP　●剪切地图20、p.51-H

特色小笼包店。该店曾受到纽约美食杂志的极力褒奖，在马来西亚非常受欢迎。除了小笼包之外，其他面食类也很丰富。在谷中城设有分店。

✉Lot 6.01.05, Level 6, Pavillion KL, 168 Jalan Bukit Bintang ☎03-2148-8292 营10:00~22:00 休无
HP dintaifungmalaysia.com ◆小笼包RM11.95~

高档　　KLCC

香宫
Shang Palace

英 预　MAP　●剪切地图-11、p.48-C

该餐厅擅长烹饪广东菜肴，厨师曾在马来西亚的美食大奖赛中获金奖。位于香格里拉大酒店内，装饰风格为黄色和红色为主的宫廷风。

✉1F, Shangri-La Hotel, 11 Jl. Sultan Ismail
☎03-2074-3904
营12:00~14:30（周日、节假日）、18:30~22:30
休无

高档　　武吉免登

马可波罗餐厅（福临门酒家）
Marco Polo

英 预　MAP　●剪切地图-12、p.51-G

位于伊斯塔纳酒店旁边，是一家大型中华料理餐厅。这是一家拥有20多年历史的老店，深受当地美食家的推崇。每到午餐时间，店内总是挤满了前来就餐的人群（点心每盘RM6.50~）。

✉Wisma Lim Foo Yong, 86 Jl. Raja Chulan
☎03-2141-2233 营11:00~14:30（周日9:00~）、18:00~22:30 休（周日） ◆鱼翅汤RM38~、炒饭RM23

高档　　KLCC

新故乡酒楼
Xin Cuisine

英 预　MAP　●剪切地图-5、p.48-C

该餐厅菜肴以广东菜为主，并在保留传统口味的基础上不断开发新的菜品。就餐环境优雅，提供甜点（RM7.8~）、面食类、粥类（RM9~）。厨师在顾客面前表演拉面过程。

✉LF, Concorde Hotel KL
☎03-2144-8750
营11:30~14:30、18:30~22:30（周六、周日、节假日）
休无
HP www.concorde.net
◆姜葱鹿肉面RM20~

高档　武吉免登

广东菜馆
Chef Rasa Sayang Sharks' Fin

英 预　MAP ●剪切地图-20、p.51-K

当地非常有人气的广东料理店，擅长烹饪鱼翅，有20多种口味的鱼翅汤。该店的特色菜是鱼翅蟹粉酱饭。店内就餐环境良好，服务员热情周到。

✉104-106, Jl. Imbi ☎03-2144-1193 营12:30~22:30
休无 ◆鱼翅汤RM42、炒饭RM20

中档　唐人街

紫藤茶餐厅
Purple Cane Tea Restaurant

英 预　MAP ●剪切地图-24、p.49-K

中国茶餐厅。除了出售中国茶叶之外，店内还提供豆腐、海鲜、面食等中华料理。这里的茶叶都是正宗中国茶，价格不一。

✉The Selangor Chinese Assembly Hall, No.1, Jl. Maharajalela
☎03-2272-3090
营11:00~22:00（周一到周五的14:30~18:00是下午茶时间）
休无 HP www.purplecane.my ◆鸭肉块RM22

中档　武吉免登

客家饭店
Restoran Hakka

英 预　MAP ●剪切地图-13、p.51-H

火锅大受好评。炖煮菜品和腌菜是客家独有的烹饪方式。很多亚洲人喜欢到这里来用餐。菜品种类繁多，而且价格也不贵。

✉No. 90, Jalan Raja Chulan ☎03-2143-1908
营12:00~15:00、18:00~23:00 休无 ◆火锅RM22、蒸猪肉RM16

中档　唐人街

娘惹菜馆
Old China Café

英　MAP ●剪切地图-24、p.49-J

唐人街最有名的娘惹料理店之一。餐厅装饰古朴，一踏入大门，让人感觉好像回到了十几年前。在这里可以品尝到最地道的娘惹菜肴。

✉No.11, Jl. Balai Polis
☎03-2072-5915 营11:30~22:00
休无 ◆海鲜咖喱RM39

餐馆　武吉免登

龙记菜馆
Restaurant Dragon View

英 预　MAP ●剪切地图-19、p.51-J

在武吉免登的集市内有很多路边摊和小餐馆，龙记是其中最好吃的一家。其他餐馆通常是晚上营业，而龙记是全天候营业的。面食类食品丰富，价格公道，很多食客慕名而来。

✉No.81,Jalan Alor ☎03-2142-4111 营0:00~24:00（24小时营业） 休无 ◆鲍鱼粥RM25

餐馆　燕美路

新峰肉骨茶
Sun Hong Muk Koot Tea

英　MAP ●剪切地图-20、p.51-K

武吉免登众多餐馆中比较有特色的一家。肉骨茶是在猪肉里面加入中草药熬煮而成的美味菜肴，具有食补的作用，一般就着米饭吃。很多人来这儿吃早餐。

✉No. 35, 37, 39 Medan Imbi ☎03-2141-4064
营5:30~23:30 休无
◆肉骨茶RM15.50、海鲜炒饭RM12

美食

印度料理、亚洲其他料理

马来西亚的印度料理非常好吃。泰国餐馆和印度尼西亚餐馆也不少，味道绝不输给马来菜系。餐厅环境不错，用餐氛围良好。

高档　KLCC

印度宫廷菜馆

Bombay Palace

英 预　MAP ●剪切地图-14、p.50-F

该餐厅是地道的北印度料理店，曾在国际美食鉴赏大赛中获金奖，在马来西亚全国各地都有分店。餐厅装饰具有宫廷风，非常豪华大气，庭院内也可以用餐。晚上时，餐厅外壁的灯也会亮起来，在夜色下非常漂亮。

✉215 Jl. Tun Razak ☎03-2145-4241 营 12:00~14:30、18:30~22:30 休 无

高档　孟沙

赛佳餐厅

Sagar

MAP p.46-I

位于孟沙的印度料理餐厅。在吉隆坡、槟城、兰卡威也有分店，全国共有6家餐厅。特色炒鸡和咖喱饭味道非常不错。

✉No. 16, Lorong Maarof, Bangsar Park ☎03-2284-2532
营 12:00~15:00、18:00~10:30
休 周一 HP www.sagarrestaurant.com ◆印度特色鸡饭RM65，在八打灵再也的双威度假酒店（p.101）内设有分店。☎03-7492-0482
营 12:00~15:00、18:00~10:30
休 周日

高档　安邦

情调餐厅

Tamarind Springs

英 预　MAP ●剪切地图-7、p.50-C

位于吉隆坡郊区偏僻的住宅区内，一条长长的砖瓦路通向餐厅门口，绿树环绕，环境幽美。该餐厅以越南菜为主，味道上佳。餐厅旁边还有一家泰国料理餐厅，味道也不错。

✉Jl 1,Taman Tun Abdul Razak,Ampang
☎03-4256-9300
营 12:30~14:30、18:30~22:30
休 无
HP www.samadhiretreats.com
◆炸鲈鱼丸（撒上柠檬草）RM85

高档 KLCC

印度餐馆 Spice of India

英 预 MAP ●剪切地图-6、p.50-D

位于阳光广场，是一家装饰精致的印度餐厅。该餐厅菜肴多以鸡肉、羊肉、大虾、螃蟹等禽畜肉、海鲜食材为主，深受当地美食家的好评。在帕威廉购物广场内也有分店。

✉417A, Fourth Level, Suria KLCC ☎03-2164-9221
营11:30~22:30 休无 ◆印度特色鸡饭（4人份）RM33~、芒果酱饭RM11

高档 KLCC

高丽苑酒店 Koryo Won

英 预 MAP ●剪切地图-12、p.50-D

当地最正宗的韩国料理餐厅，很合马来西亚人的口味。许多当地的韩国人都喜欢到这里来用餐。该餐厅也是亚洲各国使馆工作人员经常光顾的地方。

✉Starhill Gallery, 181 Jalan Bukit Bintang
☎03-2143-2189 营12:00~24:00 休无
◆韩国烤肉套餐RM190

高档 KLCC

传统菜馆 Makan Kitchen

英 预 MAP ●剪切地图-7、p.50-C

位于吉隆坡逸林希尔顿酒店内。在这里可以吃到味道正宗的马来料理、中华料理和印度料理。除此之外，还可以品尝到娘惹菜肴、马六甲特色菜、新加坡料理甚至加达山族等少数民族的特色菜。餐厅厨房为全开放式。

✉182 Jalan Tun Razak ☎03-2172-7272
营6:00~24:00
休无 HP www.makan-kitchen.com ◆午餐套餐RM62~、晚餐套餐RM85~、下午茶（周末、节假日）RM55~

热闹的厨房

中档 武吉免登

湃思纪印度餐厅 Passage Thru India

英 预 MAP ●剪切地图-21、p.51-L

餐厅内的服务员全部为印度人，菜肴以印度各地特色菜为主。食客可以选择菜品的辣度。餐厅还专门在停车场大门的右手边开设了一家展示印度工艺品的商店。

✉No. 4, Jalan Delima ☎03-2145-0366
营11:30~15:00、18:30~23:00
休无
◆海鲜料理RM25~

中档 武吉免登

斯特拉餐吧 Sutraa Kitchen & Bar

英 预 MAP ●剪切地图-19、p.51-G

鸡肉咖喱、蔬菜咖喱口味繁多。蒜香烤馕、番红花蒸大米饭等特色菜看上去令人垂涎欲滴。甜点、饮料、沙拉的种类也很多。

✉No.34, Changkat bukit Bingtang
☎03-2144-7778
营16:00~翌日2:30
休周一
◆印度料理套餐RM50

美食

日本料理

日本料理在吉隆坡也很受欢迎。下面为大家介绍几家由日本人经营、味道正宗的日本料理餐厅。

高档　KLCC

树丛餐厅 Komura

英 预　MAP ●剪切地图-6、p.50-B

茅草搭成的屋顶、樟木门、褐色的榻榻米帘显得非常朴素。餐厅内全部是隐私性极强的单间。该餐厅曾被社交杂志评选为最佳用餐场所。可以选择套餐，也可以单点。晚上推出打折菜肴。

✉GF,Corus Hotel KL,Jl. Ampan
☎03-2160-5921
营12:00~14:30、18:30~22:00
休无
HP www.corushotelkl.com
◆鳗鱼盖浇饭RM39、天妇罗RM29

高档　KLCC

日本餐厅 Zipangu

英 中 预　MAP ●剪切地图-12、p.48-C

日本料理名店，在日本非常出名。厨房为全开放式，客人可以一边用餐一边观看菜肴的烹饪过程。这里的菜品是绝对正宗的日本口味，价格却出乎意料地便宜。葡萄酒的种类也很丰富。

✉11 Jl. Sultan Ismail（Shangri-La Hotel）
☎03-2074-3900　营12:00~14:30（周六、周日11:30~）、18:30~22:30　休无　◆精致午餐套餐（周六、周日）RM96~、普通午餐套餐RM50~、晚餐套餐RM45~

高档　武吉免登

权兵卫 Gonbeisan

英 中 预　MAP ●剪切地图-20、p.51-K

位于升禧酒店内。餐厅装潢精致，用餐环境恬静幽雅。日式炭火烤肉、天妇罗、寿司等日本名吃非常美味。日本清酒、烧酒的种类也很多。

✉T2 Relish Floor, Starhill Gallery
☎03-2782-3801
营12:00~15:00、18:00~23:00
休无　◆寿司套餐RM38、烤肉RM48

高档　武吉免登

一番星 Ichibanboshi

MAP ●剪切地图-20、p.51-H

位于帕威廉购物广场内。顾客可以观看开放式厨房内菜肴的制作过程。透过大大的落地玻璃窗也可以欣赏街景。回转寿司味道非常不错。酒的种类也很多。

✉1.14.00, Level 1, Pavilion KL, 168 Jalan Bukit Bintang
☎03-2141-6621　营11:00~22:00（周五、周六）
休无　◆手擀荞麦面RM13.90~

高档 KLCC

嵯峨野 Sagano

英 中 预 MAP ●剪切地图-4、p.48-C

位于文艺复兴酒店内，是一家日本关西风味料理餐厅。该餐厅的特色菜肴是松花堂便当。午餐套餐（RM79）深得上班族青睐。到这里来用餐需要提前预约。

✉1F,West Wing,Renaissance Hotel, Jl. Sultan Ismail & Jalan Ampang ☎03-2162-2233 营12:00~22:30 休无 ◆文艺复兴烤肉卷RM70、嵯峨野特色套餐（铁板烧）RM280

高档 KLCC

勘八 Kampachi

英 中 预 MAP ●剪切地图-20、p.51-H

位于帕威廉购物广场内，刺身种类丰富。在槟城和马六甲也设有分店。很多驻马来西亚外国官员和商务人士喜欢到这里来用餐。

✉6.09.00, Level 6, Pavilion KL, 168 Jalan Bukit Bintang ☎03-2148-9608 营10:00~22:00 休无 HP www.kampachi.com.my ◆午餐套餐RM39~70、晚餐套餐RM54~72

中档 独立广场

平民餐厅 Restoran Suma

英 中 预 MAP ●剪切地图-3、p.48-A

大众口味的日本料理店，位于崇光百货大厦六楼的美食城内，很多逛街购物的人前来用餐。店内面积很大，宁静雅致。午餐主要以面食和套餐为主，晚餐以菜肴为主。

✉6F, Sogo Pernas Department Store, 190 Jl. Tuanku Abdul Rahman ☎03-2618-1896 营10:30~21:30 休无 ◆刺身套餐RM100

高档 武吉免登

乐膳 Rakuzen Japanese Restaurant

英 中 预 MAP ●剪切地图-7、p.50-C

店内布置得非常精致。以时令菜蔬、新鲜鱼贝类烹饪而成的菜品为主。每周二、周五定期从日本运送新鲜食材。龙形鳄梨宴RM28。烧酒种类丰富。

✉LG-05, G Tower, 199 Jalan Tun Razak ☎03-2161-4800 营12:00~15:00、18:00~23:00 休无 ◆炒面RM28

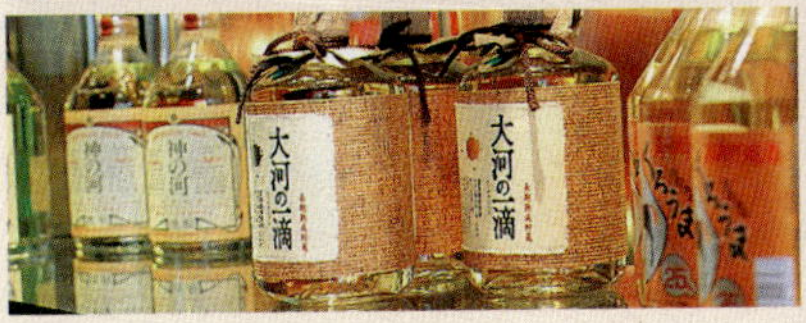

美食

西方料理

在吉隆坡，既有国际知名大厨掌勺的豪华餐厅，也有汇集各国美食的国际美食城。接下来让我们来了解一下吉隆坡的西方料理。

高档　　武吉免登

舒克餐厅
Shook

英 预　MAP ●剪切地图-20、p.51-K

位于升禧酒店的地下一楼。餐厅提供中华料理、意大利料理和日本料理，满足不同饮食习惯的人群。餐厅内还有一个小酒吧，每星期除周一外，每天19:30过后都会举行爵士乐演奏。

✉ Starhill Gallery, Feast Floor 181, Jl. Bukit Bintang
☎ 03-2719-8535　营 6:00~23:00　休 无　◆〈预算〉RM100~

高档　　武吉免登

杰克烤肉店
Jake's Charbroil Steaks

英 预　MAP ●剪切地图-20、p.51-K

很受当地人欢迎的烤肉店。招牌菜是分量十足的T型烤肉。沙拉、甜品的种类非常丰富。烤肉店位于武吉免登购物中心附近，位置便利。在科塔达曼萨拉有分店。

✉ LG 11, Feast Floor, Starhill Gallery, 181 Jalan Bukit Bintang
☎ 03-2148-1398
营 12:00至翌日1:00
休 无
HP www.jakes.com.my
◆澳洲T型烤肉套餐RM124~

高档　　武吉免登

船餐厅
The Ship

英 预　MAP ●剪切地图-19、p.51-J

店如其名，整个餐厅的造型就是一只大大的轮船，内部装饰也是仿照船舱里的摆设。金牌菜肴是嫩汁烤肉。法国、意大利产的葡萄酒很多。

✉ 102-104, Jl. Bukit Bintang
☎ 03-2144-3605
营 12:00至翌日3:00　休 无
◆里脊牛排RM51.90、海鲜套餐RM37.90

高档　　孟沙

烟熏屋
Smoke House

英 预　MAP　p.46-I

在金马伦高原、弗雷泽山开有分店，极具高原地区特色。在这里能够品尝到英国特色的料理和下午茶。除此之外，这里的泰国菜做得也不错。

✉ 67-G, Jalan Telawi 3, Bangsar Baru
☎ 03-2288-1510
营 11:30~24:00　休 无
HP www.thesmokehouse.com.my　◆惠灵顿牛排RM56~

高档 武吉免登

面包屋 The Loaf Pavilion

英 预 MAP ●剪切地图-20、p.51-H

马哈蒂尔首相非常喜欢光顾的一家餐厅。总店开在兰卡威岛。2007年，在帕威廉购物广场内又开设了第二家分店。日式料理做得非常出色，很多马来西亚人也经常光顾这里。餐厅二楼是咖啡厅。

✉ Lot 3. 13.00 & 4.10.02, Level 3&4, Pavilion KL, 168, JL. Bukit Bintang,
☎ 03-2145-3036
营 8:00~23:00
休 无 ◆烤鸡胸肉RM32、番茄蛋包饭RM24、墨鱼汁意大利面RM28

高档 KLCC

情趣餐厅 Spices

英 预 MAP ●剪切地图-5、p.48-C

餐厅对面是游泳池，比较休闲。内部装饰颜色以浅褐色为主。餐厅内有马来西亚料理、西餐等，很多前来用餐的食客赞不绝口。

✉ GF Concorde Hotel, 2 Jl.Sultan Ismail
☎ 03-2144-2200 营 17:30~22:30
休 周日、节假日
◆羊排RM74、烤银鳕鱼RM62

中档 KLCC

休闲咖啡馆 Dome Café

英 预 MAP ●剪切地图-6、p.50-D

休闲咖啡店，在孟沙也有分店。总店位于阳光广场内。咖啡店设有露天座椅，毗邻环境优美的公园。除了咖啡之外，店内还提供意大利面和比萨。

✉ GF, Suria KLCC, Kuala Lumpur City Centre
☎ 03-2166-1948
营 8:00~23:00（周五、周六） 休 无
◆奥利奥牛排RM24.40、鸡肉派RM22.20

中档 安邦大街

维多利亚餐厅 Victoria Station

英 预 MAP ●剪切地图-7、p.50-C

位于安邦大街，店门口停着一辆红色醒目的厢式汽车。车内经改装后设有餐桌，用餐氛围独特。龙虾、鲍鱼、海参等海鲜类菜肴比较丰富。

✉ 243, Jalan Ampang
☎ 03-4257-3388/03-4251-4997
营 12:00-24:00 休 无
◆里脊牛排RM52.90、法国蜗牛RM15.90

中档 独立广场

怀旧咖啡厅 Coliseum Café

英 预 MAP ●剪切地图-10、p.48-A

位于修建于1921年的酒店一楼，是一家西餐厅。餐厅风格怀旧，很多外国人喜欢在这里用餐。肉类菜肴以牛肉和鸡肉为主，葡萄酒种类也很多。餐厅内设有一个小酒吧。

✉ 98-100 Jl. Tunku Abdul Rahman
☎ 03-2692-6270
营 10:00~22:00
休 无
◆牛排RM39、蓝饰带鸡排RM24.90

中档 武吉免登

澳洲牛排店 Outback Steak House

英 预 MAP ●剪切地图-19、p.51-J

位于费德拉尔酒店旁边的BB公园内，是一家澳洲牛排餐厅。牛排分量十足，葡萄酒种类也很丰富。除了牛排之外，还有鱼排、鸡排、甜点等。

✉ GL-12 BB Park Plaza Low Yat No. 7, Off Jalan Bukit Bintang
☎ 03-2144-9919
营 11:30~22:30
休 无
◆里脊牛排RM44.95、带骨牛排46.95

体验马来人的大众生活

品尝异国美食也是旅游中的一大乐趣。要想更好地了解马来人的生活，就要到他们平时常去的餐馆、大排档看一看。大型购物商场附近通常会有热闹的大排档和路边摊。每逢周六，吉隆坡的集市就会变得热闹非凡。孟沙的夜市在周末最为繁忙。

室内小吃摊

有的人会觉得路边摊不太卫生，有这种顾虑的人可以选择到室内小吃摊就餐。小吃摊一般设在购物中心附近，方便人们在购物之余补充体力。与路边摊比起来，这里比较干净卫生。

路边摊

在路边摊可以发现不少美味小吃。路边摊一般开在道路两旁、广场周围，可随时就座，价格也比较便宜。在吉隆坡、武吉免登、阿罗街、唐人街有很多路边摊和小吃摊。

小餐吧

小餐吧也叫咖啡店。吉隆坡的小餐吧在街头随处可见，以中国餐吧居多，也有印度炒饭餐馆和肉骨茶餐馆。小餐吧一般开在一层，座位一直延伸到店外甚至街道上。看哪家餐吧的食客最多，味道肯定差不了。

休闲咖啡厅

休闲咖啡厅多开在市区，其数量正逐渐增多。这些休闲咖啡厅通常也提供菜肴，并且菜肴中不使用猪肉，适合伊斯兰教徒用餐。饮料、点心种类也比较多。

点菜时常用的会话用语

- 请给我菜单　Minta menu
- 什么比较好吃　Apa yang sedap
- 少加一点辣/甜　Kurang Pedas
- 不加糖　Tanpa gula
- 多少钱　Berapa Ringgit
- 非常好吃　Sedap sekali

阿罗街上的大排档美食

夜色下的大排档是吉隆坡独特的风景之一。
位于武吉免登购物广场后面的阿罗街是最有名的大排档一条街。
道路两旁密密麻麻排列着各种美食排档，活力十足。
每天下午六点至凌晨是最热闹的时候。

在大排档吃饭

❶阿罗街上的大排档数不胜数。选择中意的美食，厨师会马上现场烹饪。

❷最常见的是烤串。油水横流、烤得嗞嗞作响的肉串令人垂涎欲滴。

❸不用顾及形象，尽情地大快朵颐！

❹就座后点餐。菜肴端上桌时付账。

❺用餐场地比较拥挤。人越多的大排档味道肯定越好。

MAP ●剪切地图-19、p.51-J 交 乘坐KL单轨列车在武吉免登站下车，步行约3分钟

海鲜大排档

大排档主要以中华料理为主。肉骨茶、炒饭、烤串是大排档常见的菜品。在炎热的夏季夜晚，吃海鲜、喝啤酒是最惬意的消暑方式。

卤肉卷
Lobak
马来西亚风味的卤肉卷。蘸着辣椒番茄酱吃味道更好。/RM1~6

炒蛤蜊
Fried Lala
炒蛤蜊。一般用辣椒炒/RM10

煮毛蛤
Boiled Kerang
将煮好的蛤仁剥出，然后蘸着辣椒番茄酱吃，非常美味/RM6~

炒乌贼
Fried Sotong
将乌贼切成环状，与秋葵、凤爪一起炒制而成/RM10~

吉隆坡

购物

吉隆坡被称为“购物天堂”，这里有许多大型购物商场。唐人街一带还有不少杂货店和土特产商店。

购物中心　　武吉免登

Lot10

Lot10

MAP ●剪切地图-20、p.51-J

处于武吉免登路的中心位置，绿色的外观非常醒目。这里汇集了伊势丹、zara等诸多时尚商铺。购物中心内还有美食城、货币兑换处，非常方便。

✉ 50 Jl. Sultan Ismail　☎ 03-2782-3566
营 10:00~22:00　休 无　HP www.lot10.com.my

购物中心　　KLCC

双子大厦阳光广场

Suria KLCC

MAP ●剪切地图-6、p.50-A

位于吉隆坡双子大厦内，是吉隆坡最时尚的购物中心之一。这里有各种世界奢侈品牌专卖店。此外，还设有伊势丹超市、美食城、纪伊国屋书店等。

✉ Kuala Lumpur City Centre
☎ 03-2382-2828
营 10:00~22:00　休 无
HP www.suriaklcc.com.my

购物中心　　武吉免登

帕威廉购物中心

Pavilion KL

MAP ●剪切地图-20、p.51-H

位于吉隆坡市区的大型购物中心。大厦六楼是“日本街”，由日本商铺和主题广场组成，是日本文化在马来西亚的交流中心。美食城在一楼，里面有各国料理餐厅。

✉ 168 Jalan Bukit Bintang　☎ 03-2118-8833
营 10:00~22:00　休 无
HP www.pavilion-Kl.com

购物中心　　武吉免登

升禧廊购物中心
Starhill Gallery

MAP ●剪切地图-20、p.51-K

2005年正式营业。购物中心内汇集路易・威登、古驰、普拉达等世界知名品牌。位于大厦地下的餐厅也很受消费者欢迎。升禧廊购物广场与万豪大酒店相邻。

✉ 181Jl. Bukit Bintang
☎ 03-2782-3800
营 10:00~22:00
休 无
HP www.starhillgallery.com

购物中心　　武吉免登

刘蝶广场
Plaza Low Yat

MAP ●剪切地图-19、p.51-J

刘蝶广场是吉隆坡最大的电子商品市场。广场共有7层，目前已经有500多家电器商铺入驻。对电子商品感兴趣的游客可以到这里来逛一下。

✉ No. 7 Jalan Bintang, Off Jalan Bukit Bintang, Bukit Bintang Central
☎ 03-2148-3651
营 10:00~22:00
休 无
HP www.plazalowyat.com

购物中心　　武吉免登

华氏88广场
Fahrenheit88

MAP ●剪切地图-20、p.51-H

奢侈时装的汇集地。这里的工作人员态度热情，价格相对合理。马来西亚"时尚王子"伯纳德・禅庄（Bernard Chandran）设计的服装深受当代明星们的喜爱。这里有他的服饰专卖店。

✉ 179 Jl. Bukit Bintang
☎ 03-2148-5488
营 10:00~22:00
休 无
HP www.fahrenheit88.com

购物中心　　武吉免登

吉隆坡时代广场
Times Square KL

MAP ●剪切地图-26、p.51-J

位于KL单轨列车燕美站旁边。广场内除了有众多名牌服饰商店外，还有大型书店、主题公园、电影院、保龄球场等娱乐设施。购物广场与酒店相连。

✉ No1, Jl. Imbi　☎ 03-2117-3111　营 10:00~22:00
休 无　HP www.timessquarekl.com

购物中心　　武吉免登

威特塔购物广场 Menara Weld

MAP ●剪切地图-12、p.48-F

位于武吉免登商务区内，前来消费的顾客多是白领和上班族。购物中心内比较安静，环境优雅，很有格调。已经有不少国际大牌商铺入驻。

✉ 76 Jl. Raja Chulan
☎ 03-2162-3580
营 10:00~22:00
休 无

购物中心　　武吉免登

金河广场 Sungei Wang Plaza

MAP ●剪切地图-19、p.51-J

吉隆坡规模最大的购物商厦，共有6层，目前已有500多家商铺入住。商厦内还设有电影院、咖啡厅、美容院等设施。六楼是娱乐城，有KTV、保龄球馆、美食餐厅等娱乐场所。

✉ Jl. Bukit Bintang
☎ 03-2148-6109
营 10:00~22:00
休 无
HP www.sungeiwang.com

购物中心　　唐人街

大家购物中心 Kota Raya

MAP ●剪切地图-17、p.49-H

唐人街最具代表性的购物商场。商场入口处有一个全开放式咖啡厅，里面总是坐满了喜欢热闹的年轻人。商场内有很多服饰店、体育用品店，最顶层为美食餐厅。

✉ 41 Jl. Silang　☎ 03-2072-2562
营 10:00~22:00　休 无

购物中心　　独立广场

KL崇光百货 KL Sogo

MAP ●剪切地图-3、p.48-A

位于LRT班达拉亚站附近。崇光百货是日本大型连锁超市，在全球都拥有很多忠实粉丝。作为东南亚最大的商场之一，崇光百货深受广大消费者的青睐。餐厅位于六楼，用餐时间为11:00~22:00。

✉ 190 Jl. Tunk Abdul Rahman
☎ 1300-88-7646
营 10:00~21:30（周五、周六）
休 无
HP www.klsogo.com.my

购物中心　　秋杰

摩尔购物中心 The Mall

MAP p.46-B

位于世贸中心对面，是一座六层高的建筑。摩尔购物中心是秋杰最具代表性的购物商场之一，与丽晶酒店相连，每天都要接待上万名消费者。

✉ 100 Jl. Putra　☎ 03-4042-7122
营 10:00~22:00　休 无

购物中心　　KLCC

中环综合广场 NU Sentral

MAP p.46-I

2014年新开业的大型购物中心。该购物中心与KL中环车站直接相通，非常方便。该购物中心是市区内规模最大的购物中心，拥有的商店数量也是最多的。商场的顶楼是花园，想要参观需要提前预约。

✉ No.201 Jalan Tun Sambanthan
☎ 03-2773-5611
营 10:00~22:00
休 无

购物中心　谷中城

谷中城美佳广场
Mid Valley Megamall

MAP p.45-C

谷中城美佳广场是亚洲最大的购物广场，共有包含日本名牌“佳世客”在内的430多家店铺。商场内有电影院，共有18个观影室。商场与KTM 谷中城站相连接。

✉ Mid Valley City, Lingkaran Syed Putra
☎ 03-2938-3333
营 10:00~22:00
休 无
HP www.midvalley.com.my

购物中心　谷中城

花园购物中心
The Gardens

MAP p.45-D

花园购物中心以国际一线品牌为主，通过玻璃天桥与谷中城美佳广场相连。商场内设有餐厅和酒店。

✉ Mid Valley City, Lingkaran Syed Putra
☎ 03-2297-0288
营 10:00~22:00
休 无
HP www.thegardensmall.com.my

购物中心　秋杰

帕布莉卡购物广场
Publika

MAP p.45-A

很多亚洲人和驻马来西亚大使馆官员喜欢到这里消费。商场内有精品店、装饰考究的咖啡厅、餐厅，环境优雅，购物舒心。

✉ 1 Jalan Dutamas 1, Solaris Dutamas
☎ 03-6211-7877　营 10:00~21:00
休 无　HP www.publika.com.my

工艺品　KLCC

皇家雪兰莪锡器直营店
Royal Selangor

英　MAP ●剪切地图-6　p.50-D

皇家雪兰莪锡器厂直营店是仅次于皇家雪兰莪锡器厂厂内锡器店的第二大锡器商店。店内摆满了锡器制品，日常用品、工艺品一应俱全。

✉ Lot 118, 1st. Floor, suria KLCC
☎ 03-2382-0240
营 10:00~22:00
休 无
HP royalselangor.com

锡制啤酒杯是这里的热卖产品

工艺品

武吉免登

菲尼蜡染

Fine Batik

MAP ●剪切地图-19、p.51-J

位于BB公园内的蜡染工艺品店。店内汇集国内外精美的蜡染制品，有蜡染绘画、小饰品、T恤等艺术品。有的蜡染制品是非常精美的家居装饰用品。

✉BB-A001-006, Ground Level, BB Park Jalan Bukit Bintang ☎03-2110-2954 营 10:30~24:00 休 无

民族工艺品

KLCC

克里奈克手工艺品中心

Karyaneka

英 MAP ●剪切地图-21、p.51-I

店内主要出售蜡染制品、锡器、陶瓷器皿、民族服装、贵重金属饰品等各种民族手工艺品，可以称得上是吉隆坡种类最多的民族特产商店。很多游客喜欢到这里购买纪念品。

✉Kuala Lumpur Craft Complex Section 63, Jl Conlay ☎03-2164-9907 营 9:00~20:00 休 无

百货店

唐人街

私人百货商店

Peter Hoe Beyond

英 MAP ●剪切地图-17、p.49-G

唐人街上比较大的百货商场。可乘坐电梯到达商场的二楼，这里有很多精致的服饰、工艺品等。商场内有休闲咖啡厅，逛累了可以在这里休息。

✉No145, 2nd Floor,Bangnnan Lee Rubber, Jl.Tun H.S.Lee ☎03-2026-9788 营 10:00~19:00 休 无

服装店

KLCC

个人时装品牌

iKARRTINI

MAP ●剪切地图-6、p.50-D

马来西亚知名的个人时装品牌。修身剪裁、颜色搭配新颖，是深受时尚青年和社会上流人士追捧的品牌。除了服装之外，店内还有很多漂亮的包包。在阳光广场内有分店。

✉206A, Second Level, Suria KLCC ☎03-2382-2833 营 10:00~22:00 休 无

百货店

唐人街

私人百货商场

Peter Hoe Evolution

英 MAP ●剪切地图-17、p.49-G

商场共有两层，里面有很多服饰店、精品店以及百货店。商品种类繁多，价格也不贵。商场二楼售卖锡制餐具。商场距离中心市场很近，可以逛完中央市场后再到这里来淘一些好东西。

✉2 Jl. Hang Lekir ☎03-2026-0711 营 10:00~19:00 休 无

工艺品

KLCC

拱门礼品店

ARCH

MAP ●剪切地图-6、p.50-D

店内主要出售以马来西亚建筑物为主题的工艺品。用薄木片搭建出2D、3D视觉效果，其观赏性和艺术性都值得称赞。2D工艺品售价RM300左右、3D工艺品售价RM500左右。

✉307, Third Level, Suria KLCC ☎03-2382-0489 营 10:00~22:00 休 无

茶叶 唐人街

紫藤茶艺学习中心
Purple Cane Tea Art Center

英 MAP ●剪切地图-24、p.49-J

唐人街最有名的茶叶店。店里的茶叶种类很多，既有适合平时自己喝的、价格实惠的茶叶，也有包装精美、价格昂贵的礼品茶叶。购买之前可以试饮。除了茶叶外，店内也出售茶具。

✉ No11, Ground Floor, Jl Sultan ☎ 03-2031-1877
营 10:00~21:00 休 无 HP www.purplecane.my

点心 武吉免登

倍乐思巧克力店
Beryl's Chocolate

英 MAP ●剪切地图-21、p.51-L

马来西亚当地的巧克力品牌，甜品多使用精心挑选的可可豆制成，甜味醇香浓郁。有水果味、奶油味等多种口味，爱吃甜食的人一定要来这里逛一下。

✉ 38 Jalan Utra, Off Jalan Imbi
☎ 03-2145-8211 营 9:00~18:00
休 无 HP www.berylschocolate.com

民族工艺品 唐人街

中央市场
Central Market

英 MAP ●剪切地图-17、p.49-G

位于唐人街北面的大型民族工艺品商场。商场内出售马来西亚传统工艺品、食品、服装、特产等，总共拥有好几十家店铺。周末会在这里举行民族舞蹈表演。

✉ Jalan Hang Kasturi ☎ 1300-22-8688
营 10:00~22:00（关门时间因店而异） 休 无

街角一览

马来西亚特色鲜明的长屋

唐人街道路两旁坐落着很多历史悠久、造型美观的房屋。这些房屋被当地人称为shop house，即长屋。所谓长屋，是指一楼为商店、餐厅，二楼为起居室的房屋。

唐人街、武吉免登有很多长屋聚集的区域，这也是马来西亚的一大特色。相邻的长屋距离很近，甚至相距不到两米，许多长屋组合在一起像是一条狭长的商业街。在这里观光，不仅可以满足购物消费的欲望，还能够深入了解当地人的生活。

在雨水丰沛、日照强烈的马来西亚，这里似乎可以带给人们一丝惬意的凉爽。

娱乐
夜生活场所

酒吧、舞厅、KTV……吉隆坡的娱乐场所着实很多。每当夜幕降临，这里就会变成一座灯火通明的不夜城。

酒吧　KLCC

月吧
LUNA BAR

英 预　MAP ●剪切地图-12、p.48-F

位于双子塔和吉隆坡塔脚下，晚上的夜景非常漂亮。酒吧设有露天座席，可以更好地欣赏美丽的吉隆坡夜景。

✉34TH Floor, Pacific Regency Hotel Suites Menara Pan Global, Jalan Punchak off Jalan P. Ramlee
☎03-2332-7777　营10:00至翌日1:00（周五、周六营业至天亮）　休无　◆21:30之后入场收取RM50服务费。周三女性顾客免费

酒吧　KLCC

奥斯威戈酒吧
OSWEGO

英 预　MAP ●剪切地图-12、p.50-D

位于迎碧安娜酒店内。大大的U形柜台和座席直接连到了一起。舞台面积不大，但是布置得很精致。很多当地的英国人喜欢到这里来打发时间。每天晚上都有即兴音乐表演。

✉Impiana Hotel 13 Jalan Pinang　☎03-2147-1111　营12:00至翌日1:00（周六、周日17:00~翌日1:00）＊17:00~21:00欢愉时刻酒水半价　周三、周四、周五21:00之后有现场演奏　休无

夜店　KLCC

艾洛哈俱乐部
ALOHA

英 预　MAP ●剪切地图-5、p.50-D

夏威夷风情俱乐部。音乐舞台、舞厅、啤酒屋等娱乐设施让人乐不思蜀。一年一度的吉隆坡选美大赛就在这里举行。

✉Lot 924, Jalan P.Ramlee
☎03-2711-7266　营17:00至翌日3:00
休无　◆21:00之后收取RM30服务费（周三、周四）

夜店　珍珠白沙罗

兰德里俱乐部
Laundry

英 预　MAP　p.45-A

位于珍珠白沙罗地区的高档俱乐部。俱乐部没有实体墙壁，空间开放。俱乐部的中央是舞池，每晚都有DJ、说唱歌手甚至当红明星前来捧场，吸引了很多年轻人前来凑热闹。

✉Lot G75 & 76 Ground Floor Western Courtyard The Curve, No. 6 PJU 7/3 Mutiara Damansara
☎03-7728-1715
营16:00至翌日2:00（周末营业至天亮）
休无

夜店 KLCC

派对
Zouk

英 预 MAP ●剪切地图-5、p.50-A

派对是新加坡的王牌夜店，2004年正式进驻吉隆坡。一开业就吸引了大批年轻顾客，每逢周末更是人山人海。世界知名DJ会定期到这里举行粉丝见面会。

✉113, Jl.Ampang ☎03-2171-1997
营10:00至翌日3:00 休无 HP www.zoukclub.com.my
◆明星莅临时服务费也会有所提高

酒吧 KLCC

莫德斯托俱乐部
The Grand Modesto

英 预 MAP ●剪切地图-12、p.50-D

莫德斯托俱乐部一层是宽敞的餐厅，餐桌一直排列到店外的路面。二楼是酒吧。这里环境比较私密，酒吧内提供比萨等小吃。在孟沙有分店。

✉Lot 926, Jalan P. Ramlee
☎03-2713-2333 营17:00至翌日3:00（周六、周日不提供午餐） 休无 HP www.modestos.com.my/outlets.php ◆服务费RM35（周五、周六免费赠送饮料）

夜店 KLCC

硬石咖啡厅
Hard Rock Cafe

英 预 MAP ●剪切地图-4、p.48-C

鸡尾酒种类丰富，提供简单的面食。咖啡厅装饰风格怀旧，播放着20世纪60年代的轻音乐。店内定期举办小型音乐会。很多游客、外国人喜欢到这里来。

✉Ground Floor Concorde Hotel, 2 Jl. Sultan Ismail
☎03-2715-5555 营11:30至翌日2:00（周五、周六、节假日至翌日3:00） 休无 ◆周五、周六22:00以后收取服务费RM40

酒吧 武吉免登

J&P魔法屋餐厅
J&P Magic House Bar & Restaurant

英 中 预 MAP ●剪切地图-19、p.51-G

该特色餐厅于2014年8月正式开业，店主是一名来自日本的魔术师，该餐厅也是马来西亚第一家以魔术为主题的餐厅。客人用餐时，魔术师会到桌前表演魔术。每天的20:00、22:00、24:00，魔术师会在搭建好的舞台上大秀魔术。并且该餐厅每月还会组织一次魔法学堂，吸引大批爱好魔术的孩子前来报名。

✉19, Jalan Berangan ☎03-2110-0221、03-2141-1234
营18:00至翌日2:00 休无 ◆鸡尾酒RM20~

酒吧 武吉免登

哈瓦那酒吧
Havana

英 预 MAP ●剪切地图-19、p.49-I

这是一家古巴风情的酒吧，酒吧内悬挂着南美壁画以及哈瓦那特色装饰品，播放着欢快的拉丁音乐，提供比萨、意大利面等小吃。店内朗姆酒种类很多。每周周五、周六晚上20:00之后会有拉丁乐队进行表演。

✉No.2&4, Lorong Sahabat, off Changkat Bukit Bintang
☎03-2142-7170 营15:00至翌日3:00（周六、节假日） 休周一

真情提示

逛夜店时要注意安全

马来西亚的夜店很多，其中不乏一些安全系数较低的娱乐场所。马来西亚人喜欢一大帮人结伴去夜店，这样可以互相照应。如果两三个外国游客前往夜店的话，很难保证不会遇到麻烦。有的店甚至会强行收取高额服务费，如果遇到这种情况要及时报警。

尽量不要去一些比较偏僻，或从外面看不清内部情况的夜店。一些氛围怪异的店也最好不要进。

夜店 KLCC

朗姆丛林
Rum Jungle

英 MAP ●剪切地图-5、p.50-D

虽然位于市区，但是整个夜店的风格像是度假景区一样，气氛热闹、环境优雅。这里仿佛是音乐的世界，通俗、民族、爵士等音乐表演从不停歇。

✉ 1 Jalan Pinang （Corner of Jalan P Ramlee & Jalan Pinang） 营 18:00至翌日3:00 休 无 ◆服务费RM28（周三、周四）、RM38（周五、周六）

酒吧 KL中环

捷达酒吧
Zeta Bar

MAP p.46-I

位于吉隆坡中环的鸡尾酒酒吧。店内地板和墙壁用光滑的大理石铺成，配合纤维光学照明系统，使得酒吧内光影迷离，非常具有现代气息。周一至周六有现场乐队表演，周日有DJ打碟。

✉ 3 Jalan Stesen Sentral
☎ 03-2264-2592
营 20:00至翌日2:00（周四到周六至翌日3:00） 休 无

夜店 武吉免登

拒绝晚礼服酒吧
No Black Tie

英 预 MAP ●剪切地图-19、p.51-G

去酒吧听歌剧？这样的事情只会发生在被称作是“文化大熔炉”的吉隆坡。这家夜店是吉隆坡唯一一家上演艺术秀的娱乐场所。店内座席很多，音响效果也非常出色。进入艺术秀欣赏区需要额外收费。

✉ 17,Jalan Mesui, off Jalan Nagasari
☎ 03-2142-3737 营 17:00至翌日2:00
休 无 HP www.noblacktie.com.my
◆服务费RM20~40

夜店 安邦大街

艾利克斯俱乐部
Alexis Bistro

英 预 MAP ●剪切地图-7、p.50-C

位于大东方购物中心内。店内中央舞台上置有钢琴，每周五、周六会有钢琴演奏。葡萄酒、啤酒等酒水类饮品丰富。

✉ Lot 10&11,Great Eastern Mall, 303 Jl. Ampang
☎ 03-4260-2288
营 11:00~24:00（周五至翌日2:00、周六10:00至翌日2:00、周日10:00~24:00） 休 无 HP www.alexis.com.my
◆周五、周六钢琴演奏免费欣赏

酒吧 KLCC

天空酒吧
SkyBar

英 预 MAP ●剪切地图-13、p.50-E

位于商贸酒店33层，环绕游泳池而建。可以在这里一边品酒一边欣赏双子塔夜景。许多国际知名DJ会到这里来表演。这里的鸡尾酒非常好喝，建议品尝一下。

✉ Level 33, Traders Hotel
☎ 03-2332-9888
HP www.skybar.com.my
营 周日到周四10:00至翌日1:00，周五、周六、节假日10:00至翌日3:00
休 无

MAP p.45-C

夜店胜地大畅游 孟沙 Bangsar

从吉隆坡市区乘坐出租车前往孟沙约20分钟。孟沙是外国人聚集区，这里坐落着很多高档住宅区和别墅群，有很多娱乐场所和夜店。

在孟沙地区的Telawi大街两旁有不少餐厅、咖啡厅、酒吧等娱乐休闲场所，很多外国人喜欢光顾。他们通常会先逛上一圈，然后走进中意的酒吧喝点东西，坐一坐。周日的晚上会有集市，每逢此时，大排档、露天摊位都会聚集在这里。

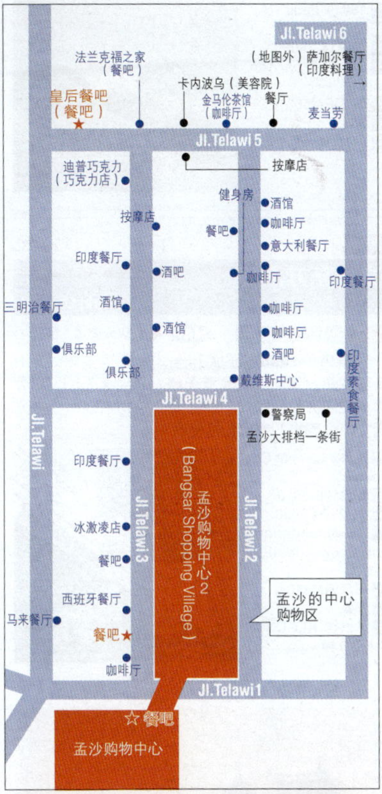

周末集市 Sunday Market

每个周日晚上的周末集市是孟沙的一大特色。周末集市主要集中在Telawi2大街附近，这里有很多露天商铺，售卖服饰、百货、食品以及饮料等，非常热闹。很多年轻的朋友喜欢到这里来淘宝。

营 19:00~23:00

热闹非凡的周末集市

皇后酒吧 Queens

欢快明媚的酒吧

当地非常出名的爱尔兰酒吧，在这里可以品尝到正宗的马蒂尼酒和德国黑啤，以及美味的爱尔兰料理。

✉6 Jalan Telawi 5 ☎03-2201-9595
营 16:00至翌日1:00 休 无

加里波第意大利餐厅酒吧 Garibaldi Italian Restaurant & Bar

尽情享受畅饮

位于孟沙村内的意大利餐厅酒吧。这里有地道的意大利葡萄酒和鸡尾酒，很多外国人喜欢到这里畅饮。

✉LG10 Bangsar Village 1, Jalan Telawi 1 ☎03-2282-3457 营 12:00~14:30、18:30~22:30 休 无

酒店

顶级·高档

吉隆坡的高档酒店集中于武吉免登和KLCC周边一带。这些酒店设施齐全，环境优雅，服务员精通英语和汉语，服务热情周到。

高档　武吉免登

丽思卡尔顿酒店 The Ritz Carlton

餐厅 酒吧 游泳池 健身房 客房服务 英 中 MAP ●剪切地图-20、p.51-K

每个客房都配有管家，提供无微不至的服务。客人可以在房间内享用早餐。全部客房都有无线网络，可以免费上网。酒店内有一家不错的中餐厅。除此之外，酒店还提供SPA美容服务。

168 Jl. Imbi
03-2142-8000
FAX 03-2143-8080
HP www.ritzcarlton.com
RM (S/T)RM560~
室 365
交 从Lot10步行7分钟

顶级　武吉免登

伊斯塔纳酒店 Hotel Istana

餐厅 酒吧 游泳池 健身房 客房服务 英 中 MAP ●剪切地图-19、p.51-G

吉隆坡市区内最高档的酒店之一。位于苏丹大街和拉惹楚兰大街交叉路口，距离武吉免登很近。酒店整体为伊斯兰宫廷装饰风格，客房内部配备有各种现代设施，环境安静优雅。

73 Jl. Raja Chulan
03-2141-9988
FAX 03-2144-0111
HP www.hotelistana.com.my
RM (S/T)RM464~
室 505
交 从Lot10步行约5分钟

顶级　KLCC

文华东方酒店 Mandarin Oriental

餐厅 酒吧 游泳池 健身房 客房服务 英 中 MAP ●剪切地图-5、p.50-D

酒店于1998年正式开业，拥有很多国外VIP贵宾客户。酒店旁边是双子塔，正对面是KLCC公园。酒店内设有餐厅、游泳池、购物中心，非常方便。外出购物、游玩也很便利。

Kuala Lumpur City Center
03-2179-8818
FAX 03-2179-8658
HP www.mandarinoriental.com/kualalumpur
RM (S/T)RM650~
室 694
交 从LRT KLCC车站步行3分钟

顶级　火车站

卡尔克萨内加拉酒店 Carcosa Seri Negara

餐厅 酒吧 游泳池 浴室 客房服务 英 MAP p.46-I

该酒店是马来西亚最高规格的酒店，建在湖滨公园山丘之上，是马来西亚的国宾馆，很多出访马来西亚的政要都在此下榻。英国女王伊丽莎白出访马来西亚时曾多次在这里入住。全部客房均为套房，装饰非常豪华。经过改建之后，客房数量大大减少，仅剩下5间。入住需要提前预约。酒店内的餐厅提供下午茶服务（RM60）。

Taman Tasik Perdana, Persiaran Mahameru
03-2295-0888
FAX 03-2282-6868
HP www.shr.my/hotel-and-resorts/carcosa-seri-negara
RM (S/T)RM1100~　室 5
交 从KL中环车站乘坐出租车约5分钟

餐厅　酒吧　游泳池　健身房　浴室　客房服务　英 提供英语服务　中 提供中文服务

高档　武吉免登

吉隆坡贝拉亚时代广场酒店
Berjaya Times Square Hotel

英　MAP ●剪切地图-26、p.51-J

位于吉隆坡时代广场（p.87）内的高档酒店。地处武吉免登中心地段，毗邻KL单轨列车燕美车站，交通方便。酒店附近还有大型购物中心和主题公园。

- ✉ No.1,Jl Imbi
- ☎ 03-2117-8000
- FAX 03-2143-3352
- HP www.berjayahotel.com/kualalumpur/
- RM (S/T)RM330~
- 室 650
- 交 从KL单轨列车燕美车站步行约3分钟

高档　武吉免登

吉隆坡皮科洛酒店
Piccolo Hotel KL

英　MAP ●剪切地图-19、p.51-J

位于武吉免登大街正对面的新型酒店。以马来西亚的美丽海景为主题装饰，墙面上挂着的海景照均由酒店老板亲自拍摄。酒店内还有一家意大利餐厅，味道非常不错。

- ✉ 101 Jalan Bukit Bintang
- ☎ 03-2146-5000
- FAX 03-2146-5001
- HP www.piccolohotel.com.my
- RM （S/T）RM359~
- 室 168
- 交 从KL单轨列车武吉免登车站步行约2分钟

高档　武吉免登

吉隆坡君悦酒店
Grand Hyatt Kuala Lumpur

英　MAP ●剪切地图-13、p.50-D

酒店紧邻吉隆坡会议中心。客房内部非常宽敞，且为全景落地玻璃窗，干净明亮，可以欣赏窗外景色。酒店内的THIRTY8餐厅是一家非常不错的日式料理店，寿司、牛排、刺身等日式料理都非常好吃。

- ✉ 12 Jalan Pinang
- ☎ 03-2182-1234
- FAX 03-2182-1288
- HP kualalumpur.grand.hyatt.com/hyatt/hotels-kualalumpur-grand/　RM（S/T）RM630~　室 412
- 交 从KL单轨列车拉惹楚兰车站步行约5分钟

高档　武吉免登

吉隆坡千禧大酒店
Grand Millennium Kuala Lumpur

英 中　MAP ●剪切地图-20、p.51-G

吉隆坡千禧大酒店位于武吉免登大街一旁，毗邻升禧廊购物中心、百威廉购物商厦，地处商圈中心，装饰雅致，环境很好，很多商人和游客都选择在此居住。

- ✉ 160 Jl. Bukit Bintang
- ☎ 03-2117-4888
- FAX 03-2142-1441
- HP www.millenniumhotels.com/my/millenniumkualalumpur
- RM (S/T)RM399~
- 室 468
- 交 从KL单轨列车武吉免登车站步行约2分钟

高档　武吉免登

吉隆坡大华酒店
Majestic Hotel Kuala Lumpur

英　MAP ●剪切地图-23、p.46-J

位于吉隆坡火车站附近，由旧殖民地时期的一座古老酒店改建而成。酒店由YTL公司运营，装饰风格古典雅致，各种设施齐全，评分很高。客房大楼共有两座，于1932年改建而成，非常具有古典气息。

- ✉ 5 Jalan Sultan Hishamuddin
- ☎ 03-2785-8000
- FAX 03-2785-8080
- HP www.majestickl.com
- RM （S/T）RM650~
- 室 412
- 交 从KL中环车站步行约3分钟

高档　　武吉免登

吉隆坡万豪酒店
JW Marriott Hotel Kuala Lumpur

英 中　MAP ●剪切地图-20、p.51-H

位于武吉免登大街对面，与拥有大量高级名牌店的升禧广场购物中心相连接，购物非常方便。客房较为宽敞，设施完善。酒店内有一家中国餐馆，名为“上海”，味道非常正宗。提供SPA美容服务。

183 Jl. Bukit Bintanga　☎03-2715-9000　FAX 03-2715-7000　HP www.marriott.com　RM (S/T)RM500~　室 561　交 从Lot10步行约5分钟

高档　　武吉免登

吉隆坡梅里亚酒店
Hotel Meliá Kuala Lumpur

英　MAP ●剪切地图-26、p.51-J

距离武吉免登中心地段很近。酒店环境素雅宁静，在喧嚣的都市中保持着难得的安静。内部设有国际会议室，总共可以容纳200人。吉隆坡很多重要的政界会议都在这里召开。酒店内设有餐厅。

16 Jl. Imbi　☎03-2785-2828　FAX 03-2785-2818　HP www.meliakualalumpur.com.my　RM (S/T)RM274.50~　室 288　交 从KL单轨列车燕美车站步行约1分钟

高档　　武吉免登

吉隆坡帝盛酒店
Dorsett Regency Hotel Kuala Lumpur

英 中　MAP ●剪切地图-20、p.51-H

建在闹市区的高档酒店。服务从细节做起，带给客人宾至如归的感受。毗邻购物中心，无论是外出购物还是用餐都非常方便。附近有好几家味道不错的中国料理店。

172 Jl. Imbi　☎03-2716-1000　FAX 03-2715-5000　HP www.dorsettregency.com.my　RM (S/T)RM328~　室 320　交 从Lot10步行约10分钟

高档　　武吉免登

吉隆坡皇家公园酒店
Park Royal Kuala Lumpur

英 中　MAP ●剪切地图-20、p.51-J

酒店大堂内垂吊着4个巨型的金色枝形吊灯，非常华丽。客房内部装饰淡雅清新，给人舒适悠闲的感觉。酒店位于武吉免登繁华地段，外出购物非常方便。

54 Jl.Sultan Ismail　☎03-2147-0088　FAX 03-2147-0099　HP www.parkroyalhotels.com　RM (S/T) RM302~　室 426

高档　　武吉免登

吉隆坡皇家公园套房酒店
Parkroyal Serviced Suites Kuala Lumpur

英　MAP ●剪切地图-19、p.51-G

位于武吉免登中心区域，酒店的特色在于独特的公寓式管理。套间内带有厨房、浴室、起居室等，适合长期居住，是许多商务人士长期出差的最佳住宿选择。酒店顶层建有游泳池，可以远眺到吉隆坡塔。

No.1 Jalan Nagasari, Off Jalan Raja Chulan　☎03-2084-1000　FAX 03-2084-1010　HP www.parkroyalhotels.com/servicedsuites/malaysia/kuala_lumpur/parkroyal/　RM (S/T) RM450~　室 90　交 从KL单轨列车拉惹楚兰车站步行5分钟

高档　　武吉免登

马来西亚迎维多套房酒店
Invito Hotel Suites

英　MAP ●剪切地图-19、p.48-F

位于武吉免登地区的套房酒店。房间内配备有空调、暖炉、冰箱和整体厨房等现代化设施，适合长期居住。另外，酒店内还设有游泳池和健身房。餐厅位于酒店一楼，是类似车库的狂野休闲风。该酒店在当地很有人气。

No.1 Lorong Ceylon, Bukit Ceylon　☎03-2386-9288　FAX 03-2386-9299　HP www.invitohotelsuites.com.my　RM （Studio Deluxe）RM720~　室 126　交 从KL单轨列车拉惹楚兰车站步行5分钟到达

餐厅　酒吧　游泳池　健身房　浴室　客房服务　英 提供英语服务　中 提供中文服务

高档　　武吉免登

吉隆坡太子酒店
Prince Hotel & Residence Kuala Lumpur

英 中 MAP ●剪切地图-13、p.51-H

酒店于2003年正式营业，酒店客房分为普通公寓和高级公寓两种，高级公寓内带有整体厨房，适合长期居住。所有客房都配备各种现代化设施，并附设餐厅。

✉ No.4 Jalan Conlay
☎ 03-2170-8888
FAX 03-2170-8999
HP www.princehotels.com
RM (S/T)RM435~
室 602
交 从Lot10步行约10分钟

高档　　武吉免登

吉隆坡联邦酒店
The Federal Kuala Lumpur

英 中 MAP ●剪切地图-19、p.51-J

毗邻武吉免登繁华地段，共有18层，酒店外壁是干净的白色，酒店最近进行了重新装修，将客房窗户改为整体落地窗，并加强了安保措施。酒店顶层有一家旋转餐厅，旁边是保龄球馆和日本料理店。

✉ 35Jl.BukitBintang ☎ 03-2148-9166
FAX 03-2148-2877 HP www.fhihotels.com
RM (S/T)RM284~ 室 450 交 从Lot10步行约5分钟

高档　　秋杰

吉隆坡斯里太平洋酒店
Seri Pacific Hotel Kuala Lumpur

英 中 MAP p.46-B

毗邻吉隆坡PWTC世贸中心，很多政界人士在此下榻。酒店正对面就是摩尔商厦，外出购物非常方便。酒店内有一家名叫“幸福”的日本料理餐厅，味道非常不错。除此之外，还有几家咖啡厅和华人餐馆。

✉ Jl. Putra ☎ 03-4042-5555 FAX 03-4041-7236
HP www.seripacifichotel.com RM (S/T)500~ 室 560
交 从LRT PWTC车站步行约2分钟

高档　　秋杰

吉隆坡双威普特拉酒店
Sunway Putra Hotel

英 中 MAP p.46-B

位于摩尔商厦内，六层以上是客房，前台位于九层。公寓套间内带有厨房，适合长期居住。酒店还设有一个大型会议场馆，承接各种会议活动。

✉ Putra Place, 100 Jl. Putra
☎ 03-4042-9888 FAX 03-4043-0700
HP www.klhotels.net RM (S/T)RM259~
室 618 交 从LRT PWTC车站步行约2分钟

高档　　KLCC

吉隆坡喜来登帝国酒店
Sheraton Imperial

英 中 MAP ●剪切地图-4、p.47-C

酒店大厅内摆放着很多盆栽植物，内部装饰为科洛尼亚风格，客房内部宽敞明亮，现代化设施齐全。酒店内设有禁烟区，并为客人提供健身房、美容馆等消遣场所。

✉ Jl. Sultan Ismail ☎ 03-2717-9900 FAX 03-2717-9955 HP www.starwoodhotels.com/sheraton/
RM (S/T)RM322.50~ 室 385
交 从KL 棉兰端姑车站步行约2分钟

高档　　KLCC

吉隆坡万丽酒店
Renaissance Kuala Lumpur Hotel

英 中 MAP ●剪切地图-4、p.48-C

这是一家欧式建筑风格的酒店，由西翼和东翼两幢客房大楼组成。距离吉隆坡咖啡山车站很近，可以步行去往KLCC。酒店内有一家不错的日式餐厅，名为“嵯峨野”。酒店提供免费车位。

✉ Jl. Sultan Ismail & Jl. Ampang
☎ 03-2162-2233
FAX 03-2163-1122
HP www.marriott.co.jp
RM (S/T)RM400~
室 921
交 从LRT金马车站步行约2分钟

高档 KLCC

吉隆坡希尔顿逸林酒店
DoubleTree by Hilton Hotel Kuala Lumpur

餐 酒 游 健 浴 客 英 MAP ●剪切地图-7、p.50-C

国际知名连锁酒店，以装饰豪华和服务周到而闻名于世。位于LRT安邦车站附近，交通方便。酒店内有五家餐厅，其中，马来传统菜馆（p.79）以擅长烹饪中华料理、印度料理、马来料理等多国料理而吸引了大批消费者。

✉ The Intermark 348, Jalan Tun Razak
☎ 03-2172-7272
FAX 03-2172-7270
HP doubletree3.hilton.com
RM （S/T）RM680~
室 576
交 从LRT安邦公园车站步行约5分钟

高档 KLCC

吉隆坡协和酒店
Concorde Hotel Kuala Lumpur

餐 酒 游 健 客 英 中 MAP ●剪切地图-5、p.48-C

该星级酒店靠近茨厂街和马来西亚国会大厦。酒店内建有购物中心，有多家知名品牌入驻。附近有硬石咖啡厅等娱乐场所，距离大排档也很近，方便外出游玩。

✉ 2 Jl. Sultan Ismail
☎ 03-2144-2200
FAX 03-2144-1628
HP kualalumpur.concordehotelsresorts.com
RM （S/T）RM295~
室 581
交 从KL单轨列车咖啡山车站步行约2分钟

高档 KLCC

吉隆坡香格里拉大酒店
Shangri-la Hotel Kuala Lumpur

餐 酒 游 健 客 英 中 MAP ●剪切地图-11、p.48-C

位于吉隆坡塔正对面。酒店内有日本餐厅（p.80）等多家餐厅。地下一楼建有大型会议中心，方便商务人士办公。此外酒店内还有健身房和游泳池等娱乐场所。很多商务人士和游客在此居住。

✉ 11 Jl. Sultan Ismail
☎ 03-2032-2388
FAX 03-2070-1514
HP www.shangri-la.com/jp
RM （S/T）RM525~
室 662
交 从LRT金马车站步行约10分钟

高档 KLCC

吉隆坡洲际酒店
Inter Continental Kuala Lumpur

餐 酒 游 健 浴 客 英 MAP ●剪切地图-6、p.50-B

位于KLCC商圈内，紧邻LRT安邦车站，位置优越。顶层客房可以欣赏吉隆坡市景。大厅很宽敞，装饰精美。酒店内还设有餐厅供客人用餐。

✉ 165 Jl. Ampang
☎ 03-2161-1111
FAX 03-2161-1122
HP intercontinental-kl.com.my
RM （S/T）RM404~
室 486
交 从LRT 安邦车站步行约2分钟

高档 KLCC

吉隆坡麦克赛套房酒店
Micasa All Suite Hotel

餐 酒 游 客 英 MAP ●剪切地图-7、p.50-C

位于大使馆较为集中的敦拉萨路。客房内部设有整体厨房，方便客人自己做饭。长期住宿可以打折。距离KLCC商圈和安邦地区很近，外出购物、逛街非常方便。

✉ 368B, Jl. Tun Razak
☎ 03-2179-8000
FAX 03-2161-1186
HP www.micasahotel.com
RM （S/T）RM353~
RM 242
交 从LRT 安邦公园车站步行约10分钟

高档 KLCC

吉隆坡廓思酒店
Corus Hotel Kuala Lumpur

餐 酒 游 健 客 英 中 MAP ●剪切地图-6、p.50-B

位于安邦大街，地处KLCC繁华地段，很多游客和商务人士喜欢在此居住。酒店内有商务中心、游泳池等设施，深受日本人喜爱的树丛餐厅（p.80）就位于该酒店内。除此之外，还有几家味道不错的中国餐厅。

✉ Jl. Ampang
☎ 03-2161-8888
FAX 03-2161-2393
HP www.corushotelkl.com
RM （S/T）RM295~
室 388
交 从LRT KLCC车站步行约3分钟

餐 餐厅　酒 酒吧　游 游泳池　健 健身房　浴 浴室　客 客房服务　英 提供英语服务　中 提供中文服务

高档 KL中环

吉隆坡希尔顿大酒店
Hilton Kuala Lumpur

英 中 MAP p.46-I

毗邻KLCC中环车站，旁边是吉隆坡艾美酒店。该酒店共有35层，非常气派。酒店内建有吉隆坡最大的室内游泳池，总长度为120米。此外，还设有会议室、健身馆等场所。酒店内有一家精致且美味的日式料理店。

- ✉ 3 Jalan Stesen Sentral
- ☎ 03-2264-2264
- FAX 03-2264-2266
- HP www.hilton.co.jp
- RM （S/T）RM570~
- 室 510
- 交 毗邻KL中环车站

高档 KL中环

吉隆坡艾美酒店
Le Meridien Kuala Lumpur

英 中 MAP p.46-I

紧邻吉隆坡希尔顿大酒店。共有两座客房大楼。客房内部装饰精美，可以站在窗前欣赏湖滨公园美景。酒店内有一家国际料理餐厅，在这里能品尝到各国美食。

- ✉ 2 Jalan Stesen Sentral
- ☎ 03-2263-7888
- FAX 03-2263-7222
- HP www.lemeridienkualalumpur.com
- RM （S/T）RM315~
- RM 422
- 交 毗邻KL中环车站

高档 KLCC

吉隆坡盛贸酒店
Traders Hotel, Kuala Lumpur

英 MAP ●剪切地图-13、p.50-E

位于吉隆坡会议中心旁边。装饰风格时尚现代，是KLCC商圈内一道亮丽的风景线。酒店26层建有室外游泳池，是吉隆坡最高的室外游泳池。此外，还设有健身房等娱乐设施。

- ✉ Kuala Lumpur City Centre
- ☎ 03-2332-9888
- FAX 03-2332-2666
- HP www.shangri-la.com/jp/property/kualalumpur/traders
- RM RM405~
- 室 571
- 交 从KL单轨列车拉惹楚兰车站步行10分钟

高档 KLCC

吉隆坡玛雅酒店
Hotel Maya Kuala Lumpur

英 MAP ●剪切地图-5、p.50-A

位于安邦大街、KLCC步行圈内。酒店有着大大的落地玻璃窗，角落里摆放着精致的绿色盆栽，到处散发着浓厚的休闲氛围。酒店内建有游泳池和美容馆，在这里可以享受吉隆坡唯一的含放射性元素的温泉理疗。

- ✉ 138, Jalan Ampang
- ☎ 03-2711-8866
- FAX 03-2711-9966
- HP www.hotelmaya.com.my
- RM （S/T）RM420~
- 室 207
- 交 从LRT KLCC车站步行10分钟

高档酒 KLCC

吉隆坡双威假日酒店
Sunway Resort Hotel & Spa

英 MAP p.45-C

双威假日酒店坐落于吉隆坡的班达尔威地区，这里能够带给客人休闲与欢乐的双重享受。酒店对面是主题森林公园。酒店工作人员全部身着猎装，让宾客感觉仿佛置身于原始森林一般，非常有趣。

- ✉ Persiaran Lagoon, Bandar Sunway
- ☎ 03-7492-8000
- FAX 03-7492-8001
- HP www.sunwayhotels.com
- RM （S/T）RM549~
- 室 441
- 交 从吉隆坡市区乘坐出租车约30分钟

高档 莎阿南

莎阿南凯煌大酒店
Concorde Hotel Shah Alam

英 中 MAP p.108-B

位于马来西亚雪兰莪州中心地段，附近有很多日企，很多日本商务人士在此住宿。酒店毗邻公园，正对面是蓝色清真寺，景色优美。一楼设有休闲咖啡厅，可以在此小憩。

- ✉ 3Jl. Tengku Ampuan Zabedah C9/C, Section 9, Shah Alam
- ☎ 03-5512-2200
- FAX 03-5512-2233
- HP shahalam.concordehotelsresorts.com
- RM （S/T）RM 258~
- 室 381
- 交 从KTM莎阿南车站乘坐出租车约15分钟

酒店

中档

与高档酒店相比，吉隆坡的中档酒店在服务水平、环境、设施方面略显逊色，但是也都非常干净整洁，完全可以放心入住。吉隆坡的中档酒店多集中在武吉免登和唐人街一带。

中档　唐人街

吉隆坡文雅酒店
Mandarin Court Hotel

英　MAP p.47-K

位于唐人街附近，毗邻高速公路，建议乘车前往。酒店刚刚开始营业，各种设施完善，服务热情。酒店内还设有餐厅。

✉ 55,Jl.Maharajalela ☎ 03-2273-9933 FAX 03-2273-9833
HP www.mandarin-courthotel.com.my
RM （S/T）RM195~
室 250
交 从KL单轨列车马哈拉惹里拉路车站步行约1分钟

中档　唐人街

吉隆坡瑞士旅馆
Swiss-Inn Kuala Lumpur

英　MAP ●剪切地图-17、p.49-H

旅馆位于唐人街正中央，旁边是成排的商铺和路边摊。客房干净整洁，温馨舒适。旅馆整体为欧式风格，在闹市中为顾客带来难得的宁静。很多外国游客喜欢在此居住。

✉ 62, Jl. Sultan
☎ 03-2072-3333
FAX 03-2031-6699
HP www.swissgarden.com
RM （S/T）RM201.55~
室 151
交 从LRT 中央市场车站步行约10分钟

中档　唐人街

吉隆坡安卡桑酒店
Ancasa Hotel

英 中　MAP ●剪切地图17、p.49-H

酒店坐落在唐人街中心，毗邻吉隆坡公共交通枢纽、商业街和购物中心。每间客房都安装有电话，并提供叫醒服务、市区接驳服务和机场接送服务。酒店服务中心有干洗店和美容沙龙。酒店内还会定期举办鸡尾酒会。酒店距离独立广场很近，可以步行前往。

✉ Jalan Tun Tan ChengLock
☎ 03-2026-6060
FAX 03-2026-8322
HP www.ancasahotels.com
RM RM208~
室 296
交 从LRT 中央市场车站步行约2分钟

中档　武吉免登

吉隆坡皇家酒店
Hotel Royal Kuala Lumpur

英　MAP ●剪切地图-20、p.51-J

位于Lot10旁边，与武吉免登单轨列车站仅仅一街之隔，外出方便。距离购物中心、娱乐场所及餐厅都非常近。客房内的家具均为木质家具，在这里可以欣赏到吉隆坡城市风光。

✉ Jl. Walter Grenier
☎ 03-2116-2888
FAX 03-2144-6881
HP www.hotelroyalkl.com
RM （S/T）RM400~
室 225
交 从KL 武吉免登车站步行约2分钟

中档　武吉免登

吉隆坡马来西亚大酒店
The Malaysia Hotel, the Kuala Lumpur

英　MAP ●剪切地图-19、p.51-J

位于武吉免登中心商圈内，毗邻大型购物中心。价格经济实惠，安保措施到位。所有客房全部配备空调、电话、彩色电视机等现代化设备，并设有健身房和美容馆。中午两点之前退房。

✉ 67-69,Jl.Bukit Bintang
☎ 03-2144-7733
FAX 03-2142-8579
HP www.themalaysiahotel.com
RM （S/T）RM120~
室 58
交 从KL 武吉免登车站步行约5分钟

餐厅　酒吧　游泳池　健身房　浴室　客房服务　英 提供英语服务　中 提供中文服务

中档 武吉免登

吉隆坡太阳酒店
Hotel Soleil Kuala Lumpur

英 MAP ●剪切地图-19、p.51-J

酒店于1999年正式开业，共14层。餐厅、酒吧、游泳池等各种设施一应俱全，住宿条件良好。酒店毗邻小吃一条街，一出门就能品尝到各种美食。距离Lot10购物商厦很近，购物非常方便。

- 51-A Changkat Bukit Bintang
- ☎ 03-2715-3888
- FAX 03-2715-1888
- HP hotelsoleilbb.com
- RM （S/T） RM224.14~
- 室 45
- 交 从KL 武吉免登车站步行约5分钟

中档 武吉免登

吉隆坡财神酒店
Hotel Fortuna Kuala Lumpur

英 MAP ●剪切地图-19、p.51-J

位于唐人街苏丹路旁边，地理位置绝佳，周围环境非常安静。酒店内部装饰以茶木色为基调，雅致大方。酒店内还有一家阿拉伯餐厅，为客人提供中东美食。

- 87,Jl.Berangan
- ☎ 03-2141-9111
- FAX 03-2141-8237
- HP www.fortunakl.com
- RM （S/T） RM188~
- 室 98
- 交 从KL单轨武吉兔登车站步行约3分钟

中档 武吉免登

吉隆坡星光传统酒店
Bintang Warisan Hotel Kuala Lumpur

英 MAP ●剪切地图-19、p.51-J

位于武吉免登大街正对面，毗邻美食一条街——阿罗街。周围是密密麻麻的大排档和路边摊，完全可以满足吃货的胃口。客房装潢精美。带浴室的客房需要提前预订。

- 68,Jl.Bukit Bintang
- ☎ 03-2148-8111
- FAX 03-2148-2333
- HP www.bintangwarisan.com
- RM （S/T） RM163.80~
- 室 97
- 交 从KL 武吉兔登车站步行约5分钟

中档 武吉免登

阿格拉酒店
Agora Hotel

英 MAP ●剪切地图-19、p.51-J

“Agora”在希腊语中是市场的意思。该酒店位于武吉兔登大街上，外墙为象牙色，凸显爱琴海情调。客房内部装饰略显简朴，但各种现代化设施完备。酒店附近有夜店、购物商厦，很多年轻人喜欢住在这里。

- No.106-110,Jl.Bukit Bintang
- ☎ 03-2142-8133
- FAX 03-2142-7815
- HP www.agorahotel.com.my
- RM （S） RM130~、（T） RM150~
- 室 50 交 从KL单轨武吉兔登车站步行约3分钟

中档 独立广场

吉隆坡凯丽酒店
Quality Hotel City Centre Kuala Lumpur

英 MAP ●剪切地图-3、p.46-B

位于鹅麦河沿畔，轻轨LRT直接通到这里，交通方便。附近还有几家大型超市，外出购物也非常便利。酒店内设有游泳池、商务中心、健身房等。酒店内有一家四川菜馆，川菜味道正宗。

- Jl. Raja Laut
- ☎ 03-2614-8000
- FAX 03-2693-9634
- HP www.quality.com.my
- RM (S/T)RM139~
- 室 250
- 交 从LRT 苏丹伊斯梅尔车站步行约2分钟

吉隆坡

酒店

经济型

经济型酒店设施齐全，环境优雅，最重要的一点是价格相对便宜。但安保措施与高档酒店相比略有不足，在这里入住，一定要妥善保管好自己的物品。

经济型　　独立广场

体育场酒店 Coliseum Hotel

餐厅 酒吧 客房服务 英　MAP ●剪切地图-10、p.48-A

建于1921年，是吉隆坡历史最为悠久的酒店。酒店旁边的罗马剧场也是同时代建筑，历史感厚重。很多欧美游客喜欢在这里长期居住。入住该酒店需要提前预订。

✉ 98-100 Jl. Tuanku Abdul Rahman
☎ 03-2692-6270
RM （S）RM33~（T）82~
室 5
交 从LRT占美车站步行约10分钟

经济型　　独立广场

K酒店 K Hotel

餐厅 酒吧 客房服务 英　MAP ●剪切地图-10、p.48-A

位于端姑阿都拉曼大街上的小型快捷酒店。酒店地理位置绝佳，靠近印度商业街，附近有很多印度人开的商店和路边摊。另外，酒店距离崇光百货也非常近，步行前往购物非常方便。

✉ No.142-146, Jl. Tuanku Abdul Rahman
☎ 03-2693-4246
FAX 03-2692-6548
RM （S/T）RM125~
室 103　交 从LRT班达拉亚车站步行约4分钟

经济型　　独立广场

诺贝尔酒店 Hotel Noble

餐厅 酒吧 客房服务 英　MAP ●剪切地图-10、p.48-A

位于端姑阿都拉曼大街尽头。距离小印度区非常近，周围有许多印度人经营的服装店和特产店。距离独立广场也很近，步行仅需10分钟。酒店内设有餐厅，公共活动区域提供免费无线网络。

✉ 165-169, Jalan Tuanku Abdul Rahman
☎ 03-2691-7111
FAX 03-2692-7222
RM （S/T）RM128~
室 106
交 从LRT 班达拉亚车站步行约4分钟

经济型　　唐人街

梅维尤荣誉酒店 Mayview Glory Hotel

英　MAP ●剪切地图-18、p.49-H

吉隆坡当地的快捷酒店，深受商务人士和观光游客的喜爱。酒店内有旅游服务中心、洗衣店、商店等服务设施。客房内部装饰精美，内设免费Wi-Fi，电视、空调、保险箱等设备齐全。酒店提供免费大巴到机场接送宾客。

✉ No. 100-101, Jalan Pudu Lama
☎ 03-2026-6636
FAX 03-2026-6640
HP mayviewglory.com
RM （S/T）RM95~（平日）、RM105~（周末）
交 从LRT 人民广场车站步行约2分钟

经济型　　武吉免登

第八宾馆 Number Eight Guesthouse

英　MAP ●剪切地图-19、p.49-I

位于阿罗街附近，于2005年正式对外营业。酒店虽然位于闹市区，但是却非常安静。酒店中庭有一个十分漂亮的庭院，适合聊天、小憩。客房内部非常干净，配备空调、浴室，可以免费上网。

✉ 8-10 Tengkat Tong Shin
☎ 03-2144-2050
FAX 03-2144-2450
HP www.numbereight.com.my
RM （T）RM85~
室 28
交 从Lot 10车站步行约4分钟

餐厅　酒吧　游泳池　健身房　浴室　客房服务　英 提供英语服务　中 提供中文服务

经济型 武吉免登

吉隆坡和谐酒店

Tune Hotel, KL

英 MAP ●剪切地图-3、p.46-B

酒店装饰精致，内部设施完善，服务热情周到，可以与中档酒店相媲美。价格相比中档酒店便宜不少，唯一美中不足的是上网需要收费。酒店内有特产商店，出售橄榄油、香皂等产品。带空调的房间比普通房间收费略高。

✉ No.316, Jalan Tuanku Abdul Rahman
☎ 03-7962-5888
HP www.tunehotels.com
RM （S）RM40、（T）RM69
室 173
交 从KL单轨列车棉兰端站车站步行约5分钟

经济型 武吉免登

武吉免登瑞帕利卡客栈

Replica Inn Bukit Bintang

英 MAP ●剪切地图-19、p.51-G

酒店位置便利，并为客人提供舒适的住宿环境和各种现代化设施，是外国游客住宿的首选。酒店客房舒适，配备彩色电视机、冰箱、电话等现代化设施，还可以免费上网。如果客人没有自带电脑，可以租借酒店的台式电脑上网。酒店内的餐厅提供各种美食。客人还可以在一楼的休闲咖啡厅用餐。

✉ Changkat Bukit Bintang
☎ 03-2142-1771
FAX 03-2143-3776
HP www.replicainn.com
RM （S/T） RM108~ 室 69
交 从KL单轨列车武吉免登车站步行约10分钟

经济型 武吉免登

康福特因客栈

Comfort Inn

英 MAP ●剪切地图-19、p.51-J

在酒店大厅有无线网络，可以免费上网。一楼的咖啡厅为客人提供免费饮品。

✉ Cangkat Bukit Bintang ☎ 03-2141-3636 FAX 03-2143-4633 RM （S） RM79~、（T） RM100~ 室 36 交 从KL单轨列车武吉免登车站步行约10分钟

经济型 武吉免登

港龙酒店

Comfort Lodge

英 MAP ●剪切地图-19、p.51-J

全部客房都有空调。卫浴一体。

✉ Changkat Bukit Bintang ☎ 03-2145-1818 FAX 03-2145-7686 RM （S） RM55~、（T） RM65~ 室 22 交 从KL单轨列车武吉免登车站步行约10分钟

经济型 唐人街

背包客客栈

Backpacker's Travellers Inn

英 MAP ●剪切地图-24、p.49-H

在酒店前台处可以直接报名参加当地旅游团。晚上在酒店大厅可以观看免费电影。

✉ 60B (2F) Jl. Sultan ☎ 03-2078-2473 HP backpackerskl.com RM (Domi) RM12、(S) RM34 室 32 交 从LRT中央市场车站步行约5分钟

经济型 唐人街

背包客酒店

Backpacker's Travellers Lodge

英 中 MAP ●剪切地图-17、p.49-G

价格便宜。客房内有电话、电脑，可以免费上网。

✉ 158 (1F) Jl. Tun H.S. Lee ☎ 03-2031-0889 FAX 03-2078-1128 HP backpackerskl.com/lodge.htm RM (Domi) RM12~、(T) RM28 室 30 交 从LRT中央市场车站步行约5分钟

经济型 火车站

惠勒客栈

Wheelers Guest House

英 中 MAP ●剪切地图-17、p.49-G

客房墙壁使用防火建材建造，安保措施到位。共有5间带窗户的客房。

✉ 2ndF, 131-133, Bangunan Siew Yuen, Jl. Tun H.S. Lee ☎ 03-2070-1386 RM (Domi) RM13、(S/D) RM30 交 13 交 从LRT中央市场车站步行约5分钟

经济型 火车站

吉隆坡青年旅社

YMCA Kuala Lumpur

英 MAP p.46-J

价格便宜。保险箱、健身房需额外收费。

✉ 95 Jl. Padang Belia ☎ 03-2274-1439 FAX 03-2274-0559 HP www.ymcakl.com RM （S/T） RM110~ 室 57 交 从KL中环车站步行约5分钟

马来西亚建筑大讲堂

芙蓉州立博物馆

马来西亚的建筑物受传统文化影响颇深，具有非常鲜明的时代特征。下面为大家介绍马来西亚建筑的风格、特征，以此来了解马来西亚传统历史文化对建筑风貌的影响。

马来西亚传统民宅

马来西亚常年高温多雨，湿气较重。因此，马来西亚的民宅非常注重通风。为避免地表湿气入侵，马来西亚的房屋主体会建在木桩之上，特别是偏远地区或农村，几乎整个村庄都是这种结构的房屋。木桩高出地面1~2米，通风性良好，房屋内部的湿气也得以尽快挥发。受伊斯兰教的影响，某些地区的房屋还有男屋和女屋之分。此外，在加里曼丹岛的原住民族群中，还保留着被叫作“长屋”的民宅。这种房屋也是建在高出地面的木桩之上，并且房屋面积非常大，分为很多个房间，居住着族群首领及其子孙亲眷们。

建于高出地面的支柱之上的木造房屋

马六甲科洛尼亚风格建筑

马六甲是马来西亚历史最悠久的地区。马六甲的建筑受欧洲以及亚洲文化影响较大，至今仍保留着很多历史文化遗产建筑。比如，位于荷兰广场旁边的荷兰教堂、旧总督官邸、葡萄牙教堂等都是殖民时期的建筑。唐人街原来是荷兰人聚居区，后来华人逐渐迁移到这里，并将这里的旧民房改建，形成了独特的娘惹文化建筑群。马六甲苏丹王宫是马来西亚的传统建筑，这座巨型宫殿修建于高出地面的粗大木柱之上。

荷兰式古典建筑

吉隆坡的摩尔式建筑

独立广场是吉隆坡的行政中心，在其周围坐落着许多英国统治时期的摩尔式古建筑。其中，苏丹阿都沙末大厦是最典型、最有名的摩尔式建筑，被看作是吉隆坡市区的标志性建筑。

另外，吉隆坡的火车站宿舍也是摩尔式建筑的代表之一。它白色的墙壁、优美的建筑曲线、厚重的历史感，将摩尔建筑的精髓发挥到了极致。火车站宿舍对面的铁道局也同样是摩尔式建筑，用火山岩堆砌成的建筑基座极具历史感。摩尔式古建筑在吉隆坡崭新的现代建筑群中显得历久弥新、雄伟浑厚。

摩尔式建筑

伊斯兰古建筑和现代建筑的融合

如今，吉隆坡市区内现代化高楼拔地而起，各种时尚建筑林立，传统的民宅和古建筑似乎正逐渐被五光十色的霓虹灯所埋没。但其实不然，这些后来居上的新建筑也沿袭了伊斯兰古建筑的设计风格和特点，以传承精髓、推陈出新的方式展现于世人面前。比如，双子塔、吉隆坡塔的塔尖就是典型的伊斯兰建筑风格。并且，伊斯兰建筑的另一大特色——几何学花纹内饰也在现代办公大楼和酒店等建筑群中得到了很好的传承和运用。

双子塔塔尖

感受马来西亚的传统技艺&竞技项目

马来西亚至今仍保留着许多传统技艺和竞技项目。下面为大家介绍几个非常经典的传统技艺和竞技活动。

传统舞蹈

马来西亚是多民族国家，各民族有着不同风格的传统舞蹈。马来西亚的舞蹈受中国文化影响最大，逐渐形成马来舞蹈和中国舞蹈两大类别。马来西亚各地区都有独具特色的舞蹈形式。“巴因舞”是马来西亚的传统舞蹈之一，最早是皇室舞蹈，如今已成为非常流行的社交舞蹈。恋人边跳舞边用身体轻触对方，含蓄地表现浓浓的爱意。“社交舞（JOGET）”中还融入了西方音乐，是马来西亚婚礼上的常见舞蹈。另外，柔佛州的“骑马舞”和玻璃市区的“锡克舞”也是非常有名的传统舞蹈。

风筝 Wau（马来特色）

Wau在马来语中是风筝的意思。马来西亚的风筝起源于马来半岛东海岸地区，至今已有600多年的历史。马来西亚每年都会举行国际风筝大赛。风筝用竹子扎成，并画上各种颜色的民族图案，非常漂亮。风筝大小形状不一，并且尾部也不一样，可分为猫型风筝和鸟型风筝。每年的三月会举办风筝节。马来西亚航空公司的标志就是一只轻巧的风筝。

皮影戏

马来西亚的皮影戏主要以古印度叙事诗《罗摩衍那史诗》（Ramayana）和《摩诃婆罗多》（Mahabharata）的内容为题材，在马来半岛东海岸一带风靡一时。皮影戏中的人偶叫作“Dalang”，用水牛皮缝制而成，由人在后台操控完成各种动作，非常有趣。

藤球

藤球最早起源于马六甲王室，是马来西亚最具代表性的竞技运动项目。藤球在泰国、印度尼西亚也是深受欢迎的运动项目，每年都会举行国际藤球比赛。比赛时，每三人为一队，两队中间隔着高度为1.52米的网，比赛双方队员用身体触球和发球（不能用头、胸、足、腕），比赛过程中，球（直径为20cm）先落地的一方为败，是一项观赏性、竞技性很强的运动项目。在马来西亚的街头或广场经常可以见到三五成群的人们在玩藤球。

陀螺

娱乐性、竞技性很强的运动项目，在马来西亚深受欢迎。抽绳长5米，用抽绳将陀螺卷好后用力甩向地面并不断抽打，以保证陀螺能够长时间旋转。陀螺多用坚硬的木材制作，大的陀螺会在外面包上一层铁皮。最大的陀螺直径为30厘米，重达5千克。

吉隆坡周边城市

Around Kuala Lumpur

吉隆坡周边的城市也有一些历史古迹和自然景点。从吉隆坡前往这些城市非常方便，可以乘坐巴士、火车和出租车等交通工具。

八打灵再也是马来西亚的卫星城，这里的人们热情朴素，非常好客。

瓜拉雪兰莪位于马来西亚西海岸，在雪兰莪河口处可以欣赏美丽的萤火。美拉华迪山是雪兰莪王国时代的战略要塞，在战争时期发挥着重要作用。在雪兰莪自然公园内可以和野生动物近距离接触。

莎阿南拥有世界第四大清真寺——蓝色清真寺。苏丹莎阿南博物馆内陈列着许多珍贵文物。

巴生港是马来西亚最大的港口，这里总是一派忙碌的景象。马来西亚的名吃肉骨茶就起源于这里。巴生港的街边随处可见肉骨茶餐馆和大排档。

吉胆岛位于巴生港以西，以肉肥味美的螃蟹而闻名。这是一个安详宁静的小岛，岛上的人们靠打鱼为生，这里没有重工业污染，没有汽车尾气。在这里可以品尝到各种各样的海鲜珍肴。

芙蓉是马来西亚森美兰州的州都，距离吉隆坡大约50千米。 来自苏门答腊的米南加保人于15世纪在此建立城邦，在州立博物馆内还保留有米南加保人的房屋和宫殿模型。

雪兰莪河口城市

瓜拉雪兰莪

Kuala Selangor

MAP p.108-A

观光小贴士
瓜拉雪兰莪

乐趣指数		交通便利指数	
自然景观	★★★★·	出租车	★★★··
观萤火	★★★★★	步行	★★···

交通方式

巴士■（富都汽车站B.T）→瓜拉雪兰莪（乘坐No.141巴士约2小时到达，每日7:00~21:00，每隔30分钟发车，车票RM7）＊从巴生港乘坐巴士约1小时到达，车票RM1。
出租车■吉隆坡市区→瓜拉雪兰莪（约1.5小时、RM90）

观光导览

瓜拉雪兰莪位于雪兰莪河口附近，距离首都吉隆坡西北方向约80公里。城市居民依水而居，逐渐形成了庞大的水上村落。瓜拉雪兰莪分为新城区和老城区，老城区的中心地段建有大片长屋建筑群，这里还矗立着海拔最高的皇家山。

瓜拉雪兰莪曾是王国首府，是马来西亚历史上的重要古城。18世纪中期之后的100多年，这里一直是王宫的所在地，历代苏丹和王室成员都生活在王宫里面。皇家山曾是当时的战略要塞，在战争时期发挥着至关重要的作用。皇家山上至今仍保留着当时的战争遗迹。

从市区向南步行约10分钟，到达瓜拉雪兰莪自然公园。这个自然公园是瓜拉雪兰莪最漂亮的景点，自然风光迷人，适合家庭出游。晚上可以乘坐游艇畅游在雪兰莪河面上，欣赏美丽的萤火表演（旅游信息p.69）。

皇家山要塞遗址

景点　观光

皇家山
Bukit Melawati

MAP p.108-A

位于瓜拉雪兰莪市中心，山上有要塞遗址和古老的炮台。从山上可以眺望马六甲海峡风光，远望雪兰莪州西海岸一带，欣赏海面落日美景。山上有很多野猴，它们不具有攻击性，喜欢亲近人类，非常可爱。

交 从市区步行5分钟

景点　观光

瓜拉雪兰莪自然公园
Taman Alam Kuala Selangor

MAP p.108-A

占地约290公顷的自然保护区。这里栖息着许多珍贵野鸟，种植着大片热带绿植。公园内还设有观察站，方便游客近距离观察野生鸟类。

☎ 03-3289-2294　开 9:00~18:00
RM 成人RM4、儿童RM1
交 从市区步行10分钟

景点　观光

萤火公园
Fire Flies Park

MAP p.108-A

乘坐小船徜徉在雪兰莪河面上，欣赏美丽的萤火。小船没有发动机，需手动划船。这里禁止拍照。

☎ 03-3260-1208（可以报团）　开 19:45~22:30　RM 成人RM15、儿童RM8（包含船票）　交 从市区乘坐出租车20分钟

莎阿南

Shah Alam

MAP p.108-B

观光小贴士
莎阿南

乐趣指数		交通便利指数	
逛街	★★···	出租车	★★★··
现代建筑	★★★··	步行	★★···

交通方式

巴士■KL（中英市场）→莎阿南（乘坐KLU80约40分钟，每小时发车2~6次，RM2.50）＊在PKNS购物中心下车。

火车■KL→KTL 莎阿南车站（约45分钟，每小时发车3~4次，RM2.50）→市区（乘坐出租车约10分钟，RM10左右）

出租车■KL→莎阿南（约1小时到达，RM25）

旅游咨询处■旅游观光中心（TIC）

✉LotP7 Jl.Indah,14/12 Seksyen 14 40000 Selangor ☎03-5513-2000

开8:30~17:30 休周六、周日

观光导览

雪兰莪州的首府原是吉隆坡，1974年莎阿南正式取代了吉隆坡，成为雪兰莪州的新首府。此后，马来西亚政府持续拨款，促进莎阿南经济发展，将莎阿南逐渐建设成新兴的商业都市。莎阿南有很多日企、日式酒店（P.101）。莎阿南的城市中心是一片广阔的绿地，州政府办公大楼、清真寺、图书馆、酒店多集中在这一区域。PKNS购物中心位于市区繁华地段，门口有开往市区和郊区的巴士，交通方便。马来西亚农业公园位于莎阿南市郊，闲暇时可以到这里来散散心。

景点　观光

马来西亚农业公园

Malaysia Agriculture Park

MAP p.108-B

马来西亚农业公园位于莎阿南市郊，是马来西亚最早的热带植物公园，总占地面积达1295公顷，里面有动物园、鱼池、农业园等。公园内设有栖息小屋和野营场地，可以在这里郊游、露营。

☎03-5510-6922
开 8:00~16:30
RM 成人RM3、儿童RM1
休 周一
交 从PKNS购物中心乘坐出租车约10分钟

清真寺　观光

苏丹沙拉胡丁阿都阿兹莎回教堂

Masjid Sultan Salahuddin Abdul Aziz Shah

MAP p.108-B

莎阿南最有名的建筑物，蓝色穹顶在阳光照耀下非常醒目，也被叫作“蓝色清真寺”。该清真寺于1988年正式竣工，是马来西亚规模最大的清真寺，也是世界第四大清真寺。塔尖距离地面142.3米，是世界上最高的塔。清真寺内总共可容纳2.4万人。

开 9:00~12:00、14:00~16:00
交 从PKNS购物中心步行约15分钟

博物馆　观光

莎阿南博物馆

Muzium Sultan Alam Shah

MAP p.108-B

博物馆内陈列着雪兰莪州的诸多历史文物和资料，并保存有雪兰莪皇室的家具和珠宝，甚为珍贵。另外，馆内还珍藏有马来西亚历代苏丹的殉葬品等历史文物，非常值得参观。

开 9:30~17:30（周五9:30~12:30）　休 周一
RM 免费　交 从PKNS购物中心步行约15分钟

海上孤岛

吉胆岛

Pulau Ketam

MAP p.108-A

观光小贴士
吉胆岛

乐趣指数		交通便利指数	
漫步	★★★··	船	★★★··
海鲜料理	★★★★·	步行	★★★★·

交通方式

船■巴生港→吉胆岛（乘坐快艇约30分钟，RM7）＊周一到周五每隔1小时发船，周六、周日、节假日每隔45分钟发船一次（快艇或渡轮）。吉隆坡→巴生港乘坐KTM约1小时到达，RM4.30

吉胆岛上的“水上村庄”是马来西亚独具特色的传统建筑群。但是，随着近些年现代化进程和旅游计划的推进，“水上村庄”的规模日益缩小。吉胆岛远离城市污染和喧闹，是沙漠之中一片宁静的绿洲，吸引着大批游客前来。这里有新鲜的海产品、美丽的自然风光，岛上的居民热情善良，是非常不错的度假胜地。

美丽的红树林岛

吉胆岛距离巴生港约10公里，岛上生长着成片的红树林。岛上的居民大都来自中国福建省，大部分人靠打鱼维持生计。岛上大部分地区属于湿地，空气湿润，因此这里的房屋都建在高出地面1~2米的木桩之上，久而久之，形成了极具特色的水上村庄。这里的主要交通工具是船和自行车，没有任何机动车辆，真是完全不同于大都市的另一番景象。

吉胆岛街景

螃蟹岛

“Ketam”在马来语中是螃蟹的意思，这座岛上栖居着数量庞大的螃蟹群，因此吉胆岛也被称为螃蟹岛。除了螃蟹之外，岛屿周边还有很多鱼贝类海鲜养殖场，这些新鲜的海产品被运送到吉隆坡，成为人们餐桌上的美食。岛上也有海鲜餐馆，厨师将捕捞上来的新鲜海鲜直接烹饪，味道鲜美。周末时，有不少人专程从吉隆坡过来吃海鲜。

漫步吉胆岛

吉胆岛的道路很有特点。这里的房屋大都建在木桩上，彼此间用木板相连接，所以这里的道路也被称为“桥路”。这些木板路仅有2~3米宽，只能供人和自行车通行。

从吉胆岛港口步行5分钟即到达南天宫。南天宫内有很多寺院。这里供奉的神灵大多为海神、渔神，村民们经常到这里来祭拜，以盼每次出海都能有所收获。

南天宫内有数不清的大小寺院

吉胆岛上没有汽车噪声、尾气，像是一个与世隔绝的小渔村。漫步在这个朴素的孤岛，穿行于“水上村庄”之间，品尝来自大海的馈赠，实在是非常惬意的事情。

住宿

吉胆岛上没有高档酒店，仅在港口附近坐落着几家旅社。

在这里住一晚需要花费RM50~80。住宿费中包含了餐费。

规模不断扩大的卫星城
八打灵再也
Petaling Jaya

MAP p.45-C

观光小贴士
八打灵再也

乐趣指数		交通便利指数	
购物	★★★★·	出租车	★★★★·
高尔夫	★★★★·	步行	★★···
夜店	★★★★·		

交通方式

火车■KL中环车站→LRT 格拉纳再也车站（约22分钟，每小时发车4~10次，RM2.10）→万达广场（乘坐快速巴士U89约20分钟，每小时发车2~6次，RM1）。

巴士■KL中环车站巴士站→万达广场（乘坐快速巴士U82约60分钟，每小时发车2~6次，RM2.50）、KL（pasaseniB.T.）→达曼萨拉（乘坐快速巴士U88约60分钟，每小时发车2~6次，RM2.50）

出租车■吉隆坡市区→梳邦机场（空中花园巴士终点站）（约40分钟，RM25左右）、吉隆坡市区→班达双威地区（约30分钟，RM20左右）、吉隆坡市区→万达广场（约30分钟，RM25左右）。

观光导览

八打灵再也（一般简称PJ）是吉隆坡的卫星城，近些年发展势头迅猛。八打灵再也地区泛指马来西亚联邦高速公路一带的市政区。具体指的是双威水上乐园所在地班达双威地区、梳邦机场地区（空中花园地区）、万达广场所在地马来西亚伯乐学院地区。

八打灵再也已发展成为宜居城市，节假日期间有不少游客从四面八方赶来这里度假。这里也有许多大型购物商场、餐厅以及精品店铺，但并不像吉隆坡那样人山人海，非常适合消费者前来购物。最近，一些专门面向亚洲消费者的购物店和特产店相继开业，不但吸引了更多亚洲游客前来购物，也使得当地居民的收入日益增长。

马来西亚的大学城也逐渐向八打灵再也转移，增添了八打灵再也的学术氛围。除此之外，这里也有不少新开的酒吧和夜店，晚上非常热闹。各国餐厅都可以在这里找到。深受年轻人青睐的时尚餐厅兰德里餐吧（p.92）、图书馆餐吧（p.93）位于八打灵中心繁华地段。

梳邦机场附近共有三家高尔夫球场，球场旁边是度假酒店。第113页介绍的购物中心旁边也有各种规格的酒店，客人可按照自己的喜好选择不同的酒店入住。

高尔夫 Golf

MAP p.45-C

在去梳邦机场的主干道附近，有几家环境不错的高尔夫球场。高尔夫球场内可以住宿。

●绍嘉纳高尔夫乡村俱乐部（Saujana Golf & Country Club）国际高尔夫球赛在这里举办（p.68）

●格伦马瑞高尔夫乡村俱乐部（Glenmarie Golf & Country Club）球场灯火通明，晚上也可以打高尔夫。

✉ No. 3 Jalan Usahawan U1/8 ☎ 03-7803 9090
FAX 03-7803-2728 HP www.glenmarie.com.my
RM 场地费RM250（周末RM360）、高尔夫车RM80、球童RM45

高档 住宿

绍嘉纳度假村
Saujana Resort

英 中 MAP p.45-C

位于绍嘉纳高尔夫乡村俱乐部旁边。

✉ Jalan Lapangan Terbang SAAS
☎ 03-7843-1234 FAX 03-7846-2789 HP http://www.thesaujanahotel.com RM（S/T）RM320~ 室 210
预 ⑳

中档 住宿

吉隆坡格莱美假日酒店
Holiday Inn Kuala Lumpur Glenmarie

MAP p.45-C

毗邻绍嘉纳高尔夫乡村俱乐部。入住方便。

✉ 1 Jalan, Usahawan U 1/8, Seksyen U1 ☎ 03-7803-1000 FAX 03-7804-1000 HP www.holidayinn.com/hotels/us/en/kuala-lumpur/kulhi/hoteldetail RM（S/T）RM255~ 室 260 预 ③

餐厅 酒吧 游泳池 健身房 浴室 客房服务 英 提供英语服务 中 提供中文服务

购物中心

购物

万达广场购物中心
1 UTAMA SHOPPING CENTRE

MAP p.45-C

万达广场占地面积很大，里面建有电影院、酒吧、健身房、保龄球馆、演艺中心等娱乐设施，并设有一个供消费者休憩的小型公园。世界酒店位于万达广场内部。

✉ No.1, Lebuh Bandar Utama, Bandar Utama Damansara, Petaling Jaya, Selangor
☎ 03-7710-8118
营 10:00~22:00（周日到周四）、10:00~22:30（周五、周六）
休 无
HP www.1utama.com.my

购物中心

购物

曲线购物中心
The Curve

MAP p.45-A

曲线购物中心位于珍珠白沙罗地区。购物中心分为名牌服饰区和百货购物区。百货购物区内有餐厅、咖啡厅、酒吧等，是八打灵再也地区最为繁华的商业街。电影院位于商厦五楼。

✉ No.6 Jalan PJU 7/3, Mutiara Damansara, Petaling Jaya, Selangor
☎ 03-7710-6868
营 名牌服饰区10:00~24:00（周一到周四）10:00至翌日1:00（周五到周日） 百货购物街区10:00~22:00
休 无
HP www.thecurve.com.my
◆吉隆坡皇家酒店和伊斯汀酒店有开往曲线购物中心的免费班车。吉隆坡皇家酒店的班车每天10:45、16:00准时发车。返程班车最晚发车时间为20:00

购物中心

购物

双威金字塔购物中心
Sunway Pyramid

MAP p.45-C

位于班达双威地区的大型购物娱乐中心。商场里面不仅有马来西亚当地品牌，还有许多世界一流名牌。除了名牌服饰店外，还有餐厅、酒吧、夜店等娱乐场所。年轻人最喜欢去的地方是商厦内的滑冰场。商厦毗邻双威假日酒店和双威水上乐园。

✉ 3 Jl. PJS 11/15, Bandar Sunway
☎ 03-7492-9998
营 10:00~22:00
休 无
HP www.sunway.com.my/pyramid

高原度假胜地

云顶高原

Genting Highlands

MAP p.131-H

观光小贴士

云顶高原

乐趣指数		交通便利指数	
赌场	★★★★·	出租车	★★···
游乐园	★★★··	步行	★★★★·

交通方式

巴士■吉隆坡（富都巴士站）→云顶高原（7:30~19:00每隔30分钟~1小时发车，单程车费RM9.60）

KL中环车站→云顶高原（8:00~19:00每隔30分钟~1小时发车，单程车费RM10.30）

＊包含乘坐Skyway（即空中索道，约15分钟）的单程票价。空中索道Skyway搭乘点位于巴士终点站3楼。

出租车■吉隆坡（富都巴士站）→云顶高原（约1小时，RM60/晚上RM70）

观光导览

“Genting”在马来语中是云顶的意思，汉语写作“云顶高原”。云顶高原的建筑群位于海拔2000米的乌鲁卡里山上，在云雾缭绕中若隐若现，好像蓬莱仙阁一般。建筑群始建于1965年。云顶高原第一家酒店于1971年正式开业。

云顶高原度假村以赌场而闻名，被称为东方的拉斯韦加斯。这里有马来西亚唯一的合法赌场，吸引国内外的游客前来消遣。此外，这里还有植物园、主题公园、高尔夫球场等娱乐设施。游客可以享受室内、室外的多种娱乐项目。这里似乎有着巨大的魔力，让人忘却时间，纵情欢乐。

游玩 云顶主题公园

Genting Theme Park

好玩刺激的娱乐项目

云顶主题公园内有云霄飞车、旋转咖啡杯、升降梯、3D体验、水上滑梯等数十种室内外娱乐项目，是马来西亚数一数二的超大型亲子娱乐中心。

营室外主题公园：周一~周五10:00~18:00，周六、周日、节假日9:00~22:00（周日至18:00）
室内主题公园：周一~周五10:00~24:00，周六、周日、节假日9:00~翌日1:00（周日至24:00）
休无　RM通票成人RM70、儿童RM49
◆成人通票RM70、儿童通票RM49 ＊身高90cm以下的儿童/三岁以下儿童免门票

重要信息

在赌场试试运气

云顶高原的赌场规模庞大，赌场内光转盘就有几十台，有巴卡拉、海盗旗、自动赌博机、卡西诺、H&T等多种游戏机，甚至还有香港的牌九。赌场为顾客提供免费班车，如果是VIP会员的话，还可以享受专车接送的服务。凡在云顶大厦住宿的旅客均可免费进入赌场。外国旅客须出示护照方可入内。

赌场全年无休，每天24小时营业。周末的赌场最为热闹，几乎每张赌桌上都坐满了人。不同的游戏所下的底注也不一样，扑克牌游戏最低赌注为RM25。如果同桌赌伴一致要求的话，也可以改为RM10一局。赌场里充斥着洗牌、发牌、出牌的声音，好不热闹。赌场对着装也有要求，男士需穿衬衣、打领带（在入口处可以租到）。不可携带行李入内。赌场寄存箱较少，建议不要携带较多随身物品前往。

云顶高原

酒店

度假胜地云顶高原

联系方式
✉ Pahang Darul Makmur　☎ 03-2718-1118
FAX 03-2718-1888　HP www.rwgenting.com

中档　云顶高原　第一世界酒店　First World Hotel

餐厅 酒吧 英　MAP p.114

云顶高原上的新型度假酒店，外观气派豪华，是云顶高原的地标性建筑。

RM（S/T）RM150~　室6118

中档　云顶高原　云顶高原酒店　Highlands Hotel

餐厅 酒吧 游泳池 客房服务 英　MAP p.114

云顶高原最早建成的酒店。欧式外观非常引人注目。

RM（S/T）RM407~
室795

中档　云顶高原　美星寓邸　Maxims Genting Hotel

餐厅 酒吧 客房服务 英　MAP p.114

云顶高原的代表性建筑。在最顶层的旋转餐厅内用餐，可以360度全方位欣赏云顶高原的美景。

RM（S/T）RM550~
室111

中档　云顶高原　云顶主题公园酒店　Theme Park Hotel

餐厅 酒吧 英　MAP p.114

价格亲民的平价酒店。该酒店是云顶高原唯一的一家公寓式酒店，全家出游时可以选择住在这里。

RM（S/T）RM187~
室236

中档　云顶高原　云顶名胜酒店　Resort Hotel

餐厅 酒吧 客房服务 英　MAP p.114

酒店面朝吉隆坡方向，从房间内可以欣赏高原美景。

RM（S/T）RM319~
室835

餐厅　酒吧　游泳池　健身房　浴室　客房服务　英 提供英语服务　中 提供中文服务

曾被英国殖民统治的美丽高原

福隆港

Bukit Fraser

MAP p.131-H

观光小贴士
福隆港

乐趣指数		交通便利指数	
自然景观	★★★・・	步行	★★・・・
爬山	★★・・・	汽车	★★・・・

交通方式

巴士■KL（富都汽车站）→新古毛（中途下车）→福隆港（约1小时到达，每天发车1次，10:30发车，车票RM5）

出租车■吉隆坡市区→福隆港（1小时30分钟，RM200）

＊从新古毛乘坐出租车到福隆港约RM100（约1小时到达）

旅游咨询中心■旅游信息咨询中心（FHDC）

✉Jl. L. Maxwell ☎09-362-2007

开8:00~23:00 休无

＊位于弗拉斯斯尔维帕克酒店内。

福隆港市中心的长屋

观光导览

20世纪初期，英国探险家路易斯·詹姆士·弗雷泽（Louis James Fraser）首先踏上了这片土地。后来英国政府在这里建起了度假别墅群，将这里作为避暑胜地。这里仅有2000多人口，平日里游客稀少，村落中零星散落着一些英国宅邸、别墅、酒店等，非常安静。

环岛钟塔位于福隆港的中心地区，也是福隆港的标志性建筑。钟塔两边是成排的长屋、餐厅、商店。旅游咨询中心位于钟塔附近。钟塔的对面是体育场，体育场旁边是高尔夫球场售票处和自行车租赁处。

高尔夫球场建在两座小山丘之间，景色优美。这是马来西亚最早的高尔夫球场，场地费并不算贵。高尔夫球场里面还有一个小型牧场，可以骑马。

位于福隆港中心的环岛钟塔

马来西亚最早的高尔夫球场

从福隆港中心驱车15分钟，到达位于北郊的停车场。从停车场步行5分钟，到达杰尔罗瀑布。这里空气清新、鸟语花香，是嬉水、野炊的好地方。

杰尔罗瀑布

自然教育馆距离钟塔大约5分钟的路程，馆内展示有福隆港的相关历史资料。旅游咨询中心位于其中。在旅游咨询中心可以免费领取福隆港旅游指南。旅游路线根据难易程度和距离远近分为8条。如果有必要的话，可以请求导游陪同。徒步旅行中，可以看到各种野鸟昆虫和珍稀动植物。

高档　　住宿

烟熏屋酒店

The Smokehouse Hotel

餐厅 酒吧 客房服务 英　　MAP p.116

英伦风格的小型酒店。距离环岛钟塔大约5分钟的车程，装饰精致，非常安静。酒店大厅像是休闲咖啡厅，可以在这里小憩、聊天。

✉ Jl. Jeriau　☎ 09-362-2226　FAX 09-362-2035
HP www.thesmokehouse.com.my　RM（S/T）RM280~
室 14

中档　　住宿

沙赞酒店

Shahzan Inn

餐厅 酒吧 客房服务 英　　MAP p.116

距离钟塔很近，步行仅需2分钟即可到达。客房内部朴素干净，设施齐全。酒店外部环境幽美，对面是高尔夫球场。位于英国别墅群背后，非常安静。住宿费中包含了早餐费。

✉ Jl. Lady Guillemard　☎ 09-362-2300　FAX 09-362-2284　RM（S/T）RM150~　室 94

餐厅　酒吧　游泳池　健身房　浴室　客房服务　英 提供英语服务　中 提供中文服务

茶田遍布的高原避暑胜地

金马伦高原

Cameron Highlands

MAP p.130-E

观光小贴士 金马伦高原

乐趣指数

自然景观 ★★★★·

爬山 ★★···

交通便利指数

出租车 ★★★··

步行 ★····

交通方式

巴士■KL（富都汽车站）→丹那拉打（约5小时到达，各巴士公司每天发车2~4次，RM30~40），槟城岛→丹那拉打（约6小时到达，每天发车3次，RM32）

出租车■KL（富都汽车站）→丹那拉打（约6小时到达，RM400）

旅游咨询中心■旅游信息咨询中心

✉Lot G01, Mahkota Square, Jalan Mahkota ☎09-517-7111 FAX 09-517-7114 开8:00~17:00 休周六、周日

观光导览

金马伦高原地势较高，垂直海拔1800米，距离吉隆坡200公里左右。金马伦高原上种植着大片的红茶。并且，这里的气候非常适合种植高原蔬菜和花卉。

金马伦高原最早的主人是奥兰·阿斯利部落，奥兰·阿斯利部落是马来西亚最早的原住民。19世纪后期，英国著名探险家威廉斯·金马伦在测绘行动中发现了这个美丽的高原，并以他的名字命名。此后，金马伦高原逐渐被开发成避暑胜地，一部分马来西亚人也移居至此。金马伦高原和福隆港有些类似，受英国文化影响深厚，至今仍保留有很多殖民地时期的别墅、酒店等，很多欧美国家的游客喜欢到这里度假。每到周末或节假日，很多居住在大城市的马来西亚人也会到这里度假。

丹那拉打的街道

金马伦高原平均气温维持在20℃左右，比较凉爽，很多难以在平原地区存活的作物都可以在这里很好地生长。这里种植着红茶、蔷薇、蔬菜、水果等作物，这些作物大多销往马来西亚的各大城市。

1967年3月，出生于北美的泰国丝绸之王吉姆·汤普森在金马伦高原失踪，当时曾引起很大轰动，金马伦高原也因此被全世界所知悉。直到如今，仍没有找寻到吉姆·汤普森的任何踪迹和他失踪的原因，汤普森失踪事件依然是未解之谜。

在草莓园里种植草莓

丹那拉打是金马伦高原的中心城镇，酒店、餐厅、旅行社、特产商店、银行都集中于此。开往吉隆坡方向的巴士也始发于丹那拉打。距离丹那拉打东北方向5公里左右的不兰樟也是比较繁华的地区，附近有一所寺院可供参观。

金马伦高原的景点主要有高原农业园和高原植物园（可欣赏高原植物和农田）、拥有马来西亚最大茶田的红茶工厂（可在工厂内参观红茶的制作过程）以及玫瑰花园、草莓园、养蜂园等。蝴蝶农场和仙人掌园内有许多珍贵的高原昆虫和珍稀动植物，非常值得参观。在当地报名参加旅游团，可以依次参观以上景点，并能节省不少时间。喜欢自由行的游客可以雇一辆车前往参观，这样同样可以省下不少时间（出租车每小时RM20~25）。如果想领略高原美景的话，可以深入丛林漫步。喜欢自由行的游客，可以在当地旅行社雇一名导游全程陪同，由导游讲解沿途野生植物、动物的相关知识。

金马伦高原
Cameron Highlands
N
槟林樟山
Gunung Brinchang
2000m
双溪帕拉斯Boh茶茶园 p.120
Sungei Palas Boh Tea Centre
双溪帕拉斯Boh茶工厂
Sungei Palas Boh Tea Factory
p.120
玫瑰花园
夷丰沽蜜蜂
农场 p.120
Ee Feng Gu
Honey Bee Farm
野生兰花园
蝴蝶农场
蝴蝶公园
Butterfly Garden
p.120
金马伦高原贵都
酒店 p.122
草莓农场
草莓园
山姆大叔农场
时光隧道博物馆
Time Tunnel p.121
集市
仙人掌园
玫瑰花园农场 p.121
Rose Centre
草莓园假日酒店
p.122
大红草莓农场
仙人掌园
Cactus Valley
p.121
洛扎帕萨德纳酒店
碧兰樟酒店
碧兰樟
BRINCHANG
卡斯玛尼草莓园
Kasimani's Strawberry Farm
p.121
健康草莓农场
金马伦高原度假村
p.123
三宝庙 p.120
Sam Poh Temple
高尔夫球场
国家银行
烟熏屋酒店 p.123
黛拉芬丝酒店
p.123
帕丽特瀑布
花园
病院
巴士总站
湖边小屋
p.123
金马伦高原遗物酒店
p.122
博物馆
达丹娜拉达
TANAH RATA
印度教寺院
门迪基山
p.121
罗宾逊瀑布
Gunung Mentigi
1535m
0
500m
达丹娜拉达
TANAH RATA
高原酒店
医院
金马伦玫瑰种植园
塔纳姆（餐厅）
库马尔（餐厅）
库尔酒店
出租车站
印度寺院
约杨（特产商店）
La Sage（特产商店）
商店
游客酒店
达旺达旺酒店
凯乌酒店
玫瑰咖啡厅
辛基乌（特产商店）
景点
卡里纳咖啡馆
B.B酒店
文雅餐厅
酒店
花园
金马伦高原遗物酒店 p.122
旅客客栈
金马伦假日酒店

金马伦高原

观光
景点指南

得益于得天独厚的自然条件，这里的植物园和动物园内种植、饲养了各种高原动植物。游客可以乘坐班车穿行在葱郁的园林间，欣赏各种珍奇物种。金马伦高原种植着一望无际的茶田，可以到茶园参观茶叶的采摘过程。

景点　金马伦高原

蝴蝶公园
Butterfly Garden

MAP p.119

在这里能看到马来西亚蝶翠叶凤蝶、亮棕色金虫、蛇等动物。导游会详细介绍它们的生存环境和饲养方法。

开 8:00~18:00　休 无
RM 成人RM5、儿童RM2
交 从丹那拉打乘坐出租车约15分钟

景点　金马伦高原

双溪帕拉斯Boh茶茶园
Sungei Palas Boh Tea Centre

MAP p.119

位于金马伦高原海拔最高处，是马来西亚最大的Boh茶茶园。在茶园内有瞭望室，可以在这里一边喝茶，一边眺望金马伦高原的美景。茶园内有茶叶商店和茶业展示中心，可以了解Boh茶的更多信息。

开 9:00~16:30　休 周一　RM 免费
交 从丹那拉打乘坐出租车约30分钟

景点　金马伦高原

双溪帕拉斯Boh茶工厂
Sungei Palas Boh Tea Factory

MAP p.119

双溪帕拉斯Boh茶工厂拥有70多年的历史，在这里可以参观红茶的制作流程。工厂旁边是茶叶店和茶馆。

开 9:00~16:30
休 周一
RM 免费
交 从丹那拉打乘坐出租车约20分钟

景点　金马伦高原

夷丰沽蜜蜂农场
Ee Feng Gu Honey Bee Farm

MAP p.119

农场内排列着密密麻麻的蜂箱，辛勤的养蜂工人正全神贯注地采集蜂蜜。导游会详细讲解蜂蜜的采集过程。农场内出售新鲜蜂蜜。

开 8:00~19:00
休 无
RM 免费
交 从丹那拉打乘坐出租车约20分钟

寺院　金马伦高原

三宝庙
Sam Poh Temple

MAP p.119

三宝庙坐落在不兰樟的高山上，是马来西亚规模最大的中国佛教寺院。中国香客很多，寺院常年香雾缭绕。

交 从丹那拉打乘坐出租车10~15分钟

景点　金马伦高原

仙人掌园

Cactus Valley

MAP p.119

位于不兰樟地区的仙人掌园。这里种植着60余种仙人掌，此外，还有蔷薇、百合等漂亮花卉。

开 8:00~18:00　休 无
RM 成人RM4、儿童RM2
交 从丹那拉打乘坐出租车约20分钟

景点　中心农场

玫瑰花园农场

Rose Centre

MAP p.119

这里种植着百余种玫瑰花。除了玫瑰之外，还有许多漂亮的热带花卉。玫瑰中心内建有一个非常漂亮的院落，周围簇拥着各色花卉，花香四溢。赏花的同时还可以欣赏金马伦高原的美景。

开 8:00~18:00
RM 成人RM5、儿童RM2
休 无
交 从丹那拉打乘坐出租车约20分钟

景点　金马伦高原

金马伦茶叶工厂

Cameron Bhrat Tea Shop

MAP p.119

位于金马伦高原南部，是马来西亚第二大规模的红茶生产工厂。这里的茶田内种植着各种茶叶，经过加工后运送到全国各大茶叶店销售。茶叶商场里面设有茶馆，可以喝下午茶。游客也可以直接从工厂内部购买茶叶。在丹那拉打有直营店。

开 8:30~17:30
休 无
交 从丹那拉打乘坐出租车约25分钟

景点　不兰樟地区

卡斯玛尼草莓园

Kasimani's Strawberry Farm

MAP p.119

卡斯玛尼草莓园毗邻高尔夫球场。每逢周末，有很多当地人赶来采摘草莓。采摘的新鲜草莓可以直接榨成果汁喝。草莓园出售草莓果酱、草莓浆等特产。不兰樟地区有很多草莓园，除了卡斯玛尼草莓园之外，规模较大的还有顶尖草莓园、健康草莓农场、EQ草莓农场等。

开 8:30~18:00
休 无　交 从丹那拉打乘坐出租车约10分钟

景点　中心农场

时光隧道博物馆

Time Tunnel

MAP p.119

这是一家私人博物馆，馆内珍藏着有关金马伦高原历史的珍贵照片和文物。这里还保存有丝绸之王吉姆·汤普森失踪之前的生活用品和资料。

开 9:00~18:00　RM 成人RM5、儿童RM2
休 无　交 从丹那拉打乘坐出租车约10分钟

重要信息

徒步到森林深处去观瀑布

很多游客喜欢步行旅游，这样能够更好地亲近自然。可以从丹那拉打出发，徒步前往森林深处的帕里特瀑布。根据路途长短和难易程度分为四条路线，每条线路只需10分钟即可。另外，还可以从金马伦高原巴士终点站丁字路口东边的医院出发，步行前往森林深处，总共有9条路线可供选择，约15分钟到达罗宾逊瀑布。值得注意的是，这里的溪流受农药污染较重，尽量避免与溪水直接接触。

酒店
顶级、高档

在丹那拉打、不兰樟的普通宾馆住宿仅需RM6左右。如果要选择规格高一些的酒店住宿，可以在车站内或上网了解一下相关费用。下面为大家介绍一些金马伦高原的顶级酒店和高档酒店。

高档　丹那拉打

草莓园假日酒店
Strawberry Park Resort

餐厅 酒吧 游泳池 健身房 客房服务 英　MAP p.119

距离丹那拉打中心区约5千米，位于树林环绕的山丘之上，风景不错。在这里可以尽情欣赏金马伦高原的美丽景色。

✉Lot195&196, Tanah Rata ☎05-491-1166 FAX 05-491-1949 吉隆坡预订 ☎03-2162-6166 FAX 03-2161-7628
HP www.strawberryparkresorts.com
RM （S/T）RM470~
室 145
交 从丹那拉打乘坐出租车约10分钟

高档　不兰樟

金马伦高原遗物酒店
Heritage Hotel Cameron Highlands

餐厅 酒吧 健身房 客房服务 英　MAP p.119

从丹那拉打中心区步行5分钟即可到达。酒店内部设有度假村。

✉Jl. Gereja, Tanah Rata
☎05-491-3888 FAX 05-491-5666
吉隆坡预订
☎03-2148-3600 FAX 03-2148-3603
HP www.heritage.com.my
RM （S/T）RM350~
室 238
交 从丹那拉打乘坐出租车5~10分钟

高档　不兰樟

金马伦高原贵都酒店
Copthorne Hotel Cameron Highlands

餐厅 酒吧 游泳池 英　MAP p.119

位于蝴蝶公园、夷丰沽蜜蜂农场旁边。酒店被群山环绕，从客房可以眺望高原美景。

✉Kea Farm, Brinchang ☎05-496-1777 FAX 05-496-1333
HP www.milleniumhotels.com/copthornecameron
RM （S/T）RM420~ 室 409
交 从丹那拉打乘坐出租车约20分钟

重要信息

“梦幻红茶”——Boh茶

www.boh.com.my（可以网购）

金马伦高原气候温暖，雨水丰沛，非常适宜种植红茶。高原上大片红茶茶田蔓延，令人叹为观止。其中，约70%的茶田种植着Boh茶，这是马来西亚最受欢迎的红茶品种。1929年，当时英国总督之子约翰·艾琪波·罗素将Boh茶带到了这片肥沃的土地上，并迅速被当地人所接纳。Boh茶素有“梦幻红茶”之称，是马来西亚王室、英国王室的御用茶叶。Boh茶种植周期短，每隔两周剪下新芽，然后送入工厂甄选出上好茶叶进行加工。“Gold Blend”和“Garden Tea”是最受欢迎的红茶品牌。“Seri Songket”是马来西亚的传统红茶品牌，有格雷伯爵茶、柠檬茶、西番莲子茶等系列，可以买一些作为回国礼品。在马来西亚各大商厦都设有Boh茶专卖店。

金马伦高原旅行社

可以在当地旅行社报团参观金马伦高原。在部分酒店的前台也可以直接报名参加旅行团。

◎**金马伦高原半日游**　参观茶田、红茶工厂。全程历时3小时左右。RM25。

◎**单人徒步旅游**　历时3~4小时。有导游陪同。旅行社会根据游客要求、费用制定个性化旅游计划。RM40。

餐厅　酒吧　游泳池　健身房　浴室　客房服务　英 提供英语服务　中 提供中文服务

高档 不兰樟

烟熏屋酒店
The Smokehouse Hotel & Restaurant

英 MAP p.119

酒店修建于1937年英国统治时期，当时被用来作为俱乐部。这里的英国花园和罗曼蒂克式建筑深受游客喜爱。客房全部是套间，带华盖的大床和古色古香的家具很有古典气息。

By the Golf Course, P. O. Box 77, Tanah Rata
05-491-1215
FAX 605-491-1214
RM RM400~
室 15
HP www.thesmokehouse.com.my

高档 不兰樟

金马伦高原度假村
Cameron Highlands Resort

英 MAP p.119

酒店位于不兰樟南部地区，毗邻高尔夫球场。酒店内部装饰以及设施都具有浓厚的英国古典气息。酒店定期组织寻访吉姆·汤普森探险游和环山游等活动。

By the Golf Course
05-491-1100
FAX 05-491-1800
HP www.cameronhighlandsresort.com
RM RM388~
预 ⑳ 室 56

高档 不兰樟

湖边小屋
The Lakehouse, Cameron Highlands

英 MAP p.119

位于金马伦高原南部，酒店旁边是美丽的湖泊和森林。1970年经过改建之后重新对外营业。该酒店是典型的英国古典风格建筑，设有酒吧和露天咖啡馆，在这里一定能够留下一段美丽的回忆。

0th Mile Ringlet
05-495-6152
FAX 05-495-6213
HP www.lakehouse-cameron.com
RM RM618~
室 38

中档 不兰樟

黛拉芬丝酒店
Hotel De' La Ferns

英 MAP p.119

位于丹那拉打和不兰樟中间，交通方便。客房内各种现代化设施一应俱全。除了单人间和双人间之外，酒店还设有三人间、四人间，适合家庭入住。酒店内设有餐厅，食材均为店主自己种植，是纯天然的绿色食品。

Batu 39, Jalan Besar
05-491-4888
FAX 05-491-5198
HP www.hoteldelaferns.com.my RM RM380~
室 75

金马伦高原

当地旅行团

■半日游

森林漫步1

攀登金马伦高原最高峰——不兰樟山。沿途参观红茶茶田和蝴蝶公园。费用RM60，历时4小时。

郊游

参观红茶茶田、玫瑰花园、蝴蝶公园、养蜂场、草莓园、集市等。费用RM25。

■一日游

森林漫步2

前往原住民村落、瀑布、丛林深处（历时1~2小时）。如果恰逢花季，还可以前往花园赏花。途中参观红茶茶田、草莓园。费用RM98，历时9小时。

森林漫步3

前往原住民村落、瀑布、森林深处（历时1~2小时）。如果恰逢花季，还可以前往花园赏花。费用：RM80。

农场一日游

参观红茶茶田、养蜂场、瀑布、有机农场、兰花花园、菊花花园等场所。费用RM88，历时9小时。

＊旅行团的行程会有所变动。如果想去花园赏花，需要提前确认。

旅游信息咨询处

康旅行公司
（Kang Tours and Travel Sdn. Bhd.）
38, Jalan Besar 05-491-5828 FAX 05-491-5324

拥有大片太古时代原始森林的国家公园

塔曼尼加拉

Taman Negara

MAP p.130-E

观光小贴士

塔曼尼加拉

乐趣指数		交通便利指数	
自然景观	★★★★★	船	★★★★★
爬山	★★★★★	步行	★★★··
泛舟	★★★··	出租车	★····

交通方式

巴士→船■ KL（伊斯塔纳酒店）→淡美岭码头（约3小时到达，8:30始发于伊斯塔纳酒店，单程RM70）→瓜拉大汉（13:30发车，乘船2小时到达，单程RM55）

门票■RM1。持相机入内收费，每台RM5。在淡美岭码头乘船处支付费用。

＊关于交通路线、酒店信息，可以咨询伊斯塔纳酒店内的旅游信息咨询中心。塔曼尼加拉事务所联系方式：☎03-2782-2222

观光导览

塔曼尼加拉是马来西亚最大的国家公园。太古时代的原始森林绵延不绝，栖息着许多野生动植物。塔曼尼加拉国家公园横跨彭亨州、吉兰丹州、登嘉楼州，总面积达4343公顷。

塔曼尼加拉国家自然公园于1925年被列为鸟兽自然保护区，1939年被英国政府正式指定为马来西亚最早的国家公园。1957年，马来西亚联邦成立之后，正式更名为塔曼尼加拉国家公园。

塔曼尼加拉国家公园内是一望无际的热带雨林，石灰岩堆积的小山丘隐没其中，地势起伏不平，非常险峻。最高峰为大汉山，海拔高达2187米，这里也是马来半岛地势最高的地方。塔曼尼加拉国家公园被称为野生动植物的宝库，这里生活着数以万计的哺乳动物、上百万种昆虫、300多种鸟类以及密密麻麻的热带雨林植物。这里还生活着3000多名马来西亚土著人（奥兰·阿斯利部落），他们至今仍然过着与世隔绝的原始生活。

登山路标

国家公园的入口是淡美岭码头。从该码头可以乘船前往酒店聚集区瓜拉大汉，瓜拉大汉国家公园亚拉度假村就位于这里。

到达瓜拉大汉之后，先到瓜拉大汉国家公园亚拉度假村内的资料馆参观一下。馆内大大的看牌详细介绍了公园内的动植物，并配以动画以及PPT幻灯片，便于游客更好地了解原始森林中动植物的生存状态。

参观完塔曼尼加拉国家公园之后，务必要到热带雨林体验丛林探险。可以在当地旅行社报团参加，跟团有导游一路陪同讲解，能够更加详细地了解原始森林。勇攀特里瑟山、行走在“树冠小道”，不时有动物出没，惊险又刺激。

喜欢户外运动的人可以前往拉达柏谷河口体验激流中的水上活动。在冰冷的溪流中游泳、垂钓，度过一段难忘的时光。胆子大的游客可以沿着拉达柏谷河汹涌的水流顺势而下，体验激流勇进的刺激。

土著人的房屋

除此之外，热爱冒险的游客还可以选择报团或独自踏上旅途，寻找土著人（奥兰·阿斯利部落）的踪迹或到无人洞穴探险。喜欢观察野生动植物的游客，可以到观察小屋内近距离观察野生动物。总而言之，在这里能够体验到原始森林带给人们的所有乐趣。

乘船徜徉在平静的湖面。水牛在对岸悠闲地散步觅食

塔曼尼加拉
Taman negara
山
小旅馆
瀑布
观察小屋
洞窟
垂钓场
丛林漫步
游泳池
野营场所
码头
N
28
29
p.127
大汉山
Gunung Tahan
野营场所
野营场所
野营场所
野营场所
Teku河
Kuala Teku
大汉河
Kuala Putch
登嘉楼河
Kuala Perkai
Kuala Keniam
27
25
26
23
24
22
21
20
17
19
p.126
拉达柏谷瀑布
Lata Berkoh
9
特诺尔河
18
p.126
6 特里瑟山
Bukit Teresek
7
5
Kuala Trenggan
8
p.126
4 树冠小道
Canopy Walkway
3
公园事务所
15
2
1
Kuala Tahan
16
11
10
p.127
塔曼尼加拉珍珠酒店
Mutiara Taman Negara
约河
p.127
土著人部落
12
藤拜林河
13
14
阿特茨河
去往吉隆坡方向
树冠小道
1 瓜拉大汉
2 游泳池
3 观察小屋
4 树冠小道
5 丛林漫步
6 特里瑟山
7 观察小屋
8 观察小屋
9 野营场所
10 洞窟
11 观察小屋
12 观察小屋
13 丛林漫步
14 山区
15 野营场所
16 山区
17 野营场所
18 丛林漫步
19 瀑布
20 观察小屋
21 观察小屋
22 库帕央凯西鲁洞穴
23 库帕央贝萨尔洞穴
24 达万梅纳里洞窟
25 垂钓场所
26 观察小屋
27 观察小屋
28 大汉山
29 四级瀑布

塔曼尼加拉

观光

高原度假胜地

横跨马来西亚三大州、各种热带野生植物和飞禽走兽栖息聚集的国家公园。在这里能够近距离感受大自然的奇妙。

景点　塔曼尼加拉

特里瑟山

Bukit Teresek

MAP p.125

距离瓜拉大汉约1.7千米，垂直海拔600米。山路比较崎岖，从山脚爬到山顶需要40~50分钟。站在山顶上，可以俯瞰辽阔的原始森林和蜿蜒的淡美岭河。登山道路比较难走，建议穿登山鞋。

交 从公园事务所乘船约30分钟+步行约30分钟

景点　塔曼尼加拉

拉达柏谷瀑布

Lata Berkoh

MAP p.125

拉达柏谷瀑布距离瓜拉大汉约8千米。瓜拉大汉河的一条支流从高处倾泻而下，形成了天然瀑布。很多游客在瀑布下游泳，在激流中的岩石上嬉水、垂钓。可以在当地旅行社报团前往。

交 从公园事务所乘船约30分钟，然后步行约4小时

景点　塔曼尼加拉

树冠小道

Canopy Walkway

MAP p.125

在距离地面40米的高处架起一座木质空中吊桥，被当地人形象地称为树冠小道，总长度为400米，是世界上最长的吊桥。行走在吊桥上，参天大树的枝叶不时拂过脸颊，鸟鸣萦绕耳旁，像是在树干中穿梭一般。距离瓜拉大汉约1.2千米。

开 9:00~15:00 (14:45停止售票)　RM 成人RM5、儿童RM3

交 从公园服务中心步行约1小时。雨天或刮大风时禁止参观

景点　塔曼尼加拉

土著人部落

Orang Asli Settlement

MAP p.125

在塔曼尼加拉，至今仍生活着3000多名马来西亚土著人（奥兰・阿斯利部落）。他们分为数十个部落，每个部落由几十名土著人组成。每隔半年，或是部落里有成员去世时，他们就会更换居所。有一些部落完全对外开放，游客可以尽情参观。Bumbum yong就是比较著名的开放式部落。在这里，游客可以接触到土著居民的生活器具、居住的房屋，甚至可以拿他们的狩猎工具打猎。部落迁移时不可参观。

交 从公园事务所步行约2小时

景点 塔曼尼加拉

观察小屋

Bumbun

MAP p.125

观察小屋也被叫作“bumbun”，位于原始森林深处，置身其中可以近距离观察野鸟、野兔、松鼠等小动物。运气好的话，还可以看到野猪、老虎、大象等罕见物种。观察小屋位于瓜拉大汉国家公园亚拉度假村旁的大汉山上，步行几分钟就可以到达。除了“bumbun”观察小屋之外，还有“bumbun yong”“bumbun tabin”“bumbun kunban”等几个位置不错的观察小屋。如果天气情况不错的话，可以住在里面，不过要提前到公园服务中心租借寝具(RM5)。森林里蚊虫很多，不要忘记带驱虫剂。

洞穴 塔曼尼加拉

洞穴探险

Cave Exploration

MAP p.125

塔曼尼加拉有许多石灰岩洞穴。洞穴里面生活着蝙蝠、蛇等穴居动物。乘船前往距离瓜拉大汉最近的洞穴大约需要40分钟。喜欢冒险的游客可以到洞穴里探险。

景点 塔曼尼加拉

大汉山

Gunung Tahan

MAP p.125

大汉山是马来半岛最高的山峰，垂直海拔高达2187米，距离瓜拉大汉约55千米。大汉山是许多登山爱好者渴望征服的目标。从瓜拉大汉步行出发，直到攀上大汉山山顶，需要约1周的时间，需要提前准备好登山装备、帐篷、食物等。

塔曼尼加拉

酒店

住宿指南

山间小屋是塔曼尼加拉地区的特色居住场所。当然，也有中高档酒店供游客选择。可以根据预算和喜好选择居住场所。

高档 塔曼尼加拉

塔曼尼加拉珍珠酒店

Mutiara Taman Negara

餐厅 酒吧 英

MAP p.125

塔曼尼加拉地区最高规格的度假酒店。这里既有高档野外别墅，也有8人套间，游客们可以根据预算来选择。酒店内有公园服务中心、商店、资料馆、餐厅。在瓜拉大汉也建有同名酒店。在淡美岭码头附近建有水上餐厅，在这里用餐别有一番滋味。

✉ Mutiara Taman Negara, Kuala Tahan
☎ 09-266-3500 FAX 09-266-1500
HP www.mutiarahotels.com

野猴也到农舍里来嬉戏

别墅套间内部环境

<费用、客房数量>
旅社（48个床铺）RM80/人
别墅（67个房间）RM490
家庭旅馆（4间房屋）RM600
别墅套间（4间别墅）RM690
野外别墅（2间别墅）RM1840
交 从公园服务中心步行约1分钟（吉隆坡办事处）
✉ LobbyLevel, Hotel Istana, 73,Jalan Raja Chulan
☎ 03-2782-2222 FAX 03-2782-2233

码头旁边的水上餐厅

餐厅 酒吧 游泳池 健身房 SPA 客房服务 英 提供英语服务 中 提供中文服务

塔曼尼加拉

专业、方便的当地旅行团

下面为大家介绍一下塔曼尼加拉当地的旅行团。旅行团行程安排合理，并有导游陪同。可以直接在吉隆坡塔曼尼加拉珍珠酒店（p.127）报名，也可以在塔曼尼加拉国家公园内的游客服务中心报名。

丛林漫步

攀登特里瑟山，在“树冠小道”上欣赏原始森林的美景。

RM RM60/人（包含导游费、树冠小道费）
团员人数：4~12人
9:30出发，历时约3小时

夜游原始森林

原始森林入口距离塔曼尼加拉度假村500米左右，步行前往原始森林深处，一路观察野生昆虫、鸟类、热带植物。

RM RM55/人（有导游陪同）
团员人数：4~12人
20:45出发，历时约1小时

洞穴探险

到石灰岩洞穴内部探险。有经验丰富的导游陪同，确保游客的人身安全。寻找野生蝙蝠的巢穴，观察蛇、昆虫的生活环境。

RM 洞穴探险内容可为游客量身打造。具体费用、时间可以到吉隆坡事务所或公园内的游客服务中心协商。

造访土著人原始部落

造访马来西亚土著奥兰·阿斯利部落。可以用他们的狩猎工具打猎。

HRM90/人（有导游陪同、包含船费）
随行人数4~12人
17:00出发，历时约1小时
※土著人迁移时无法参观

激流勇进

在公园内水流最湍急的特伦加斯河上乘船顺流而下，体验水上飞速疾驰的感觉。

HRM70/人
团员人数：4~12人
9:30、14:30出发，历时约1小时

竹筏漂流

乘坐竹筏或皮划艇在原始森林的溪流里穿梭。行驶至河水湍急处时要掌握好船身平衡。

RM RM110/人（有经验丰富的船员陪同）
团员人数：6~8人
9:30、14:30出发，历时约1小时

拉达柏谷瀑布半日游

在瀑布下的潭水中游泳、在岩石上嬉水。建议携带泳衣前往。

RM RM100/人（包含船费，导游费另算）
团员人数：4人~，9:30、14:40出发，历时约4小时

村落购物游

每周三，当地村庄都会有集市。可以到集市上挑选一些食品、生活用品等极具当地特色的纪念品。

RM RM60/人
团员人数：4人~，18:00~　※仅周三发团

※以上活动，4人以上才可成行。
※其他活动：洞窟探险、漂流、登山等。

WEST COAST

马来半岛西海岸

马来半岛
Malay Peninsula
0 50km
泰国
THAILAND
合艾
Hat Yai
北大年
Pattani
沙道
Sadao
Sai Buri
加央
Kangar
兰卡威岛 p.134
Pl. Langkawi
瓜埠
Kuah
P.135
玻璃市
Kuala Perlis
玻璃州
Perlis
日得拉
Jitra
瓜拉吉达
Kuala Kedh
亚罗士打 p.180
Alor Setar
吉打州
Kedah
道北 p.215
Tumpat
p.215 卧佛寺
Wat Phothivihan
哥打巴鲁 p.209
Kota Bharu
双溪哥乐
Sungai Ko-lok
南海
停泊岛 p.222
Pl. Perhentian
勿洞
Betong
高渊
Nibong
白沙湖
Pasir Puteh
乐浪岛 p.221
Pl. Redang
杰里
Jeli
双溪大年
Sungai Petani
拉浪
Lalang
瓜拉凯拉伊
Kuala Kerai
乔治市
Georgetown
北海
Butterworth
槟城岛 p.154
Pl. Penang
P.157
德蒙莪湖
Tasik Temengor
Sungai Bari
瓜拉登嘉楼 p.216
Kuala Terengganu
内林盖湖
Tasik Kneringe
2171
恰马山
Gunung Chamah
棉花岛 p.221
Pl. Kapas
士拉马
Selama
乌布迪亚清真寺 p.188
Ubudiah Mosque
吉兰丹
Kelantan
P.220
王宫博物馆 p.188
Istana Kenangan
霹雳州
Perak
硝山广场 p.188
Padang Rengas
肯逸湖
Tasik Kenyir
瓜拉勿浪
Kuala Berang
巴眼士来
Bagan Serai
龙运港 p.223
Rantau Abang
p.182 太平
Taiping
和丰
Sungai Siput Utara
兰道阿邦
Terengganu
p.188 瓜拉江沙
2188 杨亚普山
G. Yong Yap
美拉坡
Merapoh
龙运
Dungun
p.16,186 班雅兰温泉避暑山庄
p.186 迷失世界酒店
怡保 p.184
Ipoh
2189
大汉山
Gunung Tahan
塔曼尼加拉 p.124
Taman Negara
月之影度假村 p.223
海龟信息中心 p.223
Turtle Information Center
p.185 凯利古堡
Kellie's Castle
金马伦高原 p.118
A
B
C
D
E
F
1
3
4
14

马来西亚
MALAYSIA
Pl. Pangkor
安顺
Teluk Intan
劳勿
Raub
2107▲白叶山
G.Benom
而连突
Jerantut
p.225 卧佛洞
Gua Charas
p.225 班丹河瀑布
Pandan Water Fall
珍拉丁湾 p.228
Cherating
杜永餐厅 p.228
珍拉丁海滩度假温泉别墅 p.228
珍拉丁湾地中海俱乐部 p.228
珍拉丁湾迎碧安娜度假村 p.228
关丹 p.224
Kuantan
福隆港 p.116
Bukit Frasers
雪兰莪州
Selangor
p.71 城堡温泉身体疗养度假村
p.17 温泉城堡和有机健康度假村
大象保护中心
马兰
Maran
北根
Pekan
G
H
I
P.108
云顶高原 p.114
Genting Highlands
淡马鲁
Temerloh
珍妮湖 p.227
Tasik Chini
彭亨州
Pahang
武吉依班
Bukit Ibam
p.109 瓜拉雪兰莪
Kuala Selangor
p.110 莎阿南
Shah Alam
吉隆坡 p.37
Kuala Lumpur
金马扬
Kemayan
贝拉湖
Tasik Bera
p.111 吉胆岛
Pl. Ketam
巴生
Klang
p.112 八打灵再也
Petaling Jaya
森美兰州
Negeri Sembilan
p.326
吉隆坡国际机场
芙蓉
Seremban
马口
Bahau
刁曼岛 p.230
Pl. Tioman
马六甲海峡
p.17 黄金棕榈树度假村
恩都海滩
Padang Endau
帕茫吉尔岛
Pl. Pemanggil
p.187 波德申
Port Dickson
雅榕林海中村度假村 p.187
天堂酒店 p.187
波德申希尔斯酒店 p.187
太平
Tampin
金马士
Gemas
昔加末镇
Segamat
拉哇岛 p.233
Pl. Rawa
Selat Melaka (Straits of Malacca)
马六甲州
Malacca
拉美士
Labis
丰盛港 p.229
Mersing
大岛 p.233
Pl. Besar
新山
Johor
Jemaluang
丁宜岛 p.233
Pl. Tinggi
马六甲 p.189
Malacca
p.229 提莫泰酒店
p.229 马来西亚丰盛港斯里大酒店
p.229 丰盛港客栈
p.233 诗巫岛
Pl. Sibu
诗巫岛度假村 p.233
Rantauparapat
J
K
麻坡
Muar
永平
Yong Peng
居銮
Kluang
鲁巴特岛
Pl. Rupat
p.206 普莱蒂沙鲁海滩度假酒店及水疗中心
p.206 蒂沙鲁黄金海滩酒店
p.206 塞巴纳洞穴高尔夫球场度假村
印度尼西亚
INDONESIA
峇株巴辖
Batu Pahat
哥打丁宜 p.204
Kota Tinggi
苏门答腊岛
Sumatra
丹那布爹
Tanahputih
杜迈
Dumai
p.206 蒂沙鲁
Desaru
P.201
新山 p.200
Johor Bahru
新加坡
Singapore

马来半岛西海岸旅游指南

槟城岛、马六甲、怡保、太平……每一座马来半岛西海岸的城市都有着属于自己的闪耀历史和独特魅力。槟城、马六甲自古以来就是欧洲的重要卫城和军事要地。怡保和太平锡矿丰富，历史遗迹众多。兰卡威岛、邦咯岛等海岸线上的小岛屿风景秀丽，气候宜人，已逐渐发展成为国内外知名的夏季旅游度假胜地，吸引着大批游客前来度假。

度假胜地

安达曼海面上的童话乐园

兰卡威岛 Pulau Langkawi p.134

兰卡威群岛位于马来半岛西北方向，由大大小小104个岛屿组成。这片土地上流传着许多动人的传说，零星的岛屿上分布着一些村庄。近年来，马来西亚政府着力发展兰卡威岛的旅游业，并取得了显著成效，兰卡威群岛作为旅游度假胜地在欧洲圈已经拥有不小的名气。这里有着长年累月积淀而成的石灰石奇景，还有洒满落日余晖的呈祖母绿色的海面，堪称人间仙境。兰卡威岛也是购物达人的天堂。兰卡威群岛实行免税制度，在这里购物无须缴纳任何税费。

世界文化遗产所在地，被誉为“东方珍珠”

槟城岛 Pulau Pinang p.154

槟城岛200多年前就是东西方交易的要地，对东西方的商贸往来发挥着至关重要的作用。槟城岛位于马来半岛西海岸，东西距离约15千米，南北距离约23千米。首府乔治市自古以来就是槟城岛的行政中心和商业中心，现在也是马来西亚的一线城市之一。乔治市内至今仍保留有英国统治时期的建筑物，这些古建筑已被联合国正式列为世界文化遗产。槟城岛的北岸一带是辽阔的白沙海滩，围绕海滩建起了一座座旅游度假村。夜幕降临时分，夜店、路边摊、购物商厦灯红酒绿，点缀了整个岛屿，一直持续到深夜。站在槟城岛中央的槟城山上可以欣赏美丽的夜景。

被静谧大海所环绕的翠绿海滩

邦咯岛 Pulau Pangkor p.176

从吉隆坡驱车向北行驶4小时，到达马来半岛西海岸的港口城镇红土坎（Lumut）。邦咯岛是一座孤岛，距离红土坎大约11千米。岛上的居民生活在邦咯岛的东海岸一带，而度假酒店和白沙海滩集中在北部和西海岸地区，小小的岛屿上同时居住着岛民和游客，互不干扰。岛上的食物以海鲜为主，海鲜料理餐厅随处可见，喜欢吃海鲜的游客可以大饱口福。位于邦咯岛南面的绿中海岛屿被绿色植被环绕，自然风光迷人，整个岛屿就是一座大大的旅游度假村，堪称“一岛一村”。

西海岸城市

马来西亚的粮仓

亚罗士打 Alor Setar p.180

亚罗士打是吉打州的首府，被誉为马来西亚的粮仓。亚罗士打以种植业为主，城镇里种植着大片的粮田。这里也是马来西亚前首相马哈蒂尔的故乡。亚罗士打的标志性建筑是亚罗士打塔，总高度达165.5米。

追溯19世纪的老城镇

太平 Taiping p.182

太平是马来西亚霹雳州的一个小城镇，以丰富的锡矿而闻名。19世纪后期，人们在湖滨公园一带发现了大量的锡矿。由于过度开采，这里的锡矿已所剩无几。主要的旅游景点是东面的拉律山，当地人称之为“咖啡山”，海拔1200多米，是最古老的高原度假胜地。站在山顶上可以俯瞰海洋风光。

古今交融的锡矿之都

怡保 Ipoh p.184

怡保是霹雳州的首府，也是马来西亚的第四大城市。怡保在120多年前仅仅是一个以开采锡矿、加工锡制品为主的小村庄，当时的锡矿位于近打河流域附近。市中心位于怡保火车站东面，近打河由南向北纵贯整个城市，将其一分为二划为老城区和新城区。老城区内坐落着许多古建筑，新城区内有许多大型购物商厦。

人气极高的旅游度假胜地

波德申 Port Dickson p.187

波德申位于吉隆坡西南方向95千米处，开车约1小时30分钟。波德申是马来半岛西海岸首屈一指的海滨度假胜地。海滩总长度达18千米，沿着白沙海滩建有成排的假日酒店。

阳光明媚的帝王之都

瓜拉江沙 Kuala Kangsar p.188

位于太平和怡保之间，曾经是古代苏丹王宫的所在地。城镇里保留有许多马来西亚传统古建筑。乌布迪亚清真寺是这里最著名的观光景点，也是马来西亚最美丽的清真寺。

作为东西方交易枢纽的港口城镇

马六甲 Malacca p.189

位于吉隆坡东南方向150千米处，是马来西亚历史最为悠久的古城。马六甲曾是马六甲王国的都城，在历史上先后被葡萄牙、荷兰和英国等列强所统治。在英国统治时期，大批中国南方人口迁移至此，在这片土地上创造了独特的文化（娘惹文化）。

马来半岛南端的第二大城市

新山 Johor Bahru p.200

新山是马来西亚柔佛州的首府，位于马来西亚最南端，与新加坡仅隔一条狭长的水道，是马来西亚的第二大城市。一条长达1038米的堤道将新山和新加坡连接在一起，往来车辆终日络绎不绝。新山市区保留有王都时代的古建筑遗址。皇家清真寺和格兰皇宫花园是城市中最美丽的建筑。

安达曼海上的童话乐园
兰卡威岛

Pulau Langkawi

MAP p.130-A

观光小贴士
兰卡威岛

乐趣指数		交通便利指数	
景点	★★★··	出租车	★★★★·
自然景观	★★★★★	自行车	★★···
购物	★★★★·	租车	★★★··

交通方式

飞机■吉隆坡→兰卡威国际机场（〚马来西亚航空公司〛：约55分钟，每天有6趟直达航班，单程机票RM157~561 〚亚洲航空〛：约1小时到达，每天有7趟直达航班。单程机票RM104~239 〚Fire Fly航空〛：约1小时15分钟，每天有2趟直达航班，单程机票RM78~333）

渡轮■兰卡威→吉打（约1小时45分钟，7:00~19:00每隔1小时发船，单程船票RM23）、兰卡威→槟城岛（约2小时45分钟，每天发船2次，单程船票RM60，往返船票RM115）

旅游咨询处■MAP ●剪切地图-48、p.13
兰卡威旅游信息咨询中心
✉Jl. Persiaran Putra,Kuah ☎04-966-7789 开9:00~17:00 休无

航空公司■马来西亚航空 ☎1-300-88-3000 Air Asia航空公司www.airasia.com
Fire Fly航空公司☎03-7845-4543

观光导览

到达兰卡威国际机场之后，可以乘坐机场大巴或出租车前往市区。有的酒店会提供免费接送巴士。与其他地方不同，兰卡威机场的出租车需买票上车，根据路途远近收取不同的票价。在机场服务台处购买出租车票。

兰卡威岛面积非常大。这里的巴士较少，人们出门一般打车或租车。出租车每小时收费RM25。租车（需要提供国际驾照）按天计算，每天收费RM90~450。租自行车的话要便宜一些，每天收费RM40~200。如果实际租车价格低于以上价格，那么很有可能未将保险费计算在内，请务必在租车前仔细确认。有的酒店出租自行车，方便游客在周围购物、逛街时使用。

兰卡威岛的出租车

〈兰卡威国际机场〉 MAP ●剪切地图-39、p.135-A

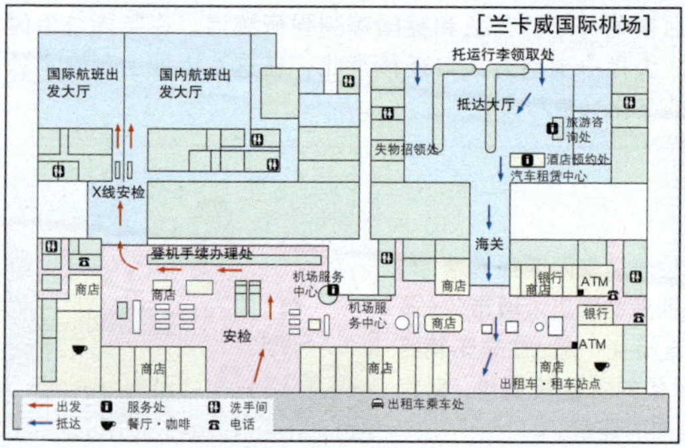

兰卡威国际机场有飞往新加坡的直达航班。目前还没有从中国直接飞往兰卡威的国际航班，只能先飞往吉隆坡，然后转机到达兰卡威，飞行时间20小时左右。

岛内魅力

游玩

兰卡威岛最吸引人的是一望无际的海滩。住在海滨度假酒店，感受风光秀丽的迷人海滩。嗅着咸咸的海风，在沙滩晒太阳、打网球、嬉水，与蓝天碧水融为一体。

购物

除了海滩美景之外，兰卡威岛的第二大魅力就是购物。在兰卡威岛购物是免税的，购物达人们可以一次买个够。不论是在面向外国游客的免税店，还是当地的品牌服饰店，都可以淘到既便宜又实用的好东西。

美食

兰卡威岛得益于大海的馈赠，海产品种类丰富。岛上的海鲜餐馆随处可见，在度假村也能品尝到新鲜的海味佳肴。在海滩边的餐厅一边享用美食，一边欣赏夕阳西下，实在是太惬意了。

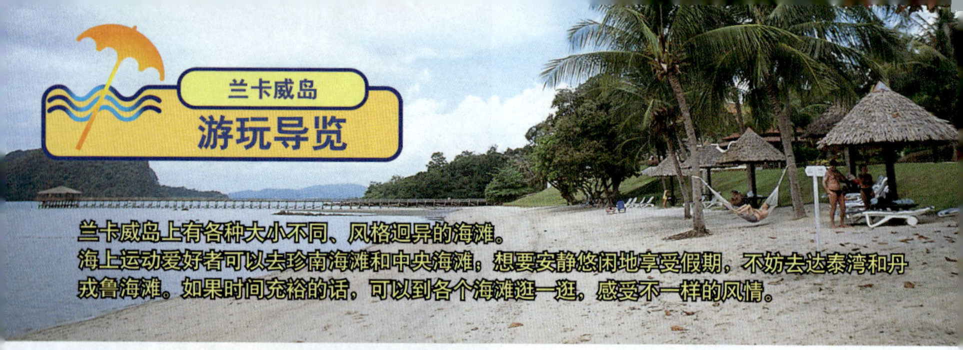

兰卡威岛
游玩导览

兰卡威岛上有各种大小不同、风格迥异的海滩。
海上运动爱好者可以去珍南海滩和中央海滩；想要安静悠闲地享受假期，不妨去达泰湾和丹戎鲁海滩。如果时间充裕的话，可以到各个海滩逛一逛，感受不一样的风情。

珍南海滩

Pantai Cenang

MAP 剪切地图-46、p.136

兰卡威最出名的狭长海滩

珍南海滩距离瓜镇18.4千米，位于兰卡威岛西南部，是兰卡威最有名、最热闹的公共海滩。整片海滩长1.5千米，呈南北走向，许多度假村和餐厅围绕海滩而建，旅游旺季时非常热闹。沿着狭长的海滩还建有许多露天咖啡厅和特产商店，露天座席和摊位一直延伸到海边。这里海上运动盛行，水上摩托艇、空中跳伞、香蕉船是比较热门的运动项目。

珍南海滩的夕阳是兰卡威岛上最漂亮的自然景色。每到傍晚日落时分，海滩上到处都是人，他们或坐或站，在松软的沙滩上欣赏美丽的夕阳慢慢没入深邃的大海。

交 瓜镇→🚗约30分钟、机场→🚗约10分钟

中央海滩

Pantai Tengah

MAP ●剪切地图-47、p.136

位于兰卡威岛南端的魅力海滩

中央海滩与珍南海滩隔海相望，位于兰卡威岛的南端。海滩总长度为1千米左右，风景秀丽，在苍穹环绕之中显得非常安详宁静。海滩对面漂浮着几座小岛，可以乘坐游艇前去探险。海滩大道直接通往繁华地带的商业街区，餐厅、购物店多集中在这一区域。平日里，经常可以看到体育爱好者在海滩上打排球、踢足球。这片海滩相对安静，游客较少，可以在这里悠闲地度过一个完整的假期。

交 瓜镇→🚗约30分钟、机场→🚗约10分钟

丹戎鲁海滩

Tanjung Rhu

MAP ●剪切地图-34、p.135-B

群山环绕的神秘入海口

位于兰卡威岛东北部，从瓜镇开车约30分钟可到。这片美丽的白沙海滩被枝繁叶密的松林所包围，在明媚的阳光下显得分外幽静。在海滩附近的入海口处，由于海水侵蚀形成了大大小小的岛屿，它们随着海水涨落时隐时现。海滩旁边矗立着兰卡威岛最有名的度假酒店——丹戎鲁度假村酒店。酒店旁边还有许多商店、餐厅。因为靠近入海口，海水流速非常快，容易形成湍急的河口，下海时要特别小心。涨潮时建议不要下海。

交 瓜镇→🚗约30分钟、机场→🚗约40分钟

神圣的达泰湾

Datai Bay Pantai Pasir Tengkorak

MAP ●剪切地图-32 33、p.135-A

热带雨林中的乐园

达泰湾位于兰卡威岛西北部，整个海湾呈弯弓形，被热带雨林所环绕。鸟儿鸣啼、风吹树叶沙沙作响，配合着浪花拍打海岸的哗哗声，组成了最为动听的自然和弦。海岸边有两座度假酒店，达泰度假酒店和兰卡威安达曼假日酒店。在酒店的海景房内可以通过大大的玻璃窗眺望海滩美景。金色的阳光照耀在碧绿的海面上，将葱葱郁郁的热带雨林衬托得更加绿意盎然。达泰湾的东面是圆石海滩（Pantai Pebble）和天寇拉克海滩（Pantai Pasir Tengkorak）。

交 瓜镇→🚗约40分钟、机场→🚗约30分钟

其他海滩

Pasir Hitam & Pantai Kok

MAP ●剪切地图-33 39、p.135-A

黑沙滩&立咯沙滩

在兰卡威岛北部、丹戎鲁海滩正对面有一片辽阔的海滩。这里的细沙是黑色的，故称之为黑沙滩。沙滩附近有许多特产商店和餐厅，旅游旺季时非常热闹。

在兰卡威机场北面还有一座美丽的沙滩——立咯沙滩（下图）。近几年，政府下令逐渐减少海滩附近的商店、酒店以及餐厅，以保持这里的自然景观。因此，相比其他海滩，这里少了许多人工开发的痕迹，多了一份自然之美。电影《安娜与国王》就曾在这里取景。旁边还有另一处小型沙滩。

交 ［黑沙滩］机场→🚗约30分钟
［立咯沙滩］机场→🚗约15分钟

兰卡威岛 运动&娱乐

兰卡威岛不仅景色迷人，也是海上运动者的天堂。
兰卡威岛就像童话乐园，总能给人意想不到的乐趣与收获。
让我们一起感受兰卡威岛的魅力吧。

红树林之游

Mangrove River Cruise

红树林是一片原始森林，在这里可以嗅到远古时代的气息。乘坐木桨船在红树林的浅湾中漂流，犹如穿行在亚马孙河的热带流域当中。可以报团环游红树林，游玩内容包括参观野生蝙蝠栖息的神秘石窟、海岸垂钓、乘船环游红树林。运气好的话，还会看到水獭、长尾猴、蜥蜴等热带动物。

旅行团从丹戎鲁栈桥出发，历时4个多小时。提供免费午餐

✉Unit BG-2, Taman Bingtang Baru
☎04-959-3952　FAX 04-959-3953

豪华帆船游

Yacht Cruise

兰卡威岛的帆船大多是雅致的象牙白色。“悠闲假日环岛游”旅行团于早晨10:00发团，前往无人海滩，中午可享用美味的自助烧烤。“浪漫夕阳游”旅游团下午17:00出发，可以乘船欣赏海面上美丽的落日景观。这些旅游团都为游客提供午餐、晚餐和鸡尾酒。部分小岛消费免税，可以省下不少花费。

旅游团咨询处 约特假日水晶旅行社

✉No.4 Rumah Kedai Jalan Padang Matsirat
☎04-955 6545　FAX 04-955 6544
Mobile Phone: 012-408-7866 / 012-440-7866
HP www.crystalyacht.com

自然治愈之游

Eco Healing Tour

该行程的主旨是远离城市喧嚣，与大自然亲密接触，是当地旅行社主推的旅游项目。其中，“独木舟DE丛林游”最受追捧，其内容是乘独木舟前往红树林遍布的河沼，感受大自然的魅力。该行程有导游全程陪同，保护措施到位，女性朋友也可以放心参加。

〈旅游团咨询处〉兰卡威俱乐部

✉Depan Galeria Perdana Kg.Klim
☎04-959-2704　FAX 04-959-2714
HP www.oji-club.com/langkawi

兰卡威岛地质探险

Langkawi Geopark Tour

兰卡威岛拥有原始红树林和诸多天然洞窟，于2007年6月被联合国正式列为地质公园。这里的地质构造错综复杂，同时共存有多个生态系统，最适合地质学爱好者前来学习。

感受大自然的风貌

其中，最负盛名的就是位于兰卡威岛东北部的兰卡威地质公园。在当地旅行社可以报名参加去往地质公园的旅行团。参观时间为1~4小时，行程包含参观野生蝙蝠栖息的洞穴和猫头鹰、长尾猴等野生动物等。

兰卡威岛甘榜基利姆旅行社

✉Jeti Kg. Kilim, Mukim Air Hangat ☎04-959-2323

RM 乘船（1艘） 1小时RM250、2小时RM350、3小时RM450、4小时RM500

乘船欣赏河口自然风光

越野摩托车环岛游

Quad Adventure

乘坐越野摩托车环游全岛。骑车在阳光下的海滩和热带雨林之中穿梭。

旅游团咨询处 Langkawi Quad Adventures旅行社

✉Langkawi Quad Adventures ☎012-512-9200

RM 15分钟RM80、30分RM150、1小时RM250

＊16周岁以下禁止骑车，最少人数为2人。4月、5月禁止开车

乘坐越野摩托车飞驰在崎岖的山路上

骑大象

Elephant Adventure

骑在大象背上欣赏风景

骑着大象在兰卡威岛漫步。大象脾气温顺，走起路来慢吞吞的。和恋人骑在象背上欣赏红树林和海岸美景是一件浪漫的事情。

Langkawi Elephant Adventure旅行社

✉Langkawi Elephant Adventure, Oriental Village

☎04-959-4959 HP www.gajah.org 开 10:00~18:00

RM 骑大象（5分钟）RM80、骑大象过河（15分钟）RM200、骑大象游森林（20分钟）RM200 ＊以上费用为两名成人、一名儿童或一名成人、两名儿童的费用。

高尔夫 Golf

兰卡威岛上有两座高尔夫球场。这两座球场建在红树林里面，环境幽美，是原始森林深处的娱乐场地。

●达泰湾高尔夫俱乐部

（The ELS Club Teluk Datai）

马来西亚首屈一指的高尔夫球场。

✉Jalan Teluk Datai,Kuah

☎04-959-2700

FAX 04-959-2216 HP www.elsclubmalaysia.com 开 旅游淡季 7:30~17:30

RM 场地费 18洞RM500（高尔夫球车RM70）9洞RM150（高尔夫球车RM35）

MAP ●剪切地图-32、p.135-A

●拉雅山高尔夫球场度假村

（Gunung Raya Golf Resort Langkawi）

1998年开始营业的高尔夫球场。

✉Jl.Air Hangat, Kisap ☎04-966-8148

HP www.golfgr.com.my FAX 04-966-8149

开 旅游淡季 7:00~17:30（18杆~15:30）

RM 场地费 18洞RM230（高尔夫球车RM80）9洞RM170（高尔夫球车RM40）

＊保险费RM3

MAP ●剪切地图-41、p.135-B

兰卡威岛

美容

SPA、按摩

兰卡威岛上有美容院、健身馆等娱乐设施。部分度假村内也会提供全身美容、按摩等服务项目。

SPA　中央海滩

伊珊美容院

Ishan Spa

MAP ●剪切地图-47、p.136

位于中央海滩的山丘之上，可以在做SPA的同时欣赏大海美景。该美容院共有6间美体SPA房，提供全身按摩、面部按摩、美体、发质护理等多种服务项目。有不同的服务套餐可供爱美的女士们选择。根据美容项目不同，服务时间从2小时至半天不等。除此之外，美容院还教授瑜伽等健身课程。

🏠Lot 395 Jalan Telok Baru Pantai Tengah
☎04-955-5585　FAX04-955-2244　营11:00~20:00
休无

SPA　丹戎鲁海滩

金梧桐美容院

JivaRhu Spa

MAP ●剪切地图-34、p.135-B

该美容院位于一座漂亮的庭院内。提供泰式按摩、巴厘岛式按摩、指压按摩、花瓣浴、头部护理等服务项目。最受顾客欢迎的是温雨按摩，温热的纤纤水流轻轻地拍打在身上，配合技师恰到好处的揉捏推拿，非常舒服。美容院内还出售跟美容美体、按摩相关的美容产品。

🏠丹戎鲁度假村酒店内
☎04-959-1033
营7:00~21:00（全身护理9:00开始、最晚入店时间为19:00）
休无

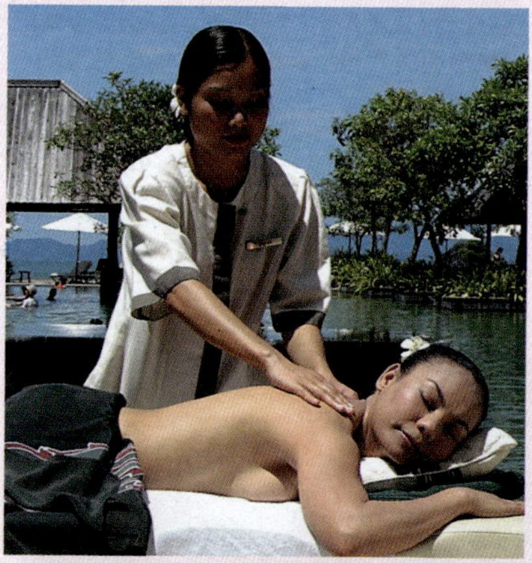

SPA　瓜镇

威斯汀水疗度假村

Heavenly Spa

MAP ●剪切地图-48、p.135-B

位于兰卡威岛上知名的威斯汀水疗度假村内，环境幽美，各种设施齐全。共设有14间美容室，并建有游泳池、健身馆、美容沙龙等娱乐设施，竭力为顾客打造一个全方位的美容天地。在店内所提供的按摩项目中，最受顾客欢迎的是土耳其浴+按摩套餐。每天晚上8:00定期举行晚间美容交流会（Spa by Night），由资深美容师分享美容经验和心得。

🏠威斯汀水疗度假村内　☎04-960-8888
营9:00~24:00　休无

SPA　不老湾

阿约拉美容院

Taaras Spa

MAP ●剪切地图-39、p.135-A

该美容院的全身护理、面部按摩服务项目广受好评。根据顾客需求的侧重点不同，分为“再造”“放松”“平衡”等几大服务主题，为客人量身打造美容计划。店内的特色项目是热带风情花浴+泰式按摩套餐服务。

🏠位于兰卡威假日酒店内
☎04-959-1888内线2
营10:00~20:00　休无

SPA 达泰湾

达泰湾美容院
The Datai Spa

MAP ●剪切地图-32、p.135-A

位于高级度假中心——达泰湾假日酒店内的美容院。度假酒店位于热带雨林中，美容院在其中显得非常幽静，远离外界的任何打扰。美容院的特色服务项目是“达泰按摩”，由两个按摩技师共同配合完成，融合了泰式按摩、巴厘岛式按摩以及夏威夷按摩的手法和技巧。另外，还有全身护理、温石理疗、面部护理等多种服务项目。

✉Jalan Teluk Datai
☎04-9500-500
营9:00~21:00 休无
RM达泰按摩（50分钟）RM450、达泰按摩套餐（3小时）RM1250

SPA 达泰湾

恩布宫美容院
Embun Seri Spa

MAP ●剪切地图-39、p.135-A

位于兰卡威水上乐园内。提供面部护理、发质护理、全身按摩等服务项目，配合印度尼西亚生产的纯天然化妆品，能达到最好的疗效。全身护理项目中还特别加入具有治疗作用的名贵药草。全身按摩套餐包含泰式按摩、全身护理、头部按摩等项目。

✉Langkawi Lagoon Resort Lot 78, Jalan Kuala Muda, Padang Matsirat
☎04-955-8181
营9:00~23:00
休无
RM全身按摩套餐（2小时）RM235

SPA 珍南海滩

萨图卡拉美容中心
Satkara

MAP ●剪切地图-47、p.136

位于卡赛度假村内。传统按摩技师用手掌按压全身穴位，力度适中，为客人扫除身体上的疲倦。在花瓣沐浴、全身按摩、推油等项目中加入从热带果实中提取的精油，有利于排出体内的毒素。

✉Jalan Pantai Cenang, Mukim Kedawang
☎04-955-2388
营10:00~19:00
休无
RM卡赛式全身护理（2小时）RM260（15:00之前）/RM300（15:00之后）

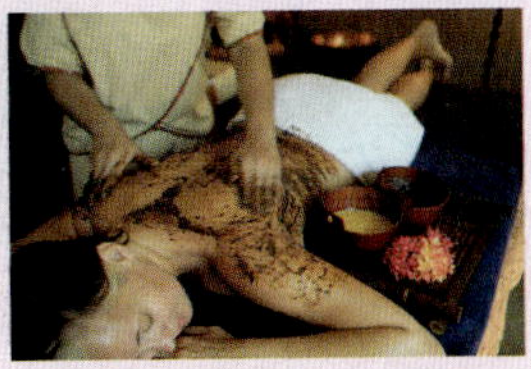

SPA 珍南海滩

阿伦美容院
Alun-Alun Spa

MAP ●剪切地图-47、p.136

珍南海滩非常出名的全身理疗美容店。店内共有30多种理疗服务项目，可以满足顾客的不同需求。店内的特色服务项目是“玛苏丽按摩（公主按摩）”，两名按摩技师顺应呼吸吐纳同时进行按摩，精确按压身体关键穴位，让人大呼过瘾。在中央海滩、瓜镇也开有同名分店。该美容院提供机场接送服务（收费）。

✉Jalan Pantai Cenang
☎04-953-3838
营11:00~23:00
休无

SPA 立咯海滩

圣地美容院
The Danna Spa

MAP ●剪切地图-39、p.135-A

店内设施齐全，按摩技师全部经过严格培训，服务水平一流。融合马来西亚三大传统民族特色的马来式按摩、印度式头部理疗等项目是该店的主推服务项目。除此之外，还有全身护理、面部按摩、三天护理疗程等各种理疗项目。

✉位于兰卡威丹戎圣地度假村内
☎04-959-3288
营9:00~23:00
休无

观光

景点指南

自然风光秀丽的兰卡威岛上流传着许多动人的传说。让我们踏上这片拥有缤纷故事的土地，找寻它的魅力所在。

景点 　瓜镇

巨鹰广场

Eagle Square

MAP ●剪切地图-48、p.135上

位于兰卡威的中心瓜镇。广场面积较大，中央矗立着兰卡威岛的象征——鹰的雕像。这座巨鹰张开翅膀面朝大海，目光犀利，引人驻足。

交 从瓜镇步行约3分钟

景点 　瓜镇

传奇公园

Legenda Park

MAP ●剪切地图-48、p.135上

传奇公园毗邻巨鹰广场。这座景致宜人的公园内栽种着许多艳丽的花卉、绿植和果树，园内有许多造型独特的雕塑。

开 9:00~19:00 　休 无 　RM 免费 　交 从瓜镇步行约3分钟

景点 　瓜镇

阿哈纳清真寺

Masjid Al Hana

MAP ●剪切地图-48、p.135上

位于传奇公园旁边。兰卡威岛上的居民多为马来西亚人。每逢周五，岛上的信徒会集中到这里来做礼拜。

交 从瓜镇步行约8分钟

景点 　珍南海滩

海底世界

Underwater World

MAP ●剪切地图-47、p.136

全亚洲规模最大的海洋水族馆。馆内共有100多种巨型鱼，总共生活着5000多条海洋鱼类。馆中央有一条长长的玻璃海底隧道，走在其中仿佛置身于海底世界一般。馆外建有日式庭院和池塘，池塘里面饲养着漂亮的锦鲤。

☎ 04-955-6100
HP www.underwaterworldlangkawi.com.my
开 10:00~18:00（节假日9:30~18:30）
休 无
RM 成人RM40、儿童RM30
交 从瓜镇乘坐出租车约30分钟

景点 甘榜赫吉拉

兰卡威鳄鱼农场

Taman Buaya

MAP ●剪切地图-40、p.135-A

鳄鱼农场内生活着大约1000多条鳄鱼。鳄鱼生性凶猛，平时一动不动，一旦用肉饵引诱，它们就会以迅雷不及掩耳之势发起进攻。每天举行两场鳄鱼表演（11:15~/14:45~），饲养员会和鳄鱼一起舞蹈，并将手臂放入长达4米的鳄鱼口中，令人拍手叫好。鳄鱼农场内还出售各种鳄鱼皮制品。

☎04-959-2559
开9:00~18:00
休无
RM成人RM20、儿童RM15（带相机入内加收RM1、带摄像机入内加收RM5）
交从瓜镇乘坐出租车约30分钟

景点 瓜镇

兰卡威野生动物公园

Langkawi WildLife Park

MAP ●剪切地图-41、p.135-B

位于兰卡威岛东部。公园内生活着150余种、2000多只野生鸟类。这里生活着一种特殊的动物——鹰。鹰是马来西亚的国鸟。在这里可以近距离观察各种鸟类。

☎04-966-5855
开8:30~18:00
RM成人RM28、儿童RM18
交从瓜镇乘坐出租车约15分钟

景点 拉雅山

拉雅山

Gunung Raya

MAP ●剪切地图-41、p.135-B

拉雅山位于兰卡威岛中央偏东位置，是岛内海拔最高的山脉（881米）。平时有很多游客到这里登山、露营。天气不错的话，还可以在山上观赏日落西山的迷人景色。山顶上建有咖啡厅，供游人驻足休息。

交从瓜镇乘坐出租车约45分钟

景点 不老湾

兰卡威缆车

Langkawi Cable Car

MAP ●剪切地图-39、p.135-A

2002年正式开始运行。空中缆车倾斜角度达42°，最高处距离地面709米，可以在半空中俯瞰整个兰卡威岛，天气好的话，还可以远眺兰卡威岛周边的浮岛。

☎04-959-4225
HP www.panoramalangkawi.com
营9:30~19:00（周五、周六、周日、节假日）、10:00~19:00（周一、周二、周四）、12:00~19:00（周三）
休无
RM成人RM35、儿童（2~12岁）RM25
交从兰卡威机场乘坐出租车约15分钟

↓缆车乘车处

→倾斜角度为42°

景点

珍南海滩

温泉村

Air Hangat Village

MAP ●剪切地图-34、p.135-B

村子里有马来半岛唯一的一座天然温泉。这里的天然温泉富含盐分，有驱除疲劳、治疗湿疹、缓解关节炎的神奇效果。除了温泉池之外，还有不少足浴池。温泉场地分为室内和室外两种，还有VIP单间温泉（RM70/小时）和SPA美容服务项目。

☎04-959-1357 开8:00~17:00 休无 RM免费
交从瓜镇乘坐出租车约20分钟

景点

珍南海滩

玛苏丽陵墓

Mahsuri Fort

MAP ●剪切地图-41、p.135-B

古时候，泰国普吉岛的玛苏丽公主和兰卡威的王子喜结连理。不幸的是，公主因被怀疑与人通奸而受以极刑。据说她死时流出的血是白色的，从而证明了自己的清白。公主在受刑之前，诅咒岛民七代之内灾祸不断。白色的大理石墓碑上写着关于玛苏丽公主生平的信息。

开8:00~18:00（周五、周六到18:30） 休无 RM成人RM10、儿童RM5、 交从瓜镇乘坐出租车约15分钟

美术馆

瓜镇

首相博物馆

Galeria Perdana

MAP ●剪切地图-41、p.135-B

首相博物馆于1995年正式对外开放。博物馆分为两个副馆，首相馆里面展示有关马来西亚首相马哈蒂尔的诸多资料；另一个馆区内摆放着来自世界各国的礼物，共计2000多件藏品。

开8:30~17:30 休无 RM成人RM10、儿童RM4、带相机入内加收RM2 交从瓜镇乘坐出租车约15分钟

景点

不老湾

东方村

Oriental Village

MAP ●剪切地图-39、p.135-A

东方村位于不老湾。整个东方村以广场为中心，共有30多家免税商店、餐厅等消费场所。可以乘坐缆车游览整个村子。

开10:00~22:00 休无 交从机场乘坐出租车约15分钟

景点

巴东马士力

巴东马士力（焚米传说地）

Padang Matsirat

MAP ●剪切地图-40、p.135-A

玛苏丽公主死前对全岛人下了诅咒，不久兰卡威岛就遭到了暹罗人的侵略。为了阻止军队掠夺粮食，人们亲手焚烧了自己种植的庄稼。巴东马士力就是曾经的粮田所在地。

交从瓜镇乘坐出租车约20分钟

真情提示

兰卡威岛上的传说

兰卡威岛上流传着许多感人肺腑的传说。除了广为人知的玛苏丽公主传说之外，还有孕妇湖（p.153）的神奇故事。据说在很久以前，一对夫妇因怀不上孩子非常苦恼，但是喝下了孕妇湖的湖水之后马上就生下了一名男婴。还有赫赫有名的七仙井（MAP●剪切地图-39、p.135-A）传说。传说中，七仙井的井水可以疗伤，王子曾亲手捉住到这里游玩的妖精。如今这里已经成为市民们游山玩水、野营的地方（从瓜镇乘坐出租车约50分钟）。

神秘的孕妇湖

兰卡威岛

美食

就餐指南

兰卡威岛上的美食当属新鲜海味。兰卡威岛距离泰国很近，因此这里有不少泰国料理餐厅。兰卡威岛每年都要接待数以万计的外国游客，岛上有多家外国料理餐厅。

海鲜料理　　珍南海滩

真浪花园海鲜餐厅

Orchid Ria Seafood Restaurant

英 预　　MAP ●剪切地图-47、p.136

珍南海滩最有名的海鲜餐厅。菜品种类、烹饪方法多种多样，在当地很受欢迎。餐厅装饰精致，用餐氛围舒适。

✉Orkid Ria Seafood Restaurant Lot 1225, Pantai Cenang, Mukim Kedawang
☎04-955-4128
营11:00~15:00、18:00~23:00
休无
◆黄油焗螯虾（RM18~/100g）

国际美食　　珍南海滩

邦顿餐厅

Bon Ton

英 中 预　　MAP ●剪切地图-47、p.136

巴厘岛风格的外观非常醒目。餐厅为全开放式，没有墙壁，食客在四面通风的环境下用餐，也可以到店外就餐。菜肴以马来西亚菜、法国菜为主，口感相对清淡。在吉隆坡开有分店。这里定期举行露天音乐表演，可以一边用餐一边欣赏。餐厅设有客房，可以在这里留宿。

✉Pantai Cenang
☎04-955-3643/6787
营12:00~17:00、19:00~22:30
＊17:00~19:00有土司三明治
休无

西式料理　　立咯海滩

兰卡威面包房餐厅

The Loaf Langkawi

英 预　　MAP ●剪切地图-39、p.135-A

位于立咯海滩的面包房餐厅。这里是马来西亚前首相马哈蒂尔最喜欢的餐厅。店内的菜品很合中国人的口味。餐厅提供早餐、午餐和晚餐，并提供下午茶服务。

✉Lot No C9, Perdana Quay, Telaga Harbour Park Pantai Kok
☎04-959-4866
FAX 04-959-4803
营8:00~23:00
休无
◆墨鱼汁意大利面RM32、三明治RM22

中华＆海鲜料理　　中央海滩

厄尔尼诺海鲜牛排屋

EL NINO SEAFOOD & STEAKHOUSE

英 预　　MAP ●剪切地图-47、p.136

位于中央海滩。餐厅犹如宫殿一般豪华。晚上的餐厅灯光摇曳，聆听着大海的声音享用美味菜肴，非常浪漫。菜肴以海鲜料理和牛排、鱼排为主。餐厅傍晚时分开门，一直营业至凌晨。

✉Lot7/84,Kpg Tosik Anak,Jalan Teluk Anak,Mukim Kedawang
☎04-955-8358　营15:00~24:00　休周二

英 提供英语服务　中 提供中文服务　预 可接受预约

国际美食　瓜镇

味道餐厅

Seasonal Taste Restaurant

英 预　MAP ●剪切地图-48、p.135-B

位于兰卡威威斯汀酒店内。大大的透明玻璃窗替代了整个餐厅外墙，看上去干净透亮。在餐厅内可以透过玻璃窗欣赏海滩风光。葡萄酒、菜肴种类丰富，并搭配各种套餐。

Jalan Pantai Dato Syed Omar
☎04-960-8950　营7:00~11:45、19:00~22:30
休无　◆晚餐套餐RM98~

中华料理　珍南海滩

灯笼海鲜馆

Tang Lung Seafood Restaurant

英 中 预　MAP ●剪切地图-47、p.136

距离珍南海滩和中央海滩都非常近，是一家中国特色海鲜馆，每天前来用餐的游客络绎不绝。餐馆为开放式布局，座席一直摆到街上。特色菜是炭火烤肉。

Lot1697,Mukim Kedawang,Teluk Baru
☎04-955-8818　营12:00~23:00　休无
◆家常豆腐 RM20、金牌香辣虾RM38

日本料理　中央海滩

云海山

Unkaizan

英 中 预　MAP ●剪切地图-47、p.136

该日本料理餐厅以海鲜类菜肴为主，刺身、铁板烧味道正宗。餐厅门口的黑板上写有每日特色菜。餐厅位于小丘之上，可以欣赏落日美景。

Lot395, Jalan Teluk Baru, Pantai Tengah
☎04-955-4118
营18:00~23:00
休周三

日本料理　不老湾

湖

Mizuumi

英　MAP ●剪切地图-39、p.135-A

该日本料理餐厅位于东方村（p.144）内，是一家由日本人经营的日式餐厅。榻榻米、池塘、屏风等日式格调的装饰必不可少，寿司、火锅、铁板烧等日本料理味道正宗。

东方村内
☎04-959-1557　营12:00~15:00、18:00~22:00　休无
◆菜肴价格区间RM12~50

重要信息

一定要尝尝兰卡威岛上的海鲜料理

在海边度假，一定要品尝一下岛上的海鲜料理。兰卡威岛有不少海鲜餐厅，味道都非常棒。这些海鲜餐厅门口都摆放有大大的玻璃水槽，里面是各种鲜活海鲜。食客当场选好要吃的食材，厨师马上拿到后厨加工烹饪。

大虾、乌贼、扇贝等海产品的烹饪方法与中国传统的烹饪方法不太一样，味道和吃法也有所不同。这里的螃蟹个头较小，所以吃的时候需要花费一番功夫。如果实在不知道吃什么好，推荐品尝一下这里的鱼类菜肴。这里的海鱼肉质鲜美，没有鱼腥味。海鱼无论是蒸着吃、炸着吃，还是做成鱼丸烤着吃都非常美味。

购物
商店指南

兰卡威岛全岛都是购物免税区（即不缴纳关税），在这里花很少的钱就可以买到很好的东西。兰卡威岛被誉为购物天堂，这里汇集了各种名牌商品以及当地特产。

民族工艺品　立咯海滩

地棕商店
De Zone

英 中　MAP ●剪切地图-40、p.135-A

商店分为五大区域，分别出售银饰品、锡制品、民族工艺品、手工艺品和木雕工艺品。想购买马来西亚民族工艺品的话，一定要来这里逛一逛。

✉Lot 5,Kuala Teriang, Jl. Pantai Kok
☎04-955-6684 营10:00~19:00 休无

民族工艺品　鲨鱼湾海滩

兰卡威手工艺品中心
Kompleks Kraf Langkawi

英　MAP ●剪切地图-34、p.135-B

兰卡威岛最大的手工艺品中心。这里有各种王宫御用品、民族工艺品等罕见的手工艺品。在这里还可以免费参观马来西亚陶器的制作过程。

✉Teluk Yu,Mukim Bohor
☎04-959-1917 /1913 营10:00~18:00 休无

民族工艺品　中央海滩

蜡染艺术村
Atma Alam Batik Art Village

英　MAP ●剪切地图-40、p.135-A

蜡染制品是马来西亚的传统工艺品。蜡染艺术村内的蜡染工坊内生产各种各样的蜡染工艺品，游客可以免费参观。旁边的蜡染商店内出售蜡染制品。

✉Padang Matsirat ☎04-955-1227
营9:00~18:00
休无 ◆蜡染服装RM87.50~、蜡染手包RM50、蜡染工艺品RM150~

民族工艺品　瓜镇

星期天之家
Sunday Home D'ecor Souvenir Shop

MAP ●剪切地图-48、p.135上

位于兰卡威岛上最大的购物中心——兰卡威平价购物商厦内。店内有许多印度尼西亚和马来西亚的传统手工艺品。

✉Langkawi Fair Shopping Mall
☎04-966-2916 营10:30~21:30 休无

民族工艺品　中央海滩

加雅南
Gaya Minami

英 中　MAP ●剪切地图-47、p.136

店主为一名日本女性，态度和蔼亲切。店内出售各种日式特色商品，在当地很有人气。香蒲肥皂具有很好的保健功能，深受顾客喜爱。

✉Shop Lot5,Tropical Resort ☎04-955-7550 营12:00~22:00 休周五 ◆工作人员上班时间为12:00~18:00

酒店

顶级、高档、经济型

兰卡威岛作为马来西亚最负盛名的度假胜地，每年都吸引着大批海外游客前来度假。岛上有多种类型的酒店可供选择。

顶级　　达泰湾

兰卡威安达曼度假酒店

The Andaman, Langkawi

英 中 MAP ●剪切地图-32、p.135-A

建于安达曼海岸丛林附近的度假酒店，距离达泰酒店很近。酒店为马来西亚传统风格的建筑，靠近大海，可以欣赏海景。酒店内有马来西亚餐厅“The Restaurant”、日式料理店“The Japanese”。2001年，位于酒店内的安达曼美容院正式开业。

✉ Jl Teluk Datai　☎ 04-959-1088　FAX 04-959-1168
HP www.theandaman.com　RM (S/T)RM950~
室 186　交 从机场乘坐出租车约30分钟

顶级　　丹戎鲁海滩

兰卡威四季度假村

Four Seasons Resort Langkawi

英 中 MAP ●剪切地图-34、p.135-B

客房有两种，一种为热带庭院内的别墅，另一种为海滨农舍小屋，共计91间客房，可以欣赏到安达曼海的美丽风光。酒店内还有酒吧、美容院、网球场等娱乐设施。服务员受过良好的培训，服务周到，每隔一小时更换饮用水和毛巾，随时提供免费新鲜果蔬，给人宾至如归的感觉。

✉ Jl Tanjung Rhu
☎ 04-950-8888　FAX 04-950-8899
HP www.fourseasons.com
RM (S/T)RM2400~　室 91
交 从机场乘坐出租车约25分钟

顶级　　达泰湾

兰卡威达泰湾酒店

The Datai, Langkawi

英 中 MAP ●剪切地图-32、p.135-A

位于原始森林密布的达泰湾对面，是兰卡威最为高档的度假酒店之一。有观景房和海边的别墅两种客房，深色大理石外壁和精致的木石雕刻将客房装扮得大气雅致。酒店内还有餐厅、桑拿室、美容室等设施。

✉ Jl. Teluk Datai
☎ 04-950-0500
FAX 04-950-0600
HP www.thedatai.com/langkawi
RM (S/T)RM2300~
室 112
交 从机场乘坐出租车约30分钟

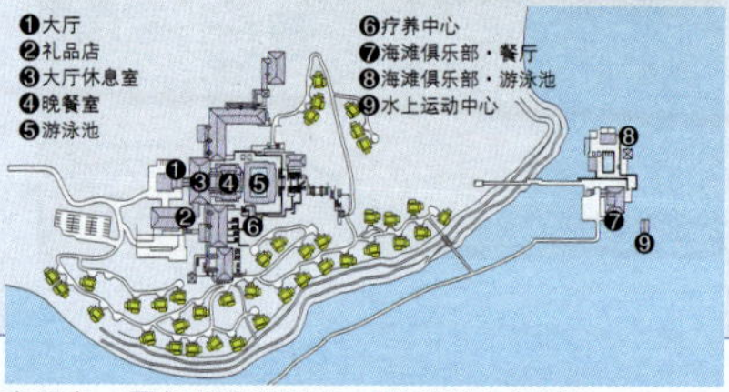

餐厅　酒吧　游泳池　健身房　浴室　客房服务　英 提供英语服务　中 提供中文服务

顶级　　丹戎鲁

丹戎鲁度假酒店

Tanjung Rhu Resort

英 中 MAP ●剪切地图-34、p.135-B

丹戎鲁度假酒店位于兰卡威岛的北端，正对面就是安达曼海，长约2.5千米的白沙海滩是酒店专属区域。这里禁止一切海上运动，非常安静。客房空间较大，采用东方传统风格内饰，各种音频、视频播放设备齐全。酒店内有图书馆、按摩室、美容室等服务场所。

Tanjung Rhu,Mukim Ayer Hangat　☎04-959-1033
FAX 04-959-1899　HP www.tanjungrhu.com.my
RM (S/T)RM1400~　室 136
交 从机场乘坐出租车约30分钟

高档　　瓜镇

兰卡威威斯汀度假村

The Westin Langkawi Resort & Spa

英 中 MAP ●剪切地图-48、p.135-B

威斯汀度假村位于瓜镇南端，毗邻兰卡威湾，非常安静。度假村经全面装修之后于2006年12月重新对外营业，是兰卡威岛上顶级的度假村之一。大厅和客房内部采用暖色调装饰，温馨感十足。宽阔的庭院内建有三个游泳池。海景房非常豪华，可以欣赏安达曼海上的迷人风光。

Jl. Pantai Dato Syed Omar
☎04-960-8888　FAX 04-966-6414
HP www.westinlangkawi.com
RM (S/T)RM675~
室 222
交 从机场乘坐出租车约25分钟

高档　　不老湾

兰卡威成功度假村

Berjaya Langkawi Resort

英 中 MAP ●剪切地图-39、p.135-A

位于兰卡威岛西部、不老湾对面的水上度假酒店。酒店内建有温泉美容屋，吸引很多爱美的女性慕名而来。度假村面积很大，有24小时运营的往返巴士穿行其中。所有客房都带有阳台，自然景色宜人。有时会在酒店内举行传统舞蹈大赛。

Karung Berkunci 200,Burau Bay　☎04-959-1888
FAX 04-959-1886　HP www.berjayahotel.com/langkawi/
RM (S/T)RM390~　室 398
交 从机场乘坐出租车约20分钟

高档　　立咯海滩

兰卡威喜来登海滩度假村

Sheraton Langkawi Beach Resort

英 中 MAP ●剪切地图-40、p.135-A

位于兰卡威岛西海岸，距离兰卡威机场6.4千米，是兰卡威岛历史最悠久的海滩度假村。度假村内分布着众多别墅，可以欣赏到海岸美景。度假村内有往返巴士穿梭其中，每隔10~15分钟发车，非常方便。

Teluk Nibong
☎04-952-8000
FAX 04-952-8050
HP www.starwoodhotels.com/sheraton
RM (S/T)RM600~
室 238
交 从机场乘坐出租车约10分钟

高档　　雷帕克

雷帕克岛屿度假村酒店

Rebak Island Resort - A Taj Hotel

英 MAP ●剪切地图-46、p.135-A

位于距离珍南海滩4千米处的雷帕克岛上，是该岛上唯一的一个度假村酒店。观景房内环境优雅，可以欣赏岛屿风光。度假村内建有高尔夫球场，喜欢打高尔夫球和海上运动的游客可以到这里来体验一下。

P.O. Box 125, Kuah Langkawi,Kedah Darul Aman
☎04-966-5566
FAX 04-966-9973
HP www.tajhotels.com
RM (S/T)RM428~
室 94
交 从瓜镇乘坐渡轮约15分钟

高档　　立咯海滩

丹娜兰卡威酒店

The Danna Langkawi

英 中 MAP ●剪切地图-39、p.135-A

丹娜兰卡威酒店位于立咯海滩旁边，宾客在这里可以欣赏到蓝天碧水、密林环绕的美好风光。酒店内部是地中海装饰风格，设有美容院、餐厅、游泳池等高级设施。这里经常举办大型婚礼或聚会，让主宾在阳光明媚的日子留下最美好的回忆。

PO Box 236, Telaga Harbour Park, Pantai Kok
☎04-959-3288
FAX 04-959-3288
HP www.thedanna.com
RM (S/T)RM950~
室 123　交 从机场乘坐出租车约15分钟

高档 珍南海滩

兰卡威君华彩虹度假村
Meritus Pelangi Beach Resort & Spa

英 中 MAP ●剪切地图-46、p.136

度假村占地面积很大，内部各种设施完善。周围是棕榈树密布的海滨区，其所在区域亦是当地最热闹，也是风景最好的珍南沙滩，可以在度假村内欣赏美丽的落日景色。

Pantai Cenang
04-952-8888
FAX 04-952-8899
HP www.meritus-hotels.com
RM (S/D)RM700~
室 331
交 从机场乘坐出租车约10分钟

高档 珍南海滩

邦顿度假村
Bon Ton Restaurant & Resort

英 MAP ●剪切地图-47、p.136

度假村位于珍南海滩北面，由一家马来西亚传统民宅改建而成。现在的客房由原来民宅中的起居室改建而来，有着60多年的历史。客房内空调、淋浴等现代化设施齐备。度假村内还有一家环境不错的餐厅。

Pantai Cenang
04-955-1688 / 3643
FAX 04-955-4791
HP www.bontonresort.com
RM RM650~
室 8
交 从机场乘坐出租车约7分钟

高档 珍南海滩

兰卡威卡赛度假村
Casa del Mar, Langkawi

英 MAP ●剪切地图-47、p.136

位于珍南海滩的西班牙风情度假村。度假村小巧精致，全部客房均为海景房，透过大大的落地窗能够远眺安达曼海面风光。度假村内有一家地中海料理餐厅，欧式菜系、葡萄酒种类丰富。此外，度假村内还设有美容室。

Jl. Pantai Cenang, Mukim Kedawang
04-955-2388
FAX 04-955-2228
HP www.casadelmar-langkawi.com
RM RM896~
室 34
交 从机场乘坐出租车约10分钟

高档 瓜镇

兰卡威湾景酒店
Bayview Hotel Langkawi

英 MAP ●剪切地图-41、p.135上

深受商务人士青睐的现代都市风格度假村。客房内部有电视机、空调等各种现代化电器，装饰偏商务风。唯一美中不足的是没有阳台。度假村内有游泳池、健身房、按摩室等休闲场所，是瓜镇首屈一指的大型度假酒店。

Jl. Pandak Mayah1,Pusat Bandar, Kuah
04-966-1818
FAX 04-966-3888
HP www.bayviewhotels.com/langkawi/
RM (S/T)RM270~
室 282
交 从机场乘坐出租车约25分钟

中档 中央海滩

兰卡威度假世界酒店
Resort World Langkawi

英 MAP ●剪切地图-47、p.136

位于中央海滩，四面环海。在度假村旁边的码头可以乘坐游艇去往兰卡威岛各地。度假村内建有高尔夫球场，很多游客到这里来打高尔夫球。

Tanjung Malai
04-955-5111
FAX 04-955-5222
HP www.rwgenting.com
RM (S/T)RM295~
室 209
交 从机场乘坐出租车约25分钟

高档 巴东马士力

兰卡威福朋喜来登度假村
Fourpoints by Sheraton

英 MAP ●剪切地图-39、p.135-A

度假村内各种设施完善，装修豪华。相比同级别酒店，这里的消费略低，性价比很高。度假村距离兰卡威机场仅15分钟的路程，交通也非常方便。

Kuala Muda,Mukim Padang Matsirat
04-952-7000
FAX 04-955-5888
HP www.starwoodhotels.com/fourpoints
RM (S/T)RM550~
室 214
交 从机场乘坐出租车约15分钟

餐厅 酒吧 游泳池 健身房 浴室 客房服务 英 提供英语服务 中 提供中文服务

高档 中央海滩

兰卡威素馨花度假村
The Frangipani Langkawi Resort & Spa

英 MAP ●剪切地图-47、p.136

酒店的屋檐是鲜艳的红色，墙壁为干净的白色。度假村正对面是长达400米的私人海滩。游泳池、网球场等服务设施完善。周边有许多餐馆，从海滩酒吧可以欣赏海景。

✉P.O. Box 138. Jalan Teluk Baru Pantai Tengah,Mukim Kedawang
☎04-952-0000
FAX 04-952-0001
HP www.frangipanilangkawi.com
RM (S/T)RM580~
室118
交 从机场乘坐出租车约20分钟

高档 中央海滩

兰卡威假日海滩别墅酒店
Holiday Villa, Langkawi

MAP ●剪切地图-47、p.136

位于中央海滩，占地13英亩，是兰卡威岛面积最大的度假村。这里的海面一望无垠，风平浪静，最适合体育爱好者进行海上运动。在度假村内还有意式餐厅、KTV等消费场所。

✉Lot 1698, Pantai Tengah, Mukim Kedawang
☎04-952-9999 FAX 04-955-1504/2211 HP www.holidayvillahotellangkawi.com
RM (S) RM460~、(T) RM480~
室258
交 从机场乘坐出租车约20分钟

高档 中央海滩

兰卡威联邦海滩度假酒店
Federal Villa Beach Resort Langkawi

MAP ●剪切地图-47、p.136

位于中央海滩的中型度假村。毗邻兰卡威假日海滩别墅酒店，总体评分虽然没有后者高，但是可以到兰卡威假日海滩酒店用餐、按摩、做SPA，酒店还设有儿童游戏中心，所以住在这里也是不错的选择。

✉Lot 1698 Pantai Tengah, Mukim Kedawang
☎04-952-9999
FAX 04-955-1504/2211
HP www.federalvillalangkawi.com
RM (S/T)RM270~
室88
交 从机场乘坐出租车约20分钟

经济型 瓜镇

兰卡威大洲酒店
Hotel Grand Continental Langkawi

英 MAP ●剪切地图-41、p.135-A

位于兰卡威岛西部。游泳池、健身房、按摩室等设施齐备。

✉Lot398, MK. Kuah,Keilbang ☎04-966-0333 FAX 04-966-0288 HP www.grandcontinentallangkawi.com RM (S/T)RM184.55~ 室193 交 从机场乘坐出租车约20分钟

经济型 瓜镇

贝拉远景度假酒店
Bella Vista Hotel Langkawi

英 MAP ●剪切地图-48、p.135-B

优雅精致的3星级度假酒店。客房分为单人间、双人间、套间等6种房型。

✉Persiaran Mutiara Pusat Dagangan Kelana Mas,Kuah
☎04-966-2800 FAX 04-966-2600
HP www.bvhotelsandresorts.com RM (S/T)RM175~
室228 交 从机场乘坐出租车约20分钟

经济型 瓜镇

伊格尔湾大酒店
Eagle Bay Hotel, Langkawi

英 MAP ●剪切地图-48、p.135上

房间整洁明亮，可以透过落地窗欣赏海景。

✉No.33 Persiaran Putera,Kuah ☎04-966-8585 FAX 04-966-7385 HP www.eaglebay.com.my RM (S/T) RM125~ 室128 交 从机场乘坐出租车约20分钟

经济型 珍南海滩

兰卡威旅社
Langkapuri Inn

英 MAP ●剪切地图-47、p.136

位于兰卡威农村的旅社。空调、电视机、淋浴等住宿设施完善。

✉Lot,Pt895,Cenang Beach,07000,Langkawi,Kedah
☎04-955-1202 FAX 04-955-1959 RM (S/T)RM140~
室53 交 从机场乘坐出租车约15分钟

经济型 珍南海滩

纳迪斯假日酒店
Nadias InnComfort

英 MAP ●剪切地图-47、p.136

全部客房都带有淋浴、电视机、空调等设备。

✉Lot977, Mukim Kedawang, Pantai Cenang
☎04-955-1401 FAX 04-955-1405 RM (S/T)RM120~
室94 交 从机场乘坐出租车约15分钟

经济型 珍南海滩

旅途小屋
Melati Tanjung

英 MAP ●剪切地图-47、p.136

全部客房都带有空调。旁边有一家餐厅。

✉Pantai Cenang ☎04-955-1099 FAX 04-955-5099
RM (S/T)RM140~ 室24
交 从机场乘坐出租车约10分钟

兰卡威岛周边的岛屿

兰卡威岛的周边零星分布着总共104个大小不一的岛屿。在这些小岛上晒日光浴、野炊、潜水、垂钓，尽情感受海岛的魅力。

芭雅岛

Pulau Payar

MAP ●p.152

适合潜水的好去处

芭雅岛位于槟城与浮罗交怡之间，从兰卡威岛乘坐快艇向南行驶约50分钟即可到达。这一带是马来半岛沿岸位置最好的垂钓场所，湛蓝的海水中许多热带鱼和珊瑚礁清晰可见。位于芭雅岛西侧的斯敢东岛周边经常有鲸鲨出没。芭雅岛有一块突出的陆地，总长度约100米，非常适合进行浮潜、野炊、船底观海等娱乐活动。

可以在当地报团参观芭雅岛海洋公园。最好提前一天在酒店或旅行社报名。价格为浮潜（包含午餐在内）RM300、垂钓（包含午餐在内，免费使用渔具）RM400。

斯敢东岛周边有体长30~50厘米的鲸鲨

旅程时间表

7:45~8:45
在酒店用餐、整顿，准备出发
9:20
集合、乘船出发
9:45~10:45
在芭雅岛浮潜、垂钓（收费）
12:30~13:00
乘船去往芭雅岛海滩
13:00~14:45
乘船去往芭雅岛海滩
自由活动（潜水、捉鱼）
15:15
乘船
15:30
到达芭雅岛
16:30
到达集合地点
返回酒店
※旅游行程或根据旅行社有所不同

芭雅岛的白沙海滩

孕妇岛

Pulau Dayang Bunting

MAP ●剪切地图-55、p.135-B

在湖面泛舟、游泳

石灰岩堆积形成的石林

拥有美丽传说的岛屿

孕妇岛上流传着关于孕妇湖的美丽传说。在古时候，有一对夫妇因为没有孩子而苦恼，但是妻子饮下了孕妇湖中的湖水之后，马上生下了一名男婴。枝叶茂密的热带森林里生活着翠鸟、啄木鸟等90多种热带雨林鸟类。岛的西北部有几处黑暗的洞穴，里面生活着野生蝙蝠。

栈桥周边如同仙境一般

巨狮岛

Pulau Singa Besar

MAP ●剪切地图-54、p.152

适合漫步环游的岛屿

"Singa Besar"在马来语中是狮子的意思。岛上有鹿、大型蜥蜴、野猴、蛇等野生动物，被马来西亚政府列为野生动物自然保护区。岛的西侧有一大片美丽的海滩。巨狮岛上还有瞭望台和散步道。

时间仿佛停滞的美丽沙滩

湿米岛

Pulau Beras Basah

MAP ●剪切地图-54、p.152

闲适幽静的度假胜地

位于巨狮岛西面的小岛。在一望无际的海滩上晒太阳、做运动，度过一个悠闲的假期。

在树荫下欣赏碧海蓝天

雷帕克岛

Pulau Rebak Besar & Pulau Rebak Kechil

MAP ●剪切地图-46、p.135-A

贴近自然之美

雷帕克岛是两座岛屿的总称。西侧的岛屿叫作雷帕克比拉斯岛，岛上有一座大型度假村——雷帕克岛度假村（☎04-966-5566）东侧的小岛叫作雷帕克凯舍尔岛，这里风景秀美，傍晚时分有很多游客到这里来欣赏日落。

兰卡斯港有开往雷帕克岛的船只

前往兰卡威岛周边小岛

可以在当地报团前往芭雅岛、孕妇岛、巨狮岛、湿米岛和雷帕克岛等岛屿。可以直接在酒店服务处报名，也可以到旅行社报名。

〈旅游团咨询处（瓜镇）〉（Jetty Point内）MAP ●剪切地图-48、p.135上

●玛丽苏旅行社（Mahsuri Travel&Tours）☎04-966-0118

去往兰卡威岛周边各个岛屿的旅行团。安排有洞穴探险、环游大海等行程。

●兰卡威珊瑚旅行社（Langkawi Coral）

☎04-966-7318 / 966-9140

组织游客到芭雅岛岬口处游玩。

玛丽苏旅行社旅游服务中心

东西方文化在这里交融

槟城岛

Pulau Penang

MAP p.130-D

观光小贴士

槟城岛

乐趣指数		交通手段	
观光景点	★★★★★	出租车	★★★★★
购物	★★★★·	巴士	★★★··
美食	★★★★·	人力马车	★★★··

交通方式

飞机■吉隆坡→槟城国际机场（〖马拉西亚航空〗：约50分钟，每天有9~10趟直达航班，单程机票RM129~367〖亚洲航空〗：约1小时到达，每天有8趟直达航班，单程机票RM74~157〖Fire Fly航空〗：约1小时到达，每天有11趟直达航班，单程机票RM78~379）

火车■吉隆坡→北海车站（晚间车次约9小时到达，一等座RM67~、二等座RM34~）、北海车站→槟城岛（乘坐渡轮约15分钟，5:30至翌日1:00每隔10~30分钟发船，单程船票RM1.20）

巴士■吉隆坡（富都汽车站）→槟城（参考：直达车次单程车票RM35，每天发车5趟）

旅游咨询处■旅游信息咨询中心 ✉光大广场三楼 开8:30~17:00 休周六、周日 ☎04-261-0058
✉槟城国际机场 开7:00~22:00 休无 ☎04-6426981
✉康华斯利堡 开8:00~17:00 休周六、周日 ☎04-2622093

航空会社■马来西亚航空 ☎1-300-88-3000
亚洲航空 www.airasia.com
Fire Fly航空 ☎03-7845-4543

观光导览

峇六拜国际机场位于槟城岛南部，是槟城岛的空中枢纽。从峇六拜国际机场乘坐出租车去往乔治市街区约30分钟（RM45，在机场内购票上车），去往富都渡轮栈桥约50分钟（RM75）。槟城岛的地标性建筑是光大广场，观光景点大多位于光大广场东北部，大约半天时间就可以逛完。游客可以步行观光，也可以乘坐人力马车游览。

光大广场旁边的巴士站有开往槟城岛各地的巴士。车票价格为RM1.40~3.40（上车购票）。如果想要节省时间，建议乘坐出租车或租车前往各大景点。将目的地告知出租车司机，谈妥价钱后就可以出发了。通常情况下，乘坐出租车游市区的花费为RM10~20，从市区去往轮渡栈桥花费为RM60~70。租车按小时计费，每小时RM40~60。

乔治市于2008年被联合国评为世界文化遗产城市，被誉为马来西亚的文化万花筒。可以乘坐市区的免费巡游巴士前往各大主要景点。

〈槟城（峇六拜）国际机场〉

MAP ●剪切地图-51、p.157-D

槟城（峇六拜）国际机场位于槟城岛南部，周边没有观光景点。乘坐出租车或巴士需购票上车，建议在机场提前换好钱币，并备好零钱。

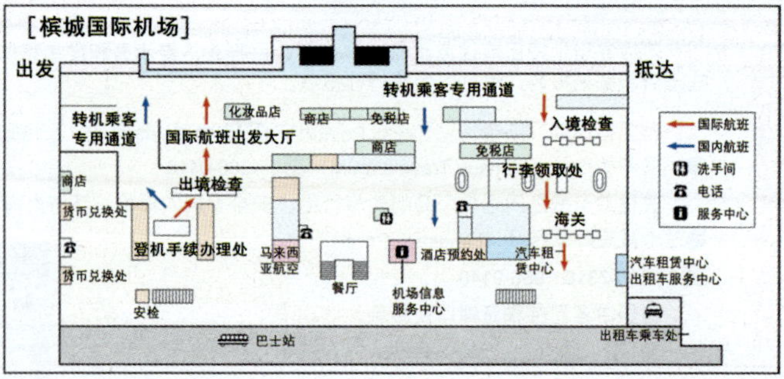

槟城岛

游玩导览

槟城岛自古以来就被称作是"东方珍珠"，深受全世界各地游客的喜爱。
槟城岛的北部沿岸一带有大片风景优美的海滩。
其中，最著名的三大海滩是丹戎武雅海滩、直落巴巷海滩和巴都丁宜海滩。

丹戎武雅海滩

Tanjung Bungah

MAP ●剪切地图-30、p.155-B

安静祥和的私人海滩

这是一处美丽的海滩，酒店和别墅坐落在海滩旁边，靠近森林一带。浅水处隐藏着一些暗礁，不太适合海上运动。平时这里游客稀少，气氛幽静，非常适合度假。海滩上是细腻的白沙。

交 乔治市→🚗约15分钟、机场→🚗约35分钟

直落巴巷

Teluk Bahang

MAP ●剪切地图-29、p.155-A

舒适宜人的狭长海滩

直落巴巷海滩是一片狭长的白沙海滩。海滩的西面是一个渔村，渔村里面有几家味道不错的海鲜餐厅，可以品尝到新鲜的海味菜肴。海滩边还有一些精品店，在闲暇时可以逛一逛。

交 乔治市→🚗约35分钟、机场→🚗约55分钟

巴都丁宜

Batu Ferringhi

MAP ●剪切地图-30、p.155-A

槟城岛历史最悠久的海滩

马来西亚首屈一指的度假海滩。沿着长长的海滩建有几所大型旅游度假村。白色的沙滩映衬着碧蓝的海水，宛如一幅迷人的风景画。这里非常适合海上运动。

交 乔治市→🚗约20分钟、机场→🚗约40分钟

槟城岛的运动&娱乐

郊游●前往槟城岛西北部的槟城国家公园。这里种植着大片红树林，热带绿植枝繁叶密，奇形怪状的千年洞穴和湖泊相映成趣。郊游路线为沿着海滩去往特鲁克岛，步行约需20分钟。也可以去往都容岛，沿途在猴子海滩游玩，步行约需2小时30分钟。此外，也可以沿着海滩向南前往海龟沙滩游玩。每年的4~8月是海龟产卵期，这一期间禁止进入海滩。

观看赛马比赛●「槟城赛马俱乐部」（MAP ●剪切地图-38、p.156-I／✉Batu Gantong Rd.）该赛马场修建于1864年，拥有100多年的历史。

Taman Hong Seng
丹戎武雅
p.163 东方海鲜城
G酒吧 p.170
帕尔古董店 p.167
关仔角购物广场 p.168
吉姆服饰 p.166
新关仔角 p.164
Gurney Drive
G酒店 p.173
Bagan Jermal
Pesiaran Gurney
中国人墓地
Perkuburan Cina
Jl. Bagan Jermal
Pesiaran Midlands
A
B
p.163 金门
p.163 77餐厅
p.165 松花江餐厅
槟城国家公园
Taman Pulau Pinang
Jl. Kelawei
p.173 槟城长荣桂冠酒店
释迦卧佛寺 p.158
Wat Chayamangkalaram
缅甸佛寺 p.158
Dharmmikarama
Burmese Temple
格尼假日酒店 p.173
田园特产商店
p.174 乔治市城市酒店
Adventist Hospital
槟城植物园
Jl. Gottlieb
Jl. Scott
Pasar
浮罗地滑
Pulau Tikus
Jl. Brother James
Jl. Burmah
p.172 槟城诺瑟姆套房酒店
瀑布酒店
亚逸拉惹
Ayer Rajah
Lebuh Raya Codrington
Jl. Pangkor
Jl. Sen
Lengkok Burmah
中国人俱乐部
Chinese Recreation Club
Jl. Padang Victoria
Sungai Ayer Terjun
Jl. Utama
Jl. Brown
Jl. Tunku Abdul Rahman
Jl. Park
Jl. Biggs
Jl. Cantonment
Leboh Raya peel
Tokong Masonik
泰国领事馆
Jl. Logan
YMCA
E
F
Jl. Macalister
Kelab Union P.Pinang
圣乔治女子高校
Sek. Men. keb. St. George
Hospital Bersalin
Pulau Pinang
塔曼巴拉特
Taman Barat
Jl. Residensi
Jl. Tull
Jl. Barrack
Jl. Perak
Asrama Jururawat
Pergigian
槟城运动俱乐部
Penang Sports Club
Jl. Brook
骑马场
Padang Polo
Jl. Anson
Jl. Utama
综合医院
Hospital Besar
槟城赛马俱乐部 p.155
Penang Turf Club
监狱
Penjara
塔曼佩拉
Taman Perak
Jl. York
Lorong Kulit
城市体育场
City Stadium
Jl. Batu Gantong
Pesiaran Perak
Sungai Pinang
槟城女子高校
Penang Free School
Jl. Rawang
Sungai Ayer Hitam
高等院校
Jl. Gemas
Jl. Ayer Hitam
I
J
伊斯兰墓地
Perkuburan
Islam Masjid
Jl. Sungai Pinang
Jl. Makloom
Jl. P. Ramlee
槟城清真寺
State Mosque
Jl. Terengganu
Jl. Lim Lean Teng
YWCA
升旗山
Taman Wulian The
Jl. Masjid Negeri
Penang Free School
Jl. Perak
Jl. Free School
Lorong Perak
槟城

槟城岛
Pulau Penang
0
5km
N
P.155
穆卡岬
巴都丁宜 p.155
直落巴巷 p.155
丹戎武雅 p.155
槟城国际公园 p.160
北海峡
p.160 槟城植物园
Penang Botanical Gardens
p.175 贝利弗酒店
猴子海滩
Monkey Beach
升旗山 p.158
Penang Hill
热带果园 p.160
Tropical Fruit Farm
槟城金河广场
p.159
康华利斯堡
槟城光大大厦 p.167
乔治市
体育场
D
▲760
埃尔维拉拇山
极乐寺 p.158
Kek Lok Si Temple
滨城大桥
p.169 槟城乡村高尔夫俱乐部
p.172 槟城贵都大酒店
海上娱乐中心
p.158 蛇庙
Snake Temple
皇后湾购物广场 p.168
南海峡
槟城（峇六拜）国际机场 p.154
Penang International Airport
岛屿
雷帕斯岛
岛屿
北海峡
Selat Utara
C
若瑟姆海滩咖啡馆 p.165
Sultan Ahmad Shah
尼西亚领事馆
槟城俱乐部
Penang Club
新加坡航空
Jl. Arratoon
Jl. Clove Hall
Jl. Larut
p.170 法卡酒吧
p.173 槟城东方大酒店
p.162 32餐厅
p.169 德鲁克奥斯美容中心
洲际大酒店
会议中心
槟城博物馆 p.159
Museum & Art Gallery
湾景酒店
p.174
槟城岛游客服务中心
Penang Tourist Association
康华利斯堡 p.159
会议大厦
Fort Cornwallis
p.175 乔治市酒店
Jl. Argyll
p.170 海滩酒吧
p.174 槟城皇家酒店
Jl. Hutton
p.174 槟城城市酒店
马来西亚酒店
张弼士故居酒店
p.21,160
槟城图书馆
Dewan Sri Pinang
城市剧院
City Hall
兰卡威岛游轮售票处
大母鸡
p.163
p.162 雾岛
p.175 北京酒店
红圆美食街 p.165
法院
圣乔治教堂 p.159
St. George's Church
咖啡花园
新世界公园 p.164
商业酒店
p.175
天主教教堂
圣沙勿略高校
槟城州议会堂
出入境管理中心
钟塔
Clock Tower
女子高校
G
Jl. Burmah
槟城和谐酒店
p.175
Lebuh Cholia
p.175 杭州旅社
Love Lane
p.159 观音寺
Kuan Yin
Teng Temple
H
p.21,160 侨生博物馆
157
栈桥
花园酒店
Jl. Rangoon
长途汽车站
警察局
Jl. Penang
街道文化浓厚区域
p.20
p.21,162 胡同餐厅
p.165 银行街美食中心
Jl. Abidin
p.167 槟城光大大厦
Komtar S.C.
旅游信息咨询中心（3F）
市场
Pasar Chowrasta
鸿叶珠宝店 p.167
集市
马哈马里安曼兴都庙 p.159
Maha Mariamman Temple
Jl. Zainal
中央邮局
阿格拉酒店
槟榔律驰名潮州煎蕊
p.163
p.159 甲必丹吉宁清真寺
Kapitan Kling Mosque
光大大厦 p.167
Komtar
Thieve's Market
唐人厝
p.21,162
海关
马来西亚航空
Malasia Airline
Masjid Pakistan
泰国国际航空
Thai International Airline
槟城购物中心
光大大厦长途汽车站
Masjid Melayu
Lebuh Aceh
龙山堂丘祠
Khoo Kongsi
城市长途汽车站
威士玛中心
Wisma Central
加玛百货超市
槟城商贸酒店 p.173
皇后湾购物广场 p.168
Lebuh Bridge
Seang Tek
槟城时代广场
p.168
Lebuh Noordin
Lebuh Presgrave
Lengkok Pengkalam Weld
Kampong Jawa
Jl. Lines
Jl. Brick Kiln
Leboh Macnair
Jl. C.Y. Choy
Jl. Patani
K
Jl. Merdeka
L
南海峡
Selat Selaton
Jl. Sungai
Jl. Jelutong
N
乔治市
Georgetown
0
500m

槟城岛

观光

景点指南

在英国统治时期，槟城岛作为东西方贸易的重要枢纽而得以发展。乔治市和升旗山至今仍保留着不少英国殖民时期的古建筑。

景点　　亚依淡镇

升旗山

Penang Hill(Bukit Bendera)

MAP ●剪切地图-37、p.157-D

升旗山海拔829米，是槟城岛海拔最高的山峰。政府于1922年修建了空中缆车，游客可乘缆车直接到达山顶，而这一过程仅需10分钟。天气状况良好的话，可以在山顶眺望乔治市和马来半岛的美丽风光。山顶上有咖啡厅、商店、寺院等，很多市民在这里纳凉。节假日比较拥挤，建议避开客流高峰。

RM 成人RM30、儿童RM15
交 从光大广场乘坐204号巴士约30分钟〔空中缆车运行时间〕6:30~22:00（周六、周日、节假日至23:00）

寺院　　乔治市

释迦卧佛寺

Wat Chayamangkalaram

MAP ●剪切地图-31、p.156-B

释迦卧佛寺修建于1900年，是一座兼具泰国和中国寺院风格的独特建筑。正殿内有一尊巨大的释迦卧佛像，全身用金箔包裹，身长33米，是仅次于缅甸和泰国的世界第三大金箔释迦卧佛像。

开 9:00~17:00　休 无　RM 免费（寺院内禁止拍照、入殿脱鞋）　交 从光大广场乘坐103号巴士约10分钟

寺院　　乔治市

缅甸佛寺

Dharmmikarama Burmese Temple

MAP ●剪切地图-31、p.156-B

缅甸佛寺修建于1803年，距今已有200多年的历史。寺院内矗立着巨大的金箔佛陀和宝塔，在阳光下熠熠生辉。庭院非常漂亮，可以进去参观。

开 5:00~18:00
休 无
RM 免费（入殿脱鞋）
交 从光大广场乘坐103号巴士约10分钟

寺院　　亚依淡镇

极乐寺

Kek Lok Si Temple

MAP ●剪切地图-37、p.157-D

位于升旗山南侧的山麓之上，是马来西亚规模最大的佛教寺院。1890年开始修建，历经20年才正式建成。寺院内最大的看点是高达30米的7层宝塔。宝塔融合了中国、泰国、缅甸三国的传统风格，是东南亚最美的佛教宝塔。这座7层宝塔里面总共安放着1万尊佛像。

开 9:00~18:00
休 无
RM 免费（进入7层宝塔参观收费RM2）
交 从光大广场乘坐201号、203号、204号巴士，约25分钟后在亚依淡镇下车，然后步行15分钟

景点　　亚依淡镇

蛇庙

Snake Temple

MAP ●剪切地图-44、p.157-D

在蛇庙里可以和毒蛇拍照留念（收费）。这座庙宇修建于1850年，供奉着能够医治百病的神医——清水祖师。自庙宇建成之际，就有很多蛇生活栖居在这里。这些蛇不会主动攻击人类，平时都蜷居在蛇窝里。马来西亚人将蛇看作神圣之物。很多佛教信徒会定期到这里来烧香。

开 7:00~19:00
交 从光大广场乘坐出租车约30分钟

这里的毒蛇已经被拔掉毒牙，没有危险

教堂 乔治市

马哈马里安曼兴都庙

Maha Mariamman Temple

MAP ●剪切地图-38、p.157-H

修建于1883年的印度教堂。教堂内供奉着印度神灵苏巴马尼亚姆的雕像。整座雕像用金、银、钻石镶嵌而成，令人赞叹。

开 早晨~傍晚 交 乔治市有开往马哈马里安曼兴都庙的免费巡游巴士。在光大广场乘车

清真寺 乔治市

甲必丹吉宁清真寺

Kapitan Kling Mosque

MAP ●剪切地图-38、p.157-H

甲必丹吉宁清真寺始建于1801年，是一名来自南印度的商人投资修建的。清真寺是印度传统的摩尔样式，是马来西亚最漂亮的伊斯兰清真寺之一。

交 乔治市有开往甲必丹吉宁清真寺的免费巡游巴士。在光大广场乘车

寺院 乔治市

观音寺

Kuan Yin Teng Temple(Goddess of Mercy Temple)

MAP ●剪切地图-38、p.157-H

寺院修建于1880年，是由移居槟城岛的广东人和福建人共同出资修建的。观音寺是槟城岛最古老的中国寺院。寺院里面供奉着观音菩萨。观音菩萨又被称为“慈悲女神”。

交 乔治市有开往观音寺的免费巡游巴士。在光大广场乘车

教堂 乔治市

圣乔治教堂

St.George's Church

MAP ●剪切地图-31、p.157-H

东南亚地区最古老的英国教堂。教堂墙壁为白色，地面由大理石铺成。教堂外面耸立着高高的尖塔。圣乔治教堂是槟城岛西式建筑的代表。

交 乔治市有开往圣乔治教堂的免费巡游巴士。在光大广场乘车

博物馆 乔治市

槟城博物馆

Museum & Art Gallery

MAP ●剪切地图-38、p.157-H

槟城博物馆的前身是一座修建于1821年的学校，后经改建成为博物馆。博物馆内陈列有马来西亚、槟城岛的相关历史、文化资料。

开 9:00~17:00 休 周五、节假日 RM 免费
交 乔治市有开往槟城博物馆的免费巡游巴士。在光大广场乘车

景点 乔治市

康华利斯堡

Fort Cornwallis

MAP ●剪切地图-31、p.157-H

1786年，英国东印度公司的莱特船长将这里作为东南亚的贸易港口，据说整座城市的建设就是从康华利斯堡开始的。1804年，政府下令由岛上的服刑人员重新对城堡进行了翻新和加固。

开 9:00~19:00 休 无 RM 成人RM3、儿童RM2
交 乔治市有开往康华利斯堡的免费巡游巴士。在光大广场乘车

景点 直落巴巷

热带果园

Tropical Fruit Farm

MAP ●剪切地图-29、p.157-D

1988年正式对外开放的热带果园。果园内总共有140多种水果和热带植物。入园后，乘坐观光车一边听从导游的讲解一边欣赏。果园入口处有餐厅，可以在这里品尝鲜榨果汁。

开 9:00~17:00
休 无
RM 乘车游园：成人RM35、儿童RM28（有导游陪同）
交 从光大广场乘坐101号巴士约20分钟

景点 乔治市郊外

槟城植物园

Penang Botanic Gardens

MAP ●剪切地图-30、p.157-D

植物园占地面积约30公顷，这里生长着几百种色彩鲜艳的热带植物。园内有散步道，走完一圈大约需要半天。

开 5:00~20:00
休 无
RM 免费
交 从光大广场乘坐出租车约20分钟、乘坐10号巴士约40分钟

植物园内经常有野猴和蜥蜴出没

景点 直落巴巷

蝴蝶农场

Butterfly Farm

MAP ●剪切地图-29、p.155-A

蝴蝶农场面积约1500m²，这里总共生活着120多种、4000多只蝴蝶。昆虫博物馆、民间工艺展览也非常值得参观。

开 9:00~18:00
休 无
RM 成人RM27、儿童RM15
交 从光大广场乘坐出租车约40分钟、乘坐101号巴士约50分钟

每天10:00、15:00举行蝴蝶展

景点 直落巴巷

槟城国际公园

Penang National Park

MAP ●剪切地图-29、p.157-D

公园位于槟城岛西北部的直落巴巷，总面积约1300公顷。公园内有湖泊、溪流、无人海岸等景点，共有5条散步道。这里生活着150多种鸟类，还有长尾猴、海龟等野生动物。

开 7:30~18:00
RM 免费（仅需登记）
交 从光大广场乘坐出租车约40分钟、乘坐101号巴士约50分钟
HP www.wildlife.gov.my

重要信息

娘惹文化建筑的代表——侨生博物馆

在世界遗产乔治市的教堂街上，坐落着娘惹文化建筑物的代表——侨生博物馆。娘惹文化诞生于槟城岛，是中国文化和马来西亚文化的结晶。在这栋有着百年历史的侨生博物馆内，展示有上千件娘惹名贵古董和珍藏品，这些藏品大多来自中国。通过眼前的这些珍贵古玩，可以想象当时娘惹富裕阶层的雄厚财力。张弼士故居坐落在滨城大道一侧的莲花河街上。张弼士是客家出身的华人富豪，也是当时非常出名的政治家和外交官。张弼士故居修建于19世纪80年代，里面展示着张弼士曾经用过的奢华物品。

景点

●侨生博物馆
（Pinang Peranakan Mansion） MAP p.157-H
✉ 29,ChurchStreet ☎ 04-264-2929
开 9:30~17:00 休 无 RM RM10

●张弼士故居（酒店）
（Cheong Fatt Tze Mansion） MAP p.157-H
✉ 14LeithStreet ☎ 04-262-0006
开 11:00~15:00（参观时间） 休 无 RM RM12 ※共有38间客房，住宿费RM420~800

美食
就餐指南

槟城岛是东西方文化交融的城市，有着丰富的饮食文化。这里有马来西亚最著名的菜系——娘惹菜，还有中华料理、大排档等各种美食。

国际美食　巴都丁宜

塔玛琳多咖啡厅
Tamarindo Brasserie

英　MAP ●剪切地图-30、p.155-A

位于槟城皇家公园内的休闲咖啡屋，装饰偏现代风格。位于海滩附近，可以在咖啡屋内边喝咖啡边欣赏海景。咖啡厅为客人提供咖啡、比萨、汉堡、当地特色菜等可口佳肴。

✉Batu Ferringhi
☎04-881-1133
内线8212
营6:00~24:00
休无

海鲜料理　巴都丁宜

丁宜海鲜屋
Ferringhi Grill

英 预　MAP ●剪切地图-30、p.155-B

位于巴都丁宜地区唯一的度假村——拉沙沙央假日酒店内，是一家欧式风格的餐厅。2006年，拉沙沙央假日酒店重新装修，海鲜屋也经过整顿后重新开始营业。用餐的同时可以欣赏到海岸美景。海鲜屋内还设有古堡风格的包间。来自法国的大厨擅长烹饪龙虾，配合葡萄酒享用再合适不过。

✉Rasa Sayang Resort & Spa,Rasa Wing,2ndFloor Mezzanine Level
☎04-888-8888
营18:30~22:30
休无

海鲜料理　巴都丁宜

黄金海鲜村
Golden Thai Seafood Village

英 预　MAP ●剪切地图-30、p.155-A

黄金海鲜村是巴都丁宜地区最大的海鲜餐厅。餐厅门口摆放着几个大大的水槽，水槽里面有各种生猛海鲜，食客在这里挑选食材后由后厨直接烹饪。除了海鲜料理外，还有泰国菜、川菜、粤菜等菜系。每天晚上会举行娘惹文化秀（20:30~21:30）。

✉69A,Batu Ferringhi
☎04-881-1362
HP www.goldenthai.com.my
营11:00~24:00
休无

西餐　巴都丁宜

船餐厅
The Ship

英 预　MAP ●剪切地图-30、p.155-A

餐厅的外观是一只抛锚靠岸的巨型船只，内部装饰也是船舱内的模样。食客可以从甲板或船舱内欣赏大海。招牌菜是龙虾和牛排。

✉69-B,Jl. Batu Ferringhi
☎04-881-2142
营12:00至翌日1:00
休无
◆澳洲牛排套餐RM42.90

英 提供英语服务　中 提供中文服务　预 可接受预约

马来料理&海鲜料理 巴都丁宜

酒吧烧烤屋
Sigi's Bar&Grill

英 MAP ●剪切地图-30、p.155-B

位于金沙滩度假村的中庭内，是一家西式酒吧兼烧烤屋。提供比萨、牛排、烤肉串等美食。在露天座席可以欣赏海滩风光。平日里食客很多，建议提前预约。

✉The GOLDEN SANDS RESORT G FLOOR
☎04-886-1852
营11:00~24:00
休无
◆海鲜意大利面RM38、自助烤肉RM85

多国料理 乔治市

唐人厝
China House

英 预 MAP p.157-H

该餐厅位于唐人街的一角，坐落在金伯利大街上。餐厅看上去并不太起眼，门口的招牌也不大，像是普普通通的餐馆。但是，这里却有着马来西亚顶级美食之一——蒸汽船火锅（马来西亚海鲜火锅），在当地几乎无人不知、无人不晓。

✉153 & 155, Jl. Pantai and 183B Lebuh Victoria
☎04-263-7299
营9:00~23:00 休无
◆蒸汽船火锅2人餐RM30

海鲜料理 直落巴巷

世界尽头餐厅
End of the World Restaurant

英 预 MAP ●剪切地图-29、p.155-A

渔港附近的平民海鲜餐馆。这里的海鲜食材都是直接从码头或海鲜市场上购买的。菜肴价格会根据食材价格有所变动。龙虾100克约RM23。人均消费RM40~60。

✉486, Mukim 2 Abbas, Teluk Bahang
☎04-885-1189
营12:30~23:00
休无

西式料理 乔治市

32餐厅
Thirty Two Restaurant

英 预 MAP p.157-G

餐厅是科洛尼亚风格，在店内用餐的同时可以眺望到大海。主要菜品是意大利料理和法国料理，且每周会定期推出新菜品。午餐套餐RM26、晚餐套餐RM48。周五和周六晚上有酒会和爵士乐表演。

✉32, The Mansion, Jl. Sultan Ahmad Shah
☎04-262-2232
营12:00~14:30、19:00~22:30
（酒会17:00至翌日1:00，周五、周六至翌日2:00）
休无
◆BBQ烤鸡RM80

西式料理 乔治市

胡同餐厅
The Alley

英 MAP p.157-H

位于观音寺的后面，由一座古老的民宅改建而成，是一个别有情趣的西式咖啡厅。店内提供可口的咖啡和各种西式餐点。有免费Wi-Fi，是一处非常不错的歇脚处。

✉5, Lorong Stewart
☎04-261-3879
营12:00~24:00
休无
◆冰咖啡RM8

日本料理 乔治市

雾岛
Kirishima

英 中 预 MAP p.157-G

位于城市酒店一楼，由一对日本夫妇经营。店内食材都是从日本空运来的，有寿司、生鱼片、锅仔等，几乎涵盖了全部日本料理，平日里有很多日本客人。这里的芋烧酒和清酒产自宫崎县，味道很不错。

✉66,Penang Road
☎04-370-0108
营12:00~14:30、18:00~22:00
休无
◆天妇罗拼盘RM22、雾岛刺身拼盘RM200（3人份）

英 提供英语服务 中 提供中文服务 预 可接受预约

海鲜料理 直落巴巷

泰通海鲜餐厅 Tai Tong Seafood

英 预 MAP ●剪切地图-29、p.155-A

位于槟城岛西北部的渔村直落巴巷内。食材全部是当日新鲜海产品，在当地备受好评。餐厅门口的水槽中有大虾、螃蟹、乌贼、鱼贝类等海产品。有蒸、炒、炸等多种烹饪方法，还有美味酱汁。

🖂4 Jalan Hassan Abas, Teluk Bahang
☎04-885-1693
营12:00~14:30、16:00~22:00
◆人均消费RM50~70（3~4盘菜肴）

西餐 乔治市

大母鸡 The Big Fat Hen

英 预 MAP p.157-G

大母鸡连锁餐厅在马来西亚的第三家分店。店内主要经营西餐和鸡尾酒。周末21:00~23:00在二楼大厅有演出。

🖂9, Jalan Bawasah
☎17-537-7375
营周一到周五12:00~24:00（周六、周日、节假日至翌日1:00）
休无
◆晚餐套餐RM36~

中国料理 新关仔角

金门 Golden Gate

MAP p.156-B

当地人气很旺的中国餐馆，周末去就餐甚至需要提前预约。菜单配有图片，一看即懂，就算看不懂菜名也不影响点菜。店内菜肴以海产品、蔬菜为主，注重食补和营养均衡。

🖂77, Cantoment Road
☎04-226-1361
营18:00~22:30
休无

马来菜系 乔治市

槟榔律驰名潮州煎蕊 Kafe Penang Road Famous Teochew Chendul (Komtar Walk)

英 MAP p.157-G

位于光大大街。煎蕊是一种地道的大马甜品，将绿豆磨成粉制成柔软的粉条，配上红豆、椰奶，再加一勺刨冰，非常美味。该甜品源于潮州，故称之为潮州煎蕊。

🖂21, Komtar Walk, Jalan Penang 10000,Georgetown
☎012-4808135
营10:30~19:00（周六、周日10:00~）
◆潮州煎蕊RM5.50

海鲜料理 新关仔角

东方海鲜城 Oriental Seafood

英 预 MAP p.156-A

位于新关仔角环岛附近。在店内的水槽中选择喜欢的食材，然后交给厨师烹饪。东方海鲜城建在海边，客人能够一边吹着海风一边享用美食。

🖂42,Gurney Drive
☎04-890-4500
营11:00~23:30
休无

海鲜料理 新关仔角

77餐厅 77 Restaurant

英 预 MAP p.156-B

位于新关仔角海滩大道的海鲜餐馆。这里的招牌菜肴是鱼香咖喱。水煮鱼分量很大，可供多人同时品尝。

🖂77-D,Gurney Drive
☎04-227-9086
营11:00~22:00
休无
◆油焖大虾RM35~、鱼香咖喱RM39~

尽享槟城岛大排档里的美味

加享之旅

大排档是马来西亚饮食文化中非常独特的一种形式。上流人士通常到高档的餐厅用餐，而马来西亚的老百姓更习惯于在大排档大快朵颐。在大排档街区，经常可以看到外国游客的身影。一到晚上，各街区的大排档纷纷涌现，热闹非凡。

叻沙
Laksa

叻沙是一种东南亚特色小吃，将米粉配以多种佐料食用，是槟城岛大排档最出名的特色小吃。米粉口感劲道，以辛辣味为主。一碗RM2.50左右。

Check !

福建面

槟城岛的特色面食，也叫作福建虾面。将虾头熬制的汤浇在面上，再加上各种配菜食用。RM3左右。

马来炒饭
Nasi Goreng

印度尼西亚和马来西亚的特色炒饭。配菜和口味因店而异，一般都加入鸡蛋。一盘RM2.50左右。

叁巴辣椒鱿鱼
Sanbal Sotong

将鱿鱼切成小块，加入辣椒炒制而成。炒好的鱿鱼辣汁通红，勾人食欲。一盘RM6左右。

伊斯兰炸肉丸
Roja Pasumber

将蟹肉、虾肉、鱼肉搅拌成泥状余成丸子炸制而成。炸好之后蘸着辣椒汁吃。是传统的伊斯兰小吃。3份RM20~30。

八宝冰
Ais Kacang

将甜汁均匀地倒在刨冰上，并撒上香蕉、番木瓜等新鲜果肉食用，是非常美味的一道特色甜品。一杯RM1.50左右。

甘蔗汁
Sugar Cane Juice

纯天然甘蔗汁。将一段甘蔗去皮之后放入榨汁机中，不一会儿就做出一杯新鲜的甘蔗汁。一杯RM1.20左右。

沙爹
Satay

马来风味烤串。把肉串提前放在甜酱汁中腌制好，在木炭上烤熟后食用。有鸡肉串、牛肉串、羊肉串和兔肉串等。每串RM0.60左右。

新世界公园
New World Park MAP p.157-G

明亮整洁的大排档一条街

位于槟城车水路，于2007年10月正式开业。整条街收拾得非常干净，让人吃着放心。旁边有几家餐厅和酒吧，可以欣赏音乐表演。

New World Park 102, Jl.Burmah
营 11:00~23:00

新关仔角
Gurney Drive MAP p.156-A 剪切地图-31

槟城岛人气最旺的大排档

一提到大排档，很多马来人首先想到的就是这里。毗邻购物商厦，在逛街之余可以顺道来饱一下口福。大排档规模庞大，到处是餐馆、路边摊。晚上更加热闹。

Gurney Drive
营 18:00~23:00 休 无

长圆美食中心
Long Beach MAP p.155-A 剪切地图-30

巴都丁宜最火的大排档

位于巴都丁宜闹市区。在这里几乎可以找到各种口味、各种类型的美食小吃。当地人很喜欢到这里来。

Jl.Batu Ferringhi 营 18:00至翌日1:00
休 无

槟城岛大排档地图

银行街美食中心
Sri Weld Food Court　MAP p.157–H

码头处的美食集中地

位于槟城大街的大型美食广场，距离钟塔仅5分钟的路程。道路两边全部是密密麻麻的大排档。餐桌上方有屋檐或雨棚遮挡，即使下雨也不用担心。很多人在这里吃早点。

📧19,Lebuh Pantai　营7:00~24:00（周日、每月第一个周六、节假日19:00~）　休无

红圆美食街
Red Garden Food Pradise　MAP p.157–H

平民大排档

位于槟城大街旁边的莱特街上。大排档一直营业到深夜，晚上还会有歌手前来唱歌助兴。从槟城大街对面的停车场进入。

📧Lebuh Leith　营18:00至翌日1:00
休无

诺瑟姆海滩咖啡馆
Northam Beach Cafe　MAP p.157–C

各国料理荟萃

位于诺瑟姆套房酒店对面。在这里不仅可以品尝到美味海鲜、当地美食，还可以吃到意大利料理、法国料理、日本寿司和煎饺等各国料理。

📧Jalan Sultan Ahamd Shah　营18:00~24:00
休无

松花江餐厅
Kedai Makanan Song River　MAP p.156–B

消夜首选

位于从长荣桂冠酒店前往新关仔角的路途中，距离长荣桂冠酒店大约3分钟的路程。这里的大排档一直营业到很晚。

📧Persiaran Gurney　营8:00~23:00
休无

槟城岛

购物

商店指南

无论是珠宝首饰、白镴制品等名贵商品，还是民族工艺品、药膳食材等生活百货都可以在槟城岛买到。选购礼品的话建议到购物商厦，这里有红茶、当地特产等平价商品。

民族工艺品　直落巴巷

蜡染作坊 Craft Batik

英　MAP ●剪切地图-29、p.155-A

位于直落巴巷路口处的民族工艺品店。店内主要出售蜡染商品，还有衬衫、连衣裙等各种服装以及项链、吊坠、围巾等装饰品。这里的商品设计新颖，款式齐全，是挑选礼物的好地方。商店后面就是蜡染作坊，可以参观蜡染的制作流程。

☒669,Mk.2, Teluk Bahang
☎04-885-1302
营 蜡染商店・作坊
休 无（作坊周日休息）

特产商店　乔治市

吉姆服饰 Kim Fashion

英 中　MAP p.156-A

槟城岛的传统刺绣服饰店。服装上的精美图案都是手工刺绣，非常珍贵。马来西亚的首相夫人经常光顾这里。除了服装之外，店里还出售一些精美的小饰品。

☒170-4-77 Plaza Gurney ☎04-226-6110
营 10:30~21:30 休 无 ◆手工刺绣服饰RM290~

锡制品　乔治市

皇家雪兰莪锡器商店 Royal Selangor

英 中　MAP ●剪切地图-31、p.155-B

这里的锡制品纯度高达97%，设计新颖、打磨光滑，具有极高的观赏性和艺术性。该锡器店是和锡器工厂连在一起的，在工厂可以参观锡器制作过程。店员亲切热情。

☒3A-G-1 & 3A-1-30, Straits Quay, Jalan Seri Tanjung ☎04-891-2018 HP royalselangor.com
营 10:00~22:30 休 无 ◆锡制酒杯RM190

民族工艺品　巴都丁宜

亚弘艺术画廊 Yahong Art Gallery

英 中　MAP ●剪切地图-30、p.155-A

位于巴都丁宜海滩附近。一层展示并出售马来西亚的锡制品、中国的景泰蓝和古董以及印度尼西亚的工艺品等。二层是画廊，展出了马来西亚最有名的蜡染艺术家——Chuan Thean Teng及其父亲和弟弟的绘画作品。Chuan Thean Teng的父亲是蜡染艺术的领军人物，在全世界享有很高的知名度。

☒58-D,Batu Ferringhi Road
☎04-881-1251
营 10:00~21:00
休 周日

珠宝饰品

乔治市

鸿叶珠宝店

Hong Giap

英 中

MAP p.157-G

位于槟城大街和车水路交叉处的天桥旁边，是槟城岛比较有名的珠宝首饰店。商店为科洛尼亚风格建筑，于1953年正式营业，至今已有半个多世纪的历史。店内除了有马来西亚锡纸工艺品、蜡染工艺品之外，还有金银首饰、珠宝、木雕等东南亚各国的珍贵饰品，金银珠宝多到数不清，好像藏宝阁一样。商店内既有古典韵味又有现代时尚气息。

✉308-312, Penang Road
☎04-262-5092/261-5129
营10:00~19:15
（周日11:00~16:00）
休无

古董店

乔治市

帕尔古董店

Pearl Island Collection

MAP p.156-A

位于关仔角广场4楼，主要出售中国和越南的古董、礼品、首饰等。越南女性的披肩、凉鞋是人气商品。中国古典装饰品、陶瓷器皿、红木椅子也是热卖品。

✉170-04-78 Plaza Guerney
☎04-226-6960
营10:30~21:30
休无

街角一览

仍在使用中的殖民地时代民宅

英国统治时期曾在这里修建了许多长屋，这些古老的民宅内至今仍然有人居住。长屋一楼是商铺，二楼是起居室。这些长屋首尾相连，形成一大片长屋群。这些民宅距今已有100多年的历史。

购物商场

乔治市

槟城光大大厦

Komtar

MAP ●剪切地图-38、p.157-G

光大大厦是槟城岛的标志性建筑，在当地有着很高的人气。整座大厦高65层，1~4层是超市和商店，4层以上是写字间。店铺装饰较为古典，看上去很有传统特色。这里的超市是平价超市，著名的日本超市“八佰伴”也在光大大厦开有分店。4楼有一家中华料理餐厅，味道很正宗，可以边吃饭边欣赏街景。

✉Jl. Penang
营10:00~22:00
休无

购物商厦　乔治市

第一大道购物广场 1st Avenue

MAP p.157-G

位于光大大厦旁边。自2010年正式开业以来，各种国际品牌、当地品牌以及精品店纷纷入驻该购物广场，为其增色不少。另外，一些餐厅、咖啡厅也坐落其中，供人们落脚歇息。这里是潮流时尚的发源地。

✉182 Jalan magazine ☎04-261-1121
HP www.1st-avenue-mall.com.my
营 10:00~22:00
休 无

购物商厦　乔治市

槟城时代广场 Penang Times Square

MAP p.157-K

位于光大大厦旁边的柑仔园路上。时代广场内有许多家个性潮流服饰店，是年轻人最爱逛的地方。大厦外面有露天咖啡厅和露天集市，晚上有很多人在这里纳凉消遣。

✉77-4B-1, Jalan Dato' Keramat
☎04-210-9020
HP www.penangtimessquare.com
营 10:00~22:00
休 无

购物商厦　丹戎武雅

海峡港口广场 Straits Quay

MAP ●剪切地图-31、p.155-B

位于丹戎武雅的高级住宅区，是最近几年刚刚兴起的大型购物中心。这里顶级名牌店汇集，还有休闲咖啡厅、餐厅、酒吧等娱乐场所。

✉Jalan Seri Tanjung Pinang Tanjung Tokong
☎04-891-8000
HP www.straitsquay.com/
营 10:00至翌日1:00
休 无

购物商厦　乔治市

关仔角购物广场 Plaza Gurney

MAP p.156-A

位于新关仔角的大型购物中心，是该地区人气最旺的消费场所。海内外休闲服饰品牌店数量位居全岛第一。除了购物店之外，还有唱片店、书店、餐厅、电影院等场所，周末时人流密集。

✉Persiaran Gurney ☎04-222-8111
营 10:00~22:00 休 无

购物商厦　丹戎武雅

海岛广场 Island Plaza

MAP ●剪切地图-31、p.155-B

位于丹戎武雅地区，很多在海滩度假的游客经常光顾。汇集一线品牌，并设有大型平价超市和休闲咖啡厅。

✉118, Jl. Tanjung Tokong
☎04-890-8228
营 10:00~22:00
休 无

购物商厦　峇六拜

皇后湾购物广场 Queensbay Mall

MAP ●剪切地图-45、p.157-D

是槟城大桥附近最高级、规模最大的购物广场。日本的佳世客超市入驻该广场，当地各种品牌商店也汇集于此。从光大大厦有开往皇后湾购物广场的直达巴士。

✉1F-61, Queensbay Mall, 100 Persiaran Bayan Indah
☎04-619-8989
营 10:30~22:30
休 无

槟城岛

美容

SPA与按摩

在人气美容店享受贴心护理。

SPA　巴都丁宜

拉沙沙央度假村SPA美容中心

Chi SPA@Rasa Sayang Resort & Spa

MAP ●剪切地图-30、p.155-B

位于槟城久负盛名的拉沙沙央度假村（p.171）内。绿色植被围绕四周，空气清新，让人心情舒畅。护理手法注重中国传统文化中关于“气”的理念，讲究气血合一。

✉Rasa Sayang Resort & Spa Batu Feringgi Beach
☎04-888-8888
HP www.shangri-la.com
营10:00~22:00　休无
RM全身护理套餐（1小时15分钟）RM330、喜马拉雅温石理疗（2小时15分钟）RM580

SPA　巴都丁宜

圣葛俪理疗

St Gregory Spa

MAP ●剪切地图-30、p.155-A

位于槟城皇家公园度假村内。该美容院在新加坡、中国都开有分店，是亚洲知名的美容连锁店。美容室位于繁花盛开的中庭，开放通透。加入牛奶、蜂蜜的全身护理按摩套餐“热带雨林按摩”是该店的特色服务项目。水流放射式沐浴理疗也很受年轻女性的欢迎。在槟城皇家公园度假村住宿的话还可以享受一定的折扣。

✉Parkroyal Penang　☎04-886-2299
HP www.parkroyalhotels.com　营10:00~20:00　休无
RM甜美之梦理疗（2小时30分钟）RM425、全身护理（3小时30分钟）RM527

SPA　乔治市

德鲁克奥斯美容中心

Deluxcious Spa Cuisine

MAP p.157-G

位于苏丹艾哈迈德莎大街，由一处面积较大的民宅改建而来。有巴厘岛式按摩、芳香理疗、青竹美容护理等特色项目。美容店内还有一家餐厅，大厨烹饪水平一流，注重饮食健康，菜肴少油或无油，不使用任何添加剂，有利于保持肠胃清洁和清除身体内的毒素。

✉17A, Jalan Sultan Ahmad Shah
☎04-261-0288/262-1288
HP www.deluxcioushotel.com.my
营11:00~23:00

SPA　丹戎武雅

仙本娜美容院

Samporna Spa

MAP ●剪切地图-31、p.155-B

位于丹戎武雅地区的彩虹天堂假日酒店（p.174）内。美容院用竹子作为内饰，到处充满着竹香。有巴厘岛式按摩、全身护理、温水浴等服务项目。美容院为顾客提供接送巴士。

✉Paradise Sandy Beach Resort, 527, Jalan Tanjung Bungah
☎04-899-6663/04-899-5663
营11:00~23:00
休无

高尔夫 Golf

槟城岛上有几处不错的高尔夫球场，这些球场价格公道，环境适宜。

●槟城乡村高尔夫俱乐部（Bukit Jambul Country Club）

球场面积很大，设施完善。

✉2 Jl. Bukit Jambul
☎04-644-2255　FAX 04-644-2400
HP www.bjcc.com.my　RM球场费 18洞 平日RM212、周末（最低人数3人）RM318、高尔夫球车RM95.40、球童RM53、保险RM5

MAP ●剪切地图-44、p.157-D

槟城岛

娱乐

夜生活场所

马来西亚有众多虔诚的伊斯兰教徒，他们恪守戒律。但在夜店、KTV、酒吧内经常可以见到游客和上班族的身影。去夜店之前，建议提前打电话确认一下营业时间。

酒吧　　新关仔角

G酒吧

G Lounge

英 预　　MAP p.156-A

位于G酒店一层的开放式酒吧。酒吧非常时尚，具有现代都市气息，酒柜上摆满了啤酒、葡萄酒、鸡尾酒等各种酒水。酒吧内还有现场音乐表演以及爵士乐演奏，在当地有不少的粉丝。

✉168A,Persiaran Gurney
☎04-238-0000
营10:00至翌日1:00
休无

酒吧　　乔治市

海滩酒吧

Beach Blanket Babylon

MAP p.157-G

酒吧建在海滩旁边，在开放式的环境内可以欣赏海边美景。这是一家鸡尾酒酒吧，调酒师可以搭配出多种口味的鸡尾酒。每周日都会举行狂欢派对。除了酒水之外，还提供一些简单小吃。建议不要穿着短裤和拖鞋入内。

✉32, Jalan Sultan Ahmad Shah
☎04-261-0289
营11:30~24:00　休无
＊12:00~20:00是狂欢派对时间，酒水打折（每天）

酒吧　　巴都丁宜

槟城硬石咖啡馆

Hard Rock Café Penang

英　　MAP ●剪切地图-30、p.155-A

酒吧位于硬石酒店内，于2009年正式对外营业。酒吧装饰风格偏摇滚风，多采用大理石和岩石等作为点缀，共有130个座位，在当地算是比较大的酒吧。每天晚上都有音乐表演，也有知名艺人到这里来表演助兴。除了各种酒水之外，还提供各色小吃与午餐、晚餐套餐。

✉Batu Ferringhi Beach
☎04-881-1711
营11:00至翌日2:30
休无

酒吧　　乔治市

法卡酒吧

Farquhar's Bar

MAP p.157-G

位于槟城东方大酒店（p.173）内，共设有50个座位。酒吧采用精致考究的红木作为装饰，尽显高雅气氛。啤酒、鸡尾酒、葡萄酒种类丰富，酒吧内可以吸烟。

✉10 Lebuh Farquhar,Eastern & Oriental Hotel
☎04-222-2000　营11:00~23:00　休无

真情提示

享受槟城岛夜生活时的注意事项

槟城岛的娱乐场所主要集中在两个区域。一个是以巴都丁宜为中心的北部沿海度假村集中区。这里是高级度假酒店比较集中的区域，有多家夜店、酒吧、舞厅等，每到周末的晚上最为热闹。

另一个夜店比较集中的区域是乔治市中心。这一带有很多演艺俱乐部、葡萄酒酒吧等娱乐场所。

乔治市中心的娱乐场所在治安环境、价格等方面都相对占优。但是为防万一，一些鱼龙混杂的夜店还是不去为妙。逛夜店时，一定要保管好自己的随身物品和钱包。

槟城岛

酒店

顶级 · 高档 · 中档

槟城岛的酒店多集中在历史悠久的旅游度假胜地巴都丁宜地区。在历久弥新的乔治市也坐落着很多酒店，能够感受到新旧交融的都市氛围。

高档　　巴都丁宜

湾景国际度假酒店
The Bayview Beach Resort

英 MAP ●剪切地图-30、p.155-A

位于巴都丁宜的最西端。全部客房均带有户外阳台和大大的院落。酒店靠近海滩，可以进行海上运动。美容院、健身房等设施齐全，是五星级的海滨度假酒店。

✉Batu Ferringhi Beach ☎04-881-2123
FAX 04-881-2140 HP www.bayviewhotels.com/beach
RM （S/T）RM305~ 室360
交 广场汽车站乘坐101号巴士约30分钟、乘坐出租车约20分钟

高档　　巴都丁宜

香格里拉拉沙沙央度假村
Shangri-la's Rasa Sayang Resort and SPA

英 中 MAP ●剪切地图-30、p.155-B

槟城岛超一流的度假酒店。酒店为保证各个房间内拥有足够宽敞的空间，从而缩减了客房的数量。客房统一以白色为基调，简洁时尚。度假村内有一家名叫“气”的水疗养生馆，这也是槟城岛第一家以“气”为理念的理疗养生馆。餐厅内可以品尝娘惹美食。

✉Batu Ferringhi Beach
☎04-888-8888
FAX 04-881-1800
HP www.shangri-la.com/jp
RM （S/T）RM770~
室304
交 从光大广场汽车站乘坐101号巴士约30分钟、乘坐出租车约20分钟

高档　　巴都丁宜

槟城金沙度假酒店
The Golden Sands Resort by Shangri-La

英 中 MAP ●剪切地图-30、p.155-B

槟城金沙度假酒店与香格里拉拉沙沙央度假村属于同系列酒店。酒店建在沙滩旁边，共有5个游泳池供大人和儿童嬉水。酒店内的健身馆Starfy's很受欢迎。另外，酒吧烧烤屋（p.162）也是当地人气很旺的餐厅。会员可在同系列酒店享受同等的尊贵服务。

✉Batu Feringgi Beach
☎04-886-1911 FAX 04-881-1880
HP www.shangri-la.com/jp
RM （S/T）RM500~
室387
交 从光大广场汽车站乘坐101号巴士约30分钟、乘坐出租车约20分钟

餐厅　酒吧　游泳池　健身房　浴室　客房服务　英 提供英语服务　中 提供中文服务

高档　巴都丁宜

槟城孤松酒店
Lone Pine Hotel Penang

英　MAP ●剪切地图-30、p.155-A

1948年开业，是巴都丁宜地区第一座科洛尼亚建筑风格的酒店。装饰风格偏现代且不失温馨感，在欧美游客中广受好评。二楼的客房经过重新装修后更加精致优雅、宽敞明亮。绿树围起来的小院子内建有L形游泳池、吊床、马厩，是很好的假日休闲场所。整个酒店已有大半个世纪的历史，其本身也是一处值得欣赏的景点。

✉97 Batu Ferringhi
☎04-886-8686 FAX 04-886-8600
HP www.lonepinehotel.com
RM（S/T）RM880~
室90 交从光大广场汽车站乘坐101号巴士约25分钟、乘坐出租车约20分钟

高档　乔治市

张弼士故居酒店
Cheong Fatt Tze Mansion

英　MAP p.157-H

整座酒店拥有18间不同主题的客房，沿着长长的走廊可到达任意一间客房。走廊在白天和晚上的风格迥异，非常有趣。酒店原本是1880年的建筑，但客房内部摆满了新颖的物件，空间也非常大。入住房客可以免费参观酒店内的古建筑。

✉14, Leith Street ☎04-262-0006 FAX 04-262-5289
HP www.thebluemansion.com.my
RM RM835~ 室18
交从光大广场汽车站乘坐出租车约10分钟到达

高档　巴都丁宜

槟城皇家公园酒店
Parkroyal Hotel Penang

英　MAP ●剪切地图-30、p.155-A

位于巴都丁宜中心地区。米色、淡黄色等暖色调壁纸将客房衬托得更加素雅和温馨。浴室用光滑的大理石铺成，非常奢华。娱乐室内各种设施齐全，并设有幼儿托管所。

✉Batu Ferringhi ☎04-881-1133 FAX 04-881-2233
HP www.parkroyalhotels.com
RM（S/T）RM607~
室309
交从光大广场汽车站乘坐101号巴士约30分钟、乘坐出租车约20分钟

高档　巴都丁宜

槟城假日度假村
Holiday Inn Resort Penang

英 中　MAP ●剪切地图-30、p.155-A

全球大型连锁度假酒店。热情周到的服务和齐全的设施招揽了大批顾客。由海景楼（本馆）和花园楼（新馆）组成。有禁烟室和儿童专用房。

✉72 Batu Ferringhi ☎04-886-6666 FAX 04-881-1389
HP www.holidayinnresorts.com
RM（S/T）RM289~
室350
交从光大广场汽车站乘坐101号巴士约30分钟、乘坐出租车约20分钟

高档　乔治市

槟城贵都大酒店
Hotel Equatorial Penang

英 中　MAP ●剪切地图-44、p.157-D

位于巴都丁宜地区的知名高档酒店。距离槟城国际机场很近，很多商务人士、游客选择在这里住宿。酒店前面是高尔夫球场，可以在空暇时间来打高尔夫球。酒店内有日式料理餐厅“勘八”。

✉1Jl.Bukit Jambul, Bayan Lepas
☎04-632-7000
FAX 04-632-7100
HP www.hotel-equatorial-penang.com
RM（S/T）RM480~
室662
交从机场乘坐出租车10分钟

高档　乔治市

槟城诺瑟姆套房酒店
The Northam All Suite Penang

英　MAP p.156-B

位于苏丹艾哈迈德莎大街的城市酒店。客房内有沙发、办公桌、餐桌等日常生活用具。浴室内有大大的浴缸，可以泡澡。

✉55, Jalan Sultan Ahmad Shah, Georgetown
☎04-370-1111
FAX 04-370-2222
HP www.northam-hotel.com.my
RM（S/T）RM215~
室142
交从光大广场汽车站乘坐105号巴士约10分钟、乘坐出租车约8分钟

餐厅　酒吧　游泳池　健身房　浴室　客房服务　英 提供英语服务　中 提供中文服务

高档 乔治市

槟城东方大酒店
Eastern & Oriental Hotel

英 MAP p.157-G

东方大酒店的全称是“东部和东方大酒店”，有着欧式的庄严感。酒店的创始人为亚美尼亚沙克兄弟。酒店经过重新装修后于2001年正式开业，客房均为带有客厅的套间。每个房间都有专门的管家，为客人提供24小时服务，服务态度热情周到。

10 Lebuh Farquhar
☎04-222-2000
FAX 04-261-6333
HP www.eohotels.com
RM （S/T）RM560~
室 100
交 从光大广场乘坐出租车约10分钟

高档 新关仔角

槟城长荣桂冠酒店
Evergreen Laurel Hotel

英 中 MAP p.156-B

位于新关仔角海滩地区，从这里步行至新关仔角闹市区仅需10分钟。这是当地的一家五星级酒店，客房内配备有各种现代化设施，唯一美中不足的是没有露天阳台。房间内有卫星电视，可以收看、收听到马来西亚国内节目和广播。除此之外，酒店内还设有桑拿室和按摩室。

53, Persiaran Gurney
☎04-226-9988
FAX 04-226-9989
HP www.evergreenlaurelhotelpenang.com
RM （S/T）RM485~
室 367
交 从光大广场汽车站乘坐105号巴士约10分钟

高档 新关仔角

格尼假日酒店
The Gurney Resort Hotel

英 MAP p.156-B

2000年开业的时尚城市酒店。客房空间宽敞，装修风格偏时尚，各种设施齐全。酒店后面有星巴克咖啡厅和休闲餐厅等休憩场所。

18 Persiaran Gurney
☎04-370-7000
FAX 04-370-5000
HP www.gurney-hotel.com.my
RM （S/T）RM261~
室 259
交 从光大广场汽车站乘坐105号巴士约10分钟

高档 乔治市

槟城商贸酒店
Traders Hotel Penang

英 中 MAP p.157-G

槟城商贸酒店毗邻光大广场。作为高档的商务酒店，提供Wi-Fi、免费茶饮等服务，还有大型会议室供客人办公。酒店内部有中国餐厅、法国餐厅等用餐场所。在槟城市区有免费巴士开往香格里拉拉沙沙央度假村和金沙度假村。

Magazine Road
☎04-262-2622
FAX 04-262-6526
HP www.shangri-la.com
RM （S/T）RM450~
室 443
交 从光大广场步行2分钟
◆可以延迟退房。酒店内还设有俱乐部

高档 新关仔角

G酒店
G Hotel

英 MAP p.156-A

2007年开业的城市酒店。位于新关仔角繁华地段，毗邻关仔角购物广场，地理位置优越。酒店大厅铺有木质地板，装饰豪华，客房空间宽敞。

168A Persiaran Gurney, Georgetown
☎04-238-0000
FAX 04-238-0088
HP www.ghotel.com.my
RM （S/T）RM430~
室 312
交 从光大广场汽车站乘坐105号巴士约10分钟、乘坐出租车约8分钟

中档 乔治市

乔治市城市酒店

Georgetown City Hotel

餐厅 酒吧 游泳池 健身房 浴室 客房服务 英 MAP p.156-A

位于美兰园城中城购物大厦内，购物非常方便。27~29层是商务中心，为入住的商务人士提供办公场所和会议设备。附近有很多大排档和路边摊，外出就餐非常方便。

✉ 1-Stop Midlands Park Burmah Road
☎ 04-227-7111
FAX 04-226-7111
HP www.georgetowncityhotel.com
RM （S/T）RM150~
室 320
交 从光大广场汽车站乘坐101号巴士约20分钟

中档 乔治市

湾景酒店

Bayview Hotel

餐厅 游泳池 健身房 客房服务 英 MAP p.157-H

该酒店位于乔治市的西北部。酒店内部干净明亮，配备有游泳池、美容院、健身房等休闲设施。酒店的一楼是咖啡厅和餐厅。游泳池设在酒店的最顶层，在这里可以远眺槟城岛的美丽景色。

✉ 25-A, Farquhar Street
☎ 04-263-3161 FAX 04-263-4124
HP www.bayviewhotels.com/georgetown
RM （S/T）RM240~
室 333
交 从光大广场汽车站乘坐出租车约10分钟

中档 乔治市

槟城城市酒店

Cititel Penang

餐厅 酒吧 健身房 客房服务 英 MAP p.157-G

位于槟城大街的星级酒店，共有16层。从乔治市中心步行至此约10分钟。客房价格公道，并且干净整洁。客房内的卫星电视可以收看国外节目和广播。除此之外，酒店内还有餐厅、酒吧、游泳池、按摩室等。

✉ 66 Jl. Penang
☎ 04-370-1188
FAX 04-370-2288
HP www.cititelpenang.com
RM （S/T）RM355~
室 451
交 从光大广场汽车站乘坐出租车约5分钟

中档 丹戎武雅

天堂沙滩度假酒店

Paradise Sandy Beach Resort

餐厅 酒吧 游泳池 健身房 客房服务 英 中 MAP ●剪切地图-31、p.155-B

位于丹戎武雅繁华街区的公寓式度假酒店。客房全部为海景房，并带有露天阳台。客房内部还设有厨房、会客室，方便长期入住。酒店价格公道，位置绝佳，有很多外国游客入住。

✉ 527Jl.Tanjung Bungah
☎ 04-899-9999
FAX 04-899-0000
HP www.paradisehotel.com
RM （S/T）RM320~
室 310
交 从光大广场汽车站乘坐101号巴士约25分钟

中档 乔治市

槟城皇家酒店

Hotel Royal Penang

餐厅 酒吧 游泳池 健身房 客房服务 英 中 MAP p.157-G

位于乔治市最西端的时尚城市酒店。酒店内建有会员制健身会馆和韩国料理餐厅“秘苑”。酒店内可以免费上网。每周六、周日，酒店的餐厅会推出日式菜品。

✉ 3Jl. Larut
☎ 04-226-7888
FAX 04-226-6615
HP www.hotelroyalpenang.com
RM （S/T）RM208~
室 276
交 从光大广场汽车站乘坐2号、26号、93号巴士约5分钟

中档 乔治市

商业酒店
The Merchant Hotel

英 MAP p.157-G

远离乔治市中心，位置比较偏僻。正因为这里远离闹市，反而吸引了大批喜欢安静的客人入住。酒店的一楼是咖啡厅和KTV，二楼是客房，有总统套房等三种房型可供选择。客房内部空间宽敞，有冰箱、厨房等设施，便于长期住宿。

✉55 Penang Road,Georgetown ☎04-263-2828
FAX04-262-5511 RM（S/T）RM78~ 室68
交从光大广场汽车站乘坐出租车约1分钟

中档 升旗山

贝利弗酒店
Bellevue

英 MAP p.157-D

酒店建在升旗山上，距离地面垂直高度约800米，在酒店的客房内可以欣赏城市全景。该酒店是在东印度公司最鼎盛时期建造的，也算是一栋历史比较久远的建筑。在酒店的餐厅内可以一边用餐一边欣赏夜景。

✉Bukit Bendera ☎04-829-9500 FAX04-829-2052
RM（S/T）RM150~（平日）、RM180（周末） 室12
交从升旗山空中索道乘坐处步行约5分钟

槟城
经济型酒店

如果长期滞留的话，建议选择比较经济实惠的酒店入住。槟城岛的经济型酒店多集中在北侧的乔治市和巴都丁宜地区。

经济型 乔治市

北京酒店
Peking Hotel

英 MAP p.157-G

位于槟城大街一侧，附近有许多大排档和路边摊，方便逛街和用餐。客房内均带有空调，卫浴一体。

✉50-A, Penang Road ☎04-263-6191
RM（S/T）RM80~ 室50

经济型 乔治市

槟城和谐酒店
Tune Hotel Penang

MAP p.157-G

该酒店不但环境优雅而且价格实惠，性价比很高，需要提前在网上预约。客房内空调、浴缸、烘干机、洗衣机等各种设施齐备，还可以免费上网。价格比同等酒店略低。酒店提供烘干机，但需要额外付费。

✉100, Jalan Burmah, Section 15, George Town
☎1300-88-8863/03-2082-5777
（接洽中心）
RM(S/T)RM39~
室258

经济型 丹戎武雅

香港酒店
Hongkong Hotel

英 MAP ●剪切地图-31、p.155-B

客房内部均带有空调、浴缸等设施。是丹戎武雅地区为数不多的价格便宜且规格较高的度假酒店。

✉102,Jl. Tanjung Tokong ☎04-890-8515
FAX04-890-8623 RM（S/T）RM77~ 室22
交从光大广场乘坐101号巴士约15分钟

经济型 乔治市

乔治市酒店
Georgetown Hotel

英 MAP p.157-G

酒店毗邻槟城皇家花园酒店。安全系数较高，住宿环境良好。

✉38 Jalan Larut ☎04-229-6800 FAX04-229-6900
HPwww.georgetownhotelpenang.com RM（S） RM79~（T）RM170~室49 交从光大广场乘坐出租车约5分钟

经济型 乔治市

杭州旅社
Hang Chow Hotel

英 MAP p.157-G

位于乔治市繁华市区。

✉No.511, Lebuh Chulia ☎04-261-0810
RM（S/T）RM50~ 室13 交从光大广场步行约10分钟

静谧大海中的一片绿洲

邦咯岛

Pulau Pangkor

MAP p.131-G

观光小贴士 邦咯岛

乐趣指数		交通手段	
景点	★★···	出租车	★★★★·
自然景观	★★★★·	自行车	★★★··

交通方式

渡轮■红土坎→邦咯村（约30分钟，6:45~20:30每隔30分钟发船，往返船票：成人RM10、儿童RM5）红土坎→绿中海度假村（约40分钟，7:15~19:00发船6次，往返船票：成人RM19、儿童RM13）红土坎→直落达拉姆度假村（约15分钟，9:00、13:00、15:00、16:30、20:00准时发船，往返船票：成人RM160、儿童RM80，在红土坎南部的码头乘船）

※从吉隆坡前往红土坎可以乘坐巴士。（参考：单程车票RM24.60、每天发车6次）

旅游咨询处■红土坎旅游信息咨询中心

✉Jl.Sultan Idris shah ☎05-683-4057

开9:00~17:30 休无

邦咯岛上的出租车

观光导览

邦咯岛面积并不大，但是岛上地形复杂，徒步观光会比较吃力，所以建议搭乘出租车或租赁一辆自行车作为代步工具。租赁自行车按天计费，费用约为RM40~/天。邦咯岛的中心是邦咯村，这里人流较密集，交通比较拥堵，骑车或开车时请务必注意交通安全。乘坐出租车可以打表计价，也可以跟司机议价。从邦咯岛最北端的邦咯村海滩度假村打车前往邦咯后海滩，单程约需花费RM20、往返车费大约RM30（每部）。如果第二天需要再次乘车的话，可以跟司机约好时间，直接到酒店门口来接。凌晨至早晨八点这一时间段乘坐出租车要额外加收服务费。

渔岛上的收获

邦咯岛 游玩指南

MAP p.176

令人心旷神怡的邦咯岛海滩

在邦咯岛的西北部沿岸地区，坐落着几个大型美丽海滩。这些海滩毗邻大海，与岛上的茂密丛林相连。海滩上有许多造型独特、千奇百怪的海礁，这是海水长年累月冲刷的结果。这些海滩中最有名的当属白沙滩。每逢周末以及假期期间，白沙滩上就挤满了度假的人群，熙熙攘攘好不热闹。旅游淡季时人员稀少，反而凸显出另一种宁静之美。白沙滩适合进行水上摩托艇、香蕉船等海上运动。

位于邦咯岛西侧的邦咯后海滩是岛上最狭长、最美丽的海滩。邦咯后海滩距离闹市区非常近，很多当地的年轻人喜欢到这里度假。

位于邦咯村海鲜度假村前的金沙海滩是一片私人海滩，这里有着迷人的景色和细腻的白沙，可以欣赏到令人动容的黄昏落日景象。不同的海滩带给人不一样的感受和体验。

景点 观光

碑文岩

Batu Bersurat

MAP p.176

位于海岸公路旁、荷兰古堡附近。这座巨型岩石长约10米，宽约4.3米，上面雕刻着图画和碑文。岩石上刻有孩童被老虎吃掉的画面和“1743”“Carlo”“VOC”等字样。据说，荷兰古堡重建时期，荷兰高官的孩子被反对党派诱至丛林深处，不幸葬身于虎口。

景点 观光

荷兰古堡

Kota Belanda

MAP p.176

当年荷兰统治者在霹雳州开采了大量的锡矿，为了储藏这些珍贵的矿产，当时的荷兰统治者修建了这座古堡，用以保卫锡矿矿藏。殖民统治时期，古堡曾多次遭到破坏，之后经过大力修缮，并于1714年进行了重建。

交 从邦咯村乘坐出租车约5分钟

寺院 观光

福灵宫

Foo Lin Kong

MAP p.176

福灵宫坐落于华人聚集的皮南布萨尔村，是一处中国寺院。寺院装修华丽，内部有一个漂亮的院子，院子里面建有中国万里长城的模型，寄托了华人对祖国的牵挂。

交 从邦咯村步行约10分钟

重要信息

美味的下酒菜——沙爹鱼

邦咯岛四面环海，海洋渔业发达。渔民将捕获的小鱼晒干后，制作成美味的小吃——沙爹鱼。沙爹鱼带有一点辣味，吃起来嚼劲十足，是非常美味的下酒菜。沙爹鱼有散装的，也有成袋包装的，在邦咯岛的街头商铺或大型超市都可以买到。

顶级 酒店

绿中海度假村

Pangkor Laut Resort

英 中 MAP p.176

位于邦咯岛最西侧的小岛——绿中海岛上的度假村。绿中海小岛曾有长达99年的殖民统治历史。岛上的客房分布在珊瑚湾和皇家海湾两个区域，有水上木屋、海景房、山景房等五种类型可供选择。度假村还拥有2个室外游泳池、1个高级美容院和4个餐厅。

位于绿中海小岛北部的豪华度假别墅设有私人阳台、健身房，并配有男管家，为入住房客提供24小时全方位服务。入住别墅区消费较高，入住三天就需要花费约60 000元人民币，但绝对物有所值，高额的消费将带给客人梦幻般的住宿体验。

Pangkor Laut Resort
05-699-1100
FAX 05-699-1200
HP www.pangkorlautresort.com
RM （S/T）US$350~
室 143　预 ⑳
交 从红土坎南部的新码头乘坐轮渡约15分钟

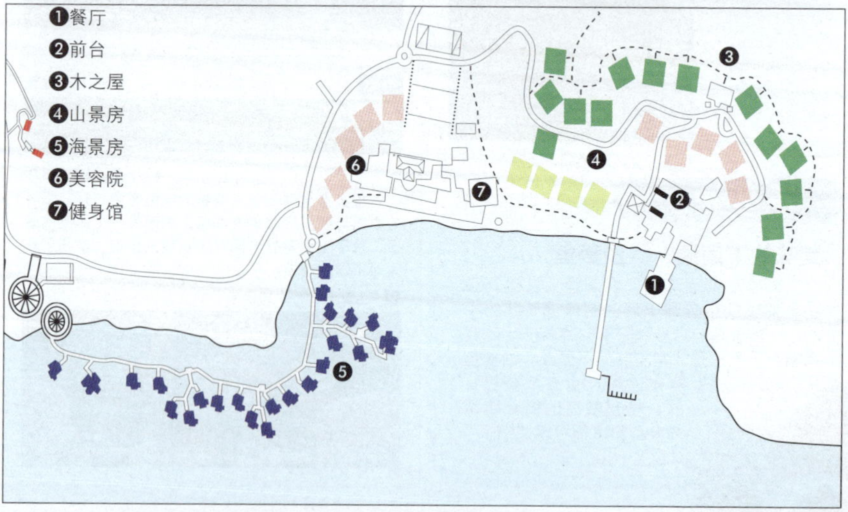

高档　　酒店

特拉克达拉姆酒店

Teluk Dalam Resort

英　MAP p.176

位于邦咯岛北部的特拉克达拉姆海滩附近。酒店建在山丘之上，庭院内花草簇拥，红色的屋顶在浓郁的绿色中分外醒目。全部客房都有露天阳台，可以感受大自然的气息。

Teluk Dalam Resort
05-685-5000
FAX 05-685-4000
HP www.tdr.com.my
RM （S/T）RM300~
室 140
交 从邦咯村乘坐出租车约15分钟

高档　　酒店

珊瑚湾度假村

Coral Bay Resort Pangkor

英　MAP p.176

珊瑚湾度假村位于邦咯后海滩，于1998年正式开业。客房大楼围绕中庭的游泳池而建，是时尚的现代化公寓式酒店，适合家庭入住。

Lot 34,Pasir Bogak
05-685-5111　FAX 05-685-5666
HP www.pangkorcoralbay.com.my
RM （S/T）RM160~（平日）RM190~（周末、节假日前夜）
室 142（公寓式客房70）
交 从邦咯村乘坐出租车约5分钟

高档　　酒店

普陀利巴尤海滩度假村

Puteri Bayu Beach Resort

英　MAP p.176

酒店位置较好，可以眺望邦咯岛全景。酒店的花园内栽种着热带花草绿植，在花园房里可以观赏美丽的植物。客房布置简洁，空间宽敞。

Pantai Pasir Bogak
05-685-1929/1035
FAX 05-685-1050
RM （S/T）RM140~（周末、节假日前夜RM200~）
室 130
交 从邦咯村乘坐出租车约5分钟

中档　　酒店

地平线旅馆

Horizon Inn

英　MAP p.176

距离直落尼巴海滩仅几步之遥。酒店是马来西亚传统风格建筑，外观比较朴素。二楼以上是客房，客房带有露天阳台。

Lot 4438, Teluk Nipah
05-685-3399
FAX 05-685-3339
RM （S/T）RM90~（平日）RM110~（周末、节假日前夜）
室 16
交 从邦咯村乘坐出租车约10分钟

重要信息

谨防野猴登堂入室

在邦咯岛、兰卡威岛的旅社、宾馆乃至高档酒店入住时，最担心的不是安全问题，而是野猴登堂入室的麻烦。特别是在丛林中的旅馆住宿时，常常会出现晾晒在阳台的衣物不见了、整理好的行李被翻得乱七八糟的情况，这些都是野猴入室后的破坏行为。有时它们甚至会做出一些伤害人类的举动。所以，建议出门前一定要锁好门窗并将衣服收进屋子里。

餐厅　酒吧　游泳池　健身房　浴室　客房服务　英 提供英语服务　中 提供中文服务

历史悠久的粮仓之都

亚罗士打

Alor Setar

MAP p.130-A

观光小贴士

亚罗士打

乐趣指数		交通手段	
景点	★★★··	出租车	★★★★·
自然景观	★★···	步行	★★···

交通方式

飞机■吉隆坡→苏丹・阿卜杜勒・哈利姆机场 〖马来西亚航空〗：约55分钟，每天有2~3次直达航班，单程机票RM53~443；〖亚洲航空〗：飞行时间约1小时，每天有2次直达航班，单程机票RM49~119；〖Fire Fly航空〗：飞行时间约1小时10分钟，每天有2次直达航班，单程机票RM78~223

火车■吉隆坡→亚罗士打（乘坐Senandung Langkawi号快速列车约10小时到达，单程车票：卧铺一等铺RM129~、二等铺RM45~）

巴士■吉隆坡（富都汽车站）→亚罗士打（参考：单程票价RM40，每天发车6次）

出租车■机场→市区（约20分钟，RM25）

旅游咨询处■旅游信息咨询中心

☎04-730-1322 开8:00~17:00 休 周五、周六

航空公司■马来西亚航空 ☎1-300-88-3000

亚洲航空 HP www.airasia.com

Fire Fly航空 ☎03-7845-4543

观光导览

亚罗士打是吉打州的首府，这里拥有大片的农耕区。亚罗士打曾是马来西亚历史上繁华的都城，也是马来西亚前总理马哈蒂尔・穆罕默德和第一任首相端姑・阿卜杜勒・拉赫曼的出生地。马哈蒂尔的故居位于城市南部，有兴趣的游客可以乘坐巴士前去参观。马来西亚王室专用的皇家大礼堂、美丽的八角形建筑物皇家乐队馆等观光景点大多集中在亚罗士打广场周边，可以步行前往参观。其他的景点距离较远，打车来回约需1小时。天气不错的话，可以登上高165.5米的亚罗士打塔，在瞭望台上欣赏亚罗士打的街景。

清真寺 观光

查希回教堂

Zahir Mosque

MAP p.180

查希回教堂于1912年建成，是马来西亚最大、最壮丽的伊斯兰建筑之一。回教堂由许多支柱和拱门构成，是典型的摩尔式建筑。

交 从亚罗士打火车站步行约15分钟

从亚罗士打火车站步行约15分钟

博物馆 观光

王宫博物馆
Muzium Diraja & Negeri Kedah Darul Aman

MAP p.180

博物馆的前身是一座旧王宫，建于1753年。馆内的绝大部分展品是历代吉打州苏丹收藏的珍奇珠宝和亚罗士打的历史影像资料。博物馆内还摆放有重现1904年皇室婚礼情景的模型，再现了当时的皇室婚礼场面。

☎04-733-1162 开10:00~17:00 休无 RM免费
交从亚罗士打火车站步行约15分钟

景点 观光

马哈蒂尔故居
The Birthplace of Tun Dr.Mahathir

MAP p.180

马哈蒂尔故居是一座独栋木制小屋，优雅恬静。屋内陈列着马来西亚前首相马哈蒂尔的族谱、家人照片，以及家具、餐具等生活物品。

☎04-772-2301 开10:00~17:00（周五12:00~15:00做礼拜期间闭馆）休周一 RM免费 交从亚罗士打火车站乘坐出租车约5分钟

博物馆 观光

吉打州博物馆
The State Museum

MAP p.180

位于独立公园的正对面。一楼展示各种动物标本，二楼展示生活用品、武器、陶瓷器皿、农业渔业的微型立体模型等。旁边的新馆展示有大量近郊出土的文物。

☎04-733-1162 开9:00~17:00 休无 RM免费
交从亚罗士打火车站乘坐出租车约30分钟

寺院 观光

尼可罗塔南佛寺
Wat Nikrodharam

MAP p.180

尼可罗塔南佛寺是一座佛教寺院，位于亚罗士打塔的东面。正殿的三面墙壁上挂着13幅油画，记述了释迦牟尼的一生。

交从亚罗士打火车站乘坐出租车约10分钟

高档 酒店

亚罗士打假日别墅酒店
Holiday Villa Hotel & Suites Alor Setar

英 MAP p.180

位于亚罗士打火车站附近，交通便利。距离购物中心非常近，外出购物非常方便。客房内部有保险箱。

✉Lot162/163,Jl.Tunku Ibrahim ☎04-734-9999 FAX04-734-1199 HPwww.holidayvillaalorstar.com RM(S/T) RM210~ 室155 交从亚罗士打火车站步行约5分钟

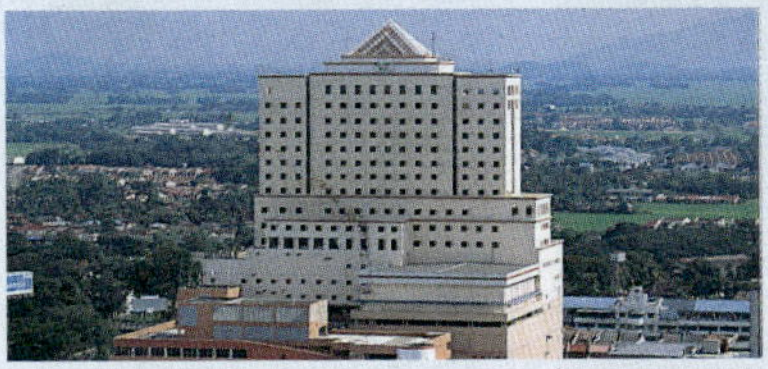

中档 酒店

摄政阿罗星辰酒店
Regency Alor Setar

英 MAP p.180

不久前酒店管理层人事变动，酒店也在经过重新装修之后正式对外营业。酒店内各种设备完善，可以免费上网。

✉Lot134-141,Jl.Sultan Badlishah ☎04-733-5917 FAX04-733-5161 HPwww.aor.theregency.com.my RM(S/T) RM170~ 室135
交从亚罗士打火车站步行约10分钟

餐厅 酒吧 游泳池 健身房 浴室 客房服务 英提供英语服务 中提供中文服务

时间悄然流逝的“永恒之城街”
太平
Taiping

MAP p.130-D

观光小贴士
太平

乐趣指数		交通手段	
景点	★★★··	出租车	★★★★·
自然景观	★★★··	步行	★★···

交通方式

火车■吉隆坡→太平（乘坐快速列车约5小时到达，单程车票：一等座RM53、二等座RM28、三等座RM14）

巴士■吉隆坡（富都汽车站）→太平（约3小时30分钟，每天发车6次，单程车票RM24.60）

出租车■吉隆坡→太平市区（约5小时到达，花费RM500）

※每辆出租车可乘坐4人

旅游咨询处■旅游信息咨询中心（TVIC）

✉Menara Jam, J. K. R. 355, Jl. Kota
☎05-805-3245
开10:00~17:00　休周一（除节假日）

观光导览

太平的寓意为长治久安。19世纪后期在这里发现了大量的锡矿，城市得以迅速发展。城中至今仍保留着殖民风格的大楼和中式街道。大多数酒店、银行、餐厅位于市中心哥打路和市场周边。太平市的标志性建筑钟塔位于观景酒店旁边，旅游咨询处位于酒店内。太平市面积较小，但主要景点却比较分散。湖滨公园（太平湖景园）、太平动物园、霹雳博物馆等景点大都位于郊区，建议乘坐出租车前往（单程RM10左右）。太平山海拔1035米，坐落于道路崎岖的郊外，从太平市中心乘车约1小时到达，建议租一辆越野车前往。

景点　观光

太平湖景园/湖滨公园
Taman Tasik/Lake Garden

MAP p.182

太平湖景园面积约66公顷，曾经是锡矿采掘场，后经改建成为公园。这里也是马来西亚最漂亮的公园之一。公园内鲜花盛开、草木翠绿，道路两旁的树木与人工湖相映成趣。

交 从太平火车站乘坐出租车约5分钟

位于太平市中心东侧的太平湖景园

景点　　观光

太平夜间野生动物园
Zoo Taiping & Night Safari

MAP p.182

位于太平湖景园北面，是马来西亚最早建成的动物园。这里生活着马来虎、大猩猩等180余种亚非动物。亚热带飞鸟、植物也很有观赏价值。

开 8:30~18:00
RM 成人RM16、儿童RM8
HP http://www.zootaiping.gov.my
◆周六、节假日至24:00、成人RM16、儿童RM10

有很多爱好摄影的人来给动物拍照

博物馆　　观光

霹雳州博物馆
Perak Museum

MAP p.182

博物馆内展示有霹雳州和马来西亚其他地区出土的文物、民族工艺品、动物标本等。

开 9:00~18:00　休 无
RM 成人RM2、儿童免费
交 从太平火车站乘坐出租车约5分钟

博物馆内的经典老爷车、飞机模型

景点　　观光

太平山
Bukit Larut

MAP p.182

太平山海拔1035米，禁止外来车辆入内，需要在山下乘坐专门的越野车登山。天气好的话，站在山顶可以眺望到远处的海岸线。

交 从太平山湖景园乘坐越野车约30分钟
※可以在当地各旅行社、代理机构预约

风景秀丽的秀美山峰

中档　　酒店

莱金假日酒店
Legend Inn

英　MAP p.182

太平市最高规格的酒店。位于太平汽车站对面，交通便利。

✉ No.2,Jl. Long Jaafar　☎ 05-806-0000　FAX 05-806-6666　HP www.legendinn.com　RM（S/T）RM93~　室 88　交 从太平火车站乘坐出租车约10分钟

中档　　酒店

弗莱明顿酒店
Flemington Hotel

英　MAP p.182

位于太平湖景园对面。装修简洁大方，各种现代化设施齐备。酒店的最顶层建有楼顶露天泳池。

✉ No.1, Jalan Samanea Saman　☎ 05-820-7777　HP www.flemingtonhotel.com.my　RM RM138~　室 116　交 从太平火车站乘坐出租车约25分钟

中档　　酒店

马来西亚太平酒店
Sri Malaysia Taiping

MAP p.182

距离太平市区较远，毗邻太平野生动物园。

✉ No 4, Jalan Sultan Mansor　☎ 05-806-9502　FAX 05-806-9495　HP www.serimalaysia.com.my　RM（S/T）RM130~　室 50　交 从太平火车站乘坐出租车约20分钟

中档　　酒店

福莱玛宾馆
Hotel Furama

MAP p.182

位于太平湖景园旁边，附近有许多大排档和露天商铺。

✉ No.31 Jalan Peng Loong　☎ 05-807-1077　FAX 05-807-0648　HP www.hotelfurama.com.my　RM（S/T）RM79.90~　室 32　交 从太平火车站乘坐出租车约10分钟

餐厅　酒吧　游泳池　健身房　浴室　客房服务　英 提供英语服务　中 提供中文服务

锡矿矿藏丰富的霹雳州首府

怡保

Ipoh

MAP p.130-D

观光小贴士

怡保

乐趣指数		交通手段	
景点	★★★··	出租车	★★★★·
自然景观	★★★★·	步行	★····

交通方式

火车■吉隆坡→怡保（短途列车每天发车5次，约2小时40分钟，单程车票：二等座RM22、三等座RM12）

巴士■吉隆坡（富都汽车站）→怡保（约2小时30分钟，每天发车11次，单程车票RM17.30）

旅游咨询处■旅游信息咨询中心

✉Jln.Bander ☎05-208-3155

开8:00~17:00 休周六、周日

观光导览

怡保是霹雳州的首府，自古以来就是锡矿的重要产地，如今已是马来西亚的第三大城市，也是马来西亚重要的经济支柱城市。南北走向的近打河流过市中心，将城市分为新城区和老城区，怡保火车站位于新城区的西侧。人民广场、州立清真寺等见证怡保历史发展的古老建筑大多位于怡保火车站前方，商店、酒店等新建筑几乎都集中在新城区。19~20世纪初期的古建筑主要集中在老城区。挑一个风和日丽的日子，在老城区漫步，感受20世纪的氛围。霹雳洞、三宝洞、极乐洞位于郊区，从市区乘坐出租车前往约20分钟 。时间充裕的话，建议租一辆车前往一并参观（车费1小时RM35左右，两个小时足以逛完郊区景点）。

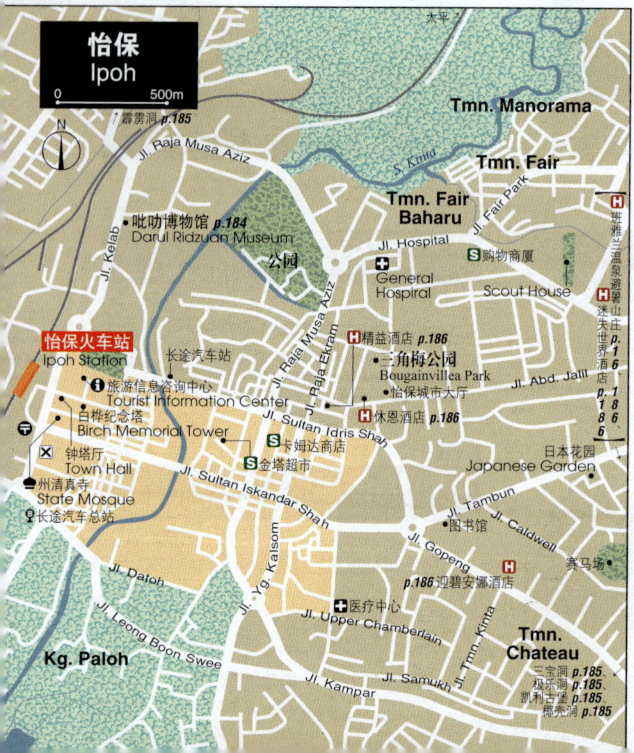

博物馆 观光

吡叻博物馆
Darul Ridzuan Museum

MAP p.184

这里原本是锡矿大亨的豪宅，后来经过改建成为博物馆。博物馆内展示了怡保锡矿的相关资料，并陈列有锡矿开采工具以及日本占领时期的历史照片等。

☎05-242-6906

开9:30~17:00 休无 RM免费

交从怡保火车站步行约10分钟

博物馆内有关于原住民的生活资料

寺院 观光

霹雳洞 Perak Tong

MAP p.184

位于市区以北6公里的洞穴寺院。洞穴正中央有一座大型观音坐像，高度达12.8米。洞穴深处有385级陡峭的石阶，一直通往垂直高度为122米的山顶。

开 9:00~18:00 RM 免费（香火费）
交 从怡保火车站乘坐出租车约20分钟

寺院 观光

三宝洞 Sam Poh Tong

MAP p.184

位于怡保市区以南5公里的岩山脚下，旁边就是极乐洞。洞穴深处有一个龟池。龟常被看作是长生不老的象征。

开 9:00~18:00 RM 免费
交 从怡保火车站乘坐出租车约20分钟

寺院 观光

极乐洞 Kek Lok Tong

MAP p.184

极乐洞修建于1867年，旁边是三宝洞和灵山洞。洞穴中供奉着数尊金身佛像，香台上摆放着香炉和贡品，洞穴内香火缭绕。

☎ 05-3128-1129 开 7:00~18:00 RM 免费
交 从怡保火车站乘坐出租车约20分钟

景点 观光

椰壳洞 Gua Tempurung

MAP p.130-D

位于怡保郊区的钟乳洞窟。据说在战争时期，共产党人为躲避敌人的追捕，长期隐居在这里。椰壳洞是该地区最大的钟乳洞穴，全长数十千米，内部道路蜿蜒复杂，至今仍未探明出口在何处。可以报团体验洞穴探险之旅。有不少爱好探险的人自备照明设施和求生装备到洞穴深处一探究竟。

开 9:00~17:00
RM 洞穴探险RM6~22
※根据探险路线不同，价格各异 交 从怡保市区乘坐出租车约45分钟，单程车费RM60
HP www.guatempurung.com.my

景点 观光

凯利古堡 Kellie's Castle

MAP p.130-D

凯利古堡位于霹雳州的华都牙也地区，1909年由苏格兰橡胶富商威廉·凯利史密斯出资建造，1926年凯利去世时仍未建成。古堡拥有大大的圆形拱门，是当时最流行的摩尔式建筑风格。城堡内建有大量起居室，以及用于社交活动的宴会大厅和未完成的升降梯，从建筑规模的庞大和设施之完备足以窥见古堡主人雄厚的财力。在古堡内还发现了几条用途不明的地下隧道，更为这座百年建筑蒙上了一层神秘的色彩。古堡的一部分结构曾在第二次世界大战中遭到破坏。

开 9:00~18:00
RM RM5
交 从怡保市区乘坐出租车约40分钟

怡保

酒店

高档 · 中档

干净、快捷的中档酒店多集中在怡保的新城区。酒店附近有许多大排档、商店、餐厅，外出购物、用餐都非常方便。老城区坐落着不少高档酒店。

高档　　新市街

休恩酒店
Syuen Hotel

英　MAP p.184

位于新城区的四星级酒店。大厅宽敞，设有美容院、超市，各种设施完备。

✉88,Jl. Sultan Abdul Jalil　☎05-253-8889
HP www.syuenhotel.com.my　FAX 05-253-3335
RM（S/T）RM129~　室290

高档　　新市街

迎碧安娜酒店
Impiana Hotel, Ipoh

英　MAP p.184

位于怡保市中心东侧，是被绿树环绕的四星级酒店。酒店内部设有会议中心和商务会所，安保措施到位，是很多商务人士的首选。

✉18,Jl. Gopeng　☎05-255-5555　FAX 05-255-8177
HP ipohhotels.impiana.com
RM（S/T）RM190~　室200
交 从怡保火车站乘坐出租车约10分钟

高档　　郊区

班雅兰温泉避暑山庄
The Banjaran Hot Spring Retreat

英　MAP p.130-D

位于怡保郊区，是马来西亚第一家温泉度假酒店。客房内有大大的浴缸，水龙头的水全部来自天然温泉，在室内也可以舒服地泡温泉。在室外建有一个温泉浴池。避暑山庄内还有一家绿色餐厅，使用绿色天然的低热量食材制作成可口的菜肴，非常美味。

✉No 1, Persiaran Lagun Sunway 3
☎05-210-7777
FAX 05-210-7778
HP www.thebanjaran.com
RM（S/T）RM1800~
室25

中档　　新市街

精益酒店
Excelsior Hotel

英　MAP p.184

位于新城区的老字号酒店。酒店内设有西餐厅、中餐厅以及KTV。外观朴素，设施完善。

✉43, Jalan Sultan Abdul Jalil
☎05-253-6666
FAX 05-253-6912
HP www.hotelexcelsior.com.my
RM（S/T）RM133~
室200
交 从怡保火车站乘坐出租车约5分钟

中档　　郊区

迷失世界酒店
Lost World Hotel

英　MAP p.130-D

坐落在怡保郊区度假胜地——打扪。酒店位于马来西亚第一家温泉主题公园——迷失世界温泉公园内，入住房客可以免费体验公园内的部分娱乐项目。有经典客房和异域风情客房两种房型。

✉No.2, Persiaran Lagun Sunway 1
☎05-540-8888
FAX 05-540-8899
HP http://www.sunway.com.my/lostworldoftambun/#/lost-world-hotel/
RM（S/T）RM230~（平日）、RM330~（周末）　室174

餐厅　酒吧　游泳池　健身房　浴室　客房服务　英 提供英语服务　中 提供中文服务

距离首都吉隆坡最近的旅游度假胜地

波德申

Port Dickson

MAP p.131-K

观光小贴士

波德申

乐趣指数		交通手段	
海水浴	★★★··	徒步	★★···
自然景观	★★···	出租车	★★★··

交通方式

出租车■吉隆坡→波德申（约1小时30分钟，RM100）※从KLIA（吉隆坡国际机场）乘坐出租车约1小时到达。

观光导览

波德申是距离马来西亚首府吉隆坡最近的海滩旅游度假胜地。

波德申毗邻马六甲海峡，拥有18公里长的金黄色沙滩，风平浪静，风景秀美。很多马来西亚人周末来这里休假。

波德申的观光景点、旅游度假村数量相对较少，主要集中在马六甲海峡沿岸一带。特鲁克科盲海滩是进行各种水上运动的最佳场所，其周边还有许多特产商店和露天摊贩。丹戎端海滩附近矗立着海上灯塔，波德申的森林保护区也坐落于这一带，是著名的探险地。

特鲁克科盲海滩附近的演艺广场

丹戎端海滩的森林保护区

高档 酒店

雅榕林海中村度假村

Avillion Port Dickson

英 MAP p.131-K

位于波德申沿海区域，度假村前面是一片广阔的私人海滩。度假村的客房装修精致，像是飘荡在海上的小船，晚上可以静静聆听浪花的声音。

✉3rd Mile, Jl. Pantai ☎06-647-6688 FAX06-647-7688 HPwww.avillionportdickson.com RM（S/T）RM350~ 室240 交从巴士终点站乘坐出租车约10分钟

高档 酒店

波德申希尔斯酒店

Thistle Port Dickson Resort

英 MAP p.131-K

外观时尚的现代都市风格假日酒店。酒店内共有5家餐厅和酒吧。孩子们可以在露天泳池游泳，大人们可以在9洞高尔夫球场（2011年开业）打高尔夫球。各种设备完善，服务周到热情。

✉KM16, Jalan Pantai, Teluk Kemang ☎06-648-2828 FAX06-662-7999 HPwww.thistle.com RM（S/T）RM205~ 室251 交从巴士终点站乘坐出租车约20分钟

高档 酒店

天堂酒店

Paradise

MAP p.131-K

客房全部是面向大海的海景房。酒店前面有一片私人海滩，可以在海滩上晒太阳、做运动。距离波德申繁华地段很近，交通方便。

✉3.5km, Jl. Pantai ☎06-647-7600 FAX06-647-7630 HPwww.corusparadisepd.com RM（S/T）RM170~ 室200 交从巴士终点站乘坐出租车约5分钟

风光明媚的苏丹故居
瓜拉江沙
Kuala Kangsar

MAP p.130-D

观光小贴士
瓜拉江沙

乐趣指数		交通手段	
景点	★★★··	出租车	★★★★·
自然景观	★★★··	自行车	★★★··

交通方式

火车■吉隆坡→瓜拉江沙（约3小时45分钟，每天发车3次，快速列车一等座RM49、二等座RM26）

巴士■吉隆坡（富都汽车站）→瓜拉江沙（约3小时到达，每天发车9次，RM22）

出租车■太平→瓜拉江沙（约45分钟，RM60左右），怡保→瓜拉江沙（约45分钟，RM60左右）

瓜拉江沙旅游信息■旅行社位于旅游咨询处内部，为游客安排各种旅游行程。行程中包含市内观光、垂钓、打高尔夫球、乘船环游（顺流而下）等项目。

✉No. 1A, Jalan Kangsar
☎05-777-7717
FAX 05-777-7717

观光导览

18世纪，马六甲国王之孙、霹雳州苏丹为方便物资运输将首府移居至此。伴随着19世纪后期锡矿的大量开采，瓜拉江沙也得以迅速繁荣起来。至今仍保留完好的奢华皇城就是昔日辉煌的真实写照。

这里的景点主要是乌布迪亚清真寺、皇家博物馆、凉亭广场塔、伊斯坎达利亚宫等皇室建筑。与太平和怡保相比，这里的特产商店和工艺品店更多，很适合购物。

瓜拉江沙面积不大，但主要景点比较分散，建议乘坐出租车或租车前往各大景点。此外，瓜拉江沙的酒店也相对较少，建议游客居住在怡保或太平，然后乘车到瓜拉江沙游玩。

景点　　观光

乌布迪亚清真寺
Ubudiah Mosque

MAP p.130-D

乌布迪亚清真寺由第28任霹雳州苏丹下令修建，于1917年正式完成，拥有金色的圆顶和高耸的金塔，是典型的摩尔式建筑。清真寺的设计图由当时的英国殖民政府提供，建筑过程中使用的大理石和瓷砖专门从意大利运来，耗费了大量的人力和财力。

✉从市区乘坐出租车约7分钟

景点　　观光

王宫博物馆
Istana Kenangan

MAP p.130-D

王宫博物馆修建于1931年，由原来的旧王宫改建而来。改建之后，当时的苏丹曾在这里居住，一直到1933年离开。整座博物馆采用竹子和香蕉叶作为装饰，集马来西亚能人巧匠之智慧，花费了不少心血。

✉从市区乘坐出租车约10分钟

景点　　观光

硝山广场
Padang Rengas

MAP p.130-D

位于霹雳河对岸，步行至市区大约5分钟。广场上有一些特产商店，主要售卖水瓶器皿、竹子和藤条编织的筐子等当地特色商品。

✉从市区步行约5分钟

遍布历史遗迹的古城
马六甲
Malacca

MAP p.131-K

观光小贴士
马六甲

乐趣指数		交通手段	
历史名胜	★★★★★	步行	★★★★・
异域风情	★★★★★	出租车	★★・・・
自然景观	★★・・・	人力车	★★・・・

交通方式

巴士■吉隆坡（南部统一巴士总站）→马六甲（约1小时45分钟，7:00~22:00每隔1小时发车，RM12.30） 新山→马六甲（约2小时45分钟，每天发车6次，RM19）、槟城岛→马六甲（约7小时到达，每天发车1次，RM44.80）＊新山、瓜拉登嘉楼开往马六甲的巴士每天仅发车1次（票价依次为RM52.30、RM43.30）、关丹开往马六甲的巴士每天发车3次（票价为RM27.90）

出租车■：吉隆坡→马六甲（约2小时到达，RM140）波德申→马六甲（约1小时到达，RM100）新山→马六甲（约2小时到达，RM150） ※出租车最多可乘坐4人

旅游咨询处■旅游信息咨询中心（TIC）
✉Jalan Kota ☎06-281-4803
开9:00~18:00 休无

观光导览

马六甲是马来西亚最古老的城市。14世纪末期，掌握苏门答腊岛统治权的麻喏巴歇帝国占领了拜里米苏拉的王国，拜里米苏拉仓皇逃至此地，并在这里确立了自己的统治地位，成为马六甲第一任苏丹。15世纪初期，明朝派遣朝贡使造访马六甲，打开了亚洲各国贸易通融的新局面，马六甲也因此得到了飞跃式的发展。马六甲王国与明朝一直维系着良好互助的关系，为彼此的文化和经济的繁荣发展做出了卓越的贡献。

荷兰广场

在马六甲繁荣盛世的后期，欧美列强一直对其虎视眈眈。1511年，葡萄牙出兵占领马六甲，马六甲国王逃至新山一带并最终客死他乡。随后的数十年中，马六甲依次被荷兰、英国所占领。不久之后，亚洲各国的贸易中心转移到新加坡，马六甲也逐渐淡出了历史的舞台。尽管历经多年的战乱，城中仍保留着不少见证东西方文化交融的古老建筑物和旧街区。

成排的特产商店和露天摊

英国殖民时期，大批中国南方人迁移到马六甲。中国籍的男性与马来西亚的女性通婚，双方的习惯、风俗、饮食等各方面相互融合，并由此孕育出了一种特殊的地域文化——峇峇娘惹文化。2008年7月，马六甲和槟城一起被列为联合国峇峇娘惹文化世界文化遗产。

马六甲不通火车，最重要的交通枢纽是位于城市北部的长途汽车站和公共汽车站。市中心地区指的是荷兰广场、唐人街一带，大多数景点也位于附近，从荷兰广场步行约10分钟即可到达。马六甲还有一种非常有特色的交通工具——人力车（当地人叫作pecha）。路途不远的话，可以乘坐人力车前往，仅需花费RM10左右。路途较远的话，乘坐人力车每小时收费RM40左右。马六甲的出租车不打表计价，上车之前需要和司机谈好价钱。距离比较近的话花费RM10~15、去往郊区每小时收费RM30左右。

马六甲当地没有观光巴士，出远门的话，建议乘坐出租车。

峇峇娘惹风格的建筑

↑马六甲中央汽车站
马六甲机场
马六甲游轮码头 p.193
A
B
E
I
J
Jl. Gajah Berang
甘榜利马
Kampung Lima
甘榜莫尔滕
Kampung Morten
H 马六甲大洲酒店 p.199
Jl. Hang Tuah
中央市场
Central Market
H 马六甲大华酒店 p.
Jl. Tengkera大街
Jl. Tengkera
Stadium Kubu
市政府
圣彼得教堂 p.194
St. Peter's Church
H 马六甲湾景酒店 p.199
甘榜恩帕
Kampung Empat
公共图书馆
车站
H 马六甲华美酒店 p.198
Jl. Hang Jebat大街
Jl. Hang Jebat
p.197 哈乌画作中心 S
S 色彩工作室 p.197
Jl. Munshi Abdullah大街
Jl. Munshi Abdullah
H 酒店 p.
甘榜迪加
Kampung Tiga
甘榜乌鲁清真寺 p.194
Kampung Hulu Mosque
警察局
Jl. Ong Kin Wee
p.194 青云观
Cheng Hoon Teng Temple
甘榜吉宁清真寺 p.194
Kampung Kling Mosque
Hang Jebat大街
Hang Jebat
斯里婆雅塔委纳雅迦姆迪庙 p.194
Sri Pogyatha Vinoyagar Moorthi Temple
p.197 利姆之家 S
p.197 手工名鞋店 S
S 曾而欣画廊 p.197
p.197 马六甲之家 S
S 奥兰乌坦之家 p.197
R 海南炒饭餐厅
R 印度餐厅 p.196
p.199 普里酒店 H
p.199 峇峇旅社 H
p.196 白拉那康餐厅 R
p.197 红色地球商店 S
郑和庙 p.194
Sam Poh Kong Temple
塔曼·哥打·拉克萨马
Taman Kota Laksamana
峇峇娘惹文化博物馆 p.193
The Baba Nyonya Heritage
Lorong Hang Jebat
拉克萨马纳大街
圣弗朗西斯科·沙勿略教堂 p.193
St. Francis Xavier's Church
Jalan Syed Abdullah Aziz
Jl. Tan Cheng Lock路
Jl. Tan Cheng Lock
(Heeren St.)
p.199 海伦客栈 H
旅游信息咨询中心
基督教堂 p.192
Christ Church
苏丹
Sultan's We
荷兰红屋 p.192
Stadthuys
p.193 马六甲游轮码头
马六甲苏丹王宫 p.193
Malacca Sultanate Palace
吉萨德大街
p.192 荷兰广场
Dutch Square
p.193 海洋博物馆
Muzium Samudera
H 马六甲奥迪酒店 p.199
独立宣言纪念馆 p.193
Proclamation of Independence Memorial
海军博物馆
Royal Malaysian Navy Museum
p.193 民族博物馆
People's Museum
帕拉万广场
Taman Pahlawan
开往杜迈德游轮码头
Jl. Merdeka大街
Jl. Merdeka
S 马六甲购物中心
H 马六甲贵都酒店 p.198
Coastal Highway
H 斯里克塔斯酒店
p.192 圣保罗教堂
St. Paul's Church
圣地亚哥古城门 p.192
Porta de Santiago
R 勤八 p.1
p.193 马六甲旋转塔
Menara Tamin Sari Malaka
S 马克塔商店
马克塔购物中心
如家餐厅 R p.196
p.198 马六甲假日酒店 H
Tahman Melaka Ra
H 马六甲皇冠酒店 p.198
R 麦克塔餐厅 p.196
N
马六甲
Malacca
0
300m

马六甲公交总站
Terminal Melaka Sentral
乐购Tesco
D
格登山
Bukit Gedong
C
赛林迪山
Bukit Serindit
Jl. Puteri Hang Li Poh
三宝山 p.194
Bukit China
Jl. Bukit Gedong
甘榜利马
Kampung Lima
甘榜莫尔滕
Kampung Morten
格登山
Bukit Gedong
圣彼得教堂
St. Peter's Church
甘榜恩帕
Kampung Empat
甘榜迪加
Kampung Tiga
甘榜吉宁清真寺
Kampung Kling
Mosque
峇峇娘惹文化村
The Baba Nyonya Heritage
郑和庙
Sam Poh Kong Temple
马六甲苏丹宫
塔曼·哥打·拉克萨马纳
Taman Kota Laksamana
甘榜班达卡巴
Christ Church
Kampung
bandar Kaba
荷兰总督府
Stadthuys
Malacca Sultanate Palace
H
Jl. Laksama Cheng Ho大街
Jl. Laksama Cheng Ho
G
甘榜班达卡巴
mpung bandar Kaba
塔曼马六甲拉亚
Tahman Melaka Raya
圣约翰城堡 p.194
St. John's Fort
Jl. Parameswara大街
Jl. Parameswara
惹菜馆 p.196
Jl. Vjong Pasir
Jl. Melaka
P.191
葡萄牙广场 p.194
Portuguese Square
Jl. Syed Abdul Aziz
Jl. Melaka Raya23
湾酒店
K
L

观光

景点指南

马六甲的景点比较多，以马六甲河为界，马六甲河东面一带有许多殖民地时期的古建筑遗址，马六甲河以西地区是唐人街。乘坐人力车穿梭在这座文化古城中，探寻历史的踪迹。

景点　市区

荷兰广场

Dutch Square

MAP p.190-F

马六甲的主要景点之一。荷兰广场周边坐落着17~18世纪荷兰统治时期修建的古建筑群。可坐在人力车上穿行于其中，感受异国情调。可以荷兰广场为起点，去往周边各大景点。

交 从长途汽车站乘坐出租车约20分钟

位于市区的荷兰广场

博物馆　市区

荷兰红屋

Stadthuys

MAP p.190-F

荷兰红屋建于1650年，当时是荷兰历任总督的府邸，现在则被马六甲历史博物馆使用，是东南亚最古老的荷兰风格建筑。博物馆内展示了马六甲王国时代与新加坡、荷兰、英国统治时期的历史资料和文物，也有日本统治时代的史料。

开 9:00~17:30（周五、周六、周日入馆收费RM2）

RM 成人RM5、儿童RM2

收藏着各种珍贵资料和文物的荷兰红屋

教堂　市区

基督教堂

Christ Church

MAP p.190-F

马六甲基督教堂可以说是马六甲的象征。整个教堂是荷兰风格，使用荷兰烧制的红色砖瓦堆砌而成，修建于1753年。教堂内部有一副巨大的瓷砖画——《最后的晚餐》。

开 9:00~17:00

交 从长途汽车站乘坐出租车约20分钟

红色砖瓦堆砌而成的马六甲基督教堂

景点　市区

圣地亚哥古城门

Porta de Santiago

MAP p.190-F

16世纪初期，葡萄牙为抵御荷兰军队的进攻而修建了这座古城堡。当时修建的古堡规模非常庞大，几乎占据了整个山丘。如今这里只剩下一扇残破的大门。

交 从荷兰广场步行约5分钟

仅有大门和大炮残留在山丘之上

教堂　市区

圣保罗教堂

St. Paul's Church

MAP p.190-F

位于荷兰红屋后面的山丘之上。葡萄牙统治时期曾大力传播基督教，统治阶级于1521年修建了该教堂。教堂内安放着传教士圣弗朗西斯科・沙勿略的遗骨，还有他的铜像。后来，教堂遭到荷兰和英国异教徒的大肆破坏，如今已成为一堆废墟。

交 从荷兰广场步行约3分钟

圣保罗教堂

博物馆 市区

马六甲苏丹王宫
Malacca Sultanate Palace

MAP p.190-F

1985年，政府重新修复了旧王宫。现在王宫的内部作为文化博物馆使用。博物馆内展示有马六甲王国黄金时期的王冠、礼服、珠宝等珍贵文物。

开 9:00~17:30
休 无
RM 成人RM2、儿童RM1
交 从荷兰广场步行约10分钟

历史感厚重的马六甲苏丹王宫

教堂 市区

圣弗朗西斯科·沙勿略教堂
St. Francis Xavier's Church

MAP p.190-F

这座哥特式的基督教堂修建于1849年。传教士圣弗朗西斯科·沙勿略曾在东方传播教义，并长期留在马六甲发展基督教。这座教堂是专门为圣弗朗西斯科·沙勿略而修建的，以此来纪念他为传播基督教做出的卓越贡献。

交 从荷兰广场步行约3分钟

圣弗朗西斯科·沙勿略塑像

景点 市区

马六甲旋转塔
Menara Taming Sari Melaka

MAP p.190-E

马六甲旋转塔高110米，是一座旋转式的瞭望台，在顶端的瞭望室内可以俯瞰马六甲全景。马六甲旋转塔于2008年4月正式开放，附近有许多景点和古建筑。升降梯内总共可容纳66人，仅需7分钟就可以升至塔顶端。

交 从荷兰广场步行约5分钟
开 10:00~22:00
休 无
RM 成人RM20、儿童RM10

景点 市区

马六甲河巡游
Malacca River Cruise

MAP p.190-B・E

从鸡场街码头上船，在马六甲河、荷兰广场一带巡游，欣赏马六甲河沿岸风光。船内有英语导游和马来语导游。晚上还可以欣赏河岸两旁灯火灿烂的夜景，感受与白天不一样的风景。

开 9:00~23:30
RM 成人RM15、儿童RM7

灯红酒绿的河畔夜景

博物馆 市区

民族博物馆
People's Museum

MAP p.190-F

通过电影、图片、文物等资料介绍世界各地的民族风俗、传统文化和历史风情。2013年6月重新对外开放。

开 9:00~17:30　RM 成人RM2、儿童RM1
交 从荷兰广场步行约5分钟

景点 市区

独立宣言纪念馆
Proclamation of Independence Memorial

MAP p.190-F

建于1912年，当时是英国上流人士的社交场所，被叫作"马六甲俱乐部"。纪念馆内展示有关马来西亚独立的照片和资料。

开 9:00~12:00、15:00~18:00　休 无　RM 免费
交 从荷兰广场步行约10分钟

博物馆 市区

海洋博物馆
Muzium Samudela

MAP p.190-F

位于马六甲河口附近，博物馆的造型是一艘大大的船只，非常显眼。

开 9:00~17:00（周五、周六、周日）　休 无
RM 成人RM6、儿童RM2，海洋博物馆、海事博物馆通用）交 从荷兰广场步行约5分钟

博物馆 唐人街

峇峇娘惹文化博物馆
The Baba Nyonya Heritage

MAP p.190-E

修建于19世纪后期，由一座传统豪宅改建而来。

☎ 06-283-1273　开 10:00~13:00、14:00~17:00（周五、周六、周日）　休 无　RM 成人RM15、儿童RM10
交 从荷兰广场步行约10分钟

清真寺 唐人街

甘榜乌鲁清真寺
Kampung Hulu Mosque

MAP p.190-F

清真寺修建于1728年，是马来西亚最古老的清真寺之一。清真寺为苏门答腊建筑风格，外观朴素，内部装饰豪华。

交 从荷兰广场步行约10分钟

寺院 唐人街

青云观
Cheng Hoon Teng Temple

MAP p.190-E

马来西亚最古老的中国道教寺院。15世纪初期，郑和下西洋时曾来到马六甲，当地百姓为赞扬其功德而修建了这座寺庙。自1646年正式竣工之后，寺庙内终日香火不绝。

交 从荷兰广场步行约10分钟

清真寺 唐人街

甘榜吉宁清真寺
Kampung Kling Mosque

MAP p.190-F

修建于1748年，是马来西亚历史最悠久的清真寺之一。印度的伊斯兰教徒叫作“Kling”，该清真寺的名字即由此而来。整座清真寺是典型的苏门答腊风格建筑，具有浓厚的东方色彩。

交 从荷兰广场步行约5分钟

寺院 唐人街

斯里婆雅塔委纳雅迦姆迪庙
Sri Pogyatha Vinoyagar Moorthi Temple

MAP p.190-F

18世纪后期，由印度人主持修建了该印度教寺院，是马来西亚最古老的寺院之一。经过几次大规模的修缮后，如今以崭新的面貌展现于世人眼前。

交 从荷兰广场步行约5分钟

教堂 市区

圣彼得教堂
St. Peter's Church

MAP p.190-B

修建于1710年，是马来西亚最古老的天主教教堂。教堂为伊比利亚风格建筑，礼拜堂融合了东西方特色，彩色玻璃在阳光下折射出五彩缤纷的颜色。

交 从荷兰广场步行约15分钟

寺院 市街北部

郑和庙
Sam Poh Kong Temple

MAP p.190-F

为纪念15世纪初期郑和出访马六甲而修建的寺院。于1795年正式建成。

交 从荷兰广场步行约15分钟

景点 市街北部

三宝山
Bukit China

MAP p.191-C

三宝山修建于葡萄牙统治时期，是马来西亚最古老的中国墓地。

交 从荷兰广场步行约15分钟

景点 市街东部

圣约翰城堡
St. John's Fort

MAP p.191-G

荷兰军队修建的城堡，既可以阻止英国军队从海上入侵，又可以抵抗马来西亚军队从陆地上发起进攻。如今仅有一门大炮残留。

交 从荷兰广场步行约25分钟、乘坐出租车约5分钟

景点 市街东部

葡萄牙广场
Portuguese Square

MAP p.191-L

马六甲东部地区曾是葡萄牙人后裔的聚集区，也被叫作葡萄牙广场。这里有海鲜餐厅遍布的餐饮街。

交 从荷兰广场步行约30分钟、乘坐出租车约5分钟

加享之旅

发掘古城马六甲的艺术魅力

古城马六甲是峇峇娘惹文化的发源地。在这里，中马文化很好地融合在一起。现代与古代、东方与西方的传统文化完美地交汇在一起，形成了独特的地域文化。

长屋

马六甲自古以来就是东西方贸易重地。自马六甲王国建成之后，这片土地曾先后被葡萄牙、荷兰和英国所占领，它们都在这座城市的各个角落留下了鲜明的印记。其中，最富有特色的建筑物是“长屋”。这种房屋的特点是：一楼是商铺，二楼住人，房型较窄且狭长，中间部分没有屋顶，一般都带有庭院。

鸡场街

马六甲老城区的汉巴杰路，俗称“鸡场街”，是一条集餐厅、特产商店、艺术画廊等消费场所于一身的购物大街。

夜市

周五、周六晚上，鸡场街会有大型夜市，非常热闹。大排档密密麻麻看不到头，贩卖香烟、服饰、饰品等商品的摊位连成一片。

马六甲

美食

就餐指南

作为历史上重要的东西方贸易枢纽，马六甲的美食也结合了东方和西方的特色。这里不但有味道独特的娘惹菜，还有葡萄牙料理、印度料理等多国料理。在这片充满南国风情的古城，找寻诱人的美食。

娘惹菜肴　　马六甲拉也

如家餐厅 Ole Sayang

英 预　　MAP p.190-J

位于马六甲新城区，是一家地道的娘惹餐厅。餐厅无论外观还是内部装饰，都极具娘惹风情，在当地食客中口碑颇佳。特色菜是老鸭汤。

✉198&199 Taman Melaka Raya
☎06-283-1966　营11:30~14:30、18:00~21:30
休周三
◆午餐套餐RM10.80

娘惹菜　　唐人街

白拉那康餐厅 Peranakan

英 预　　MAP p.190-E

位于唐人街，由一处传统的古建筑改建而成。这家娘惹餐厅仅中午营业，晚上不招待客人。菜肴分为大、中、小份，可以按照就餐人数和食量选择合适的套餐。

✉107 Jl. Tun Tan Cheng Lock　☎06-284-5001
营11:30~14:30　休无
◆海鲜菠萝饭（鲜虾菠萝米饭）RM22

娘惹菜　　马六甲拉也

娘惹菜馆 Manis Sayang

英　　MAP p.190-G

位于鸡场街附近的娘惹菜馆。装饰风格比较休闲，可以喝下午茶，内部设有商店。甜辣味道的咖喱饭、海鲜菠萝饭以及时令海鲜菜肴是该餐厅的招牌菜。

✉618, Jalan Melaka Raya 10　☎06-281-3393
营10:30~14:30、17:30~21:30
休无

诸国料理　　马六甲拉也

麦克塔餐厅 Café Mahkota

英 预　　MAP p.190-J

位于马六甲麦克塔酒店（p.198）内的国际餐厅。为顾客精心准备早餐、午餐、晚餐以及各种小吃。该餐厅菜肴种类丰富，可以自由搭配不同的套餐。每天都会推出不同国家的精品菜系。

✉Jl.Merdeka, Mahkota Hotel Melaka　☎06-281-2828
营7:00~23:00　休无

日本料理　　马六甲拉也

勘八 Kanpachi

英 预　　MAP p.190-F

位于马六甲贵都大酒店(p.198)内的日式餐厅。最受欢迎的菜系是日本便当(RM32)和日式套餐(RM38)。

✉Bandar Hill,Hotel Equatorial　☎06-282-8333
营12:00~14:30、18:30~22:30(周日11:00~14:30)　休无

印度料理　　市区北部

印度餐厅 Sri Lakhmi Villas

英　　MAP p.190-F

这是一家位于市区北部的印度菜餐厅。装修略显简朴，但不失温馨感觉。老板来自印度马德拉斯，由他亲手烹饪的鸡肉咖喱非常好吃，是这家餐厅的招牌菜。

✉2 Jl.Bendahara　☎06-282-4926　营6:30~21:30
休无　◆羊肉饼RM8、茶水RM1.20~

英 提供英语服务　中 提供中文服务　预 可接受预约

购物
商店指南

马六甲的唐人街一带，是百货商店、特产店的聚集区。这些商店大都售卖峇峇娘惹饰品、小物件、玩偶、披肩等异国风情的商品。有的商店内还有工匠现场手工制作工艺品。

艺术品　唐人街

哈乌画作中心 Art & Craft Collection

英 中　MAP p.190-A

马来西亚著名画家哈乌的个人藏品店。店内有哈乌的亲笔水彩画、油画等多幅画作。

✉Jalan Tukang Emas
☎06-283-1815　营10:00~18:00　休周三

艺术品　唐人街

曾而欣画廊 Jehan Chan Art Gallery

英 中　MAP p.190-F

画廊位于拥有百年历史的娘惹建筑物内。画廊内出售各种画作。

✉No.73&75 Lorong Hang Jebat
☎06-286-8408　营10:00~18:00　休不定期休息

艺术品　唐人街

奥兰乌坦之家 ORANgUTAN

英 中　MAP p.190-F

马六甲的著名艺术家查尔斯・切姆的个人商店。商店内展示并出售查尔斯・切姆的个人作品和T恤。

✉59 Lorong Hang Jebat
☎06-282-6872　营10:00~18:00
休周三　HP www.charlescham.com

艺术品　唐人街

色彩工作室 Hueman Studio

英 中　MAP p.190-F

槟城画家威・克伊的个人工作室。工作室内展示有色彩鲜艳的版画、木制雕刻品和造型独特的手工艺品。

✉No.9 Jalan Tokong
☎06-288-1795
营10:00~18:00　休无

民族工艺品　唐人街

利姆之家 LIM TRADING

英 中　MAP p.190-E

马六甲很有名的鞋店。可接受定做，普通鞋子大约5天就可以做好。工艺复杂的高档鞋子一般要等三周的时间。

✉63 Jalan Tokong
☎06-292-6812
营10:00~17:00　休无

民族工艺品　唐人街

手工名鞋店 Wah Aik Shoemaker

英 中　MAP p.190-E

鞋匠莱伊孟德・约的鞋店。该鞋店有着100多年的历史，在当地有很多老客户。鞋子多以玻璃球和刺绣作为装饰，非常漂亮。

✉56 Jalan Tokong
☎06-284-9726
营9:00~17:30　休无

民族工艺品　唐人街

马六甲之家 Malacca House

英 中　MAP p.190-E

位于马六甲老城区，外观大气，内部装潢精致。店内主要出售马六甲以及亚洲的手工艺品、饰品和各种小物件。

✉70 Jl. Tun Tan Cheng Lock
☎06-281-4770　营10:00~18:00
休无　◆精品筷子RM4~

民族工艺品　唐人街

红色地球商店 Red Earth Collection

英 中　MAP p.190-E

商店由一所19世纪的古老民宅改建而来。主要经营各种珍贵家私、亚洲饰品等。原木凉鞋配以色彩鲜艳的挂绳，穿在脚上非常漂亮。

✉65, Jalan Tun Tan Cheng Lock
☎06-283-9198　营10:00~18:00
休周四　◆凉鞋RM25~、深褐色相框RM50~

马六甲

酒店
顶级 · 高档

马六甲的顶级酒店、高档酒店大都集中在市区，最远的距离市中心也不过10分钟的路程。在唐人街附近有许多价格低廉的经济型旅社和娘惹特色酒店。

高档　马六甲拉也

马六甲皇冠酒店
Mahkota Hotel Melaka

英　MAP p.190-J

马六甲距海最近的酒店。从酒店的客房可以眺望到邮轮穿梭的海面。除了单人间、双人间外，还有适合家庭入住的大型套间。餐厅菜品种类也很丰富。

Jln Syed Abdul Aziz　06-281-2828　FAX 06-284-3996　HP www.mahkotahotel.com.my　RM (S/T)RM230~　室 419　交 从荷兰广场步行约10分钟

高档　市街北部

马六甲华美酒店
Ramada Plaza Melaka

英　MAP p.190-B

酒店大厅尊贵典雅，大大的枝形吊灯尽显奢华，钢琴安置在大厅的一角，流淌着轻缓的音乐。客房宽敞、干净、明亮。这座大型酒店总共23层，是马六甲的标志性建筑。

Jl. Bendahara
06-284-8888
FAX 06-284-9269
HP www.ramadaplazamelaka.com
RM (S/T)RM270~
室 294
交 从荷兰广场步行约10分钟

高档　马六甲拉也

马六甲贵都大酒店
HOTEL EQUATORIAL MELAKA

英　MAP p.190-F

酒店位于勇士广场的东边，可以眺望到马六甲海峡和山川风光。酒店内有美容院和几家不错的餐厅。客房面积较大，各种设施完善。

Bandar Hillir　06-282-8333　FAX 06-282-9333　HP www.hotel-equatorial-melaka.com　RM (S/T)RM298~　室 496　交 从荷兰广场步行约12分钟

高档　老城区

马六甲大华酒店
The Majestic Hotel

英　MAP p.190-B

2008年正式对外营业。酒店前身是一座修建于1920年的古老宅邸，距今已有将近100年的历史。内部有酒吧、餐厅、美容院等设施。

188, Jalan Bunga Raya
06-289-8000
FAX 06-289-8080
HP www.majesticmalacca.com
RM (S/T)RM380~
室 54
预 ⑳ ㉔
交 从荷兰广场步行约20分钟

高档　老城区

马六甲假日酒店
Holiday Inn Malaca

MAP p.190-J

酒店位于老城区中心位置，无论是前往古建筑景区，还是外出购物，都非常方便。酒店拥有现代化酒店的一切设施，配备有游泳池、健身馆、美容馆，是马六甲老城区假日酒店中的佼佼者。

Jalan Syed Abdul Aziz
06-285-9000
FAX 06-285-9111
HP www.holidayinn.com
RM (S/T)RM230~
室 275
预 ③
交 从荷兰广场步行约10分钟

餐厅　酒吧　游泳池　健身房　浴室　客房服务　英 提供英语服务　中 提供中文服务

高档 市街北部

马六甲湾景酒店

Bayview Hotel Melaka

英 MAP p.190-B

酒店位于圣彼得教堂南面。外壁呈象牙白色，显得非常干净。酒店5层建有室内游泳池。客房采用暖色调装饰，非常温馨。有总统套间和双人套间。

✉Jl. Bendahara ☎06-283-9888 FAX06-283-6699
HP www.bayviewhotels.com/melaka
RM (S/T) RM290~
室192
交从荷兰广场步行约10分钟

中档 新城区

马六甲大洲酒店

Hotel Grand Continental Melaka

英 MAP p.190-B

位于马六甲新城区北部，距离中环市场和巴士终点站非常近，出行、购物都非常方便。这座商务型酒店装修豪华，服务周到，内部建有游泳池、按摩室等休闲场所。

✉20 Jl. Tun Sri Lanang ☎06-284-0088 FAX06-284-8125
HP www.ghihotels.com.my
RM (S/T)RM135~
室142
交从长途汽车站乘坐出租车约10分钟

中档 老城区

马六甲奥迪酒店

Aldy Hotel

英 MAP p.190-F

位于圣保罗大教堂正对面。暗红色的酒店外观非常显眼，是典型的荷兰殖民时期建筑。酒店的一楼是俱乐部，爵士乐队会不定期在这里举行演出。附近有很多餐厅，外出用餐很方便。顶楼建有游泳池。

✉27 Jalan Kota ☎06-283-3232 FAX06-286-3236
HP www.aldyhotel.com.my
RM (S/T)RM140~
室30
交从荷兰广场步行约2分钟

中档 新城区

马六甲帝王酒店

The Emperor Hotel Malacca

英 MAP p.190-F

位于新城区东部，酒店面积较大，客房数量很多，可接待大型旅游团。客房分为四个等级，价格有低有高，可以根据预算选择合适的房型。附近有银行、餐厅、大型超市，非常便利，适合长期居住。

✉123 Jl. Munshi Abdullah
☎06-284-0777
FAX06-283-8989
HP www.theemperorhotel.com
RM (S/T)RM158~
室228
交从荷兰广场步行约2分钟

中档 唐人街

峇峇旅社

Baba House

英 MAP p.190-E

酒店是典型的峇峇娘惹传统建筑，大厅装修豪华，金色的枝形吊灯熠熠生辉。客房内部朴素、干净，宁静舒适。很多来自世界各地的青年旅客在这里留宿。

✉121-127,Jln Tun Tan Cheng Lock
☎06-281-1216
FAX06-281-1217
HP www.thebabahouse.com.my
RM (S/T)RM141~
室79
交从荷兰广场步行约10分钟

中档 唐人街

普里酒店

Hotel Puri Malacca

英 MAP p.190-E

酒店的前身是一座拥有100多年历史的古老建筑。

✉118 Jl. Tun Tan Cheng Lock ☎06-282-5588 FAX06-281-5588 HP www.hotelpuri.com RM (S/T) RM162~ 室82 交从荷兰广场步行约10分钟

中档 唐人街

海伦客栈

Heeren House

英 MAP p.190-F

由一处修建于18世纪初期的荷兰居民住宅改建而来。

✉1 Jl. Tan Cheng Lock ☎06-281-4241 FAX06-281-4239 HP www.heerenhouse.com RM (S)RM139~、(T)RM149~ 室5 交从荷兰广场步行约20分钟

与新加坡接壤的城市

新山

Johor Bahru

MAP p.131-L

观光小贴士

新山

乐趣指数		交通手段	
景点	★★···	步行	★★···
购物	★★···	巴士	★★···
国境	★★★··	出租车	★★★··

交通方式

飞机■吉隆坡→新山（新山机场）（〖马来西亚航空〗约45分钟，每天有3~5趟直达航班，单程机票RM134~347 〖亚洲航空〗约50分钟，每天有3趟直达航班，单程机票RMRM39~99 〖Fir Fly〗约1小时，每天有5趟直达航班，单程机票RM78~244）基纳巴卢→新山（〖亚洲航空〗约2小时15分钟，每天有2趟直达航班，单程机票RM121~206） 机场→市区（乘坐出租车约45分钟，RM44）

火车■吉隆坡→新山（6~7小时，快车一等座RM64、二等座RM33，每天发车3次）

巴士■吉隆坡（富都汽车站）→新山（参考：长途汽车单程票价RM31.10，每天发车22次）＊从新加坡的皇后大街乘坐跨国巴士到达新山市区，单程票价RM24

旅游咨询处■新山州旅游局（JO TIC）
✉Banguan JOTIC Jalan Air Molek
☎07-224-9960 FAX07-223-7554
开8:00~17:00 休周六、周日

航空会社■马来西亚航空 ☎1-300-88-3000、亚洲航空www.airasia.com Fir Fly☎03-7845-4543

观光导览

柔佛州位于马来半岛最南端。其首府新山（简称JB）是马来西亚第二大城市，也是马来半岛南端的边境城市。新山与新加坡隔海相望，通过全长约1千米的陆桥——新柔长堤与新加坡相连。

1855年，苏丹·阿布·巴卡建立了这座城市。苏丹·阿布·巴卡家族是当时乃至现在最为富有的贵族。

钟塔

新山交通发达，游客可以乘坐飞机、火车、长途巴士、出租车等交通工具前往新山。新山机场坐落在市区西北方向约32千米处、长途汽车站（拉琴汽车站）距离市区北部约5千米，从这里乘坐出租车前往市区约10分钟。新山火车站位于市中心。火车站一侧的Jl.Tun Abd Razak大街从南往北贯穿整个城市，在南端与新柔长提相连接。

穿过斜斜的大排档一条街——Jl.Wong Ah Fook大街，可以看到新山市政府大楼就坐落于此。大王宫和阿布·巴卡回教堂位于市区附近的山丘之上，在这里还可以远眺到新加坡境内的景色。沿着海滨大道向西走，到达城市广场，广场中央矗立着哥特式的钟塔。

其他主要景点集中在市区西部一带，建议乘坐出租车前往。新山的出租车是打表计价的（起步价RM3.30），也可以不打表，与司机商量好价格。在市区乘坐出租车RM10~20。也可以租一辆车，租车价格为每小时RM40~60。

新山是马来西亚第二大城市

新山周边
Johor Bahru Environs
0
5km
Pontian
Kolam Air
S. Ayer Hitam
Kg. Pt. Kudos
Jeram Choh
Pekan Nenas
Kg. Choh
庞蒂亚克
Pontian
Sekudai
Teberau
Kima Kedai
Tampoi
下图
新山水路
Johor Bahru
Selat Johor
Pulai
Rimba Terjun
Jeram Batu
Jelutong
Gelang Patah
Kg. S. Melayu
新加坡水道
Pekan Rambah
Tg. Kupang
努沙再也
马来西亚
Malaysia
莱戈兰德
A
B
Kranji
Kg. S. Punai
S. Karang
S. Pulai
Kg. Penerok
Kg. Ladang
拉浪 第二连接处（国境桥）
新加坡
SINGAPORE
Ayer Masin
Kg. S. Boh
Kg. Tg. Adang
Kg. Tg. Kupang
龟咯岛 p.203
Kukup
Tg.Bin岬
Tg. Bin
Jurong
Clementi
龟咯岛
Pulau Kukup
N
Serkat
皮艾角 p.204
Tanjung Piai

新山
Johor Bahru
0
1km
N
体育场
Stadium Sri Datuk Hassam Hj. Yunus
Taman Majidee
Kg. Setanggi
201
Pesar Besar
Gelanggang Budaya
Jl. Kebun Teh
Terbau highway
Jl. Bakar Batu
拉金巴士总站
Larkin Bus & Taxi Terminal
Jl. Kenyalang
Jl. Sentosa
Kg. Kebun Teh
Jl. Sutera
新山滨水酒店 p.205
大型购物商厦
Jl. Kasa
Sekolah Tun Fatimah
Kg. Larkin Jaya
Sekolar Menengah Teknik
Kg. Kastam
Jl. Datuk Jaafar
假日广场
Taman Sri Tebrau
Jl. Larkin
Jl. Dato Sulaiman
Jl. Keris
Taman Tasik
Royal Johor C. C.
Jl. Tun Abdul Razak
p.205 新山水晶皇冠酒店
Jl. Serampang
Taman Centuty
布拉基广场
马来西亚航空
新山皇家俱乐部
爱丁花园
Jl. Sri Pelangi
Jl. Tasik Utara
Malaysia
Taman Bakti
大排档
Jl. Kuning
警察局
大洲酒店
D
Taman Pelangi
Jl. Setiawang Darat
皇宫
Istana Bukit Serene
C
Jl. Abd Samad
Jl. Yahya Awal
马来西亚铁路
Jl. Tun Abdul Razak 大街
城市广场
Jl. Biru
Taman Kolam Air
Taman Nong Cik
Taman Serene
p.204 轮渡码头
p.205 丽晶大酒店
Jl. Skudai
Istana Tungku Temenggong
Jl. Kolam Air
Jl. Abd. R. Andak
Inner Link Rd
太平洋购物中心
吉姆腾公园
Kim Teng Park
Zone商店
金海湾 p.203
Danga Bay
Kg. Tarum
Kg. Kubur
Jl. Lumba Kuda
Jl. Sultan Ibrahim
金海湾世界 p.203
Danga World
甘榜默罕穆德阿民
Kampung Mohamud Amin
兰花广场
马来西亚航空
Istana Stutang
Taman Tengku Molek
JARO Handicrafts Centre
新山希斯尔酒店 p.205
监狱
Penjare
太平洋公主酒店 p.205
城市购物广场
新山格兰蓝波酒店 p.205
钟塔
日本领事馆
新山火车站
梅尔林塔
阿布·巴卡尔大街
Jl. Abu Bakar
p.202 苏丹易卜拉欣大楼
Bangunan Sultan Ibrahim
海关
印度教寺院
金海湾
Donga Bay
p.202
新山动物园
Johor Zoo
新山旅游局
新山水路
Selat Johor
阿布·巴卡清真寺 p.202
Masjid Sultan Abu Bakar
Jl. Tun Dr. Ismail
新柔长堤
Causeway
大王宫 p.202
Istana Besar
新加坡
SINGAPORE

观光

新山市区

新山的景点比较集中，乘坐出租车可在半天时间内全部逛完。

苏丹易卜拉欣大楼

Bangunan Sultan Ibrahim

景点

MAP p.201-D

苏丹易卜拉欣大楼建在火车站西面的小山丘上。大楼修建于1940年，曾是日本军队的驻地，经过改建后，成为如今的模样。建筑肃穆大气、雄伟浑厚，游客可以进入大厅参观。

阿布·巴卡清真寺

Masjid Sultan Abu Bakar

清真寺

MAP p.201-C

这是一座遵照苏丹·阿布·巴卡的遗愿而修建的清真寺。清真寺位于新山河对面的山丘上，1892年开始着手修建，历经8年的时间，于1900年正式竣工。清真寺是维多利亚样式，造型如同一个豪华的回教堂，如此风格的清真寺在全世界范围内都很少见，它是马来西亚最美丽的清真寺之一。清真寺改建之前，墙壁是黄色的，后来被涂刷成白色和蓝色。礼拜堂总共可容纳2500人，很多当地市民前来做礼拜。

大王宫

Istana Besar

博物馆

MAP p.201-D

1866年，苏丹·阿布·巴卡下令修建了这座维多利亚样式的白色宫殿。白色的墙壁和蓝色的屋顶在阳光的照耀下非常醒目。1938年之前，这里一直被作为王室宫殿使用，如今经过改建成为一个博物馆。博物馆内总共有25 000多件珍贵家私、餐具和美术作品等藏品，彰显了其当时的奢华程度。在谒见室还摆放有金玉宝座。宫殿旁边是大王宫花园，总面积53公顷，里面有日本茶室等景点。宫殿预计于2014年4月重新对外开放。

装饰有老虎图案的狩猎间是必看的景点

新山动物园

Johor Zoo

景点

MAP p.201-D

新山动物园修建于1927年，是东南亚最古老的动物园。新山的第二任苏丹非常喜欢狩猎，而第三任苏丹则恰恰相反，特别喜欢驯养小动物。他下令修建了这座动物园，以此来保护更多的动物。动物园内饲养着老虎、野猴、鹿等各种陆生动物和飞禽。

新山政府大楼

交 从新山火车站步行约10分钟

苏丹易卜拉欣大楼如今已成为新山的行政中心

阿布·巴卡清真寺

交 从新山火车站乘坐出租车约10分钟

维多利亚样式的建筑耸立于天地之间

大王宫

☎ 07-223-0555
开 9:00~16:00
休 周五
RM 成人7美元、儿童3美元（以当时汇率为准）
交 从新山火车站乘坐出租车约10分钟
＊现在正处于改建期间，禁止入内参观。

柔佛动物园

☎ 07-223-0404
开 8:30~18:00
休 无
RM 成人RM3、儿童RM2
交 从新山火车站乘坐出租车约15分钟

位于大王宫花园内的柔佛动物园。曾经是苏丹的私人动物园

新山郊外

新山郊外的景点距离市区较远，往返+参观大约需要一天的时间。

金海湾

Danga Bay

景点 MAP p.201-C

金海湾指的是距离市区以西大约6公里的新山海湾沿岸开发区。围绕着金海湾修建了大片高档住宅区，并配套建设有油轮码头、商业中心和各种基础设施，俨然一副新兴商业圈的模样。这里还坐落着一座大型娱乐中心——金海湾世界。娱乐中心内建有主题公园、迷你动物园等景点，在金海湾游轮Danga Cruise8上可以欣赏海湾美景，并有免费自助晚餐。

金海湾

Danga World

✉G23, Blok 6, Danga Bay, Jalan Skudai ☎07-238-3276

营15:00~24:00（节假日）

RM RM2~10（主题公园、游轮额外收费）

湾景游轮8号

Danga Cruise 8

游轮码头位于金海湾世界内。

☎017-703 9988

营周五、周六、周日20:00发船

RM RM20/人

龟咯岛

Kukup

景点 MAP p.201-A

位于马六甲海峡一侧的小渔村，岛上住户以华裔居民为主。龟咯岛距离新山市区大约80公里，长着一望无际的红树林，是东南亚面积最大的红树林岛屿。这里的人民依水而居，形成了零零散散的几个水上村落。岛上有几处大型的海鲜养殖场，游客可以乘坐观光船只前往参观。岛上还有几家味道不错的水上餐厅，菜肴以海鲜为主，种类丰富。

龟咯岛

RM（观光船费用）RM5

交 从新山市区乘坐出租车约1小时30分钟。

从渔村眺望龟咯岛

重要信息

旧貌换新颜的经济特区——新山

近年来，新山发展迅速，它的变化牵动着全世界投资者们的神经。2006年，政府在柔佛州南部区域大力推行经济发展计划，并设立了依斯干达经济特区。依斯干达经济特区包含东西港口和士乃国际机场在内，总面积达2217平方千米。新山市被规划为该特区的旗舰A区。特区内大胆推行免税政策，吸引大批外商前来投资，计划在2025年使特区人口总数从现在的173万人增长到300万人，使柔佛州的经济增长率由5%升至8%。

按照这一经济发展计划，新山市的原有行政机构逐渐向新城市努沙再也转移，新山市正慢慢完成向新兴商业城市的过渡。正在建设中的出入境管理大楼正式竣工之后，将使得新加坡和马来西亚的贸易往来更加方便、高效。目前，火车站和轻轨的修建也提上议程。政府还计划将新山市的轻轨与新加坡的MRT（地铁）相连接，更加便于两国人民的来往。而新城市努沙再也作为环境友好的宜居城市，大学城、研究机构、医院等生活基础设施逐渐完善，更加适合人们生活。2012年，亚洲首座乐高主题公园（Lego Land）在努沙再也开门迎客，并计划在其内部修建高尔夫球场。

在将来的10年内，新山将是马来西亚经济发展的象征。

重要信息

不为人知的赏萤地——哥打丁宜

MAP p.131-L

哥打丁宜（Kota Tinggi）距离新山市区以北40公里。1511年，葡萄牙军队占领马六甲之后，马六甲国王逃亡至此并建立了柔佛帝国。哥打丁宜是非常棒的赏萤场所。河畔的码头仅有马来语和汉语标识，在写有“亚福”（Ah Fook）字样的码头处登船。在节假日期间，很多游客会赶来赏萤火。建议提前赶到码头，排队等候上船。黎明或傍晚时分是观萤的最佳时段，船离开码头一二千米后，会看到密密麻麻舞动的萤火。

报名电话☎013-778-5999／019-779-6385（Mr.Fook）费用：RM20/人（约45分钟）　出发时间：19:00~22:30(每天安排5次)　＊满员发船。船未坐满时，费用由在船人员均摊。从新山乘坐出租车前往哥打丁宜约40分钟（约RM50）。也可以从拉琴汽车站乘坐巴士前往。

欧亚大陆最南端的海岬——皮艾角

MAP p.201-A

皮艾角（Tanjung）位于新山市区西南方向约85公里处，从新山市区乘坐出租车约1小时30分钟 。这座海岬位于欧亚大陆的最南端，呈西南走向，平时人迹罕至。从皮艾角度假村向西南方向再走2千米，就是海岬的最南端。2001年夏天，政府下令修建了从度假村通往最南端的道路和纪念碑，目前也有少数游客前来游玩。皮艾角海岬生长着大片红树林，树林内有许多萤火虫栖息。

皮艾角度假村

前往新加坡、印度尼西亚……

穿越马拉西亚国境的旅行

马来西亚边境城市新山与新加坡接壤，距离印度尼西亚也很近，从新山有多种途径前往这两个国家。

正在通关的车

国际巴士：

在新山海关处乘坐国际巴士前往新加坡，历时约45分钟 ，每隔15分钟发车，车票RM2.40。

火车：

新山火车站→新加坡火车站，历时约1小时到达，每天发车7次，单程车票RM2~。

步行：

从新山海关进入全长1千米的新柔长堤，直达新加坡境内。步行仅需15~20分钟 。

轮渡：

从丽晶大酒店（p.205）旁边的轮渡码头乘船，去往印度尼西亚的巴淡岛、宾坦岛。

→巴淡岛

约1小时30分钟，每天有6趟轮渡，单程船票RM69。

→宾坦岛

约2小时30分钟，每天有3趟轮渡，单程船票RM86。

→新加坡

目前没有轮渡

＊船票包含了港湾建设费（RM10）

高档　住宿

新山希斯尔酒店
Thistle Johor Bahru

餐厅 酒吧 游泳池 健身房 浴室 客房服务 英　MAP p.201-C

酒店位于市区，是一家高档的旅游度假酒店。酒店内配备游泳池、美容设施等。在海景房可以眺望新柔长堤以及海对面的新加坡景色。

✉Jalan Sungai Chat ☎07-222-9234 FAX07-222-0153 HP www.thistle.com/asia/ RM（S/T）RM259~ 室382 交从火车站乘坐出租车约15分钟

高档　住宿

丽晶大酒店
Berjaya Waterfront Hotel

餐厅 酒吧 游泳池 健身房 浴室 客房服务 英　MAP p.201-D

位于新山市区东北方向2千米处，毗邻柔佛长堤。酒店毗邻码头、免税店以及海上餐厅，外出购物、用餐非常方便。酒店所在的区域为免税区。

✉Duty Free Zone 88, Jl. Ibrahim Sultan ☎07-221-9999 FAX07-221-0999 HP www.berjayahotel.com/johorbahru RM（S/T）RM264~ 室400 交从火车站乘坐出租车约10分钟

高档　住宿

太平洋公主酒店
The Puteri Pacific Johor Bahru

餐厅 酒吧 游泳池 健身房 客房服务 英 中　MAP p.201-D

酒店毗邻苏丹易卜拉欣大楼，建在山丘之上。距离火车站很近，步行仅需几分钟的时间。此外，酒店附近还有大型购物中心和大排档一条街，步行也可前往大王宫，外出购物、观光都很方便。

✉The Kotaraya, Jl. Abdullah Ibrahim ☎07-219-9999 FAX07-219-9998 HP www.puteripacific.com RM（S/T）RM230~ 室464 交从火车站乘坐出租车约7分钟

高档　住宿

新山滨水酒店
Mutiara Johor Bahru

餐厅 酒吧 游泳池 健身房 客房服务 英　MAP p.201-D

距离市区东北方向约2千米，毗邻新山水路，附近有码头、免税店、海上餐厅等。该酒店位于免税区。

✉Jl. Dato Sulaiman, Taman Century ☎07-330-0300 FAX07-331-8884 HP www.mutiarahotels.com RM（S/T）RM528~ 室336 交从火车站乘坐出租车约10分钟到达

中档　住宿

新山水晶皇冠酒店
Crystal Crown Hotel Johor Bahru

餐厅 酒吧 游泳池 健身房 客房服务 英　MAP p.201-D

深受商务人士及亚洲游客青睐的酒店。游泳池、美容设施齐全，马来西亚著名的日式餐厅“雾岛”也在该酒店设有分店。另外，酒店内还有好几家中国餐馆。

✉117, Jl. Tebrau ☎07-333-4422 FAX07-334-5505 HP www.crystalcrown.com.my RM（S）RM190~、（T）RM200~ 室246 交从火车站乘坐出租车约10分钟

中档　住宿

新山格兰蓝波酒店
Grand BlueWave Hotel Johor Bahru

餐厅 酒吧 游泳池 健身房 客房服务 英 中　MAP p.201-D

酒店距离新柔长堤非常近，从这里去往新加坡非常方便。客房比较宽敞，均带有专用餐室以及办公桌，方便在室内办公。酒店内还建有热带风格的游泳池，适合长期居住。

✉9R, Jalan Bukit Meldrum ☎07-221-6666 FAX07-222-9473 HP www.grandbluewave-johorbahru.com RM（S/T）RM226.20~ 室184

餐厅　酒吧　游泳池　健身房　浴室　客房服务　英 提供英语服务　中 提供中文服务

闲适宁静的旅游度假胜地

蒂沙鲁

Desaru

MAP p.131-L

观光小贴士
蒂沙鲁

乐趣指数		交通手段	
海水浴	★★★··	步行	★····
自然景观	★★···	出租车	★★★··

交通方式

巴士 新山（拉琴汽车站）→哥打丁宜（约1小时到达，RM3.60）→班达佩纳沃尔（约1小时到达）→蒂沙鲁（乘坐出租车）

出租车 新山市区→蒂沙鲁（约1小时40分钟，RM100左右）

渡轮 新加坡（樟宜轮渡中心）→蒂沙鲁码头（每天发船3~4次，40分钟，单程船票$24、往返船票$38）

观光导览

蒂沙鲁是距离新加坡和新山最近的海滩度假胜地，即便是在平日，也经常可以看到前来度假的各国游客的身影。可以从新加坡乘车去往蒂沙鲁，也可以在樟宜国际机场旁边的塔纳梅拉码头乘船去往蒂沙鲁。

蒂沙鲁的中心区域是班达佩纳沃尔。蒂沙鲁的景点并不多，多集中于郊区一带，比较知名的景点有蒂沙鲁果树园、哥打京那巴鲁的渔民博物馆以及最南端的鸵鸟园等。

蒂沙鲁拥有全长25千米的白沙海滩。这里的海面风平浪静，适合骑摩托艇、划独木舟等海上运动。此外，这里还建有塞巴纳高尔夫度假村和蒂沙鲁高尔夫康托利俱乐部，适合度假和打高尔夫球。每年的11月至翌年3月，受季风影响，雨水较多，海浪也变得很凶猛，在此期间建议不要进行海上运动。

高档　住宿

普莱蒂沙鲁海滩度假酒店及水疗中心
PULAI Desaru Beach Resort & Spa

餐厅 酒吧 游泳池 健身房 浴室 客房服务 英　MAP p.131-L

蒂沙鲁的高档假日酒店。客房宽敞明亮且装饰精致。酒店内设有游泳池、美容院、餐厅等设施。

✉PO Box 29, Bandar Penawar
☎07-822-2222　FAX07-822-2223
HP www.pulaidesarubeachresort.com
RM（S/T）RM290~
室193　交从哥打丁宜乘坐出租车约1小时

高档　住宿

蒂沙鲁黄金海滩酒店
Desaru Golden Beach Hotel

餐厅 酒吧 游泳池 客房服务 英　MAP p.131-L

位于蒂沙鲁繁华地段。酒店内设有海鲜餐厅、台球室等。有普通的观景房和海滩度假房两种房型。

✉P O Box 50,Tanjung Penawar
☎07-822-1101
FAX07-822-1480
RM（S/T）RM220~
室220
交从哥打丁宜乘坐出租车约1小时

高档　住宿

塞巴纳洞穴高尔夫球场度假村
Sebana Cove Golf & Marina Resort

餐厅 酒吧 游泳池 健身房 英　MAP p.131-L

这座规模庞大的度假村位于河畔，内部建有高尔夫球场和码头。在这里可以乘船垂钓、赏萤火等。

✉Lot PTD 2940/92/93/93 & 2931,Mukim Pengerang, daerah Kota Tinggi
☎07-826-6688　FAX07-826-6677　HP www.sebanacovegolfmarinaresort.com
RM（S/T）RM238~
室84
交从哥打丁宜乘坐出租车约1小时30分钟
◆从新加坡可以乘坐轮渡直达该度假村。

餐厅　酒吧　游泳池　健身房　浴室　客房服务　英 提供英语服务　中 提供中文服务

EAST COAST

马来半岛东海岸

马来半岛东海岸旅游指南

马来半岛东海岸的群岛及其海域被列为世界海洋保护区，这里总是一派世外桃源风光。许多游客从世界各个角落赶来，只为享受这里的宁静与闲适，度过一个完美的假期。博物馆之城——哥打巴鲁、拥有纯白色沙滩的乐浪岛、海龟的故乡——兰道阿邦、海滩度假村成群的刁曼岛、南北总长度达600千米的东方之路……这些五光十色的景点无一不散发着独特的魅力。

东海岸的城市

风和日丽的“马来西亚之乡”

哥打巴鲁/瓜拉登嘉楼/关丹

马来半岛东海岸面临中国南海，这里坐落着许多美丽的城市。马来籍人口占绝大多数，他们多信奉伊斯兰教。整个东海岸地区是马来西亚传统文化氛围最浓厚的区域。

马来半岛东海岸的主要城市有哥打巴鲁、瓜拉登嘉楼、关丹，它们分别是吉兰丹州、登嘉楼州、彭亨州的首府。此外，道北与泰国接壤，以佛教寺院闻名。兰道阿邦是著名的海龟产卵地。国际知名旅游度假区——珍拉丁湾等旅游景区也非常值得去参观。

瓜拉登嘉楼的岛屿

诗情画意的绝世乐园

位于马来半岛东海岸北部的乐浪岛、停泊岛等群岛以拥有纯白色的细沙海滩而闻名。这片辽阔的海域被列为海洋生态保护区，总共生活着500多种珊瑚礁以及1000多种海洋生物。这里并未进行过度的旅游开发，因此自然环境得到了很好的保护。乐浪岛的海滩被公认为是马来西亚第一海滩，在亚洲旅游度假胜地中享有极高的赞誉。在一望无际的海滩上吹着海风，感受温暖的阳光，度过美好的时光。海上运动爱好者可以体验多种海上运动，相信一定会留下一段美好的回忆。

刁曼岛及其周边岛屿

东海岸首屈一指的度假海滩

柔佛海洋公园自然保护区总共由13个岛屿组成，这些岛屿分布在马来半岛南部及柔佛州东侧。从丰盛港码头、丹戎根摩码头可以乘坐船只前往刁曼岛以及周边各个岛屿，仅需30~40分钟即可到达。很多新加坡游客在闲暇时分也会前来度假，特别是周末和节假日，这里真是人山人海。从吉隆坡可以乘坐飞机直达刁曼岛。这里风景秀美，是东海岸最负盛名的度假胜地。

马来西亚传统文化发源地
哥打巴鲁
Kota Bharu

MAP p.130-B

观光小贴士 哥打巴鲁

乐趣指数
博物馆 ★★★★·
集市 ★★★··

交通便利指数
巴士 ★★★★·
出租车 ★★★★·
步行 ★★★★·

交通方式

飞机■吉隆坡→哥打巴鲁机场（〖马来西亚航空〗：约55分钟，每天有4~5趟从吉隆坡国际机场飞往哥打巴鲁的直达航班，单程机票RM89~309〖亚洲航空〗：约55分钟，每天有8趟直达航班，单程机票RM49~109〖Fire Fly航空〗：每天有7~8趟直达航班，单程票价RM18~99）→市区（乘坐出租车约20分钟，RM20）

巴士■吉隆坡（富都汽车站）→哥打巴鲁（约8小时到达，每天发车10次，RM40.10）

旅游咨询处■吉兰丹州旅游信息咨询中心
✉Jl.Sultan Ibrahim ☎09-748-5534
开8:00~17:00（周四、周五做礼拜，闭馆） 休无

航空公司■马来西亚航空☎1-300-88-3000
亚洲航空HP www.airasia.com Fire Fly航空
☎03-7845-4543

观光导览

默迪卡广场位于哥打巴鲁的中心，是为纪念马来西亚独立而修建的。广场周边有一些历史建筑物、博物馆等景点。常规的旅游行程安排是白天参观博物馆和蜡染工厂，晚上逛夜市、品尝美食。如果想购物的话，建议到广场旁边的中央市场和购物商厦。想要欣赏风景的话，可以乘坐巴士或出租车到近郊海滩、兰道阿邦、道北逛一逛。也可以选择租车，租车费用每小时RM30~35。如果不知道乘坐哪一路巴士，可以在售票处询问工作人员。可以上车购票。

打出租车时可以讲价

景点 **观光**

吉兰丹文化中心
Gelanggang Seni

MAP p.209

文化中心场馆内展示着吉兰丹传统文化的相关资料和物品。每周会定期举行传统艺术表演，内容涉及转陀螺、马来风筝、鼓、皮影戏、舞蹈、音乐等。在旅游信息咨询中心可以获知表演时间和内容。

开10:30~17:45 休周五 交从哥打巴鲁巴士终点站步行约15分钟
开周一、周三、周六（2~11月）
＊周三、周六晚上有艺术表演
休斋月（2013年7月上旬~8月上旬、2014年6月下旬~7月下旬）

大鼓

哥打巴鲁

哥打巴鲁的主要景点、历史建筑多集中于市区一带。

■默迪卡广场
交 从巴士终点站步行15分钟

■大义场皇宫
交 从巴士终点站步行15分钟

■吉兰丹州博物馆
开 8:30~16:45　休 周五、周六　RM 成人RM3、儿童RM1
交 从巴士终点站步行15分钟

■伊斯兰博物馆
开 8:30~16:45　休 周五、周六　RM 成人RM3、儿童RM1
交 从巴士终点站步行15分钟

默迪卡广场

Merdeka Square

景点　MAP p.209

1957年，马来西亚正式从英国殖民统治下脱离出来。为纪念国家独立，政府特地在哥打巴鲁市中心修建了这座大型广场。广场上矗立着一座纯白色的尖塔。平时，默迪卡广场是市民休憩的地方。每年的8月31日会在广场上举行独立日庆典。

大义场皇宫

Istana Balai Besar

景点　MAP p.209

苏丹・穆罕穆德二世在位期间，于1840年主持修建了这座皇宫。皇宫曾经是吉兰丹州君主的住所。如今，这里已被改建为政府办公的地方，平日里禁止游客入内。

吉兰丹州博物馆

Muzium Kelantan

博物馆　MAP p.209

吉兰丹州博物馆位于钟楼对面，修建于殖民地时期。州政府大楼于10年前移至这里。除了为政府人员提供办公场所之外，吉兰丹州博物馆内还珍藏有吉兰丹州的传统艺术品、历史遗留品等珍贵文物以及现代美术作品。

伊斯兰博物馆

Muzium Islam

博物馆　MAP p.209

伊斯兰博物馆也被称为“麦加分馆”，是吉兰丹州伊斯兰教的活动中心。博物馆修建于1900年，外观为黄绿色，内部展示有各种碑文、照片、影像资料。

真情提示

无法忘却的战争之痛

MAP p.209

在默迪卡广场的一侧，安静地矗立着一座具有纪念意义的建筑物——第二次世界大战纪念馆。纪念馆修建于1912年，曾经作为银行使用。1941年12月8日，日本军队正式出兵入侵马来西亚，哥打巴鲁就是当时日军抢滩登陆的地方。纪念馆内展示有战争纪念碑、军事地图以及枪炮等武器。在纪念馆墙壁上，还悬挂着日本战败后，日军高级将领被绞首的照片。饱受日本侵略战争之苦的马来人、中国人来到此处难免唏嘘一番。日本的侵略行径曾使马来人民深陷于水深火热之中，使他们的心灵和肉体都承受了莫大的痛苦。这段悲怆的历史虽然已经过去了大半个世纪，但是仍然让人永远不能释怀。

开 8:30~16:45
休 周五　RM 成人RM3、儿童RM1

海岸线旁边的日军碉堡

马来西亚王宫

Istana Batu

博物馆 MAP p.209

马来西亚王宫修建于1939年，曾是吉兰丹州苏丹的宫殿。如今这里展示着皇冠、宝杖、金银饰品、珍贵文物以及老照片，再现了当时苏丹的奢华生活。

马来西亚王宫

开 8:30~16:45　休 周五

RM 成人RM3、儿童RM1

交 从巴士终点站步行15分钟

皇家博物馆

Istana Jahar(Royal Customs Museum)

博物馆 MAP p.209

苏丹·穆罕默德·佳哈于1887年修建了这座豪华宫殿，后来经过改建成为王室传统和民俗博物馆，现在面向游客开放。整座博物馆为木质结构，内部陈列着王室礼仪装饰品、编织品、服装等物品，让人对曾经的王室生活有所了解。

皇家博物馆

开 8:30~16:45　休 周五

RM 成人RM3、儿童RM1

交 从巴士终点站步行15分钟

手工艺博物馆

Balai Getam Guri

博物馆 MAP p.209

吉兰丹州的手工艺品博物馆。馆内珍藏有吉兰丹州传统手工艺匠师的作品，并配以相关文字说明。这里的蜡染作品、手扎风筝、绢制品等手工艺品显示了制作者高超的技艺，平时有著名手工品艺术家现场手工创作。馆内还有手工艺品商店和餐厅。

手工艺品博物馆

开 8:45~17:00

休 周五　RM 免费

交 从巴士终点站步行15分钟

爱情海滩

Pantai Chinta Berahi

距离哥打巴鲁市区东北约10千米处有一片漂亮的海滩，这里是当地著名的度假海滩，当地人亲切地将之称为“爱情海滩”。爱情海滩简称为“PCB”，这里有着如诗如画的风景，让人陶醉。平时游客稀少，傍晚时分，年轻情侣们结伴来到这里看夕阳、听海浪，非常浪漫。节假日期间，很多家庭全家出动到这里度假。海滩大道两旁有一些露天商店、餐厅等。

交 从哥打巴鲁市区的巴士总站乘坐10号巴士，约30分钟到达（每小时发车1次）。搭乘出租车约20分钟到达（RM12）

旋律海滩

Pantai Irama

哥打巴鲁无人不知、无人不晓的人气海滩。这片海滩海岸线狭长，位于浅水地段，拥有大片的纯白色美丽沙滩。距离哥打巴鲁市区约25千米。虽然距离市中心较远，但是仍抵挡不住人们的热情。

交 从哥打巴鲁市区的巴士总站乘坐2号巴士，约1小时到达。搭乘出租车约35分钟到达（RM12）

迪沙沙巴海滩

Pantai Dasar Sabak

太平洋战争时期，日本侵略军正是从这片海滩抢滩登陆，将侵略的铁蹄踏上了哥打巴鲁。近年来，由于海浪的侵蚀，海滩面积逐渐缩小，到访的游客也日渐稀少。海滩旁边有一些露天商铺。

交 从哥打巴鲁市区的巴士终点站乘坐8号、9号巴士，约45分钟到达。从市区乘坐出租车约20分钟（RM12）

哥打巴鲁中央市场 & 热闹非凡的夜市

哥打巴鲁的中央市场犹如庙会一般热闹非凡。夜市也毫不逊色，此起彼伏的叫卖声声声入耳。让我们随着熙攘的人群，到这两个集市上逛一逛，感受一下当地人的热情与活力。

中央市场

Central Market / Pasar Siti Khadijah

MAP p.209

哥打巴鲁的中央市场是马来半岛东海岸最新、规模最大的市场。巨大的圆形屋顶如同歌剧院一般，非常漂亮。市场的一楼主要出售鱼、肉、水果等生鲜食品和时令水果等，二楼出售日用百货，三楼是服装店。一楼的顾客最多，也是最热闹的。很多国内外游客也会到这里来感受一下喧闹的氛围。

开 8:00左右至18:00左右　休 无
交 从哥打巴鲁巴士终点站步行约5分钟

中央市场的墙壁是粉红色的

（上）热闹的食品卖场
（左）圆形的屋顶非常漂亮

夜市

Night Market

MAP p.209

太阳落山之际，正是夜市拉开帷幕之时。这里的露天商铺售卖各种各样的商品，点心、服装、蜡染制品、小吃等应有尽有，既能满足食欲，也能买到各种日用百货和纪念品。路边的酒吧或餐厅装饰精致，有的还配备电视，很多欧洲游客在世界杯期间到这里来看比赛、喝啤酒。这里的小吃种类很多，而且价格不贵。一般在RM1~2，花费不到RM5就能吃得饱饱的。

开 18:00~23:00、19:30左右是祷告时间，暂时不营业。　休 无
交 哥打巴鲁巴士终点站旁边

将肉和蔬菜调成的馅料塞进小麦饼里烤制而成的小吃

真情提示

马来半岛东海岸地区旅行注意事项

马来半岛东海岸地区伊斯兰教徒众多，宗教色彩非常浓厚，这里的人民以古兰经教义为宗旨。伊斯兰教有很多明令禁止的事情和行为，下面让我们来了解一下。

最重要的几条戒律是：信徒不得吃猪肉、女性信徒不得穿着裸露肌肤的服装、禁止偶像崇拜、未婚男女不得有过于亲密的举动、禁止饮酒等。但是随着现代文明的不断发展，有些戒律也逐渐突破了宗教的束缚。

马来半岛东海岸地区的大型度假村内几乎不提供任何酒水，这让来自欧洲和中国的游客大为头疼。不过，当地的中国餐馆内一般都出售酒水，可以在那里买一些酒水带到度假村内。如果不知道度假村或酒店有没有酒水，可以事先打电话咨询一下。

海鲜料理　　美食

四季海鲜餐厅
Four Seasons

英　MAP p.209

在哥打巴鲁拥有大批忠实顾客的老牌中国海鲜餐馆。鱼、大虾、墨鱼、螃蟹等海鲜菜肴丰富，烹饪方法多种多样，而且价格相对公道，很多外国游客也慕名而来。

✉Jalan.Sri Cemerlang
☎09-743-6666
营12:00~14:30、18:00~22:00
休无
◆菜肴RM9~15

马来菜　　美食

米娜咖喱坊
Meena Curry House

英 预　MAP p.209

众多咖喱爱好者纷至沓来、哥打巴鲁味道最正宗的咖喱美食屋。该店的招牌菜是鸡肉咖喱饭，RM5一份。鱼头咖喱饭RM17~25。

✉3377-G, Jl. Gajah Mati
☎09-743-0173
营9:30~21:00
休无
◆咖喱饭一人份RM7~10

马来菜　　美食

西库餐厅
Cigku

英　MAP p.209

位于手工艺品博物馆旁边的马来餐厅。可以单点，也可以吃自助餐，有蔬菜、鱼贝类海鲜、鸡肉等菜肴。

✉Kampong Kraftangan, Jl. Hilir Kota
☎019-946-6665
营11:00~17:00
休周五
◆午餐套餐RM7.50

民族工艺品　　购物

民族工艺品中心
Bazar Buluh Kubu

英　MAP p.209

也叫作手工艺品商场。商场内全部都是售卖手工艺品、民族工艺品的店铺，有蜡染制品、服饰品、食饰品、金银制品等。可以与店家讨价还价。如果想在哥打巴鲁挑选一些当地特色商品的话，建议到这里来。

✉Jalan Buluh Kubu
☎09-748-7952
营10:00~18:00
休周五
◆木制汤勺RM4、锡制镜子RM250~

重要信息

让人回味无穷的吉兰丹州菜肴

马来半岛东海岸是马来西亚传统文化的温床，这里也有着各种各样的马来西亚传统美食。

吉兰丹州的代表菜肴是葛拉布饭和椰汁鸡。葛拉布饭是将药草、蔬菜拌入米饭中，加上各种酱料调制而成。椰汁鸡首先用新鲜椰汁腌制鸡肉使其入味，然后蒸制而成。这两道菜肴口感比较甜，适合与辣味咖喱一并食用。

此外，还有美味的大岗饭。用油纸包裹起来的白饭配上咖喱鱼、咖喱牛肉、咖喱鸡或咖喱羊肉，肉的香味与米饭的清香很好地融合在一起，勾人食欲。

另外，哥打巴鲁当地的一些美食极具热带风情，譬如东炎辣汤、鸡肉串、沙拉等，也都非常好吃。

吉兰丹州的点心也别具一格。将新鲜椰汁、牛奶、砂糖加入面粉中搅拌，用刚采摘的香蕉叶将其包裹好蒸制而成的点心既有植物的清香，又有牛奶的香甜，爱好美食的游客一定不要错过。

椰汁鸡肉

高档 住宿

濠景大酒店

Grand Riverview Hotel

英 MAP p.209

哥打巴鲁地区最豪华的酒店，有很多VIP客户。在客房内可以将吉兰丹河一览无余。酒店距离哥打巴鲁各大景点和购物中心非常近，出行方便。

休 Section 9, Jl. Post Office Lama
☎ 09-743-9988 FAX 09-743-8388
HP www.grv.com.my RM（S/T）RM288
室 299 交 从巴士终点站步行约10分钟

高档 住宿

哥打巴鲁万丽酒店

Renaissance Kota Bharu Hotel

英 MAP p.209

从机场驱车到这里仅需20分钟，从市区开车过来也不过10分钟。虽然距离市中心较远，但是酒店内设有大型购物中心，购物非常方便。

✉ Kota Sri Mutiara, Jalan Sultan Yahya Petra
☎ 09-746-2233
FAX 09-746-1122
HP www.marriott.com/hotels/travel/kbrbr-renaissance-kota-bharu-hotel/
RM（S/T）RM288~
室 298 预 ⑥
交 从巴士终点站乘坐出租车约10分钟

高档 住宿

哥打巴鲁假日套房别墅

Holiday Villa Hotel & Suites Kota Bharu

英 MAP p.209

酒店位于哥打巴鲁瓦卡夫车叶地区，距离市区5公里左右。酒店是亚洲现代风格装饰，面积虽然不大，但是游泳池、美容室、健身馆等各种设施全部都有。酒店毗邻夜市，附近的很多商铺是24小时营业，非常方便。

✉ PT968, Jalan Kuala Krai, Wakaf Che Yeh
☎ 09-747-4004
FAX 09-747-3003
HP www.holidayvillakb.com
RM（S/T）RM175
室 108
交 从巴士终点站乘坐出租车约15分钟

中档 住宿

王朝客栈

Dynasty Inn

英 MAP p.209

王朝客栈位于哥打巴鲁旅游咨询处旁边。在酒店的六楼可以享用早餐，并且可以欣赏吉兰丹河的美丽风光。

✉ 2865 D&E, Jl. Sultanah Zainab
☎ 09-747-3000 HP www.dynastyinn-kotabharu.com
FAX 09-747-3111 RM（S/T）RM108~ 室 45
交 从巴士终点站步行约10分钟

经济型 住宿

新太平洋酒店

New Pacific Hotel

英 MAP p.209

酒店位于从机场前往市区的道路边上。酒店内有中国餐厅、泰国餐厅和马来西亚餐厅，以满足不同客人的口味。

✉ Section 26, Jalan Pengkalan Chepa
☎ 09-745-6555 FAX 09-745-6400 / 09-745-6500
室 219 RM（S）RM188~、（T）RM203~
交 从巴士终点站乘坐出租车约5分钟

经济型 住宿

理想旅游者之家

Ideal traveller's House

英 MAP p.209

酒店位于集市旁边，深受背包客的青睐。

✉ 3954F&G, Jl. Kebun Sultan ☎ 09-744-2246
RM（S）RM20~、（T）RM25~、（Domi）RM10~
室 19 交 从巴士终点站步行约5分钟

经济型 住宿

茵达酒店

Indah Hotel

英 MAP p.209

位于默迪卡广场旁边，距离宫殿和博物馆等景点非常近。

✉ 236, A & B, Jalan Tengku Besar ☎ 09-748-5081
FAX 09-748-2788 RM（S/T）RM50~ 室 42
交 从巴士终点站步行约10分钟

佛教寺院众多的边境城市

道北

Tumpat

MAP p.130-B

观光小贴士
道北

乐趣指数		交通便利指数	
寺院	★★★★·	出租车	★★★★·
自然景观	★····	巴士	★····

交通方式

巴士■哥打巴鲁汽车站→道北（约30分钟，6:45~18:50每隔30分钟发车，RM2.10）

出租车■哥打巴鲁→道北（约30分钟，RM30左右）

（左）卧佛寺内的佛像
（下）金佛寺内的金身塑像

观光导览

道北位于哥打巴鲁西北12公里处，是距离泰国边境较近的小村庄。道北自古以来深受佛教影响，村子里总共有4座巨大的珍贵佛像。这四座佛像分别坐落于四座佛教寺院内。这四座佛教寺院是东南亚规模最大的佛教寺院——卧佛寺（Wat Phothivihan）、道北暹庙（Wat Phikulthong）、坐佛寺（Wat Machimarm）以及金佛寺（Wat Suwankiri）。

建议租一辆车从哥打巴鲁出发，前往道北参观佛教寺院（约需1小时30分钟至2小时）。可以事先跟司机讲好价格，每小时RM20~25。

寺院　　观光

卧佛寺

MAP p.130-B

卧佛寺内有一尊巨大的卧佛佛像。佛像全长40米，高11米，于1973年开始修建，6年之后正式竣工，是东南亚最大的卧佛佛像。寺院内每年会举行两次泰国佛礼节。

交 从哥打巴鲁乘坐出租车约20分钟

前往泰国

穿越马来西亚国境线的旅行

兰道班让距离哥打巴鲁约40千米，道北距离哥打巴鲁约10千米，这两个村庄毗邻泰国，是从马来半岛东海岸去往泰国的必经之地。驾车从高速公路穿越国境线，仅需缴纳高速公路费就可以了。如果不嫌麻烦，也可以步行穿越国境线。马来西亚和泰国分别属于不同的时区，泰国时间要比马来西亚时间晚一小时。在两国的边境站须出示护照或能够证明身份的证件。从哥打巴鲁去往兰道班让可乘坐29号巴士。29号巴士每隔45分钟发车，车票RM5.10。

兰道班让的出入境管理中心

位于河口的悠闲港口城市
瓜拉登嘉楼

观光小贴士
瓜拉登嘉楼

乐趣指数		交通便利指数	
景点	★★★··	出租车	★★★★·
自然景观	★····	步行	★★★··

交通方式

飞机■吉隆坡→苏丹马末机场（〖马来西亚航空〗：约45分钟，每天有三趟直达航班，单程机票RM89~309 〖亚洲航空〗：每天有2~3趟直达航班，单程机票RM49~119〖Fire Fly航空〗：每天有4趟直达航班，单程机票RM18~144）→市区（乘坐出租车约30分钟，RM25~35）

巴士■吉隆坡富都汽车站→瓜拉登嘉楼（约7小时到达，每天有7趟车，车票RM40） 新山→瓜拉登嘉楼（约6小时30分钟，每天有5趟车，车票RM44.10）

旅游咨询处■瓜拉登嘉楼旅游信息咨询中心
✉Jl.Sultan Zainal Abidin ☎09-622-1553
开8:00~17:00（周五至15:00） 休无

航空公司■马来西亚航空☎1-300-88-3000、亚洲航空HPwww.airasia.com、Fire Fly航空☎03-7845-4543

观光导览

瓜拉登嘉楼位于登嘉楼河与中国南海的交汇处，东侧靠海，西侧临河。瓜拉登嘉楼是重要的交通枢纽，从这里既可以去往马来西亚东海岸的岛屿，也能北上前往哥打巴鲁和泰国边境，还可以去往内陆的肯逸湖。瓜拉登嘉楼是马来西亚原住民的聚集区，他们信奉伊斯兰教，平日里严格遵守戒律。

瓜拉登嘉楼的市区指的是中央市场一带。玛兹雅皇宫、公主山博物馆等主要观光景点，以及长途汽车站和码头也都集中于中央市场附近。

瓜拉登嘉楼最著名的建筑——水上清真寺和登嘉楼州博物馆距离市区较远，建议乘坐出租车或租车前往。

瓜拉登嘉楼受伊斯兰教影响深远，城市内的酒店和餐厅严禁饮酒。但是唐人街的餐厅是允许饮酒的，想喝酒的话可以去唐人街。

水上清真寺
Masjid Tengah Zaharah

清真寺　MAP p.216-B

水上清真寺位于瓜拉登嘉楼河口的小岛上，距离市区约4.5公里。白色的寺庙倒映在平静的湖面上，与蔚蓝的天空相映衬。无论是日出还是日落时，站在湖泊前面都会为清真寺所触动。水上清真寺内还有一座美丽的公园。

迷人的水上清真寺

■水上清真寺
交 从市区乘坐出租车约10分钟
※禁止入内参观

公主山
Bukit Puteri

景点　MAP p.216-A

公主山在1831—1876年曾是重要的军事要地，担任了保家卫国的重任。山上至今仍残留有当时的碉堡和炮台遗迹。站在山上可以远眺中国南海、登嘉楼河口风光，还可以俯瞰登嘉楼市景。平时，很多当地市民也会来到山上纳凉。

正对河口的黑漆漆的大炮

■公主山
开 9:00~17:00　休 无
RM RM1
交 从中央市场步行约1分钟

登嘉楼州博物馆
Terengganu State Museum Complex

博物馆　MAP p.216-A

登嘉楼州博物馆占地面积达27公顷，是马来西亚面积最大的博物馆。博物馆由4座大型主馆、海洋博物馆、5座传统民宅、植物园和香草园构成。主要展馆内陈列有与伊斯兰教、饰品、王室、历史、工艺品以及石油等相关的资料和文物，全部逛完需要花费一些时间。

■登嘉楼州博物馆
☎09-622-1444　开 9:00~17:00
休无　RM成人RM15、儿童RM10
交从市区乘坐出租车约10分钟、乘坐巴士约15分钟

登嘉楼州博物馆本身也是一座值得欣赏的建筑物

玛兹雅皇宫
Istana Maziah

景点　MAP p.216-B

1897年，当时的苏丹宰纳·阿比丁三世在全国范围内召集20名一流工匠修建了这座奢华的王宫。王宫在第二次世界大战中曾遭到破坏，如今是重新修复之后的样子。王室的生日宴会、婚礼、迎宾仪式、颁奖仪式等重要典礼都在这里举行。皇宫禁止游客进入参观。

■玛兹雅皇宫
交 从中央市场步行约3分钟

乳白色的皇宫非常漂亮

真情提示

马来西亚的ID卡

在马来西亚，人人都持有ID卡。ID卡中储存有个人指纹和面部照片等信息。只要年龄超过12周岁，就可以到当地社区办理一张可以证明自己身份的个人信息卡。2001年开始，马来西亚全面推广可以充值的MyKad卡。这种个人卡不但存储了个人指纹、照片等信息，还具有驾照、护照、个人健康资料卡、电子支票等功能，使用起来非常方便。

如今的马来西亚正渐渐与欧美国家接轨，逐步实现了个人信息卡片化。ID卡的功能也日益增多，管理方法也更加科学。

住宿

顶级 · 高档 · 中档

瓜拉登嘉楼的海滩和市区坐落着几家著名的旅游度假酒店。除之外，还有几家价格偏低、环境设施良好的中档酒店可供选择。在远离都市的海滨度假村可以享受到现代都市中难得的宁静。

高档　美人鱼岛

瑞雅姿遗产滨海度假酒店
Ri-Yaz Heritage Resort & Spa

英　MAP p.216-A

酒店位于登嘉楼河口的美人鱼岛上，于2007年正式对外营业。亚洲第一届帆船赛事“季风杯”就在这里举行。整座酒店是木质结构，为传统的马来风格，素雅且不失大气。

Pulau Duyong
☎09-627-7888　FAX 09-622-9903
HP www.ri-yazheritage.com　RM（S/T）RM388~　室58

高档　市内

普利姆拉海滩度假村
Primula Beach Hotel

英　MAP p.216-B

瓜拉登嘉楼最高规格的度假酒店。酒店与班底都市路海滩直接相连，并设有露天游泳池。这座大型酒店内还有餐厅、超市、美容院、健身馆等设施，适合家庭出游时居住。酒店距离市区较远，摒除了城市的喧嚣，让人们享受到大自然的安宁。

Jl.Persinggahan
☎09-622-2100　FAX 09-623-3360
HP www.primulahotels.com
RM（S/T）RM220~
室245
交 从长途汽车站步行约10分钟

中档　市内

五洲大酒店
Hotel Grand Continental Kuala Terengganu

英　MAP p.216-B

酒店位于瓜拉登嘉楼长途汽车站附近，交通便利。从这里步行1分钟即可到达海滩，无论是商务人士，还是游客都非常喜欢住在这里。这里设备齐全，价格相对实惠。全部客房均为海景房，在室外游泳池可以游泳嬉水。

Jl.Sultan Zainal Abidin, Daerah 8
☎09-625-1888　FAX 09-625-1999
HP www.ghihotels.com.my
RM（S/T）RM185~
室190
交 从长途汽车站乘坐出租车约3分钟

中档　市内

阿拉曼达酒店
Alamanda Hotel

英　MAP p.216-B

阿拉曼达酒店规模并不大。但是麻雀虽小，却五脏俱全。酒店内有餐厅、会议中心、健身馆等设施，所以居住在这里并没有任何不便之处。更难得的是，酒店虽然位于黄金地段，但是价格却非常便宜。

28-28A Jl.Tok Lam　☎09-622-8888
FAX 09-623-8899　RM（S/T）RM70~
室44　交 从长途汽车站步行约10分钟

中档　市内

瓜拉登嘉楼斐丽迈酒店
Permai Hotel Kuala Terengganu

英　MAP p.216-B

这座小型城市酒店位于瓜拉登嘉楼市区南部。游泳池、美容院、商务中心等设施齐全，服务无微不至，很适合外国商务人士出差居住。

Jl.Sultan Mahamud　☎09-622-2122
FAX 09-622-2121　RM（S/T）RM290~
室280
交 从长途汽车站乘坐出租车约10分钟

餐厅　酒吧　游泳池　健身房　浴室　客房服务　英 提供英语服务　中 提供中文服务

顶级 市区

阿雅妮度假村 The Aryani Resort

英 MAP p.216-A

从瓜拉登嘉楼驱车向北行驶45分钟左右，即可到达这个在当地具有超高人气的旅游度假村。"Aryani"在印度语中是"起源"的意思，而马来半岛东海岸正是马来传统文化的起源地。度假村内总共有17间山间房舍，由水上清真寺的设计者主持建造。水上别墅套间矗立于平静的湖面之上，配备有美容室、豪华大床以及奢华装饰，让人仿若置身皇宫之中。有开放式餐厅和晚宴厅供客人用餐。在海景房内可以欣赏到海滩美景，还可以远眺乐浪岛。

Jl. Rhu Tapai Merang
09-653-2111
FAX 09-653-1007
HP www.thearyani.com
RM （S/T） RM294~
室 20
交 从市区乘坐出租车约45分钟

中档 市内

科纳干酒店 Hotel Kenangan

英 MAP p.216-A

位于热闹的苏丹伊斯马伊尔大街旁边，地处市中心黄金地段。酒店附近有许多便利店和超市，购物方便。除此之外，旅游信息咨询中心和社区服务处也位于酒店旁边，可以及时获知旅游信息。客房内饰比较简单，但是收拾得非常干净，适合长期居住。

65,Jl.Sultan Ismail
09-622-2688
FAX 09-623-3268
HP hotelkenangan.com.my
RM （S/T） RM75~
室 36
交 从长途汽车站乘坐出租车约10分钟

中档 市内

海景酒店 Seaview Hotel

英 MAP p.216-B

酒店位于玛兹雅皇宫正对面，共有四层。虽然地处市区繁华地段，但是价格却出人意料地便宜，长期入住还可以打折。客房面积较小，但是非常温馨。可以使用信用卡刷卡。

18A, Jl.Masjid Abidin
09-622-1911
FAX 09-622-3048
RM （S/T） RM40~
室 23
交 从长途汽车站步行约15分钟

真情提示

瓜拉登嘉楼的工艺品

瓜拉登嘉楼被看作是马来西亚传统文化的发祥地，许多马来西亚传统手工艺品就是来源于这里。最具特色的手工艺品是马来西亚织锦。织锦采用各种色彩的绢丝制成，是马来西亚女性的必备品。高档的织锦售价RM1000以上。此外，还有制作精美的蜡染制品，在瓜拉登嘉楼郊区也建有可供游客参观的蜡染工厂。竹子、藤制品等特色商品也很多。

蓝天白沙环绕的海上乐园

瓜拉登嘉楼周边岛屿

Islands around Kuala Terengganu

MAP p.130-C、F

观光小贴士

瓜拉登嘉楼周边岛屿

乐趣指数		交通便利指数	
海滩	★★★★★	快艇	★★★★·
潜水	★★★★·	轮渡	★★★★·

交通方式

飞机 〖乐浪岛〗吉隆坡（梳邦机场）→乐浪岛（〖成功（Berjaya）航空〗：约1小时到达，每天仅有一趟直达航班，单程机票RM158~390）柔佛（士乃机场）→乐浪岛（〖成功（Berjaya）航空〗：约1小时20分钟，每天仅有一趟直达航班，单程机票$136~252）

轮渡 〖乐浪岛〗瓜拉登嘉楼→乐浪岛（在TIC码头乘船，约1小时30分钟，往返船票RM110）〖棉花岛〗瓜拉登嘉楼→马让码头（乘坐出租车约20分钟，车费RM25左右）→棉花岛（乘坐快艇约15分钟，往返船票约RM50）〖停泊岛〗哥打巴鲁→瓜拉勿述码头（乘坐出租车约45分钟，RM35左右）→停泊岛（乘坐快艇约15分钟，船票约RM79）

观光导览

瓜拉登嘉楼周边的观光旅游岛屿自南向北依次为棉花岛（Pulau Kapas）、宝石岛（Pulau Gemia）、乐浪岛（Pulau Redang）、浪中岛（Pulau Lang Tengah）和停泊岛（Pulau Perhentian）。除了以上这五座岛屿之外，还有一些不太出名的小岛，这些小岛尚未进行旅游开发，平日里人迹罕至，自然环境良好。

这五座岛屿彼此之间有码头相连接，从岛中心可以乘坐出租车或巴士前往码头。从瓜拉登嘉楼向南约17公里处的马让码头（Marang）乘坐快艇可以前往棉花岛、从瓜拉登嘉楼向北约25公里处的梅让码头（Merang）乘坐快艇可以前往乐浪岛。马让码头和梅让码头容易混淆，乘坐出租车时务必要准确告知司机目的地的名称。

去往停泊岛，可以从梅让码头向北约40公里处的瓜拉勿述（Kuala Besut）码头乘船。船只分为快船和慢船两种，价格相差很多，安全性也有高低之分。从岛上乘坐巴士或出租车到达码头后，还需要等候船只发船，这样一来会浪费不少时间。特别是梅让码头的船只，如果没有提前预约的话，需要等候很长时间才能上船。

所以建议从当地的旅行社购买船票，合理安排时间。如果需要在岛上住宿的话，可以在当地旅行社一并预订好酒店。酒店和船票的价格在旅游旺季时较高，旅游淡季时会比较便宜。停泊岛的瓜拉勿述港口附近有很多酒店和旅行社分社，一般可以在这些地方预约船票。有的船只下午没有出航计划，建议下午15:00之前到达码头。11月至翌年2月是封港期，这一期间内码头附近的酒店也是不营业的。

瓜拉勿述码头

乐浪岛

Pulau Redang

MAP p.220

旅游旺季 3~10月。11月至翌年2月是雨季，也是旅游淡季，当地的很多度假村和酒店都是不营业的。

水上乐园的海水透明度很高

乐浪岛有湛蓝的大海和纯白的沙滩，是马来西亚最美丽的岛屿之一。岛上的自然景观几乎没有任何人工开发的痕迹，就连道路也是泥土路和简单的石板路，没有沥青路。岛南端栈桥北侧的乐浪岛成功海滩度假村是岛上最豪华的度假酒店。岛上最美丽的海滩当属长沙滩和成功海滩。长沙滩附近有许多大型度假村，经常可以看到游客在这里晒日光浴。乐浪岛还非常适合进行海上运动，在这里可以潜水、乘坐皮划艇，还能看见巨大的海龟。岛南端的平安岛是海上运动乐园，非常适合潜水（费用RM5）。

高档　乐浪岛

乐浪岛塔拉海滩度假村

The Taaras Beach & Spa Resort

英 中　MAP p.220

位于椰林密布的河口附近。度假村三面环山，由两座山间别墅构成。在最顶层的客房可以俯瞰达拉姆河。度假村内各种娱乐设施应有尽有，非常方便。

- ✉ PulauRedang,P.O.Box 126
- ☎ 09-630-8888
- FAX 09-630-8880
- HP www.thetaaras.com
- RM (S/T)RM780~
- 室 191
- ✉ 从码头乘坐酒店提供的巴士约5分钟

中档　乐浪岛

乐浪岛珊瑚度假村

Coral Redang Island Resort

英　MAP p.220

位于蓝天碧水间的环境优美的度假村。度假村内建有游泳池和酒吧，在炎炎夏日，游泳之后来一杯冰镇啤酒再惬意不过。酒店推出两天三夜优惠套餐，包含3顿免费午餐和自助晚餐，非常合算。很多欧美游客、潜水爱好者喜欢住在这里。

- ✉ 226Jl.Kampong Cina
- ☎ 09-630-7111／110
- FAX 09-622-8133
- HP www.coralredang.com.my
- RM (S/T)RM320~
- 室 40
- 交 从码头驱车5分钟

棉花岛与宝石岛

Pulau Kapas,Pulau Gemia

MAP p.220

旅游旺季 3~10月。11月至翌年2月是旅游淡季，也是棉花岛和宝石岛的封岛期。

棉花岛为距离马让海岸6公里左右的浮岛，这里的海水清澈见底，透明度很高，非常适合潜水和潜泳。棉花岛东侧还有一处海龟产卵的小海滩。

中档　棉花岛

棉花岛度假村

Kapas Island Resort

英 中　MAP p.220

位于棉花岛码头附近的大型度假村酒店。酒店的正对面就是纯白色的海滩，很多游客在平静的海面上浮潜。

- ✉ Pulau Kapas
- ☎ 09-631-6468
- FAX 09-631-1469
- HP www.kapasislandresort.com　RM (S/T)RM160~
- 室 60
- 交 从棉花岛码头步行约1分钟　※雨季不营业

高档　宝石岛

宝石岛美容度假村

Gem Island Resort & Spa

英　MAP p.220

宝石岛美容度假村是宝石岛上唯一的酒店。宝石岛海岸线全长不过500米，面积虽小，但总共有3处适合潜水和浮潜的海域。度假酒店内的美容院也很不错。

- ✉ Lot 2804, Pulau Gemia, Mukim Rusila
- ☎ 09-612-5110／688-2505
- FAX 09-612-5109
- HP www.gemisland.com.my
- RM (S/T)RM380~
- 室 45
- 交 位于栈桥附近，从马让码头乘船约15分钟

餐厅　酒吧　游泳池　健身房　浴室　客房服务　英 提供英语服务　中 提供中文服务

停泊岛

Pulau Perhentian

MAP p.130-B

旅游旺季 3~10月。11月至翌年2月是雨季，也是旅游淡季，当地的很多度假村和酒店都是不营业的。

停泊岛由东侧的大停泊岛（Pulau Kecil）和西侧的小停泊岛（Pulau Besar）组成。大小两座岛屿之间有快艇穿梭往来（可以在酒店前台购票，在海滩处乘船。船票RM5~15）。

小停泊岛的东侧有一处热闹的长海滩（Pasir Panjang），海滩附近有十几家酒店和商店。从这里向西步行10分钟，到达另一处美丽的海滩，海滩附近也有几家酒店。大停泊岛的西岸有几个设施完善的大型旅游度假村。停泊岛的海滩非常适合潜水和浮潜等海上运动。为了保护自然环境和海洋生态平衡，海面上禁止骑摩托艇和香蕉船。在岛屿深处的丛林探险也非常刺激。

高档 大停泊岛

停泊岛大酒店

Perhentian Island Resort

英 MAP p.222

大停泊岛上最为豪华的酒店，建有全岛唯一的一个游泳池。酒店的客房均为木屋，面积宽敞，风景独特。

✉Pulau Perhentian Besar, Daerah Besut

☎09-691-1111/1112
FAX 09-691-1110
HP www.perhentianislandresort.net
RM （S/T） RM310
室 106
交 从瓜拉勿述码头乘船约1小时

中档 大停泊岛

珊瑚景度假村

Coral View Island Resort

英 MAP p.222

位于大停泊岛南部，度假村周围是大片的丛林和岩石，风景优美。客房内配备浴室、空调等设施。

✉Pulau Perhentian Besar, Daerah Besut

☎09-697-4943
FAX 09-690-2600
HP www.coralviewislandresort.com
RM （S/T） RM140~
室 78
交 从瓜拉勿述码头乘船30分钟~1小时

经济型 小停泊岛

拉提贡酒店

D'Lagoon

英 MAP p.222

适合背包客居住的经济型酒店。客房建在一米多高的木柱之上，有集体宿舍和单间，淋浴、空调设施完善。

✉Pulau PerhentianKecil ☎019-985-7089
HP www.dlagoon.my RM (S/T) RM40~、(Domi)RM20~
室 30 交 从瓜拉勿述码头乘船约45分钟

真情提示

为保护海龟而采取的措施

登嘉楼群岛和马来半岛的兰道阿邦是著名的海龟产卵地。每年的6~9月是海龟的产卵期，这一期间，很多游客会从全世界各地前来参观。岛上的居民在海龟产卵期间会收集海龟卵并拿到市场上出售。而政府对此持默许态度，在他们看来，收集海龟卵是村民们的权利。但是，海龟卵的过度采集导致了海龟数量的急剧减少。当地政府为此成立了海龟研究中心，并采取了回购海龟卵和龟巢的行动，等待小海龟孵化之后再放回大海。

海龟的故乡

兰道阿邦

Rantau Abang

MAP p.130-F

观光小贴士

兰道阿邦

乐趣指数		交通便利指数	
景点	★★···	步行	★★★★·
自然景观	★★★··	出租车	★····

交通方式

巴士■瓜拉龙运→兰道阿邦（约20分钟，RM2）、瓜拉登嘉楼→兰道阿邦（约1小时，RM6左右）

出租车■瓜拉龙运→兰道阿邦（约20分钟，RM15）、瓜拉登嘉楼→兰道阿邦（约1小时30分钟，RM50左右）

观光导览

兰道阿邦是海龟的故乡，每逢海龟产卵期，大量的海龟在兰道阿邦的海滩产卵并返回大海。每年的5~9月是海龟产卵期，很多游客也会选择在这一期间到兰道阿邦来旅游参观。在兰道阿邦的海龟信息中心可以获取海龟的相关资料。在海滩上还建有木造小屋，可以在木屋内欣赏美丽的海景。乘坐出租车向南约10分钟，到达兰道阿邦的顶级酒店——月之影度假酒店。

保护设施　　观光

海龟信息中心

Turtle Information Center

MAP p.130-F

海龟信息中心内建有一个巨大的海龟模型。内部展馆有关于海龟的详细资料，介绍了海龟生存的生态环境和海龟的种类。在解说室内循环播放关于海龟的影音资料，向游客介绍海龟卵的采集、保护以及海龟养殖的过程。还能看到海龟产卵和孵化的过程。

☎ 09-844-4169
开 8:00~17:00（周四）
休 周五、周六
RM 免费
交 从兰道阿邦巴士总站步行不到1分钟

中档　　住宿

阿旺海滩别墅

Awang's Beach Bungalows

餐厅 英　MAP p.220

位于兰道阿邦海滩附近。海龟产卵期间，这里几乎人满为患。

✉ Kg Rantau Abang　☎ 09-844-3500　RM (S/T)RM120~　室 6

经济型　　住宿

达赫米客栈

Dahimah Guest House

餐厅 英　MAP p.220

兰道阿邦当地的一家比较出名的客栈。风格较为简朴，非常干净。

✉ Kg Rantau Abang　☎ 09-845-2843
FAX 09-848-1946　RM （S/T）RM60~　室 21

顶级　　住宿

月之影度假村

Tanjong Jara Resort

餐厅 酒吧 游泳池 健身房 浴室 客房服务 英 中　MAP p.130-F

位于中国南海海边，被大片椰林围绕的豪华度假村。在这里经常可以看到国际名流、影视明星的身影。整座度假村共占地17公顷，仿照马来西亚王宫建筑风格，极为豪华，内部装饰尽显奢侈之风。度假村内共有两座大型游泳池，还设有高级美容院，并且拥有一片狭长的私人海滩。海滩的正对面就是浪中岛，可以欣赏美丽的海景，并能进行潜水、浮潜等海上运动。旅游旺季时需要提前预订。

✉ Batu 8 Off Jl. Dungun　☎ 09-845-1100　FAX 09-845-1200　HP www.tanjongjararesort.com　RM (S/T)RM700~　室 99　预 ⑳　交 从瓜拉登嘉楼机场乘坐出租车约1小时

餐厅　酒吧　游泳池　健身房　浴室　客房服务　英 提供英语服务　中 提供中文服务

工商业重地彭亨州的首府
关丹
Kuantan

MAP p.131-I

观光小贴士
关丹

乐趣指数		交通便利指数	
景点	★★★★·	出租车	★★★★·
自然景观	★····	步行	★····

交通方式

飞机■吉隆坡→关丹（艾哈迈德沙机场〖马来西亚航空〗：约40分钟，每天有3趟直达航班，单程机票RM76~309）→市区（乘坐出租车约20分钟，RM25）→市内（出租车约20分，RM25）

巴士■吉隆坡（富都汽车站）→关丹（约3小时到达、每天发车10次左右，车票RM21.90）瓜拉登嘉楼→关丹（约2小时30分钟，每天发车3次左右，车票RM17.80左右）哥打巴鲁→关丹（约6小时到达，每天发车10次左右，RM31.40）＊参考：出入境管理中心

出租车■吉隆坡→关丹（约3小时到达，车费RM450左右）

旅游咨询处■彭亨州旅游信息咨询中心
Jl.Mahkota ☎09-516-1007
开8:00~17:00 休周六、周日

航空公司■马来西亚航空 ☎1-300-88-3000

观光导览

关丹位于马来半岛东海岸中心位置，是哥打巴鲁海岸线上的重要旅游城市。关丹是彭亨州的首府，工商业发达，是彭亨州的重要经济支柱。关丹的市区位于关丹河北岸，这里坐落着漂亮的苏丹艾哈迈德一世清真寺，许多大型酒店和购物中心也位于这一带。苏丹艾哈迈德清真寺的前面是市区主干道——马柯达大街，大街对面是一座广场，关丹旅游信息咨询中心、出租车招停点、购物中心等设施就建在广场旁边。海岸一侧还建有银行、邮局等公共服务设施。另外，广场的后面是热闹的集市，集市中有一些中国商店和露天商铺。从广场向北走，几分钟后即可到达中央市场、长途汽车站和大足球场。

关丹郊区的主要景点有珍尼湖、查拉洞等。可以在酒店、旅游信息咨询中心以及当地旅行社报名参加郊区旅行团一并前往。当然，也可以乘坐出租车或独自驾车前往。

清真寺 观光

苏丹艾哈迈德一世清真寺
Masjid Sultan Ahmad I

MAP p.224-A

苏丹艾哈迈德一世清真寺位于关丹市区，以蓝色和白色为主色调。清真寺正前方是一片宽阔的绿地，与蓝白相间的清真寺相得益彰。做弥撒期间，除了穆斯林，其他人不可进入。游客进入参观时，不能穿着过于暴露的服装。清真寺内部的彩色玻璃窗具有很高的观赏价值。晚上，清真寺外壁上会亮起彩灯，为清真寺平添一份梦幻色彩。

水蓝色的屋顶让人难忘

交 从关丹巴士总站步行约5分钟

寺院 观光

神庙
Temple Kummuting

MAP p.224-A

印度人心之所系的印度神庙。位于勿刹大街街边，神庙正面入口的三角形屋檐非常显眼。礼拜堂外墙上刻有湿婆神、毗那夜迦神的画作。神庙距离市区较远，有兴趣的游客不妨乘车前去欣赏一下。

交 从关丹巴士总站乘坐出租车约5分钟

装饰细腻的三角形屋顶

寺院 观光

卧佛洞
Gua Charas

MAP p.131-I

从关丹市区驱车45分钟，到达椰林深处的巨大岩石洞穴。登上200多级陡峭的石阶，到达昏暗的洞穴内部。洞穴内部香火缭绕，光线模糊，非常神秘。洞穴正中央有一尊全长10米的卧佛像。白天，光线从洞穴顶部的缝隙中照进来，洒在佛像的周身，犹如梦境一般。

RM 布施RM1~2

交 从关丹市区乘坐出租车约45分钟

参观班丹河瀑布时可顺道来这里（搭乘出租车往返约花费RM100）

景点 观光

班丹河瀑布
Pandan Water Fall

MAP p.131-I

从查拉洞向南10公里，是一片呈阶梯状的天然瀑布。瀑布由于班丹河冲刷岩石而形成，因此也叫作班丹河瀑布。很多当地人在节假日时喜欢到这里来度假。这样的天然瀑布池适合游泳、垂钓、潜水等多种水上运动。

交 从关丹市区乘坐出租车约45分钟

重要信息

见证一段悲痛历史的尖不吩海滩

美丽的尖不吩海滩距离关丹市区以东5公里。这里有白色的沙滩、奇峻的岩石群、比棕榈树更迷人的松林，富有异国情调，是关丹最著名的海滩度假胜地之一。

尖不吩海滩河口处有着180平方千米的广阔土地，这里曾发生了著名的“马来海战”。第二次世界大战初期，日军入侵马来西亚，在尖不吩海滩附近与马来西亚军队和英国军队交火，并用直升机击沉了两艘英国战舰。从此开始，日军大举入侵马来西亚内陆，并一举攻陷了新加坡。

现在的尖不吩海滩是一派休闲风情。海滩附近建有大型公园、散步道、商店等，一些国际快餐店也进驻这里，使之成为国内外游客的旅游胜地。海滩上竖立着一座大型石碑，石碑上刻着“日本入侵尖不吩，侵略马来西亚”的字样，一直在提醒人们永远不要忘记这段悲痛的历史。

酒店

顶级·高档·中档

关丹的酒店多集中在市区。

高档 市区

凯悦关丹度假村 Hyatt Regency Kuantan Resort

英 MAP p.224-B

凯悦关丹度假村位于关丹市区以东5公里，距离海滩很近。这座大型度假村可以接纳来自全世界各地的游客，设施齐全，服务周到。度假村内建有网球场、高尔夫球场等运动设施。

Teluk Chempedak ☎09-518-1234 FAX 09-567-7577 HP www.kuantan.regency.hyatt.com RM （S/T）RM350~ 室 330 预 ⑨ 交 从关丹市区乘坐出租车约10分钟

中档 市内

绿叶酒店 Hotel Greenleaf

MAP p.224-A

酒店位于中央市场附近，出行方便。

60-62, Jalan Bukit Ubi ☎09-513-358 FAX 09-513-3072 HP www.greenlasthotel.com.my RM （S/T）RM88 室 62 交 从关丹长途汽车站步行约5分钟

高档 市内

关丹M.S花园度假村 M.S. Garden Hotel Kuantan

英 MAP p.224-A

这座度假村酒店集美容院、游泳池、餐厅、酒吧于一身，是关丹的度假酒店的代表。度假村装饰豪华，内部空间宽敞，并且毗邻关丹购物中心，外出游玩、购物都非常方便。

Lot5&10,Lorong Ganbut,Off Jl. Beserah ☎09-511-8888 FAX 09-517-7899 HP www.msgarden.com.my RM （S/T）RM310~ 室 204 交 从关丹长途汽车站乘坐出租车约5分钟

高档 市区

关丹瑞士花园度假村 Swiss-Garden Resort & Spa Kuantan

英 中 MAP p.224-A

距离关丹市区东北方向约15公里，毗邻海滩风景区，是关丹地区的高档酒店之一。这里交通方便，环境优美，设施完善，很多旅行团在这里留宿。

2656-2657 Mukim Sungai Karang ☎09-544-7333 FAX 09-544-9555 HP www.swissgarden.com RM （S/T）RM277~ 室 304 交 从关丹市区乘坐出租车约15分钟

中档 市内

沙赞夸坦酒店 Shahzan Inn Kuantan Hotel

英 MAP p.224-A

位于关丹广场旁边的中档酒店，在高层客房可以欣赏关丹市景和苏丹艾哈迈德一世清真寺等景点。酒店虽然位于市区，但是价格却不算高，是市区内性价比非常高的住宿场所。

Lot Pt. 240,Jl. Bukit Ubi/Jl. Masjid ☎09-513-6688 FAX 09-513-5588 HP www.shahzaninn.com RM （S/T）140~ 室 126 交 从关丹长途汽车站乘坐出租车约10分钟

中档 市内

关丹万景酒店 Mega View Hotel Kuantan

英 MAP p.224-A

酒店位于市区，在客房内可以眺望关丹河畔的美丽风光。酒店内有个人健康护理中心，仅需花费RM62.40就可以享受1小时的按摩服务。除此之外，还建有开放式餐厅，方便客人用餐。

Lot 567, Jl. Besar ☎09-517-1888 FAX 09-556-3999 HP www.megaviewhotel.com RM （S/T）RM135~ 室 94 交 从关丹长途汽车站乘坐出租车约10分钟

餐厅 酒吧 游泳池 健身房 浴室 客房服务 英 提供英语服务 中 提供中文服务

关丹郊区的迷人风光

关丹的郊区分外迷人，在广阔的郊外，可以感受热带雨林的魅力，在丛林和洞穴中体验别样风情。

MAP p.131-I

探寻传说中的湖泊

从关丹市区向东驱车1小时30分钟，到达传说中的珍尼湖（也叫作清宁湖）。珍尼湖是横跨彭亨州的彭亨河的一条支流，由大大小小12个天然淡水湖组成，是马来半岛西海岸第二大天然湖泊。珍尼湖有着许多神秘的传说。相传，湖底有一座被湖水淹没而消失的高棉古城，还有一只像巨龙般的大水怪守护着古城，据说曾有人多次见到它。多年来绘声绘色的传说，增添了珍尼湖的神秘感。每年的6~9月，湖中开满了粉色、白色的大叶莲花，蔚为壮观。游客可以来这里钓鱼、露营、爬山、划船及参观原住民村落等。一般的旅游线路是从彭亨河支流乘坐观光船只顺流而下，欣赏沿途湖面风光，全程约20分钟。途中可以看见蛇、野猴等野生动物。穿过茂密的丛林，到达宽阔的湖面，微风徐徐吹来，让人心旷神怡。附近有马来西亚原住民居住的村落，可以把船泊在岸边前去参观。在村子里可以见识原住民的狩猎武器——吹针。

马来西亚原住民的武器——吹针

访问马来西亚原住民村落

珍尼湖的两岸分布着一些马来西亚原住民（奥兰·阿斯利）的村落，可以将船停在岸边前去他们的村落参观一下。马来西亚的原住民叫作“奥兰·阿斯利（Orang Asli）”，是马来半岛的土著少数民族，可以细分为小黑人族群、塞诺伊族群和杰克逊族群等。其中，人口最多的是塞诺伊族，整个部落拥有将近3万人口。在珍尼湖畔附近居住的是杰克逊族，族民们主要以狩猎和打鱼为生。游客们可以在他们的村庄里观看手工艺品制作过程，并可以见识他们的武器。感兴趣的游客可以买一些手工艺品作为纪念。吹针RM50~400，弹弓、项链RM20左右。这些原住民的村庄保持着原始的气息，在这里能够体验原始的古朴和宁静。

原住民手工制作的弹弓

〖关丹出发〗位于关丹市区西南方向约60公里处，驱车约1小时30分钟 。没有直达巴士，可以乘坐旅游团大巴前往。旅游团凑足4人就可以发团，每人RM180。也有二人旅行团，团费RM430。

〖珍尼湖〗 旅行社 East Coast Holidays ☎09-515-8992

街角一览

马来西亚女性的时尚观

在马来西亚的大街上，几乎看不到女性的真容。马来西亚的女性只要出门，必须要佩戴头巾遮挡面部。这种长头巾叫作“Turban”，是伊斯兰女信徒的正式着装。这种头巾看似简单，其实大有文章。带花纹的头巾表示佩戴者已经结婚。若头巾是白色的，则说明佩戴者是未婚女性或是学生。另外，从着装上也可以读出一些信息。比如，穿着白底红花纹制服的一定是小学生，白底蓝色制服是中学生，白底暗纹制服是旁听生。马来西亚女性的普通正装是长衣，她们通常搭配一条与上衣同色系的长裙。

马来西亚女性的正式着装

森林中的寂静港湾

珍拉丁湾

Cheratinga

MAP p.131-I

观光小贴士
珍拉丁湾

乐趣指数		交通便利指数	
景点	★★···	出租车	★★★··
自然景观	★★★··	步行	★★★··

交通方式

巴士■关丹→珍拉丁湾（大约40分钟，车票RM3）

出租车■关丹市区→珍拉丁湾（约40分钟，RM60左右） 艾哈迈德沙机场（关丹）→珍拉丁湾（约1小时到达，RM75左右）

观光导览

珍拉丁湾位于关丹以北约50公里，是珍拉丁河沿岸的小村庄。连接村庄和主干道的大街呈U字形。这里的住宿设施多为价格比较低廉的山间农舍，经常可以看到背包客的身影。在巴士终点站附近有蜡染手工艺品中心，出售蜡染制品等旅游纪念品。主干道两旁有餐厅、商店等。村子面积不大，步行的话10分钟就可以逛完。村内的高档度假村距离村子中心大约5公里，需要打车过去。

亚洲料理　美食

杜永餐厅 Restaurant Duyong

英 预　MAP p.131-I

当地非常出名的泰国料理餐厅，冬荫汤（RM6）、沙爹（RM15）等泰国菜肴味道正宗。除了泰国菜之外，还有中国菜、西餐等菜品可供选择。可以在餐厅边用餐边眺望海滩美景。

✉ Batu 28 Kg, Cherating,Jl. Kuantan
☎ 09-581-9578　营 10:00~21:00（周三至15:00）
◆咖喱饭RM10、泰式鸡肉饭RM10

高档　住宿

珍拉丁海滩度假温泉别墅 Holiday Villa Beach Resort & Spa Cherating

英　MAP p.131-I

距离珍拉丁湾以西大约6公里处。度假村内共建有两个游泳池，并有美容室、健身房等设施。客房为马来西亚传统样式的水上房屋，特点鲜明。

✉ Lot 1303,Mukim Sungai Karang,Cherating
☎ 09-581-9500　FAX 09-581-9178　HP www.holidayvillahotelcherating.com　RM（S/T）RM340~
室 94　交 从机场乘坐出租车约50分钟

高档　住宿

珍拉丁湾地中海俱乐部 Club Med Cherating

英 中　MAP p.131-I

国际性大型度假村，服务员会说好几国语言，提供一流的服务。酒店内设有旅行社办事处。

✉ Jl.Kuantan-Kemaman　☎ 0088-21-7008
HP www.clubmed.co.jp
RM 仅针对旅行团开放，团费中包含住宿费
室 297　预 ①
交 从机场乘坐出租车约50分钟

高档　住宿

珍拉丁湾迎碧安娜度假村 Impiana Resort Cherating

英　MAP p.131-I

迎碧安娜大酒店在珍拉丁湾的连锁酒店。装饰风格偏休闲，用马来西亚传统蜡染制品和风筝作为装饰。餐厅内的菜品种类繁多，可以满足各个国家游客的口味。

✉ KM 32 Jalan Kuantan/Kemaman　☎ 09-581-9000
FAX 09-581-9090/9451
HP www.impianacherating.com
RM（S/T）RM205~　室 104
交 从机场乘坐出租车约50分钟

重要的交通枢纽
丰盛港
Mersing

MAP p.131-L

观光小贴士
丰盛港

乐趣指数		交通便利指数	
景点	★····	出租车	★★★★·
自然景观	★····	步行	★★★··

交通方式

巴士■吉隆坡（富都汽车站）→丰盛港（约5小时到达，每天发车4次，车票RM29.80） 新山→丰盛港（约1小时45分钟，每天发车4次，RM10.20） 关丹→丰盛港（约2小时15分钟，每天发车3次，车票RM16.30）

出租车■吉隆坡→丰盛港（约5小时30分钟，车费约RM400）、关丹→丰盛港（约3小时到达，车票约RM160）

丰盛港是去往南海各岛屿的重要枢纽，平日里交通繁忙

观光导览

丰盛港位于关丹向南约170公里。这座风景迷人的小港是去往马来半岛南部的刁曼岛等岛屿的重要港口。每年的6—9月，这里的游客数量骤然增多。丰盛河南岸的市区，以阿布巴卡路和伊斯迈尔路为中心分布开来。丰盛港旅游信息咨询中心、码头就位于大街的尽头。丰盛河岸码头附近的PlazaR&R大楼内有旅行社、餐馆、行李托运处。南面的高地上坐落着丰盛港清真寺。

中档 住宿
马来西亚丰盛港斯里大酒店
Hotel Seri Malaysia Mersing

餐厅 游泳池 英 MAP p.131-L

斯里酒店是马来西亚比较知名的中小型酒店，在马来西亚全国范围的中小城市都有连锁酒店。酒店内有游泳池、休闲咖啡厅、宴会厅。该酒店距离码头很近，步行几分钟就到了。

Lot PTB 641,Jl.Ismail ☎07-799-1876 FAX 07-799-1886 HP www.serimalaysia.com.my
RM （S/T）RM140~ 室 95

中档 住宿
提莫泰酒店
Timotel Hotel

餐厅 酒吧 客房服务 英 MAP p.131-L

位于丰盛河栈桥附近。全部客房内都有空调、彩色电视机等现代化设备。住宿费中包含了早餐费。适合商务人士居住。

839,Jl.Endau ☎07-799-5888 FAX 07-799-5333
HP www.timotel.com.my
RM （S/T） RM120~ 室 44

中档 住宿
丰盛港客栈
Mersing Inn

客房服务 英 MAP p.131-L

距离超市、餐厅、银行较近，非常方便。房间干净整洁，配有热水淋浴。部分房间内还有浴缸。

No.38,Jl.Ismail
☎07-799-1919
FAX 07-799-2288
RM （S/T）RM68.90~
室 25

餐厅 酒吧 游泳池 健身房 浴室 客房服务 英 提供英语服务 中 提供中文服务

珊瑚礁包围的旅游胜地

刁曼岛

Pulau Tioman

MAP p.131-I

观光小贴士 刁曼岛

乐趣指数
海滩 ★★★★·
自然景观 ★★★★·

交通便利指数
观光船 ★★★★·
步行 ★★···

旅游旺季 每年的3~10月是旅游旺季（旅游高峰期是6~8月）。11月到翌年2月受季风气候影响，海浪猛烈，雨水较多，这一时期会封岛。

交通方式

飞机 吉隆坡（梳邦机场）→刁曼岛机场（〖马来西亚航空〗：约1小时到达、每天有1~2趟直达航班、单程机票RM188~358）新加坡（樟宜机场）→刁曼岛机场（〖成功（Berjaya）航空〗：约45分钟、每天有1趟直达航班、单程机票$106-212）

轮渡 丰盛港→刁曼岛（乘坐快艇约1小时30分钟、单程船票RM70左右）、丹戎根摩→刁曼岛（乘坐快艇约1小时30分钟、单程机票RM70左右） ＊刁曼岛被列为海洋生态保护区，登岛收取RM5。

观光导览

刁曼岛位于丰盛港东北方向约50公里的海面上，是一座火山喷发形成的岛屿。整座岛屿面积约550平方千米，拥有几处大面积白沙海滩。岛中央坐落着一座海拔1038米的高山，叫作棕榈叶山（Gunung Kajang），是全岛最高峰。站在山顶可以俯瞰中国南海。

刁曼岛的中心是位于西岸附近的村庄——甘榜德克（Kampung Tekek），机场、码头以及刁曼岛成功度假村都位于该村庄内。此外，主要景点刁曼岛博物馆（免费开放）、商店、货币兑换处（汇率较高）位于岛中央。

刁曼岛上丛林密布，这里几乎见不到汽车和出租车，主要交通工具是巴士和自行车。刁曼岛成功度假村（有免费接送巴士）和甘榜亚逸巴塘（Kampung Air Batang）的海洋公园分别位于岛中央的南侧和北侧，可以骑自行车前往。

刁曼岛自西往南分布着十几个小型村庄。在甘榜德克村码头可以乘坐轮渡前往这些村庄，乘船去往最远的村子也不过25分钟，非常方便。另外，游客也可以租船自驾游。通常情况下，每艘船的租金在RM200~300。可以多人合租一条船前往。每年的11月至翌年的2月是封港期，这一期间禁止出海。

道路崎岖的林间地带适合远足和郊游。有两条远足路线：一条是从北部的沙浪传统村庄（Kampung Salang）出发，前往佩奴巴传统村落（Kampung Penuba）的路线。另一条是从刁曼岛成功度假村出发，经由布努特传统村落（Kampung Bunut）、帕雅传统村庄（Kampung Paya），去往根廷传统村庄（Kampung Genting）。这些山路非常难走，建议不要背负太多行李，务必备足水源、救生设施。

刁曼岛地势起伏不平，道路未经修整，给游客带来了一些麻烦。但是未经人工开发、自然生态保护良好的环境正是刁曼岛的魅力之所在。

浮潜

刀曼岛非常适合浮潜。从岸边乘船5~25分钟到达无人小岛附近的平静海面，佩戴好潜水设备就可以下海了。一般每天可以潜水两次。岛周围有珊瑚礁、沉船残骸、美丽的热带鱼类，无论是初学者还是老手都可以尽情享受其中的乐趣。建议从距离海滩不远的珊瑚海岛或林吉斯岛附近的海域下潜。在拉巴斯岛可以欣赏造型奇特的岩石，还有可能见到拿破仑鱼、章鱼。马兰洛克斯的珊瑚种类很丰富，在海滩浅水处还可以见到海龟。

费用●单人潜水RM123、双人潜水RM240、三人潜水RM336（包含潜水设备租赁费）、PADI潜水RM780~（有潜水员讲解示范，并包含潜水设备租赁费）

＊还有其他潜水项目

海上皮划艇

在海岛周边的平静海面上乘坐皮划艇也是时下非常流行的海上运动。乘坐皮划艇之前要佩戴救生衣和呼吸面罩。乘船过程中要注意海浪，并防止日光晒伤。

费用●每小时（单人）RM20、双人RM40

深海潜泳

乘船前往林吉斯岛或马兰洛克斯附近的较深海域进行潜水。

费用●成人RM40~100、儿童RM20~50

徒步旅行

一般的徒步旅行路线是从岛中央的甘榜德克村出发，横穿刁曼岛最高峰棕榈叶山，步行前往东海岸附近的迦拉村。整个过程历时约两个小时。建议备好水源、驱虫剂等物品，一定选择一双结实的登山靴。有的酒店也会推出自己安排好的徒步旅行路线，有兴趣的游客可以到前台咨询一下。

费用●成人RM35、儿童RM17.50

高尔夫球

刁曼岛成功度假村内建有一座大型高尔夫球场。这里的草坪被修剪得很整齐，环境非常不错。

费用●18洞RM93（高尔夫球车RM60）、周末、节假日RM113（高尔夫球车RM70）、球童RM100

其他娱乐项目

冲浪：每小时RM40；垂钓（3小时）：成人RM90、儿童RM45；网球：每小时RM20。

＊以上费用均为面向刁曼岛成功度假村房客的优惠价格。

无人岛　观光

珊瑚岛 Pulau Tulai

MAP p.230

位于刁曼岛西北方向的无人岛屿。整座岛屿周边全部是密密麻麻的珊瑚礁，共有三处美丽的白沙海滩可以进行潜泳和冲浪。附近的海域生活着拿破仑鱼、鲨鱼等热带鱼类。可以在海面上浮潜观察它们在水下的样子。珊瑚岛上没有餐馆，需要自备午餐和饮用水。

交 从甘榜德克村码头乘船约25分钟

海滩　观光

猴子湾 Monkey Bay

MAP p.230

丛林茂密的入海港湾。这里野猴众多，在当地较为有名。美丽的白沙海滩在阳光的照耀下分外迷人。

交 从甘榜德克村码头乘船约15分钟 。从沙浪村步行约40分钟、从佩奴巴村步行约1小时

海洋公园　观光

海洋公园 Marine Park

MAP p.230

位于甘榜德克村北部的码头附近，交通便利。海洋公园内通过海报和资料介绍了刁曼岛附近的潜水点和海洋鱼类。还配有介绍短片，可以欣赏水下拍摄的海底景色。

交 从甘榜德克村码头乘船5分钟、步行约20分钟

酒店

高档·中档·经济型

刁曼岛的酒店类型多种多样，可以满足顾客的不同需求。

中档 甘榜德克村

巴布拉海景度假村
Babura Sea View

餐厅 客房服务 英 中 MAP p.230

海景房装有空调并铺有地毯，可以淋浴。度假村也提供便宜的廉租房。酒店内的海鲜料理餐厅味道正宗，莱肴获得一致好评。酒店内还有一家潜水用品店。

✉ Kampung Tekek
☎ 09-419-1139
FAX 09-419-1140
HP www.baburaseaview.com
RM （S/T）RM60~（有长屋类型的房间）
室 21
交 从机场步行约30分钟

中档 帕雅村

帕雅海滩度假村
Paya Beach Resort

餐厅 酒吧 英 MAP p.230

酒店的房型有椰树叶作屋顶的木屋、双层别墅房和豪华客房。客房内配备有彩电、空调等现代化设施，并可以免费上网。

✉ Kampung Paya ☎ 02-6733-4333（新加坡预订电话） FAX 09-419-7099 HP www.payabeach.com RM （S/T）RM220~ 室 70 交 从帕雅村码头步行约3分钟

经济型 甘榜亚逸巴塘

南太平洋客栈
South Pacific

餐厅 英 MAP p.230

位于甘榜亚逸巴塘的青年旅社。可接纳来自全世界各地的背包客。客栈内建有餐厅，用餐非常方便。有的客房内还配有空调。

✉ Kampung Air Batang ☎ 09-419-1176 RM RM150~（3人间） 室 12 交 从甘榜亚逸巴塘码头步行约1分钟

高档 甘榜德克村

刁曼岛成功度假村
Berjaya Tioman Resort

餐厅 酒吧 游泳池 健身房 客房服务 英 中 MAP p.230

高尔夫球场、网球场、骑马场、餐厅、商店、保健设施完善，是刁曼岛规格最高的度假村。客房为传统的木屋，服务体贴入微。

✉ P.O.Box 4, 86807 Mersing
☎ 09-419-1000
FAX 09-419-1718
HP www.berjayahotel.com
RM （S/T）RM390~
室 268
预 ㉑
交 从机场乘坐酒店提供的免费巴士约5分钟

中档 沙浪村

沙浪因达度假村
Salang Indah Resort

餐厅 客房服务 英 MAP p.230

度假村内设有餐厅、商店、潜水中心、礼品店、海上运动品专卖店等，价格公道合理。海景房建在海岸一侧，室内空间宽敞，可以欣赏海洋风景。

✉ Kampung Salang ☎ 09-419-5015 FAX 09-419-5024 RM （S/T）RM60~ 交 77 交 从沙浪村码头步行约10分钟

中档 沙浪村

加帕玛拉度假村
Japamala Resort

餐厅 游泳池 英 MAP p.230

位于码头旁边的中型度假村。整座度假村被丛林所环绕，正对面是一片美丽的私人海滩。在海景房可以眺望林间美景和海洋风光。各种设施完善，服务热情周到。

✉ Lanting ☎ 09-419-7777 FAX 09-419-7979 HP www.japamalaresorts.com RM （S/T）RM680~ 室 13 交 从码头步行约3分钟

餐厅 酒吧 游泳池 健身房 浴室 客房服务 英 提供英语服务 中 提供中文服务

南海上的度假岛屿

丰盛港海岸岛屿

Islands around Mersing

MAP p.131-L

观光小贴士

丰盛港海岸岛屿

乐趣指数		交通便利指数	
海滩	★★★★·	快艇	★★★★★
潜水	★★★★·	轮渡	★★★★·

交通方式

［诗巫岛］丰盛港→丹戎乐曼（乘坐出租车约1小时到达，车费RM50）→诗巫岛（乘坐轮渡约30分钟，船票RM80~100）

［丁宜岛］丹戎乐曼→丁宜岛（乘坐轮渡约45分钟，往返船票RM80~100）

［大岛］丰盛港→大岛（乘坐轮渡约30分钟，往返船票约RM100）

［拉哇岛］丰盛港→拉哇岛（乘坐轮渡约1小时到达，往返船票RM70~90）

＊发船时间会有所变动，请务必提前确认。

观光导览

丰盛港海岸除了刁曼岛之外，还有其他大大小小共计64座火山群岛。这一片广阔的海域已被列为海洋生态公园，未经人工开发的岛屿上白色沙滩遍布，透过平静清澈的海水可以看到水下色彩艳丽的热带鱼、美丽的珊瑚礁。

在丰盛港海岸的群岛中，以诗巫岛为首的六座岛屿每年都吸引着国内外大量游客前来度假。这几座岛屿上有度假村、商店等服务设施，旅游旺季需要提前预订。在丰盛港的酒店和Plaza R&R大楼可以报名参加前往这六座岛屿的旅行团。也可以自己规划好路线，提前订好酒店独自前往。每年的11月至翌年2月是季风期，多数船只不出航，岛上的酒店也暂停营业。每年的5~9月是旅游的最佳时节。

诗巫岛

Pulau Sibu

MAP p.131-L

在丰盛港海岸的诸多岛屿中，诗巫岛的面积是最大的。这里的消费水平不高，花很少的钱就可以住进高档别墅酒店。诗巫岛的辽阔海面非常适合皮划艇、摩托艇、潜水等各种海上运动。除此之外，还可以前往诗巫岛周边的无人小岛与渔村旅游。

丁宜岛

Pulau Tinggi

MAP p.131-L

丁宜岛是古代贸易船只的停泊地。这座小岛因贸易而逐渐发展起来。在岛上可以体验水上运动、晒日光浴、垂钓等娱乐项目。与拉哇岛一样，丁宜岛上也仅有一家度假酒店。可以在德利姆酒店（Dreamz Tinggi Island）报名参加去往丁宜岛的旅行团。

HP www.myoutdoor.com/tinggi

大岛

Pulau Besar

MAP p.131-L

“Besar”在马来语中是“大”的意思。大岛距离丰盛港最近，可以在丰盛港的旅行社报名参加前往大岛的一日游。除了可以进行各种水上运动、丛林探险之外，还可以前往大岛附近的无人岛晒日光浴、钓鱼。在妮湾海滩度假村（Nirwana beach Resort）和浪中岛椰子酒店（DCoconut）可以报名参加去往大岛的旅游团。HP www.myoutdoor.com/besar

拉哇岛

Pulau Rawa

MAP p.131-L

拉哇岛上的白色沙滩令人印象深刻。在这片迷人的海滩上可以进行水上运动、晒日光浴。登岛需要收费RM3。碧蓝透明的海水、繁茂的棕榈树林吸引了许多来自新加坡的游客。远征度假村是岛上唯一的一家度假酒店，共有70间客房。

HP www.rawa.com

高档　　诗巫岛

诗巫岛度假村

Sibu Island Resort

英　MAP p.131-L

位于诗巫岛的大型度假村。可以乘坐由丹戎乐曼出发的轮渡前往该度假村（往返船票约RM70）

P.O. Box 81, Kota Tinggi　☎07-799-5555

FAX 07-799-4455　HP www.sibuislandresort.com.my

RM （S/T）RM400~　室 121　交 从诗巫岛码头步行约3分钟。行李可以交给人力车托运

加享之旅

FLOWERS&TREES

马来西亚特有的花卉植物

加农炮弹树 Cannonball Tree 加农炮弹树原生地为南美洲，树干垂直高度可达35米。幼树高约2米，枝头盛开粉红色的花朵，并结有球状果实。

木槿花 Hibiscus
木槿花是马来西亚的国花。木槿花起源于东非地区，花朵色彩鲜艳，并具有多样遗传性。

珊瑚树 Coral Tree
珊瑚树树枝遍布小刺，枝头生长有艳红色的花朵，犹如海底的珊瑚一般，因此而得名。

兰花 Orchid 中国人欣赏的兰花也同样深受马来西亚国民的喜爱。马来西亚的兰花种类繁多，仅在马来半岛就多达800余种。兰花象征高洁、坚贞不屈。

蝎尾蕉 Heliconia 蝎尾蕉原生地为非洲大陆。顶端渐尖，基部渐狭，喜温暖、湿润的环境。

红穗铁苋（猫尾花）Chenille Plant(Cat's Tale) 红穗铁苋树枝长达2米，枝干上开满毛茸茸的红色条状花朵，像是猫的尾巴一般，因此也被叫作猫尾花。

赪桐 Pagoda Flower
赪桐花艳丽如火，形成顶生圆锥花序，好像佛教寺院的尖塔一般。

鸡蛋花 Frangipani
鸡蛋花的花朵周边为纯白色，中间的花蕊部分为淡黄色。是东南亚地区和南太平洋地区常见的热带花朵。

无忧树 Saraca
无忧树高度为15~20米。看上去似乎是一种平淡无奇的树木，但是春天时，树枝上开满绚丽夺目的金色小花朵，非常漂亮。

胭脂树（口红树）Anatto(Lipstick Tree)
胭脂树树高3~4米，茂密的绿叶之中开放着鲜红色的圆锥状茸球，好像女性的红妆，因此也叫作口红树。这些茸球并非胭脂树的花朵，而是果壳。

苏铁
Cycad
苏铁俗称“铁树”，生长周期较长，可达200多年。多生长于印度、泰国、缅甸等地。

竹子
Bamboo
马来西亚竹林密布，竹子的种类也较多。东南亚总共有200多种竹子。图片中的竹子为富贵人家豪宅中常见的竹子。

迎客棕榈
Traveler's Palm
高档酒店门前一般都栽种着这种迎客棕榈。迎客棕榈是宽大的扇形植物，属于芭蕉科。

羽叶棕榈树
Cohune Palm
巴拿马高原的热带树种。树枝长达80厘米到1米，枝干上生长着较大的花穗，使得树枝呈下垂状。

EAST MALAYSIA
东马来西亚

东马来西亚旅游指南

Malaysia

加里曼丹岛也叫作婆罗洲，位于马来群岛中部，北临中国南海。婆罗洲与马来西亚、文莱、印度尼西亚三个国家接壤，西北部为沙巴州和沙捞越州。这里保留有独特的原住民文化，热带雨林分布广泛，是珍稀动植物的乐园。尤其是近年来，吸引了越来越多外国游客的目光。

沙巴州

哥打基纳巴卢、山打根

沙巴州位于东马来西亚北部。中国部分大城市有飞往沙巴州的中心城市——哥打基纳巴卢的直达航班。沙巴州是一座美丽的观光城市，这里有风景迷人的白沙沙滩和基纳巴卢山。基纳巴卢山是东南亚海拔最高的山峰。在东部沿岸城市山打根还可以看到珍稀动物大猩猩和海龟。西巴丹岛、马布岛、拉央拉央岛是沙巴州最著名的水上运动岛屿。

沙捞越州

古晋、美里

古晋是沙捞越州首府，位于沙捞越河畔，景色优美。古晋也是东马来西亚南面的空中门户，人口大约55万。古晋经济发达，当地政府注重“文化、景色、商机”三大城市主题的平衡发展，如今已成为东马来西亚的重要城市。古晋也被称为“猫城”，这里的居民非常喜欢猫，在城市的各个角落都可以看到猫的身影。

从古晋和沙捞越州北部的城市美里可以乘坐飞机或长途汽车到达东马来西亚的各大国家公园。其中最为出名的是姆鲁山国家公园、加丁山国家公园和巴咯国家公园。姆鲁山国家公园、加丁山国家公园适合洞窟探险和登山。

东马来西亚的国家公园

马来西亚总共有30个国家公园，其中的26个集中于东马来西亚。这些公园风格迥异，既有位于海边的度假公园，也有位于海拔4000多米的高原之上的山区公园，这些大小不一、风格独特的公园无一不彰显着东马来西亚的魅力。部分公园内仍旧保持着一亿多年前的生态环境，令人叹为观止。前些年，马来西亚人热衷于伐木造屋，甚至将木材向中国、日本输出，破坏了原有生态系统的平衡。近几年来，由当地政府和原住民发起了生态保护运动，将已被破坏的自然景观逐步恢复，良好的自然环境正逐渐回归。2000年末，基纳巴卢国家公园和姆鲁山国家公园都被列为世界自然遗产。

国家公园漫步导览

东马来西亚的各个国家公园都是收费的（门票RM20）。另外，进入公园内部参观还要出示入园参观许可证。许可证可以提前在公园预约事务所办理好。如果在公园留宿，同样需要在公园预约事务所办理留宿许可证。

逛公园时，建议穿着防晒、防蚊虫叮咬的长袖休闲服。国家公园虽然位于热带地区，但是这里昼夜温差较大，最好多带一件薄外套，以备不时之需。

逛公园时要遵守公园内的规章制度。比如禁止破坏自然环境，禁止随意丢弃垃圾，禁止对园内动物大声喊叫，等等。另外，有的公园内禁止拍照（具体情况请参照p.238~241）。

漫步在婆罗洲的丛林深处

东马来西亚的热带雨林里生活栖息着各种各样的野生动植物，这里非常适合登山、远足、郊游等丛林活动。

登山、丛林漫步

东马来西亚引以为傲的名山——海拔高达4095.2米的基纳巴卢山，曾激发了无数登山爱好者的斗志。由于海拔较高，山顶和山脚气候差异很大，基纳巴卢山脚下为热带植被，而山顶却生长有亚寒带植物。从山脚向山顶攀登的过程中，会看到不同气候下的各种野生植物，这也是攀登基纳巴卢山的最大乐趣。如果运气好的话，还可以在山麓地带看到世界上最大的大王花。越接近山顶，就越显荒凉，裸露的花岗岩和光秃的平地与繁花盛开的山脚完全是两个不同的世界。

沙捞越州的姆鲁山国家公园最适合远足。在这片大型泥沼森林中，生长着大片猪笼草和兰花，还可以看到巨大的青蛙、野猴等动物。同样位于沙捞越州的尼亚国家公园内，生活着长尾猴、眼镜猴、长尾缝叶莺、白头翁等众多野生动物和鸟类。紧邻尼亚国家公园的兰比尔国家公园内，瀑布飞流直下，岩滩溪水长流，长长的吊桥悬于河面之上，景色美不胜收。

旅游建议&注意事项

＊东马来西亚的国家公园需持入园参观许可证方可入内。入园许可证可以在公园事务所或旅行社办理。

＊入园参观过程中如有以下行为，将罚款RM6000（最低），情节严重者可服刑6个月：

①猎捕、杀害、伤害动物。

②采伐植被、破坏原有建筑物。

③随意丢弃垃圾。

＊为防止晒伤、蚊虫叮咬，建议入园参观时随身携带驱虫剂，并穿着长衣长裤、戴帽。攀登基纳巴卢山时，要做好防寒措施。

＊单独出游时务必要携带饮用水。报团旅游时，导游会定时发放饮用水。

登山时务必要小心崎岖的山路

洞窟探险

婆罗洲的天然洞窟堪称自然界最杰出的艺术作品。这些洞窟形状各不相同、内部蜿蜒曲折，每一个洞穴都拥有上千年的历史。其中，最出名的两处洞穴位于姆鲁山国家公园和尼亚国家公园。姆鲁山国家公园的天然石窟在2000年被正式列为世界遗产。尼亚国家公园的洞窟在全世界范围内有着很高的知名度。

姆鲁山国家公园的鹿洞穴是全世界空间最大的天然洞穴。洞穴内生活着成千上万只野生蝙蝠。每到傍晚时分，它们就会蜂拥而出寻觅食物。风洞穴和清水洞穴全长皆超过1000米，是东南亚地区最长的洞穴。

位于边远地区的平纳克斯拥有数十座巨大的石灰岩山，像是一把把直插入地下的巨大宝剑。平纳克斯距离市区较远，全部逛完约需三天的时间。

尼亚国家公园以古代壁画和燕窝而闻名。巨大的洞穴内有巨大的裂缝，令人惊叹。商人洞穴内有许多可食用燕窝。壁画洞穴内曾有人类生活的痕迹，里面保存有1000多年前的壁画。

山打根近郊的哥曼东岩洞是沙巴州最大的石灰石洞穴。洞穴内部生活着许多野生蝙蝠和燕子，可以采摘到可食用的燕窝。

姆鲁山国家公园的拉冈斯洞穴

旅游建议&注意事项

* 首次洞穴探险体验者最好报团或跟随私人导游前往。一般在国家公园事务所和探险者协会都可以与私人导游取得联系。经验丰富的探险者在单独出行时也必须慎之又慎。
* 前往洞穴探险时务必要携带照明用具、驱虫剂，并穿着长裤和长袖上衣，并戴上帽子。
* 禁止用手触摸钟乳石和壁画。
* 对石灰岩和动物粪便过敏的人，最好不要进行洞穴探险。

拜访婆罗洲的野生动植物

婆罗洲广阔的热带雨林中生存着数量众多的野生动植物。并且，一些在其他国家和地区见不到的珍稀动植物也在这里安家。在国家公园和丛林中经常可以看到各种珍稀动植物。

婆罗洲的地形和气候

婆罗洲也叫作加里曼丹岛，面积约为日本岛的两倍，是世界第三大岛。加里曼丹岛与马来西亚、文莱、印度尼西亚接壤，并同属于这三个国家管辖之下。婆罗洲沿岸地区基本为湿地区，中央地区为海拔1000米以上的山地，并与湿地平原地区相连，形成较为复杂的地理环境。婆罗洲50%~60%是热带雨林。这里的年平均降水量为1500~4000mm，平均气温25~35℃。婆罗洲终年高温多雨，水量充沛，分为雨季（5~9月）和干季（11月至次年3月）。

蜿蜒的河流

粗壮有力的千年树根

哺乳类、爬行类

婆罗洲热带雨林的生态环境在世界范围内实属罕见，生活在这里的各种野生动物多如繁星。婆罗洲总共有200多种哺乳类动物，其中，最珍贵的当属大猩猩。马来西亚人也将大猩猩叫作“人猿”。为防止猩猩遭到其他动物攻击或不法分子捕获，当地政府专门在热带雨林中建立了猩猩保护区（→p268、290）。

可爱的猩猩

此外，热带雨林中还生活着天狗猿、食蟹猴、豚尾猴等罕见的灵长类动物。它们生存栖息于枝叶繁茂的树丛之中。野生蝙蝠和燕子生活在终日不见阳光的洞穴内。猎豹、鹿、野猪、熊、大象等哺乳类动物以及蜥蜴、蛇、鳄鱼等爬行类动物主要生活在热带雨林的陆地上。热带雨林中的各种生命相互依赖、互相制衡，共同维持着生态平衡，在这块肥沃的土地上繁衍生息。

热带雨林中的霸主——巨鳄

鸟类

婆罗洲热带雨林中生活着许多珍稀鸟类。其中最珍贵的鸟类是犀鸟（犀牛角鸟）。

犀鸟

犀鸟的特征非常明显，长长的嘴巴将近1米长，犹如弯弯的犀牛角一般，它也因此而得名。犀鸟体型较大，数量较多，在热带雨林中较容易看到。雄鸟的瞳孔为红色，雌鸟的瞳孔为白色。翠鸟、猫头鹰、蛇鸟也是热带雨林中常见的鸟类。翠鸟和蛇鸟羽毛艳丽，非常漂亮。它们的啼叫声也非常清脆，令人心情愉悦。

热带雨林中常见的翠鸟

昆虫类

昆虫是维持热带雨林生态平衡的重要物种。昆虫不但是鸟类的主要食物，还可以分解泥土中的杂草和腐尸，使土地变得更加肥沃。这些看似不起眼的微小生命为热带雨林默默地做着奉献。

千万不要小看这些看似弱小的昆虫。有的昆虫带有毒性，比如蝎子、蜘蛛等。千万不要轻易碰触它们。

鸟羽凤蝶

重要信息

值得一探究竟的大王花

MAP p.237-C

大王花原来生长于印度尼西亚苏门答腊岛，婆罗洲也是其繁衍地之一。拉瑙位于哥打基纳巴卢以东60公里处，这里生长着直径达90厘米的巨型大王花。在茂密的丛林中找寻大王花可不是一件容易的事情。坦布南位于哥打基纳巴卢东南方向40公里处，这里有大王花信息咨询中心，可以在此了解大王花的开花期和生长习性。

植物

说起婆罗洲，人们首先会联想到大王花。大王花是世界上最大的花（花朵直径可达1米），花期较短，约为1周左右，因此也被人们叫作“魔花”。可以在当地的旅游信息咨询中心了解大王花的开花期。想要欣赏大王花的游客，可以提前做一下功课。

大王花

另外一种奇特的花朵是食人花。食人花是一种食虫类植物。它们为汲取养分，会捕获并食用靠近自己的蚂蚁、蝴蝶等昆虫。此外，还有一些蕨类植物、藤类植物和兰科植物等。

食人花

高山植物

东马来西亚最大的城市

哥打基纳巴卢

Kota Kinabalu

MAP p.236-A

观光小贴士
哥打基纳巴卢

乐趣指数		交通便利指数	
景点	★★★··	步行	★★★··
购物	★★★··	出租车	★★★★·
集市	★★★★·	巴士	★★···

交通方式

飞机■吉隆坡→哥打基纳巴卢（〖马来西亚航空〗：每天有6~8趟直达航班，历时2小时35分钟，单程机票RM124~619〖亚洲航空〗：每天有8~10趟直达航班，历时2小时30分钟，单程机票RM39~343）。机场→市区（乘坐巴士约15分钟，车票RM1.50；乘坐出租车约10分钟，RM20~30）{23:00过后加收50%的费用}

旅游咨询处■沙巴州旅游局（STB）
✉ No.51, Jl. Gaya ☎088-212-121
开 8:00~17:00（周一至周五）、9:00~16:00（周六、周日、节假日） 休 无

航空公司■马来西亚航空☎088-413-676
亚洲航空 HP www.airasia.com

观光导览

哥打基纳巴卢是沙巴州的首府，位于东马来西亚北部，人口约30万，是东马来西亚北部最大的城市。哥打基纳巴卢拥有沙巴州唯一的一座机场，是东马来西亚的航空枢纽。哥打基纳巴卢过去建有许多水上村落，但是随着填海造地运动的兴起，这些水上房屋的数量正在急剧减少。如今，这里高楼大厦遍布，已经成为东马来西亚重要的国际性贸易城市。市区为南北走向，全长约1千米。市区有3条主干道，并以干道为中心形成了三个小型繁华街区。

Coastal大街对面的甘邦阿逸地区是最繁华的中心地区。这里集中了购物中心、大排档等消费场所。市区面积不大，可以步行观光 。市区距离沙巴州博物馆和丹戎亚路较远，需要打车前往。郭法德斯特凡路位于甘邦阿逸地区以西，沿海岸呈南北走向，餐厅、集市、海水码头、酒店集中于此，是非常热闹的海滨大道。街边的瓦利萨广场上有许多民族工艺品商店、生鲜市场以及咖啡厅，热闹非凡。瓦利萨广场后面的郭拉扎克路上也有许多商店和酒店。加雅路位于市政府前面，每周日会有大型集会，在集市上可以买到民族工艺品、食材、草药等。位于山地区的伊斯塔娜大街是一条坡度较大的街道，从这里步行15分钟可到达信号山瞭望台，饱览哥打基纳巴卢地区海岸附近岛屿全景和夕阳入海的美丽景色。沿郭拉扎克路北上300米左右，到达沙巴阳光商厦购物中心。购物中心内有国际知名品牌商店和餐厅、咖啡厅等消费场所。从沙巴阳光购物商厦出来后继续向北走，可以到达海水码头。码头处有发往端姑阿都拉曼国家公园诸岛的船只。如果时间充裕的话，可以乘坐SL观光列车欣赏哥打巴鲁郊区的田园风光（p.337）。

热闹的周末集市

为数不多的水上村落

＊市内交通＊

◆出租车　各酒店门前都设有出租车招停点。哥打巴鲁的出租车可以打表计费，也可以跟司机提前议价。在市区小范围内乘坐出租车约需RM10左右。

◆巴士　哥打巴鲁的巴士有大型巴士和小型巴士两种。从市区有开往丹戎亚路（p.251）和沙巴州博物馆的直达巴士。哥打巴鲁的巴士车头未标明始发站和目的地，很容易搞混。

哥打基纳巴卢近郊
Kota Kinabalu
0
1km
N
南海
A
沙巴港湾局
Jl. Tun Fuad Stephens
海洋警察局
哥打基纳巴卢
Kota Kinabalu
p.249 皇宫酒店
p.246 卡拉姆辛综合购物广场
Kompleks Karamunsing
斯特拉港度假酒店
圣心大圣堂
SacredHeart Cathedral
Jl. Coastal
沙巴州清真寺 p.244
Masjid Negeri
特拉港高尔夫球俱乐部
utera Harbour G. C.
戎亚路香格里拉度假酒店 p.251
Jl. Penampang
驻哥打基纳巴卢官员办事处
Consular Office of
apan in Kota Kinabalu
锡克教寺院
Sikh Temple
Jl. Mat Salleh
赛马场
寺院
Pek Nam Thong Temple
基纳巴卢高尔夫球俱乐部
Kinabalu G. C.
Jl. Kepayan
基纳巴卢游艇俱乐部
Kinabalu Yacht Club
Jl. Pintas
菲利普王子公园
Prince Philip Park
丹戎亚路
Tanjung Aru
哥打基纳巴卢机场
Kota Kinabalu International Airport
亚路 p.251
ung Aru
p.252
洛高宜野生动物园
p.251 北婆罗洲铁路
哥打基纳巴卢
Kota Kinabalu Centre
0
200m
N
南海
B
C
D
E
F
p.245 新天地餐吧
Cock & Bull Bistro
码头
码头（游轮开往拉布岛、端姑·阿卜杜勒公园）
湾景海鲜餐厅
旋律酒店 p.249
诺富特酒店 p.249
哥打基纳巴卢
婆罗洲一号 p.247
马里马里文化村 p.253
Jl. Haji Saman
Jl. Ewan
p.247 沙巴阳光大厦
Suria Sabah
百货超市
加雅中心酒店 p.249
Gaya Centre
香港银行
信号山瞭望台 p.244
Shignal Hill Observatory
默迪卡购物中心 p.246
Wisma Merdeka
锦
63号酒店
沙巴州旅游局 p.244
STB
p.249 基纳巴卢达雅酒店
海滨餐厅 p.245
p.245 佑记肉骨茶
哥打基纳巴卢凯悦大酒店 p.248
亚庇酒店 p.248
雅基姆
Wisma Yakim
广场酒店
Stephens
Jl. Bahasa
Jl. Gaya
Lorong Dewan
Jl. Bukit Bendera
Jl. Pantai
西加麦
Segama
大型购物商厦
p.246 中央市场
Central Market
Fuad
Jl. Tun
鸟市
Poultry Market
Jl. Tujunbelas
市区巴士总站
p.249 露丝的背包客小屋
警察局
星期天集市
Sunday Market
Jl. Api Api
KK广场
KK Plaza
邮局
霍拉宗酒店
曼达林酒店
鱼市
Fish Market
阿特金森钟塔 p.244
Atkinson Clock Tower
Jl. Lapanbelas
市政府
国家银行
Bank Negara
Jl. Sembilanbelas
州图书馆
广场
Padang
p.246 手工艺品市场
Handicraft Market
长途汽车总站
法院
Jl. K. K. Bypass
City Garden
Jl. Datuk Chong Thian Vun
新苏兰
Sinsuran
Jl. Tun Razak
夜市
Night Market
Jl. Istana
Jl. Pinggir
Jl. Tugu
甘榜阿逸
Kampung Air
p.248 哥打基纳巴卢美丽殿堂酒店
Jl. Sinsuran
码头
夜市
出入境管理中心
Immigration
瓦利萨广场 p.247
Warisan Square
p.245 斯里马六甲餐厅
卢比酒店
Jl. Laiman Diki
首都电影院
Capital Cinema
森切里酒店
p.246 中心商场
Center Point
p.245 斯里塞雷拉
Jl. Coastal
Shiraz
班达成功集团
Bandaran Berjaya
海王城 p.245
Jl. Kampung Air 5
BFO & Poring Cinemas
亚庇中心
Api-Abi Cettre
Asia City
温迪旅行社 p.255
凯城酒店 p.248
马来西亚政府旅游局
哥打基纳巴卢城市快捷酒店 p.249
丛林酒店
巴士站点

哥打基纳巴卢

观光

景点指南

哥打基纳巴卢面临我国南海，城市位于南北走向的狭长海港平原上。城市内古建筑与现代化大楼交错，是古代文化和现代文明的交汇地。收藏着历史和民族文化资料与文物的博物馆等景点值得参观。

回教堂　　郊区

沙巴州清真寺

Masjid Negeri

MAP p.243-A

沙巴州清真寺建于1977年，是沙巴州规模最大的清真寺。位于哥打基纳巴卢市区南郊，简洁大气的外观引人注目。巨大的圆顶上镶嵌着精致的金色细纹，四边是高耸入云的尖塔，再现了阿拉伯伊斯兰传统的建筑艺术风格。圆屋礼拜堂总共可以容纳7000人。每个周五都有许多市民赶来做祷告。周五礼拜期间禁止入内参观。

RM 免费
交 从市区乘坐出租车约5分钟

景点　　郊区

沙巴州旅游局

Sabah Tourism Board

MAP p.243-D

沙巴州旅游局修建于1918年，当时曾作为邮局使用。在第二次世界大战时侥幸躲过一劫，经过修整后成为今天的模样，如今作为沙巴州旅游局投入使用。大楼共两层，是典型的英国殖民时期建筑风格，外观非常漂亮。一楼是旅游信息咨询中心。大楼前面是热闹的加雅大街，每逢周日有大型集市。

开（旅游信息咨询中心）周一至周五：8:00~17:00；周六、周日、节假日：9:00~16:00
休 无
交 从市区步行约10分钟

景点　　哥打基纳巴卢

信号山瞭望台

Signal Hill Observatory

MAP p.243-D

瞭望台位于哥打基纳巴卢市区东面的信号山上。站在瞭望台上放眼望去，周边一片浓郁的绿色植被，让人心情舒畅。在瞭望台还可以眺望到哥打基纳巴卢街景和辽阔的中国南海。傍晚时分欣赏落日的余晖倒映在一望无际的海面上，很有浪漫气息。

RM 免费
交 从市区步行约30分钟

景点　　哥打基纳巴卢

阿特金森钟塔

Atkinson Clock Tower

MAP p.243-D

阿特金森钟塔位于哥打基纳巴卢市区北面、加雅大街一侧的高山上。这里曾经是沙巴州火车站的旧址，人口密集。后来火车站搬迁至丹戎亚路，原来的火车站也被拆除，仅剩下这座白色细长的钟塔安静地矗立着。

交 从市区步行约7分钟

哥打基纳巴卢

美食

餐厅指南

哥打基纳巴卢有高、中、低档餐厅可供选择，中华料理、泰国菜、日本料理等亚洲菜系齐全。在这里还可以品尝到美味的海鲜料理。

西餐　哥打基纳巴卢

新天地餐吧 Cock & Bull Bistro

英　MAP p.243-B

位于哥打基纳巴卢海水码头附近。餐厅大厨曾是世界级五星级酒店的主厨，擅长烹饪西餐。在哥打基纳巴卢市区也开有分店。

✉ Jl. Tun Fuad Stephen
☎ 088-239-848
营 11:00至翌日1:00
休 无

中华料理　哥打基纳巴卢

佑记肉骨茶 Yukee

英　MAP p.243-D

深受当地食客追捧的肉骨茶餐馆。用餐氛围较好，味道正宗，可以按照自己的口味添加蔬菜。肉骨茶每份RM7左右。

✉ No.74,Jl. Gaya
☎ 088-221-192
营 16:15~22:30
休 每月的第一周和第三周的周一不营业
◆肉骨茶RM5~（1人份）

日本料理　哥打基纳巴卢

海滨餐厅 Nagisa

英 中　MAP p.243-D

位于哥打基纳巴卢凯悦酒店（p.248）内，是一家正宗的日式料理餐厅。寿司、刺身、鳗鱼片等日式料理种类丰富。每周日的午餐是自助餐形式。日本酒的种类也很多。

✉ Jalan Datuk Salleh Sulong
☎ 088-221-234
营 11:30~14:30、18:30~22:00
休 无

大排档　哥打基纳巴卢

斯里塞雷拉 Seri Selera

英　MAP p.243-E

位于甘邦阿逸地区的瓦利萨广场一侧，是热闹的海鲜大排档一条街。落座后，服务员会拿着菜单到桌前点餐。这里的小吃种类非常多，一定要好好品尝一下当地的特色海鲜佳肴。

✉ Kampung Air
营 15:00至翌日2:00（周五、周六）
休 无

海鲜料理　哥打基纳巴卢

海王城（海洋海鲜村） Ocean Seafood Village

英　MAP p.243-E

鱼、虾、蟹等海产品养在水槽中供客人挑选。客人选定后可以选择不同的烹饪方式。

✉ Lot4, Lorong Api-Api Center　☎ 088-264-701
营 12:00~22:30　休 无

马来菜　哥打基纳巴卢

斯里马六甲餐厅 Sri Melaka

MAP p.243-E

位于哥打基纳巴卢市区的马来餐厅。饭菜是很多当地人熟悉的老味道。

✉ 9, Jl.Laiman Diki, Kampung Air
☎ 088-224-777　营 9:30~22:00　休 无

英 提供英语服务　中 提供中文服务　预 可接受提前预约

哥打基纳巴卢

购物

商场指南

哥打基纳巴卢市区有几处大型购物中心，日用商品、贵金属、化妆品等高档消费品都可以在这里买到。近年来，哥打基纳巴卢的郊区也陆续开了几家大型超市。

市场　哥打基纳巴卢

中央市场 Central Market

英　MAP p.243-C

中央市场靠近中国南海，共有两层楼。一层主要售卖海产品、蔬菜、水果等生鲜食品。二楼为服装店和餐馆，并设有美食一条街，在这里可以品尝到各国菜肴。

✉ 生鲜市场旁边
营 6:30~18:00　休 无

市场　哥打基纳巴卢

手工艺品市场 Handicraft Market

英　MAP p.243-E

位于中央市场旁边。市场内有许多小型手工艺品商店，出售编织品、藤制品、木工艺品等民间手工艺品。每天一到傍晚时分，这里就开始热闹起来。

✉ 生鲜市场旁边
营 9:00~17:00
休 无

购物中心　哥打基纳巴卢

中心商场 Centre Point

英　MAP p.243-E

哥打基纳巴卢首屈一指的大型购物中心。国际知名品牌的化妆品、金银饰品集中于此，很多年轻人喜欢到这里购物。中央市场可以说是哥打基纳巴卢流行服饰的风向标，各种潮流服饰让人挑花了眼。商场地下一楼是超市和银行。

营 Jl. Centre Point　☎ 088-246-900
营 9:00~22:00　休 无

购物中心　哥打基纳巴卢

默迪卡购物中心（独立大厦） Wisma Merdeka

英　MAP p.243-D

位于哥打基纳巴卢凯悦大酒店旁边，是市区内规模最大的购物商场。这里也是潮男潮女最喜欢的地方，购物中心内服装、饰品、化妆品齐全，还有快餐店、货币兑换处、书店等。

✉ Jl. Tun Razak　☎ 088-232-761
营 10:00~22:00　休 无

购物中心　郊外

卡拉姆辛综合购物广场 Kompleks Karamunsing

英　MAP p.243-A

位于市区南端的大型购物广场。广场内一楼出售各种电器，价格最为实惠。4层有蜡染商店、书店、乐器店、CD唱片店等，相信在这里一定可以买到心仪的东西。

✉ Jl.Tuaran　☎ 088-238-011　营 10:00~22:00　休 无

购物中心 郊区

婆罗洲一号
1Borneo

MAP p.243-B

距离哥打基纳巴卢市区约7公里左右，内部建有4家酒店，是东马来西亚规模最大的购物商场。国际一线品牌、亚洲品牌以及马来西亚品牌服饰和商品都可以在这里找到。一家名为Big Apple Donuts & Coffee的咖啡餐吧位于商场二楼，在这里可以品尝到来自全世界各地的美味料理。

✉ Jln. Sulaman
☎ 088-448-000
营 11:00~22:00（周末）
交 从哥打基纳巴卢市区乘坐出租车约15分钟

购物中心 哥打基纳巴卢

沙巴阳光大厦
Suria Sabah

MAP p.243-B

位于哥打基纳巴卢市区北部，是开业时间不长的新型购物商场。大厦里面汇集大型超市、品牌服装店、书店、快餐店、3D电影院等消费娱乐场所。并且，在大厦最顶层的旋转餐厅可以边用餐边欣赏哥打基纳巴卢的美丽景色。

✉ Jln. Tun Fuad Stephens
☎ 088-288-800
营 10:00~22:00
交 从中心商场步行约15分钟

购物中心 哥打基纳巴卢

瓦利萨广场
Warisan Square

MAP p.243-E

瓦利萨广场位于哥打基纳巴卢市区南侧，毗邻中心商场，是一座集办公区、购物商厦和酒店于一身的综合性现代大厦。欧美一线品牌店、亚洲休闲服饰店、燕窝店，以及沙巴州民族工艺品店汇集于此，内部还有好几家餐厅，非常适合游客前来消费。此外，广场内还有美容店和酒吧。

✉ Jln. Tun Fuad Stephens
☎ 088-447-888
营 10:00~22:00
交 从中心商场步行约1分钟

哥打基纳巴卢

酒店

顶级·高档

哥打基纳巴卢既有豪华的五星级酒店，也有位于海边的休闲度假村，更有适合背包客居住的经济型酒店。游客们可以根据自己的预算和爱好选择适合自己的住宿场所。

高档　哥打基纳巴卢

亚庇酒店 Jesselton

餐厅 酒吧 客房服务 英　MAP p.243-D

亚庇酒店于1954年正式对外营业，是哥打基纳巴卢地区最古老的酒店。大厅和客房内摆放着英式的木质家具，典雅大方。服务员和门卫都非常热情，提供细致入微的服务。

✉ 69 Jl.Gaya, P.O. Box 10401
☎ 088-223-333
FAX 088-240-401
HP www.jesseltonhotel.com
RM (S/T)RM180~
室 32
交 从中心商场步行约8分钟

高档　哥打基纳巴卢

凯城酒店 Promenade

餐厅 酒吧 游泳池 健身房 浴室 客房服务 英　MAP p.243-E

沙巴州唯一的一家拥有滑雪场和攀岩场地的大型度假村酒店。在海景房可以眺望海边嬉戏的人群。度假村内还有礼品店、旅行社分社、化妆品店等。晚上会有乐队进行音乐演奏。

RM No.4, Lorong Api-Api 3, Api-Api Centre ☎ 088-265-555 FAX 088-246-666 HP www.promenade.com.my
RM (S/T)RM145~ 室 451
交 从中心商场步行约7分钟

高档　哥打基纳巴卢

哥打基纳巴卢凯悦大酒店 Hyatt Regency Kinabalu

餐厅 酒吧 游泳池 健身房 浴室 客房服务 英　MAP p.243-D

位于哥打基纳巴卢市区，对面是一望无际的大海。这座现代化的酒店内部各种设施完备，客房空间宽敞。旁边就是人气购物商厦——独立大厦，外出购物消费非常方便。

RM Jl. Datuk Salleh Sulong ☎ 088-221-234
FAX 088-225-972 HP www.kinabalu.regency.hyatt.com
RM (S/T)RM330~ 室 288 预 ⑨
交 位于独立大厦旁边

高档　斯特拉港

斯特拉港度假酒店 Sutera Harbour Resort & SPA

餐厅 酒吧 游泳池 健身房 浴室 客房服务 英　MAP p.243-A

位于风光明媚的斯特拉港。由两栋高层大楼——适合商务人士居住的太平洋楼和旅游度假村风格的麦哲伦楼组成。除此之外，酒店内还有快艇港口、快艇俱乐部、高尔夫球场，著名的曼陀罗SPA美容服务中心也在此营业。

✉ 1 Sutera Harbour Boulevard
☎ 088-318-888
FAX 088-317-777
HP www.suteraharbour.com
RM (S/T) RM650~
预 ⑱ ㉒
交 从市区乘坐出租车约10分钟

高档　哥打基纳巴卢

哥打基纳巴卢美丽殿堂酒店 Le Merdien Kota Kinabalu

餐厅 酒吧 游泳池 健身房 浴室 客房服务 英　MAP p.243-E

酒店位于郭法德斯特凡路对面，共有12层，在顶层的海景房可以远眺到海洋风光。客房内有迷你吧台，酒店内有几家味道不错的餐厅。位于市区繁华地段，出行方便。

✉ Jl. Tun Fuad Stephens, Sinsuran
☎ 088-322-222
FAX 088-322-223
HP www.kotakinabalu.lemeridien.com
RM (S/T) RM290~
室 306
预 ⑦ ⑮ ⑯
交 从中心商场步行约5分钟

餐厅　酒吧　游泳池　健身房　浴室　客房服务　英 提供英语服务　中 提供中文服务

高档 郊区

皇宫酒店 The Palace

英 MAP p.243-A

位于哥打基纳巴卢郊区，远离繁华都市的喧闹，在这里可以得到很好的休息。大厅和客房装饰新颖，套间内空间很大。

No.1,Jl.Tangki,Karamunsing
088-217-222
FAX 088-211-600
HP www.thepalacehotel-sabah.com
RM （S/T）RM151.70~
室 160
交 从中心商场步行15~30分钟

中档 哥打基纳巴卢

加雅中心酒店 Gaya Centre

英 MAP p.243-D

酒店外观看起来似乎有些陈旧，但是内部设施崭新，包括大屏幕电视机、冰箱、宽带等。酒店内有一部分房间是海景房。距离购物大厦非常近，便于外出购物。

Jl. Tun Fuad Stephens
088-245-567
FAX 088-245-678
HP www.gayacentre.com
RM （S/T）RM250~
室 260
交 从中心商场步行约15分钟

中档 哥打基纳巴卢

基纳巴卢达雅酒店 Kinabalu Daya

MAP p.243-D

酒店各方面条件一般，属于中等价格。距离中心商场、购物商厦、大排档都非常近，可以步行前往。酒店的一部分客房为豪华型和套间。

Lot3&4, Block 9, Jl. Pantai
088-240-000
FAX 088-263-909
HP www.kkdayahotel.com
RM （S/T）RM135~
室 127
交 从中心商场步行约15分钟

经济型 哥打基纳巴卢

哥打基纳巴卢城市快捷酒店 Cititel Express

英 MAP p.243-E

这座城市快捷酒店位于中心商场斜对面，有12m²的单人房和40m²的家庭套间。房客可以根据预算来选择房型。

No.1, Jl. Singgah Mata 1, Asia City
088-521-188
FAX 088-538-288
HP www.cititelexpress.com
RM （S/T）RM140~
室 275
交 从中心商场步行约5分钟

中档 郊区

哥打基纳巴卢诺富特酒店 Novotel Kota Kinabalu 1Borneo

英 MAP p.243-B

酒店于2008年正式营业。毗邻大型购物商厦，适合商务人士居住。

TB-00-01, 1 Borneo Hypermall, Jalan UMS 088-529-888 FAX 088-529-889 HP www.novotel.com RM (S/T) RM180~ 室 263 预 ⑭ 交 从中心商场步行约15分钟

经济型 郊区

旋律酒店 Tune Hotels

英 MAP p.243-B

全部客房都配备空调。酒店内有休闲咖啡厅、快餐店。

Unit No. G-803,1Borneo Hypermall,Jalan Sulaman
1300-88-8863/03-2082-5777（预约） HP www.tunehotels.com
RM (S/T) RM9.99~ 室 165 交 从市区乘坐出租车约15分钟

经济型 哥打基纳巴卢

露丝的背包客小屋 Lucy Backpackers

英 MAP p.243-D

露丝是一位上了年纪的美国女性，她是这家背包客客栈的主人。她会为房客打点好住宿的一切事项。客房分为多人间和单人间，厕所和洗脸池是共用的。二楼的客房有大大的软床，旅途劳累时可以躺在上面美美地睡一觉。

Lot25,Lorong Dewan, Australia Place
088-261-495
RM （男女多人间）RM23~ (S) RM48、(T) RM58
室 6
交 从哥打基纳巴卢旅游信息咨询中心步行约5分钟

加享之旅

潜入海底 寻找珊瑚礁

适合潜水 初学者的最佳潜水地

从哥打基纳巴卢的码头（乘船中心）乘坐快艇约10分钟抵达布满珊瑚礁的岛屿，享受美妙的潜水之旅。可以在岛上租借潜水三件套（潜水面罩、呼吸器和脚蹼），装备好之后进行潜水。建议下水之前学习一下潜水的要领，并了解一些沙巴州哥打基纳巴卢海洋生物的知识。

在当地可报名参加海洋落日观景团，前往端姑阿都拉曼公园的沙滩欣赏夕阳沉入大海的美丽景色。无论大人、小孩、老人，还是潜水爱好者，都非常喜欢这个项目。早上8点半在潜水地点集合，学习潜水技巧和海洋生物知识之后，乘船出发，前往海岛。到达海岛之后，尽快掌握潜水要领，做好热身准备。

简单休息过后，乘船前往潜水地点。在岛上的餐厅吃过早餐之后，可以再次下水欣赏海洋生物。旅行团的行程结束之后，可以留在岛上玩耍。

预约 · 联系方式

oceansound旅行社

HP http://www.ocean-sound.com/

有会说中文的工作人员　☎019-8429270

RM 团费RM320、提前约定享受折扣价格RM300（提前一周报名该旅游团），二人以上发团。

※团费中包含接送巴士、码头使用费、船票、潜水教练、海洋公园门票、潜水器材租赁费、救生衣以及餐费等费用。

哥打基纳巴卢近郊海滩度假地

丹戎亚路

Tanjung Aru

MAP p.236-A、p.243-C

观光小贴士

丹戎亚路

乐趣指数		交通便利指数	
海滩	★★★★·	步行	★★★★·
购物	★★★··	出租车	★★★··

交通方式

巴士■哥打基纳巴卢（中央商场）→丹戎亚路（约15分钟，每隔一小时发车，车票RM1.50）

出租车■哥打基纳巴卢→丹戎亚路（约10分钟，车票约RM15）

观光指南

丹戎亚路位于哥打基纳巴卢以南8公里左右，是距离哥打基纳巴卢最近的休闲度假海滩。这片海滩长约5公里，白色的细沙一望无际，海岸附近生长着大片椰子树和红树林。在市区内逛完商场之后，到这片美丽的海滩上度过一个惬意的下午，这对游客来说是最休闲的放松方式。

海滩沿岸建有高尔夫球场、快艇俱乐部，还有一家高级度假村——丹戎亚路香格里拉度假酒店。度假村内建有游泳池，可以游泳。如果饿了，酒店的餐厅也会提供各种美食。在阳光明媚的海滩上可以晒日光浴、骑快艇，也可以在海边进行各种海上运动。海边的酒店内一般都设有旅行社分社，可以直接从酒店报名参团。

可以在这里报名参团去往端姑阿都拉曼公园。大排档一条街和菲利普王子公园也距离酒店不远，很多当地人放假时会前来游玩。

高档　　住宿

丹戎亚路香格里拉度假酒店

Shangri-La's Tanjung Aru Resort & Spa

英 中 预　MAP p.243-A

面朝我国南海的高档度假村。精心打造的游泳池和美容店广受好评。在度假村的酒吧内可以欣赏落日余晖。

✉ 20.Jalan Aru,Tanjung Aru.88100 Kota Kinabalu
☎ 088-327-888 FAX 088-327-878 HP www.shangri-la.com/jp RM （S/T）RM780~ 室 492 预 ⑤

真情提示

乘SL列车 欣赏一路的美景

早在英国统治时期，SL列车就已开始投入使用，当时被称为“北婆罗洲火车”。SL列车是循环观光列车，始发站为丹戎亚路，终点站为帕帕尔，全长约33公里。SL列车由英国设计师设计制造，是一列靠蒸汽来产生动力的火车。车身颜色为黑绿相间，非常有特色。经过后人的改造，火车上已装备一些现代化火车应有的设备。

列车沿途经过一眼望不到边际的美丽海岸、茂密的椰林等，窗外景色不断变化，让人目不暇接。在中途可以下车到寺院烧香敬佛、逛集市。如果时间充裕的话，可以搭乘这列古老的火车，欣赏一路上的各种美景。

哥打基纳巴卢郊外自然&文化体验之旅

哥打基纳巴卢这片肥沃的土地孕育了无数的生命。热带雨林中的各种动植物、野外一望无际的梯田，向人们展示着生命的活力。让我们踏上这片土地，感受大自然的美丽气息。

洛高宜野生动物园

Lok Kawi Wildlife Park

MAP p.243-C

洛高宜野生动物园位于哥打基纳巴卢东南方向约25公里处，从市区开车过来约30分钟。洛高宜野生动物园由沙巴州政府设立，主要用来保护野生珍稀动物。游客可以在这里近距离观赏婆罗洲的各种珍贵野生动物。

在公园服务中心可以免费领取洛高宜野生动物园地图。从洛高宜野生动物园地图上可以看到，洛高宜野生动物园位于沙巴州的山区，公园内地势起伏不平，树林茂密，并有小河流经于此，自然生态良好，非常适合各种野生动物栖居。这里总共有100多种野生动物，可以看到在全世界范围内都非常稀有的大猩猩、食蟹猴、婆罗象、马来熊、大犀鸟等野生动物。这些动物都是马来半岛所特有的珍稀动物，让人大饱眼福。可以乘坐园内观光车参观。旅游旺季会有动物表演。

与大象亲密接触

公园内道路比较崎岖。建议乘坐园内观光车

✉ Jl.Penampang-paper Lama, W.D.T. No.63 89507 Penampang ☎ 088-765-793 开 9:30~17:30（16:30之后禁止入内） RM 成人RM20、儿童RM10（园内观光车RM2）

沙巴茶园

Sabah Tea Garden

MAP p.237-C

沙巴茶园位于拉瑙，坐落于高原地带。从哥打基纳巴卢市区乘车前往约2小时，距离基纳巴卢山约1小时的车程。沙巴茶园是婆罗洲最大的茶庄，这里的天空碧蓝如洗，太阳铺开万道金光，茶园也被染上一层金色。这里的茶叶在种植过程中不允许使用任何农药，是由世界卫生组织认证过的健康茶叶。每天上午6~11点，茶农们会手工采摘茶叶。采摘下的茶叶被送到工厂进行深加工。一踏进工厂车间，浓郁的茶香味扑面而来。想去工厂参观的游客可以提前预约。沙巴茶园内建有几家旅行客栈，并有单独的会议室。平日里也有不少背包客和茶叶爱好者前来参观。

✉ Lot83, Block1-6,Sedco Industial Estate, Mile 5 1/2,Tuaran Rd, 88450 Kota Kinabal（办事处） ☎ 088-440-882（哥打基纳巴卢）、088-879-220（拉瑙） HP www.sabahtea.net

苍穹之下，茶田铺展开来

参观茶叶工厂

茶叶被仔细分类

马里马里文化村 Mari Mari Cultural Village

MAP p.243-B

从哥打基纳巴卢市区向东驱车40分钟，到达这座文化气息浓厚的传统村庄。马里马里文化村地处下南南郊，毗邻金萨姆瀑布，是热带雨林中的一片天然浴场。在这座古老的村庄里可以感受沙巴州原住民的生活方式和古老文化。沙巴州总共有32个民族，而这座小小的村庄内就有5个民族共存。一路上，陪同导游会介绍这5个民族各自的风俗习惯、文化特点，并指出它们的房屋结构与生活用品的不同。生活在村子里的原住民们身穿动物皮毛做成的衣物，身上有象征图腾的文身。他们用椰子粉制作可口的点心和酒水，用各种蔬菜和肉块做成美味的菜肴。他们热情好客，经常会招待游客到家里吃饭。晚上会有篝火表演，游客可以和原住民一起起舞。哥打基纳巴卢市区有专门前往马里马里文化村的旅行团。团费中包含了一日三餐的费用（午餐、下午茶、晚餐）。

原住民的智慧在丛林之中体现得淋漓尽致

原住民与游客们一起舞蹈

身穿民族特有服饰的原住民

当地主要旅行社

EXotic Adventure旅行社
Exotic Adventure

旅游行程包含市内观光、海边潜水、激流勇进、观察野生动物、攀登基纳巴卢山等内容，可以很好地感受婆罗洲的自然文化与传统。

✉ G-40-3A, Signature Offices, KK Times Square, Off Coastal Highway
☎ 088-486-885 FAX 088-486-883
E-mail info@exotic-adventure.com
HP www.exotic-adventure.com

哥打基纳巴卢之旅

专业、便利的旅行团

哥打基纳巴卢拥有众多景点，要想全部逛完并非易事。特别是对独自出游的背包客来说，制订一份既经济又省时的旅游行程往往要花费很多精力。报名参加当地的短途旅行团可以节省不少时间，并且可以保证旅程中的安全问题。

哥打基纳巴卢市区观光

哥打基纳巴卢市区观光旅行团。旅游内容包括参观旧政府大楼、沙巴州清真寺、沙巴州博物馆、中国寺院等景点。中途有半小时的购物时间。

RM 成人RM140、儿童RM90

所需时间：5小时

动物园+观萤火

在动物园参观完长尾猴、蝴蝶、大猩猩等婆罗洲的珍稀野生动物之后，乘船去往红树林深处观赏萤火。

RM 成人RM200、儿童RM100

所需时间：5小时（带晚餐）

哥打基纳巴卢夜间观光

前往哥打基纳巴卢市区的夜市、购物商厦购物消费。可以在夜市买一些旅游纪念品。晚上在水上餐厅一边欣赏民俗舞蹈，一边享用美味的海鲜料理。

RM 成人RM200、儿童RM110

所需时间：5小时（带晚餐）

基乌尔河漂流

从哥打基纳巴卢市区驱车1小时30分钟左右，到达基乌尔河。乘着木筏漂流在河流下游，一路欣赏河畔风光。途中会经过几处水流湍急的河道，但是有经验丰富的掌舵师傅全程陪同，不会发生任何危险。

RM 成人RM190、儿童RM150、巴达斯河RM240　所需时间：6小时（带早餐）

河川动物园

前往距离哥打基纳巴卢市区115公里的加拉玛河。在茂密热带雨林中漫步，与长尾猴、大犀鸟近距离接触，感受大自然的美妙。

RM 成人RM330、儿童RM165

所需时间：6小时（带早餐）

沙庇岛海滨之游

沙庇岛位于端姑阿都拉曼公园内，是进行日光浴、海水浴或海上运动的好地方。潜水设施额外收取费用。

RM 成人RM270、儿童RM135

所需时间：约7小时（带午餐）

红树林+水上村落之旅

乘坐观光船只环游哥打基纳巴卢郊区的河流。到红树林深处观察原始生态系统，在河边钓螃蟹。参观水上村庄、沙巴州陶器工厂。

RM 成人RM230、儿童RM150

所需时间：5小时（带早餐）

基纳巴卢国家公园+波令温泉

基纳巴卢国家公园距离哥打基纳巴卢市区约2小时的车程。在公园内参观高山植物。波令温泉位于山脚下，经过一天的劳累之后可以舒舒服服地泡温泉。

RM 成人RM300、儿童RM150

所需时间：约9小时（带早餐）

山打根一日游

从哥打基纳巴卢乘坐飞机前往山打根观光游玩。在山打根市区参观中国寺院、集市、水上房舍等。在码头处可以欣赏美丽的海景。

RM 成人RM680、儿童RM380（不包含机票）所需时间：15小时

文化村+哥打基纳巴卢夜景

马里马里文化村位于哥打基纳巴卢市中心，于2008年11月正式对外开放。在马里马里文化村可以感受原住民的生活习惯和传统文化，参观村子里5个民族不同的房屋建筑，品尝当地特色菜肴。上午、下午各发团一次。

RM 成人RM230、儿童RM115

所需时间：5小时（带午餐或晚餐）

乘独木舟游婆罗洲（仅限周日、周四、周六）

旅行团下午出发。首先前往河流尽头处的红树林，欣赏基纳巴卢山麓风景和落日风光。夜幕降临后可以观赏河面萤火。旅行团提供马来西亚传统晚餐。

RM 成人RM300、儿童RM150

所需时间：5小时（带晚餐）

曼塔那尼岛一日游

曼塔那尼岛距离哥打基纳巴卢约2小时30分钟的车程。这里的海水透明度很高，海底的珊瑚礁清晰可见。在这里可以进行潜水、浮潜、乘坐香蕉船等水上运动。午餐是海边自助烧烤。

RM RM590~

所需时间：约11小时（带午餐）

＊有英语导游

文莱1日游（除周四、周五）

文莱是马来西亚的邻国，是著名的石油产出国。从哥打基纳巴卢乘坐飞机前往文莱，参观清真寺、博物馆、水上村庄、红树林等景点。

RM 成人RM1500、儿童RM1250

所需时间：10小时（带午餐）

观察昆虫+制作标本

旅行团下午出发。去往位于哥打基纳巴卢郊区的蝴蝶园和兰花园，近距离观察昆虫并制作标本。吃过晚饭后，再回到蝴蝶园，捕捉昆虫。

RM 成人RM340~520（赠送标本）、儿童RM230~350（赠送标本）

所需时间：7小时（带晚餐）

温迪旅行社　Wendy tour

哥打基纳巴卢 MAP p.243-E

✉ Unit 1-2A, 1st Flr, Komplex Asia City, Jl. Asia City, Kota Kinabaru ☎ 088-244-821

HP malaysia.wendytour.com

・2人以上发团

・有英语导游、汉语导游

＊旅游团的行程、费用会有所变动，欢迎提前致电垂询

东马来西亚著名的高级度假胜地

斗亚兰/卡拉姆布奈

Tuaran/Karambunai

MAP p.236-A

观光小贴士
斗亚兰/卡拉姆布奈

乐趣指数		交通便利指数	
景点	★★★··	步行	★★···
海滩	★★★★·	巴士	★····
高尔夫	★★★★·	出租车	★★★··

交通方式

[斗亚兰]

巴士■哥打基纳巴卢（长途汽车站）→斗亚兰（约45分钟，每隔15分钟发车，车票RM4）

出租车■哥打基纳巴卢机场→斗亚兰（约1小时，RM60）

[卡拉姆布奈]

出租车■哥打基纳巴卢机场→卡拉姆布奈（约45分钟，RM80）

观光指南

斗亚兰位于哥打基纳巴卢以北约33公里处，是一个自然风光美丽的小村庄。斗兰亚靠近海岸，毗邻多处港湾，19世纪曾是海盗的大本营。斗兰亚的地势错综复杂，近年来，政府充分发挥其地貌特征，在这里修建了许多豪华度假村和高尔夫球场，吸引国内外游客前来游玩。

平日的斗亚兰悠闲寂静，但是一到星期天，整个斗亚兰就变成了另外一副模样。整个村庄变成了一个大集市，路边遍布贩卖民族工艺品、蔬菜、水果、日用百货等商品的摊点，异常热闹。而集市中也有大排档，逛街累了的话，可以在这里找寻一些美食果腹。

香格里拉拉莎里亚度假村的水上活动中心

斗亚兰海滩距离村中心较远，开车前往约20分钟。这里有长达3千米的白色沙滩。海滩沿岸还有一家非常豪华的旅游度假村——香格里拉拉莎里亚度假村。另外，加蓝文莱度假村是沙巴州最高档的旅游假日酒店，在这里可以开展多种旅游项目。需要提前打电话预订客房。

高档　卡拉姆布奈

加蓝文莱度假村
Nexus Resort&Spa Karambunai

餐厅 游泳池 健身房 客房服务 英 中　MAP p.236-A

位于卡拉姆布奈半岛，是沙巴州最高档的旅游假日酒店。度假村面积庞大，有交通服务车穿梭其中。前面是白沙海滩，后面是自然公园，可以开展各种探险旅游项目。12岁以下儿童免收个人服务费。

✉ Off Jalan Sepangar Bay, Locked Bag 100
☎ 088-480-888
FAX 088-480-999
HP www.nexusresort.com
RM （S/T） RM400~
室 485　预 ㉒
交 从哥打基纳巴卢机场乘坐出租车约40分钟

高档　斗亚兰

香格里拉拉莎里亚度假村
Shangri-La's Rasa Ria Resort

餐厅 酒吧 游泳池 健身房 客房服务 英 中　MAP p.236-A

距离斗亚兰村镇中心约11公里。度假村前面是大型海滩，后面是一座小型孤岛。度假村毗邻野生动物自然保护区，可以观察数百种野鸟和珍稀动植物等，尽享热带雨林景观。

✉ Pantai Dalit Beach
☎ 088-797-888
FAX 088-792-777
HP www.shangri-la.com/jp
RM （S/T） RM550~
室 420
预 ⑤ ㉒
交 从哥打基纳巴卢机场乘坐出租车约45分钟

餐厅　酒吧　游泳池　健身房　浴室　客房服务　英 提供英语服务　中 提供中文服务

端姑阿都拉曼公园

Tunku Abdul Rahman Park

MAP p.236-A、p.239

观光小贴士
端姑阿都拉曼公园

乐趣指数		交通便利指数	
景点	★★★··	步行	★★★··
潜水	★★★··	船只	★★★★★

交通方式

巴士■哥打基纳巴卢→马奴干岛、沙庇岛、玛姆提岛（从哥打基纳巴卢码头乘坐轮渡20~25分钟，往返船票成人RM23、儿童RM18）哥打基纳巴卢→苏洛岛（往返船票成人RM25、儿童RM18）＊有5岛环游快艇

旅游咨询处■公园管理事务所（马奴干岛）

门票：成人RM10、18周岁以下儿童RM6。在哥打基纳巴卢旅行社和香格里拉丹戎亚路大酒店内可以报名参加去往端姑阿都拉曼公园的旅行团，团费大约RM100

观光导览

端姑阿都拉曼公园是由距离哥打基纳巴卢3~8公里的河口处的5个岛屿组成。这5个岛屿分别是马奴干岛、沙庇岛、玛姆提岛、加雅岛和苏洛岛。端姑阿都拉曼公园总面积达4929公顷，其2/3以上是大海，陆地不到1/3。在100万年以前的冰河时期，这里曾是冰川地带，后来气温逐渐升高，冰川融化之后导致海平面上升，部分岛屿被海水淹没，形成了这样5个孤零零的小岛。这5个岛屿被美丽的珊瑚礁所包围，岛上生活着许多珍稀热带动植物。可以在哥打基纳巴卢市区的旅行社报名参团，依次参观这5个各具特色的岛屿。

公园的事务管理所。管理所内设有餐厅

马奴干岛和沙庇岛以其美丽的沙滩吸引着众多游客前来晒太阳、进行水上运动。沙庇岛上的商店较少，这里几乎未经人工开发，保持了大自然的原有面貌。

去往各个小岛的船只

马奴干岛上开有好几家餐厅和酒店。玛姆提岛以美丽的珊瑚礁而闻名，这里的海域非常适合水上运动。岛屿沿岸还设有潜水俱乐部。这5个岛屿中面积最大的是加雅岛，岛上至今仍生存着沙巴州唯一的龙脑香属植物——婆罗双树。绿色的树林、纯白色的沙滩、湛蓝的大海，构成了天地间最美的画面。加雅岛上有几家高档度假酒店，迎接来自国内外的游客。苏洛岛距离哥打基纳巴卢最远，岛上有许多裸露的石灰岩，与其他岛相比略显落后。当地政府为保护这些岛屿的自然生态环境做出了不少努力，游客们在岛上游玩也要遵守岛上的各项规定和制度。

高档　住宿

加雅岛度假村

Gaya Island Resort

英　MAP p.236-A

加雅岛度假村于2012年正式开业，是大型度假酒店YTL酒店旗下的连锁酒店。度假村内的游泳池长40米，池水清澈透明。美容室位于鲜花簇拥的庭院内。

✉ Malohom Bay　Gaya Island, Tunku Abdul Rahman Park
☎ 018-939-1100
HP www.gayaislandresort.com
RM (S/T) RM600~
室 121　预 ⑳
交 在斯特拉港的加雅岛度假村办事处办理入住手续之后，乘坐专用船只前往加雅岛度假村

东南亚的最高峰

基纳巴卢国家公园

Kinabalu National Park

MAP p.237-C、p.239

观光小贴士

基纳巴卢国家公园

乐趣指数		交通便利指数	
登山	★★★★·	出租车	★★★★·
高山植物	★★★★·	巴士	★★★★·

交通方式

出租车■哥打基纳巴卢→公园事务管理所（约2小时到达，RM160）

长途汽车■哥打基纳巴卢（长途汽车站）→公园事务管理所（约2小时到达，7:30~20:00发车5~6次，RM15）

＊山打根（长途汽车站）→公园事务管理所（约5小时到达，每天发车十多次，上午出发，RM20~25）

联系方式■沙巴公园（Sabah Parks）

☎088-523-500 FAX 088-486-434

营 8:00~13:00、14:00~16:30 休 每月的第一周、第三周的周六、周日

观光导览

基纳巴卢公园围绕基纳巴卢山而建。基纳巴卢山海拔4095.2米，是东南亚最高峰。公园占地面积达754平方千米，于2000年被正式列为世界自然遗产。这是马来西亚的第一处世界自然遗产。基纳巴卢国家公园地势低洼处属于热带雨林区，这里生长着无花果等热带植被。山腹地带属于温带气候，生长着大片的野生草莓等温带植物，堪称植物宝库。因此，基纳巴卢山也成了植物学家和自然爱好者极力想要攀登的山峰。基纳巴卢山上还生活着当地的少数民族——卡达山族，他们在山上种植大米、谷物等农作物，实行迁移式农耕。山顶比较荒芜，岩石裸露，杂草丛生。

公园事务管理所

从哥打基纳巴卢乘坐巴士或出租车可以直接到达基纳巴卢国家公园大门。购买门票（RM15）之后，前往公园总部（PHQ）。公园总部海拔1558米，可以步行前去，也可以乘坐空中缆车前往。公园总部设有山间别墅、家庭套房等住宿设施，还有餐厅、礼品店等消费场所。公园总部是登山和远足的起点。攀登基纳巴卢山的行程一般为三天两晚。登山途中可以借宿在山间旅舍。但是，山间旅舍所能容纳的人数有限，建议单独出行的背包客提前确认一下是否还有床位。一般情况下，第一天不必急着爬山，先准备好登山物品，与导游事先进行沟通，然后在公园总部（PHQ）旁边的酒店安顿下养精蓄锐。如果体力不是很好，或时间不是很充裕的话，建议不要远足，就在公园总部附近的森林中游玩，观察野生动植物。也有距离公园总部很近的徒步旅游线路，一般历时一两个小时就可以逛完。自然探险之旅（11:00出发、RM3）是深受热爱大自然的游客追捧的短途登山行程，整个行程有私人导游陪同，历时约1小时。攀登基纳巴卢山的登山行程历时1~2天，登山过程中有导游陪同。登山归来后，从公园总部乘车前往波令温泉，历时约30分钟。在温泉美美地泡个澡，能够洗去连续几日的疲劳。基纳巴卢国家公园内昼夜温差较大，建议随身携带厚外套和雨具。

公园内的博物馆

关于公园内的各项设施以及登山的相关问题，可以致电沙巴公园（或沙巴州旅游局（p.242），酒店预订请联系（p.261）官网。中国国内游客可以致电马来西亚政府旅游局或当地旅行社咨询相关信息。

探访基纳巴卢山脚下的波令温泉&雨林吊桥

在原始森林中享受大自然赐予人类的礼物。
在热气缭绕的温泉中洗去周日劳顿。

MAP p.237-C

波令温泉

波令温泉位于拉瑙以北约18公里处的基纳巴卢山脚下。波令温泉是第二次世界大战期间日军挖掘开发出的露天温泉，在设计细节上有些许日本风格。近年来，经过重新修整之后，波令温泉被划入基纳巴卢国家公园内，成为一处开放式温泉。这里的温泉通过人工水管道注水使其水温始终维持在50~60℃。泡温泉时，不可穿着自己的衣物进入浴池，禁止使用香皂等化学清洁用品。一般情况下，攀登完基纳巴卢山的游客，都会到这里来泡一泡。身体上的灰尘和精神上的疲惫，一并被温热的泉水所溶解。温泉旁边有小型酒店，可以在这里留宿。

☎ 088-870-102
营 7:00~18:00　休 无
RM RM15（单间加收RM20）
RM15（单间加收RM20）
☎ 088-878-801（官网→p.261）
交 从哥打基纳巴卢乘坐出租车约2小时（报名参加1日游旅游团比较划算）

雨林吊桥

从波令温泉步行15分钟，到达位于热带雨林中的吊桥。这座吊桥距离地面41米，全长157米，非常狭窄，仅能容纳1人通过。吊桥的两侧虽然有网和护栏等保护设施，但是走在上面依然摇摇晃晃，让人胆战心惊，非常惊险刺激。吊桥横穿参天大树的茂密树枝，行走在吊桥上不时可以看见出现在树枝上的野生小动物，非常有趣。吊桥下面也有热带雨林徒步游专属道路，约1小时即可走完，可以欣赏道路两旁的珍稀植物和丛林间的动物。体力充沛的话，还可以步行至热带雨林深处的瀑布（步行约2小时到达）游玩。运气好的话，还可以看到大王花盛开。吊桥旁边还有一座蝴蝶农场，可以近距离观察漂亮的野生蝴蝶。19:00之后丛林探险需要导游陪同（平时2人RM60，旅游旺季时费用有所上浮）。

营 8:00~16:00
休 5月禁止过桥
RM 门票RM5（带相机加收RM5、带DV加收RM30）蝴蝶农场门票RM4（9:00~16:00）
交 从波令温泉步行约25分钟

摇摇欲坠的吊桥

攀登东南亚最高峰——基纳巴卢山

基纳巴卢山海拔4095.2米，是东南亚最高峰。
它巍然矗立在基纳巴卢公园内，吸引着众多登山爱好者前来挑战。

MAP p.237-C

登山时的注意事项

■登山装备

山上的气候多变，随时可能下雨，务必要带雨伞或雨衣。早晚温差较大，需要提前做好防寒措施。除此之外，还要准备好帐篷、便当（可在公园餐厅预订）、压缩饼干、水壶、驱虫剂、手纸、洗漱用品等登山必备品。建议穿着长衣长裤、登山靴。戴上帽子、手套，以防划伤。

■保持好的状态

登山前，一定要休息好，保持充沛的体力和良好的精神状态。基纳巴卢山海拔虽高，但是山路较平缓，无须浪费太多体力。途中会经过几段比较难走的岩石路，但是稍微留意一下的话就没问题。登山过程中，最担心的是拉肚子、受伤等意外情况。另外，遇到下雨天的话，应当立即停止登山寻找避雨处，等待雨停后再继续登山。

■不能随意丢弃垃圾

基纳巴卢国家公园以基纳巴卢山和独特的自然景观而闻名。这里已被列为世界自然遗产。美好的环境和生态平衡需要大家共同来维护。所以，在公园内不要随意丢弃垃圾。登山过程中请将垃圾随身携带，最后拿到山下处理。

正在休息的登山者

第一天先乘坐巴士或打车从哥打基纳巴卢前往基纳巴卢山脚下的村庄——山打根。在这里留宿一晚，养足精神。第二天早晨6点起床，7点出发，去往公园总部。

接下来，在公园事务管理所支付登山许可费RM100、保险费RM7，以及行李寄存费和导游费。登山道路崎岖，危险系数较大，如果目标是登到山顶，则必须聘请导游，并有必要提前找好住宿的地方（导游费1~3人RM85~95、4~6人RM100~120）。

驴耳峰

导游都是有着丰富登山经验的山民，他们对山上的一草一木都了然于胸。另外，他们还肩负着保护动植物的重任。从公园管理处乘坐巴士到达海拔1829米的发电站，这里是登山的起点。

登山的第一个阶段性目标是位于山腹的拉班拉塔游客歇脚处。中午过后，天气容易发生变化。上午还是晴天，下午就会突然下起雨来。所以，为避免突然变天带来的麻烦，务必要在中午之前到达拉班拉塔游客歇脚处。最初一段约6公里长、海拔落差达1520米的山路上，每隔20~50分钟的路程就会有一个小型游客休息处。可以在这里上厕所、喝水，简单休憩一下。休息处都会有一个大大的水箱，里面是供游客喝的水。但是这些水都是取自雨林的自然水源，水质不是太好，之前有外国游客饮用之后腹泻的情况。建议不要饮用。拉班拉塔游客休息点出售饮料和啤酒。

爬过1950米之后，气温逐渐变低，到达枝繁叶茂的密林区。树木的枝干蜿蜒扭转，甚至向下插入地面的蕨类苔藓植被丛中。运气好的话，还能够看到非常珍稀的热带雨林植物——猪笼草和大王花。

基纳巴卢山
Kinabalu
圣安德鲁斯山
St Andrews Peak
4052m
维多利亚山
Victoria Peak
4095m
亚历山大山
Alexandra Peak
4003m
基纳巴卢山（罗氏峰）
4101m G.Kinabalu (Low's Peak)
8km
圣约翰山
St.John`s Peak
4091m
丑姐山
Ugly Sister Peak
4032m
驴耳峰
Donkey Ears Peak
4054m
石壁
P.L.Rockface
基纳巴卢南山
Kinabalu South
3933m
沙央沙央小屋
Sayat Sayat Hut
甘丁拉轧旦客栈
Gunting Lagadan Hut
帕纳拉班客栈
Pana Laban Hut
彭丹客栈
Pendan Hut
拉班拉塔休息客栈
Laban Rata Resthouse
巴灵顿客栈
Burlington Hut
直升机机场
瓦拉斯客栈
Waras Hut
帕卡岩洞
Paka Cave
帕卡岩洞休息处
直升机机场
休息客栈
卡打万央河
S.Kadamaian
RTM站点
露营地
Carson`s Camp
休息处
休息处
通信塔
32.去往度假村方向
N
休息处
休息处
0
1km
登山之门
Timpohon Gate
1890m
去往基纳巴卢国家公园总部方向

登山途中的小屋

在登山途中的山间休息小屋既可以补充水源、吃东西，也能够留宿。但是需要提前预约（预约方式：Suterasanctuarylodges ☎ 088-487-466 FAX 088-487-566 HP www.suterasanctuarylodges.com.my 〈e-mail〉info@suterasanctuarylodges.com.my）。在旅游旺季，甚至需要提前半年预约。通过打电话、传真、邮件等方式预约。

基纳巴卢国家公园的休息点

环境最恶劣的登山马拉松

每年的10月，基纳巴卢国家公园举行的“基纳巴卢山国际登山马拉松大赛”，堪称是世界上环境最恶劣的马拉松比赛。比赛路线是从海拔1800米的登山大门出发，经过海拔2072米的拉央拉央员工小屋，到达卡达山杜顺族人村庄。比赛路线长达23千米，途中经过各种崎岖的地段和恶劣的自然环境，对参赛选手的体力和意志是一个非常大的考验。普通人的话，需要花费两天的时间才能走完全程，而最优秀的马拉松选手仅需3个小时就可以完成。基纳巴卢山国际登山马拉松大赛每年都吸引着很多国际马拉松选手前来挑战。感兴趣的游客也可以报名参加。可以通过基纳巴卢山国际登山马拉松大赛官方网站报名，也可以通过选拔赛推荐报名。

基纳巴卢山国际登山马拉松大赛事务所 HP http://climbathon.sabahtourism.com

登上山顶还需要借助于绳索

通常情况下，爬到海拔3273米的拉班拉塔游客休息点最多需要6小时。拉班拉塔游客休息点为3层楼的高大建筑，内部设有餐厅、商店和客房。房间里有大功率取暖器、淋浴等设施。如果想要看日出，可以在这里留宿一晚。

旅游旺季时，拉班拉塔游客休息点内人满为患。这时可以再往上爬50米，到古廷拉卡丹山间小屋歇息。这里景色美丽，可以看到密密麻麻的红树林和成片裸露的花岗岩。如果想欣赏晚上的繁星，可以先提前睡一觉养足精神。如果想看第二天早上的日出，那么凌晨两点就得出发赶山路前往山顶。

翌日凌晨1点30分，在餐厅吃完早点之后，约2点30分开始向山顶进发。深夜的山间黝黑寂静，需要佩戴帽式照明灯照亮山路。

登山途中，会经过几处非常平滑、坡度很大的岩石路和比较难走的吊桥，在这些路段浪费一些体力、花费一点时间是难免的。体力消耗较大的话，建议休整一下再重新出发。

大约4小时后，最终到达东南亚的屋脊——罗氏峰。站在山巅，眼前的景色美到难以用语言来表述。在云海山峰中一轮红日冉冉升起，整个沙巴州在晨曦中慢慢清晰起来。与一同到达山顶的游客共同分享这美妙的景色与心情吧！

下山后在公园事务管理所领取登山证明（彩色RM10、黑白RM1），结束这段美妙的登山之旅。

拉班拉塔游客休息点

硕果仅存的丹侬谷保护区

丹侬谷保护区以前仅允许森林学家或科研工作者进入，近些年才开始面向游客和旅行团开放，让更多的人了解原始热带雨林的样貌。

MAP p.237-C

野生动物栖息的原始森林

乘坐飞机抵达Lahat Dat机场后，换乘出租车在沙石路上经过2小时30分钟的颠簸，到达丹侬谷。丹侬谷总面积为438平方千米，这里生长着大片热带植物，被称为“最后的热带雨林”，并于1985年被正式列为自然保护区。这里有着各种热带绿植，大约10平方千米的区域内就生存着200多种树木，堪称最完整的原始森林。在茂密的丛林中生活着人猿、长鼻猴、马来熊、亚洲象等200多种野生动物和278种鸟类以及数不清的小型昆虫。近年来，丹侬谷的名气伴随着游客人数的逐年增加日益增长。

水冲刷岩石形成的天然游泳池

丛林漫步

热衷丛林探险的游客可以在这里尽情享受热带雨林的美妙。对地形不熟的话，可以聘请导游陪同（仅有英语导游）。导游不仅全程陪同讲解，一路上还会提供各种帮助和建议。丛林漫步需要1~3小时，经过泥沼区、吊桥以及热带溪流。一路上，鸟鸣虫啼不绝于耳，各种珍稀动植物不时映入眼帘，令人目不暇接。运气好的话，还可以看到盛开的大王花。晚上可以在林间野炊、搭起帐篷露营。当地旅行社还推出了三天两晚丛林游，有兴趣的游客可以报名参加。旅游途中建议穿着长衣长裤、登山靴，并携带驱虫剂。

吊桥

婆罗洲雨林度假村

婆罗洲雨林度假村是丹侬谷中唯一的住宿场所，位于丹侬河畔，被热带植被所包围。整座房屋建于水面之上，客房内部非常干净，并设有沙发、浴室、露天阳台。服务员总共30余人，带给顾客热情贴心的服务。房屋内空气清新，带有大大的露天阳台。呼吸着山间的清新空气，在露天餐厅、休闲酒吧享用美食，留下一段美好的记忆。

在露天阳台欣赏丹侬谷景色

◆丛林漫步必备品◆

登山靴、冲锋衣（防风衣）、墨镜、驱虫剂、厚手套、手电

婆罗洲雨林度假村 Borneo Rainforest Lodge

两天三晚行程：人均消费RM2480~，包含机场巴士接送费、入园费、导游费、服务费、一日三餐费。客房内没有电视和电话。如要和外界取得联系，可以在度假村办公室拨打公共电话（仅有一部国际电话）

与丛林景色融为一体的度假村

【当地旅行社】

Borneo Nature Tours

交 从哥打基纳巴卢乘坐飞机约1小时到达。到达Lahat Dat机场之后，度假村会安排巴士前来接机

☎ 089-880-207　FAX 089-885-051

HP www.borneonaturetours.com

营 8:00~17:00

休 周六、周日　＊至少提前一周报名

参观婆罗洲原住民——龙古斯族人的长屋

古达是19世纪后期北婆罗洲（现在的沙巴州）最初的首府。
这里生活着许多马来西亚少数民族。

MAP p.237-C

古达位于哥打基纳巴卢以北160公里处，以娴静的田园风景而闻名。东马来西亚是少数民族聚集区，沙巴州境内约有30个少数民族族群，沙捞越州约有25个原住民村落。其中，龙古斯族（Rungus）是东马来西亚最具代表性的民族。龙古斯族是卡达山杜顺族的一支，以拥有高超的技艺而广为人知。龙古斯族人恪守传统文化，靠农耕、狩猎、采摘果实得以生存。

龙古斯长屋

龙古斯长屋也叫作“sirang”，是龙古斯族的传统房屋。长屋建在高出地面的木桩之上，面积很大。每座长屋都建有公共房间和用薄薄的墙壁隔出来的单间，同一屋檐下生活着好几个家族的数十口人。每个家族都有着各自的家规，纪律、分工严明。长屋的建材来自森林中的优质木材，为保持通风性良好，房屋以东西为轴，面朝基纳巴卢山而建，这样可以使山间的微风吹过整座房屋。

长屋住宿体验

为传承文化、促进当地旅游，使更多的人了解东马来西亚的历史，龙古斯族人专门修建了几所长屋供游客参观和住宿。在这里可以体验古达特有的民族风情，与原住民生活在一起，参观他们亲手制作的藤制品与手工雕刻品，与他们一起跳舞等。除此之外，养蜂也是龙古斯人维持生计的手段之一，感兴趣的游客可以到他们的蜂场去参观。

族人在演奏传统音乐

龙古斯人餐桌上的食物主要是自己种植或野外采摘的野菜、水果，以及从大海捕获的鱼贝类等。美味的菜肴盛在大大的器皿中，然后夹到自己面前的小碟里面食用。

夜幕降临时分，族人们会围成一圈，和着鼓点的节拍翩翩起舞。他们的舞蹈动作简明而欢快，体现了原住民朴实乐观的生活态度。游客们可以加入其中，一起纵情舞蹈。

晚上玩累了，可以住在长屋。长屋通风性良好，备有蚊帐和煤油灯，非常简朴。这里没有任何现代化通信设施的打扰，让人忘却尘世中的纷纷扰扰。

龙古斯族人的舞蹈。游客也可以加入其中

长屋借宿的注意事项

- 不要在木桩下面随意走动（龙古斯人认为这是非常不礼貌的行为）。
- 禁止踏入新建的长屋内（龙古斯人认为这样可能带来坏运气）。
- 未经主人同意，不得踏入卧室内。
- 离开长屋时，一定要向主人表达谢意。
- 进入长屋时，将长靴、拖鞋脱下并摆放在屋外。
- 参观长屋时，切忌大声喧哗。禁止追逐、打闹。

【预约】
可以致电当地各大旅行社预约参观长屋的旅行团。
M.A.E Planning
HP www.el-paradise.com

马来西亚最大的渔港

山打根

Sandakan

MAP p.237-C

观光小贴士

山打根

乐趣指数		交通便利指数	
景点	★★★··	出租车	★★···
丛林漫步	★★★★★	船只	★★★★·

交通方式

飞机■哥打基纳巴卢→山打根机场（〖马来西亚航空〗：约40分钟，每天有6趟直达航班，单程机票RM99~209〖亚洲航空〗：每天有2趟直达航班，单程机票RM53~182）→市区（乘坐巴士约40分钟，RM2；乘坐出租车约25分钟，RM15）

长途汽车■哥打基纳巴卢（长途汽车站）→山打根（约6小时到达，上午发车6次、下午发车2次，RM43）　**航空公司■**马来西亚航空089-273-962

观光导览

山打根自然资源丰富，是沙巴州的第二大商业城市。第二次世界大战期间这里曾被日军占领。整个城镇呈东西走向，东西长约1公里、南北长约500米。主要景点中央市场、圣迈克教堂基本位于市区，景点之间相距很近，步行10分钟即可到达。

位于郊区的景点主要有大猩猩自然保护区（与珍稀动物近距离接触）、日本人墓地、鳄鱼园、海洋公园（观看海龟产卵）等。可以在当地旅行社报团去往郊区的各大景点。现在的山打根已成为旅游门户城市，丰富的自然资源与珍稀动物吸引着众多游客。

观光

东马来西亚

山打根市区

市区位于海边高丘地带，地势倾斜。

■圣麦克教堂

交 从长途汽车站乘坐出租车约5分钟

■日本人墓地

交 从中央市场乘坐出租车约3分钟

■阿格尼斯·基思故居

开 9:00~17:00　RM RM15

交 从长途汽车站乘坐出租车约5分钟

墓地比较偏僻，建议不要独自前往

马来西亚的传统民居

圣麦克教堂

St.Michael's Church

教堂　MAP p.265-A

第二次世界大战末期，山打根遭到联军空袭，市区几乎被夷为平地，而圣麦克教堂是当时唯一保存完整的建筑物。圣迈克教堂用石头堆砌建造而成，修建于1880年，是山打根地区最古老的教堂。

由坚硬石材打造的朴素建筑

日本人墓地

Japanese Cemetery

景点　MAP p.267

日本人墓地位于伊斯塔娜大街尽头的山脚下，紧挨着警察局。登上倾斜小道，往右侧前进，不远处可以看到竖立着许多墓碑的华人墓地。华人墓地的尽头有一扇写有“日本人墓地”大字的大门。日本明治至大正时期，许多日本年轻女性到山打根一带的妓院、茶馆务工，她们死后皆葬于这里。

阿格尼斯·基思故居

Agnes Keith's House

景点　MAP p.265-B

1934—1952年，美国人阿格尼斯·基思夫妇曾在山打根安家，并居住在这里。阿格尼斯的妻子在第二次世界大战中被日军俘虏。她在晚年时回忆起在山打根的时光，写出了《风下之乡》（*Land Below The Wind*）一书，立即引起了热烈的反响，从而一举成名。

山打根郊外

山打根的郊区自然资源丰富，栖息着许多珍稀野生动植物。

甘榜阿逸

Kampung Air

水上村庄

MAP p.267

甘榜阿逸是一个水上村庄，这里生活着数千人。水上房屋结构独特，吸引了很多游客前来一探究竟。这些水上房屋大多建在苏禄海码头一带，里面也有照明电器、自来水管道等常见生活设施，似乎与建在平地上的房屋没有太大的不同。这些房屋的主人大多是渔民或海上作业者。

■甘榜阿逸
从中央市场乘坐出租车约5分钟

建在海面上的村庄

普济寺

Puu Jih Shih

寺院

MAP p.267

普济寺建于1987年，是山打根最年轻的佛教寺院。寺院坐落在石咀山上，可以观看山打根的全景。当地的华裔市民自发筹资RM4500万用来建造这座寺院，院内铸有周身贴满金箔的黄金佛像，寺柱上缠绕有柚木造神龙，尽显奢华。

沙巴州规模最大的佛教寺院

■普济寺
交 从山打根市区乘坐出租车约10分钟

■战争纪念公园
交 从山打根市区乘坐出租车约10分钟

战争纪念公园

War Memorial Park

景点

MAP p.267

第二次世界大战期间，这里曾是日军拘押战俘的地方，后来被改建为战争纪念公园。日军在第二次世界大战期间曾在此拘押了2000名澳大利亚战俘和750名英国战俘。1944年，数千名战俘从这里转移至基纳巴卢山麓的拉瑙。经过9个月的长途跋涉之后，幸存的战俘仅有9人。公园内还建有澳大利亚战俘纪念碑。

园内刻有历史资料的石碑

■太阳熊保护中心

开 9:00~15:30　休 无

RM RM30（12~17岁门票RM5，12岁以下免门票）　交 从山打根乘坐前往西必洛人猿保护中心的巴士，约55分钟到达，车票RM2~3。从山打根乘坐出租车约35分钟到达，车费约RM30。

可爱的小动物

■西必洛人猿保护区

开 9:00~11:00、14:00~15:30（喂食时间为10:00和15:00两次）

休 无

RM RM30（从山打根乘坐14号巴士，约55分钟，票价RM2~3；乘坐出租车约35分钟）

交 从山打根乘坐开往西必洛的14号巴士，历时约55分钟到达，车票RM2~3；搭乘出租车约35分钟到达，车费约RM30

保护区内严禁大声喧哗

■苏高

交 从山打根乘坐出租车约2小时

基那巴塘河是马来西亚第二长的河流

太阳熊保护中心

Bornean Sun Bear Conservation Centre

保护设施　MAP p.267

这里生活着世界上最袖珍的熊——太阳熊。太阳熊保护中心毗邻猩猩保护中心，于2013年正式对游客开放。人们可以在搭建起的高台上欣赏太阳熊的可爱模样，还可以在游客中心与熊宝宝近距离接触。和可爱的小动物待在一起，让人心情格外地愉悦。

西必洛人猿保护中心

Sepilok Orang-Utan Sanctuary

保护区　MAP p.267

在观察台上玩耍的人猿

西必洛人猿保护中心成立于1964年，距离山打根约24公里。西必洛人猿保护中心将被人类当作宠物饲养的人猿和流离失所的人猿保护起来，通过训练使其有能力重新回到森林独立生活。为防止疾病传染，禁止人触摸人猿。人猿是一种与人类非常亲近的动物，没有攻击性。游客可以喂食人猿，并与之合影。

保护区内还设有自然教育中心，里面有人猿的相关资料，并循环播放介绍西必洛人猿保护中心的影音短片。

经过工作人员的不断努力，西必洛人猿保护中心内的许多人猿已经完成了生存训练，正逐步返回原始森林。原始森林与西必洛人猿保护中心相邻，面积达4500公顷。目前，原始森林中生活的人猿已具备独立觅食的能力，并能够顺利繁衍后代。

去往西必洛人猿保护中心的巴士较少，建议乘坐旅行社的大巴前往。

苏高

Sukau

自然体验　MAP p.267

苏高是位于基那巴塘河下游的小村庄，河流沿岸分布着数间野外小屋，可以在这些小屋内留宿，近距离观察密林中的野生动植物。乘船顺流而下，在河岸边的丛林中不时可以看见长尾猴、鳄鱼、犀鸟等珍稀动物，运气好的话，还能看见大象和猎豹。晚上出游的话，还能够观赏湖面萤火，倾听夜间丛林里的神秘声音。

当地旅行社推出山打根郊区两天一夜游，可以依次参观西必洛人猿保护区、苏高村、哥曼东燕子洞等景点。具体时间和行程安排敬请咨询当地的各大主要旅行社（参照p.269）

导游一路讲解遇到的各种动物

哥曼东燕子洞

Gomantong Caves

洞窟

MAP p.267

通向哥曼东燕子洞的栈道

燕子洞内可以采集昂贵的滋补珍品——燕窝。哥曼东洞穴由两个洞穴交错而成，即白洞和黑洞。黑洞和白洞的名字源于金丝燕所筑的窝。黑洞里面有着大量的黑色燕窝，而白洞里面是珍贵的白色燕窝。白燕窝是用金丝燕的唾液做成的，价格相比黑燕窝更高，更具营养价值。为防止过度采集和当地人的偷盗，政府专门组织巡逻人员对哥曼东燕子洞进行监护。哥曼东燕子洞内最高处达90米，洞穴壁上分布着各种奇形怪状的钟乳石和垂岩。需持有入洞许可证方可入内参观。去往苏高度假村的途中会经过这里。每年的2~8月是燕窝采集期。

洞穴附近生活着翠鸟、蛇冠鸟、亚洲大犀鸟等多种野生鸟类，它们并不怕人，游客们可以与之合影留念。

燕窝位于洞顶

■哥曼东燕子洞

交 从山打根乘坐出租车约1.5小时

RM 成人RM30、儿童RM15（带相机入内加收RM30、带DV入内加收RM50）

■海龟群岛公园

预订酒店——探索水晶旅行社（Crystal Quest Sdn. Bhd.）

✉ Sabah Parks Jetty,Jl. Buli, Simsim

☎ 089-212-711

FAX 089-212-712

RM 两天一夜游（包含一日三餐、船票）RM570（2人）

咨询电话：海龟群岛公园

✉ Wisma Khoo Siak Chiew 9F, Room 906-907 P.O.Box768

☎ 089-273-453

FAX 089-274-718

交 从山打根乘船约1小时

RM RM60（登岛时支付）

海龟群岛公园

Turtle Islands Park

保护区

MAP p.267、p.239

海龟群岛指的是位于山打根海峡处的8个小型岛屿，这里是海龟的天堂。海龟群岛公园是世界自然基金会所认证的首个海龟产卵地。近年来，岛上的大海龟、玳瑁海龟处于濒临灭绝的危险境地。为保护这两种珍贵的海龟，政府于1977年将其中的3个岛屿及其周边海域列为海龟公园。

每年的7~10月是海龟产卵期。这一期间，大批海龟慢慢地爬上沙滩，挖穴产卵。海龟一次产卵数量为40~190个。产卵之后的海龟会重新爬回大海，而工作人员会将这些卵收集起来，放到孵化场中直至孵化出小海龟。小海龟破壳而出后，会被工作人员放回到大海。

等待孵化的海龟卵

海龟产卵、放生一般都是在夜间进行。想要观察这一过程的游客，可以在西灵岸岛上的酒店住宿，等晚上前往海滩观看。酒店最多可容纳20人同时住宿，建议提前预订床位。

拥有白色沙滩的寂静小岛

＜旅游信息＞Wildlife-expeditions旅行社位于沙巴州大酒店内，为游客提供各种旅游行程和规划。西必洛人猿保护中心半日游RM225、哥曼东燕子洞&海龟群岛游RM350。

☎ 088-246-000　HP www.wildlife-expeditions.com

酒店

高档·中档·经济型

大型度假村、商务客房、经济型宾馆，应有尽有

高档　　山打根

沙巴大酒店
Sabah Hotel

餐厅 酒吧 游泳池 健身房 客房服务 英　　MAP p.265-A

山打根最豪华的度假酒店，游泳池、豪华浴缸、桑拿室、网球场、健身房等豪华设施齐全。客房和大厅均采用暖色调装饰，居住空间宽敞。酒吧位于酒店一楼。除周一外，每天晚上的21:00都会有乐队表演。

✉ KM1,Jl.Utara,P.O.BOX275
☎ 089-213-299
FAX 089-271-271
HP sabahhotel.com.my
RM （S/T）RM143~
室 108
交 从市区乘坐出租车约5分钟

中档　　山打根

山打根酒店
Sandakan

餐厅 客房服务 英　　MAP p.265-B

位于山打根市区的中档酒店。酒店内部有中国菜馆、日式餐厅。酒店还建有一个面积较大的商务中心，适合出差人士办公。客房干净明亮，入住感觉舒适。酒店毗邻购物商厦。

✉ 4thAvenue,P.O.BOX1509　☎ 089-221-122
FAX 089-221-100　HP www.hotelsandakan.com.my
RM （S/T）RM169~　室 105　交 从中央市场步行约5分钟

经济型　　山打根

新沙巴大酒店
New Sabah

餐厅 英　　MAP p.265-A

酒店位于长途汽车站附近。客房内配备空调、彩电等现代化设备。价格相对便宜，环境较好。

✉ Block 42,18,Jl. Singapura,P.O.Box214　☎ 089-218-711　FAX 089-273-725　RM （S）RM50~、（T）RM60~
室 24　交 从长途汽车站步行约5分钟

高档　　山打根

山打根福朋喜来登酒店
Four Points by Sheraton Sandakan

餐厅 酒吧 游泳池 健身房 客房服务 英　　MAP p.265-B

位于山打根的海滨广场内，毗邻海岸码头，在海景房可以眺望苏禄海的美丽景色。海滨广场内有几家大型购物中心，便于外出购物。在酒店大厅的休闲咖啡厅内可以欣赏傍晚时分的落日美景。

✉ Sandakan Harbour Square, Sandakan
☎ 089-244-888
FAX 089-218-666
HP www.fourpoints.com/sandakan
RM （S/T）RM208~
室 300　预 ⑦⑮⑯
交 从山打根机场乘坐出租车约20分钟

中档　　山打根

梅菲尔酒店
Mayfair

英　　MAP p.265-B

酒店距离中央市场、长途汽车站很近，旁边有大排档一条街和商业中心，非常繁华。客房装饰朴素，各种现代化设备完善，并附设淋浴、卫生间。在酒店前台还可以免费上网。

✉ Block26, Jl. Pryer No.24, 1F, P.O.Box 512
☎ 089-219-855
RM （S）RM45~、（T）RM50~
室 20
交 从长途汽车站乘坐出租车10~15分钟

中档　　郊区

桑贝酒店
Sanbay

英　　MAP p.265-A

距离市区较远，毗邻大海，在海景房内可以欣赏到美丽的海滨风光。客房面积不算大，但是非常干净整洁，装饰得非常温馨。客房数量较少，旅游旺季时需要提前预订。

✉ Mile 1 1/2,Jl. Leila,P.O.Box 211　☎ 089-275-000
FAX 089-275-575　HP www.sanbay.com.my　RM （S/T）RM68~　室 58　交 从长途汽车站乘坐巴士约5分钟

餐厅　酒吧　游泳池　健身房　浴室　客房服务　英 提供英语服务　中 提供中文服务

非常适合潜水的婆罗洲

婆罗洲岛附近的海域被誉为海洋生物的宝库，这里生活着大量的热带鱼类和各种海洋生物。这里分布着几处阳光明媚、海水清澈的白沙沙滩。这些沙滩非常适合进行潜水、沙滩排球、冲浪等海上运动项目。婆罗洲地区受季风气候影响较小，每年的11月至翌年3月是封海期，这一期间禁止进行海上运动。除了2月至翌年3月的其他时间都可以到海边玩耍。旅游旺季是4~6月。这一期间，来自欧美各国、亚洲各地的游客蜂拥而至，使得当地的物价也随之水涨船高。

西巴丹岛从600米的海底突出海面，地形非常奇特。水中的断崖绝壁被珊瑚所覆盖，形成了非常珍贵的海洋生态系统。这片海域非常适合浮潜，透过清澈的海水可以看见海底的热带鱼、海龟以及美丽的珊瑚礁。

马布岛海水透明度虽然不如西巴丹岛高，但是这里的海水不深，可以仔细观察海底生物并拍照留念。这片海域非常适合初学者进行浮潜。马达京岛位于仙本那以东，也是一座适合浮潜的度假岛屿。

位于中国南海环礁上的拉央拉央岛是一座人工岛屿，岛屿周边生活着大群海洋生物。最常见的海洋鱼类是梭鱼、锤头鲨。这片海域适合初级、中级潜水者。

纳闽岛位于文莱湾口，是马来西亚国内仅有的两个免税岛之一。沉没在海岸附近的四艘大型轮船是非常棒的潜水点。其中有两艘轮船是第二次世界大战期间被击沉的。另外，位于山打根河口附近的兰卡央岛是著名的潜水胜地。

潜水时一定要注意安全。潜水器材可以自带，也可以在当地的潜水俱乐部租借。

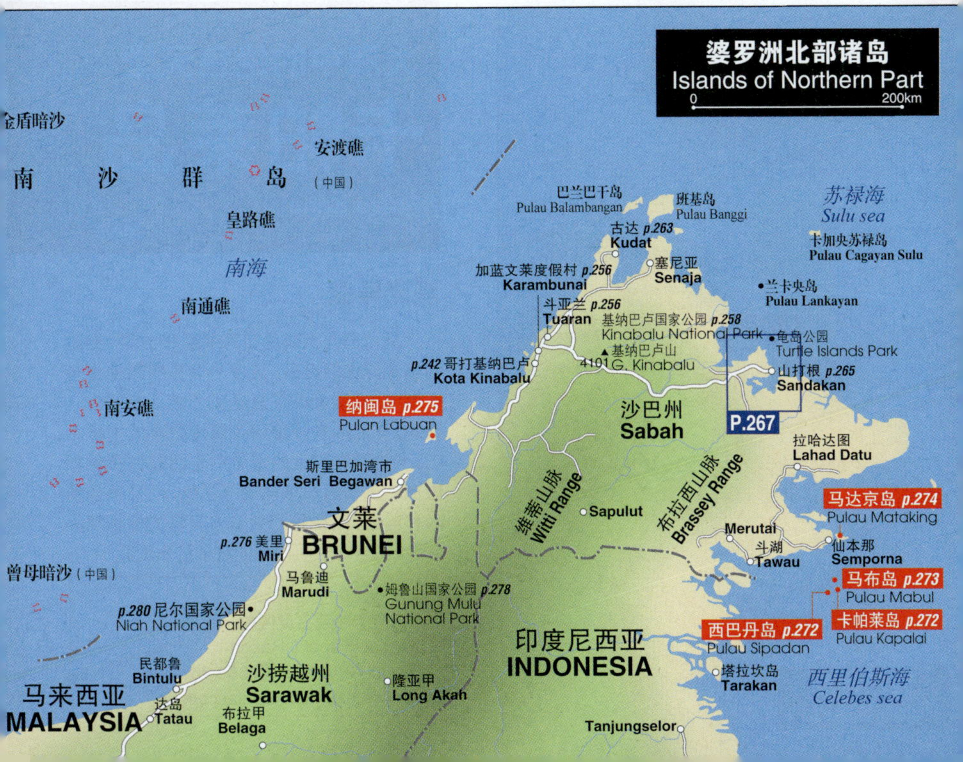

海洋生物的天堂

西巴丹岛

Pulau Sipadan

MAP p.271

观光小贴士

西巴丹岛

乐趣指数		交通便利指数	
自然	★★★★★	步行	★★★★★
潜水	★★★★★	船只	★★★··

交通方式

飞机■哥打基纳巴卢→斗湖机场（〖马来西亚航空〗：约45分钟，每天有3趟直达航班，单程机票RM32~234 〖亚洲航空〗：每天有4~6趟直达航班，单程机票RM53~210）

＊到达斗湖机场后，酒店会安排巴士和船只前来迎接（乘车约2小时→乘船约1小时）。大部分游客选择报团去往西巴丹岛。旅游团的费用中包含了车费和船费。去往马布岛可以乘船（15~20分钟）。

观光导览

西巴丹岛是马来西亚首屈一指的潜水乐园。其独具特色的断崖式垂直下潜和丰富多彩的海洋生物，吸引着全世界各地的潜水爱好者前来探险。西巴丹岛海域最深处达600多米，是极为难得的深海潜水基地。岛屿陆地上有大片原始森林，森林内生活着许多野生鸟类。另外，西巴丹岛还是海龟自然保护区，每年的春节，海龟都会爬到岸上来产卵。运气好的话，会看到海龟产卵的整个过程。2005年，西巴丹岛被列入自然保护区，并禁止任何人在岛上留宿。

从西巴丹岛可以乘船前往马布岛、马达京岛、拉央拉央岛等度假岛屿，从而串联成一个整体的潜水度假海域。

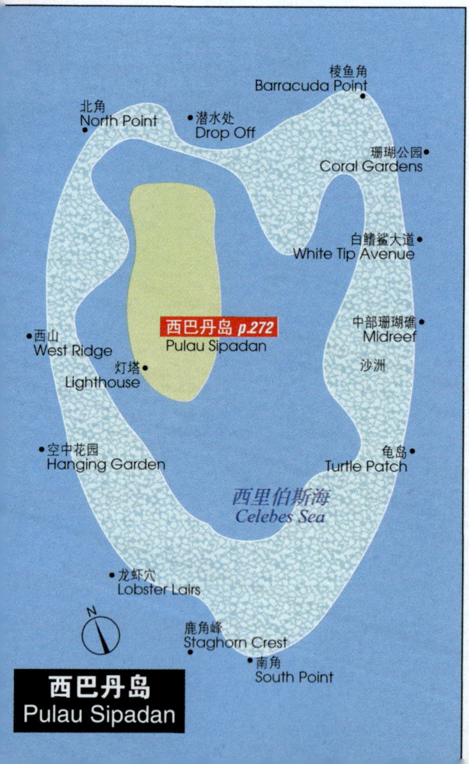

大海中的绝色天堂

卡帕莱岛

Pulau Kapalai

MAP p.271

观光导览

从西巴丹岛或马布岛乘船15分钟，到达这座海洋中的孤岛。这座小岛孤零零地坐落于海中央，涨潮时甚至会完全被海水吞没。因此，岛上的房屋都建在离地很高的木桩之上。卡帕莱岛附近的海域中生活着许多色彩斑斓的热带鱼和珍稀海洋生物，同样适合潜水和浮潜。这里是一处非常安静的旅游度假胜地，适合在天气晴朗的日子前来度假。

住宿

西巴丹卡帕莱岛度假村

Sipadan Kapalai Resort

☎089-765-200　FAX 089-763-575

HP www.sipadan-kapalai.com

尽情体验丰富的水上运动

马布岛

Pulau Mabul

MAP p.271

观光小贴士
马布岛

乐趣指数		交通便利指数	
自然	★★★★★	步行	★★★★·
潜水	★★★★·	船只	★★★★★

交通方式

飞机■哥打基纳巴卢→斗湖机场（〖马来西亚航空〗：约45分钟，每天有4趟直达航班，单程机票RM32~234 〖亚洲航空〗：每天有4~6趟直达航班，单程机票RM53~210）

＊到达斗湖机场后，酒店会安排巴士和船只前来迎接（乘车约2小时→乘船约1小时）。一般情况下都是以旅行团的形式前往马布岛。团费中包含了车费和船费。可以乘船去往马布岛、卡帕莱岛（15~20分钟）。

漫步导览

马布岛周围的海域中生活着小丑鱼、四驱车鱼等非常罕见的热带鱼。这里的海水非常清澈，从海面可以一眼望到海底。马布岛拥有最美丽的海底景观，非常适合拍照。这里也是非常棒的潜水场所。最佳潜水点位于马布岛的北侧和西南侧，潜水时，建议带上相机或DV给海底色彩斑斓的海洋生物拍照。马布岛上的房屋建在高出地面的立柱之上。可以报团前往马布岛旅游，住宿费通常包含在团费中。马布岛上还生活着少数民族巴瑶族和“甘榜阿逸水上村民”，他们的祖先是菲律宾人。

高档 住宿

西巴丹水上村庄度假村
Sipadan Water Village Resort

英 中 MAP p.273

度假村的客房全部为水上房屋结构。位于西巴丹岛突出于海面的陆地上，面对着无边无际的大海。

（需要提前预约）✉ TB231, Lot 8,1st Floor,Town Extension II（Wisma MAA Building）91000 Tawau, Sabah ☎ 089-751-777/752-996 FAX 089-752-997 HP www.swvresort.com 室 45 预 ㉒

高档 住宿

西巴丹马布岛度假村
Sipadan Mabul Resort

英 MAP p.273

度假村内建有一个大型游泳池，正对面是大海，景色优美。

（需要提前预约）✉ Lot A-1-G, Block A, Signature Office, KK Times Square,Off Coastal Highway ☎ 088-486-389 FAX 088-486-628 HP www.sipadan-mabul.com.my 室 45

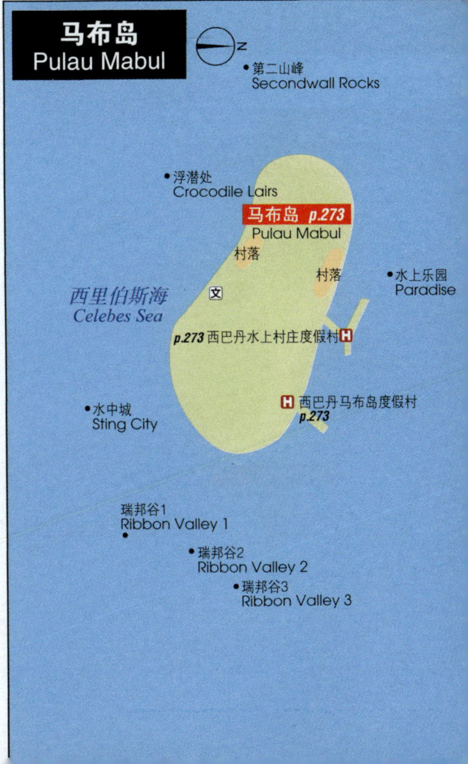

碧水白沙的海上公园
马达京岛
Pulau Mataking

MAP p.271

观光小贴士
马达京岛

乐趣指数		交通便利指数	
自然	★★★★★	步行	★★★★★
潜水	★★★★·	船只	★★★··

交通方式

飞机■哥打基纳巴卢→斗湖机场（〖马来西亚航空〗：约45分钟，每天有3趟直达航班，单程机票RM32~234 〖亚洲航空〗：每天有4~6趟直达航班，单程机票RM53~210）

＊到达斗湖机场后，酒店会安排巴士和船只前来迎接（乘车约2小时→乘船约40分钟）。

被珊瑚礁包围的小岛

观光导览

马达京岛位于仙本那以东，这里自然资源丰富，白色沙滩环绕，海水干净得如同水晶一般。马达京岛的面积并不算大，步行绕岛一周仅需1小时。马达京岛非常适合潜水，岛屿周围分布着大大小小约30个潜水点。潜到海底，不但可以欣赏到美丽的热带鱼群，还可以亲手抓海胆，与小丑鱼嬉戏。马达京岛拥有婆罗洲诸岛中唯一的一个邮局，如果想邮寄明信片、信件的话，可以到这里来。马达京岛距离西巴丹岛、马布岛约1小时航程，大多数游客会选择乘船环岛一日游（去往西巴丹岛、马布岛、马达京岛三岛）。岛上唯一的住宿设施是彩瑚潜水度假村（详见本页下方），接待来自全世界各地的游客。马达京岛周围零星有几个小岛，海水退潮时，白沙小道就会露出海面，这是马达京岛通往各个小岛的道路。

高档 | 住宿

彩瑚潜水度假村
The Reef Diver Resort

MAP p.274

彩瑚潜水度假村有四种房型可供选择。客房内部均带有空调、电视机等设备。度假村正对面是一片私人海滩，连接蔚蓝的大海，通向神秘的丛林深处。除了潜水之外，还能做SPA、健身、划皮划艇、钓鱼。

<酒店预订>GTS游客服务中心（斗湖机场）
✉TB212, Jalan Bunga, Fajar Complex, Tawau
☎089-770-022
FAX 089-770-023
HP www.mataking.com
室 37

马来西亚联邦政府直辖区

纳闽岛

Pulau Labuan

MAP p.271

观光小贴士

纳闽岛

乐趣指数		交通便利指数	
潜水	★★★★·	步行	★★★··
购物	★★★··	出租车	★★★··

交通方式

飞机■哥打基纳巴卢→纳闽岛（〖马来西亚航空〗：约30分钟、每天有5趟直达航班、单程机票RM74~239）

＊吉隆坡、美里也有飞往纳闽岛的直达航班。

船■从哥打基纳巴卢乘坐轮渡（每天发船2次，约3小时到达，单程船票RM34）

航空公司■马来西亚航空☎087-431-737

高档 中心地区

纳闽岛水岸酒店

Waterfront Hotel Labuan

英 MAP p.275

位于纳闽岛中心地区，面朝大海。酒店装饰精致，建有游泳池。

✉ 1 Jalan Wawasan ☎ 087-418-111
FAX 087-413-468 RM（S/T）RM308~
室 94 交 从纳闽岛机场乘坐出租车约10分钟

观光导览

纳闽岛距离沙巴州以西约8公里，位于文莱湾口。纳闽岛的周围生长着密密麻麻的珊瑚礁。这些珊瑚礁颜色缤纷，在阳光下看上去非常漂亮。从哥打基纳巴卢可以乘坐飞机、渡轮等交通工具前往纳闽岛，合理安排行程的话，一天就可以全部逛完。与婆罗洲其他的潜水岛屿相比较，纳闽岛更具现代商业城市气息。这里有不少大型购物商厦和精品店，在游玩之余可以购物。纳闽岛的另一个魅力是沉船探险潜水。第二次世界大战期间有几艘大型轮船沉没在这一地区的海域附近，是同属于马来西亚和文莱的跨国境潜水点。其中，Blue Water Wreck、Cement Wreck、America Wreck、Australia Wreck这四个潜水海域的海底生长着大片五颜六色的珊瑚礁，非常值得欣赏。这些海域的水深达30米以上，潜水时务必要注意安全。

真情提示

历史上的纳闽岛

之所以有多艘船只在纳闽岛失事，是因为这里曾经是海上交通要道和重要的战略据点。“Labuan”在马来语中是“停泊点”的意思。历史上的纳闽岛曾先后被婆罗洲王国、英国所统治，日军也曾占领过这里。在日军占领期间，这里被命名为“前田岛”。马来西亚宣布正式独立之后，纳闽岛被划入马来西亚联邦政府的管辖范围内，并于1990年成为免税自由贸易港。在纳闽岛上，无论是购物消费，还是住宿，皆免除一切税费。现在的纳闽岛，正向着国际金融城市的方向发展。岛上的景点主要有为纪念第二次世界大战期间的死难者而修建的和平公园和飞禽公园等。

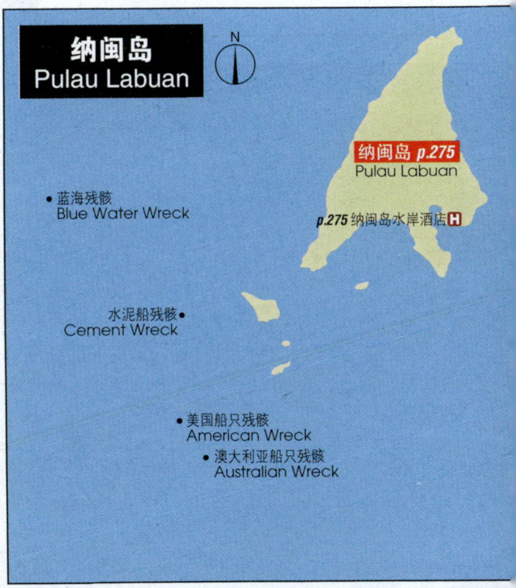

餐厅 酒吧 游泳池 健身房 浴室 客房服务 英 提供英语服务 中 提供中文服务

拥有国家公园的老城

美里

Miri

MAP p.236-B

观光小贴士 美里

乐趣指数

景点 ★★・・・

购物 ★★★・・

市场 ★★★・・

交通便利指数

步行 ★★★・・

巴士 ★★・・・

出租车 ★★・・・

交通方式

飞机■吉隆坡→美里（〖马来西亚航空〗：约2小时15分钟，每天有3~4趟直达航班，单程机票RM159~529 〖亚洲航空〗：每天有3趟直达航班，单程机票RM99~）

哥打基纳巴卢→美里（〖马来西亚航空〗：约1小时到达，每天有3~4趟直达航班，单程机票RM111~ 〖亚洲航空〗：每天有1趟直达航班，单程机票RM49~）

＊从机场乘坐出租车或巴士前往市区，约15~30分钟 。出租车RM20、RM50，巴士每小时发车1次，车票RM1.40

旅游咨询处■美里旅游信息咨询中心

✉Jl.Melayu ☎085-434-180

开8:00~17:00（周六、周日、节假日9:00~15:00）

航空公司■马来西亚航空☎085-417-315

观光导览

美里位于沙捞越州东北部，是去往沙捞越州的必经之地，20世纪初期作为马来西亚最初的海上油田而发展起来。城市里有已申请世界遗产的姆鲁山国家公园和尼亚国家公园，以兰比尔山国家公园。大型集市和商场距离市中心比较近，步行约10分钟即可到达。

加拿大山丘

美里的街道

这座城市生活节奏比较慢，时间充足的话，可以在这里住上一两晚，感受一下当地闲适的生活氛围。

美里河沿岸坐落着海鲜市场和大伯公庙Tua Pek Kong Temple。海鲜市场无论什么时候都

豪华大气的科特之家

挤满了人。大伯公庙是一座传统的中国寺庙。长途汽车站旁边还有一个平价市场，主要售卖水果、蔬菜、干货、肉类、服饰品以及少数民族自制的大米等。美里少数民族的自制大米米粒饱满，无论是蒸着吃还是煮着吃都非常香。“加拿大山丘”位于城南，山上的瞭望楼建于1910年，在美里开采海上石油时，曾被用来当作监视塔使用。在这里可以俯瞰美里市景。加拿大山丘距离市区较远，建议打车前往。

长途汽车站有开往兰比尔山国家公园和尼亚国家公园的长途汽车，每天有多趟车次。美里机场于2005年改建完毕，目前正计划扩建为国际机场。

重要信息

充分利用旅行团来游览美里

可以在当地报团参观景点众多的姆鲁山国家公园。根据行程和内容不同，有两天一晚游、三天两晚游、四天三晚游和五天四晚游几种旅游团可供选择。姆鲁山国家公园洞穴两天一晚游收费RM388（2人以上发团。团费中包含导游费、午餐费和门票）。途中参观少数民族故居，逛民族工艺品店。

喜欢潜水的游客可以报团参加美里海岸潜水一日游，团费约RM390/人。没有潜水经验的初学者需有职业潜水教练陪同。可以报名参加当地的潜水培训班，取得国际专业潜水教练协会（PIDA）颁发的潜水许可证（最少学4天，学费RM2400/人，包含食宿费、考试费）。

旅游咨询处
planetborneotours
✉ Lot273, Brighton Centere Jl.Temeng gong Datuk Oyong Lawai
☎ 085-415-582
HP www.planetborne otours.com

高档　住宿

美里万豪度假村

餐厅 酒吧 游泳池 健身房 客房服务 英　MAP p.276-A

由原来的丽佳皇家酒店改建而成，于2005年正式开业。大厅装饰豪华，客房分为主题客房和山间别墅两种房型。度假村内设有大型游泳池、美容院、酒吧等娱乐场所。

✉ Jl. Temenggong Datuk Oyong Lawai, P.O. Box 1145
☎ 085-421-121
FAX 085-421-099
HP www.marriott.com/myymc
RM （S/T）RM295~
室 220　预 ⑥
交 从市区乘坐巴士约10分钟。酒店也会安排专门接机的巴士（RM30/人）

高档　住宿

美加酒店

餐厅 酒吧 游泳池 客房服务 英　MAP p.276-B

位于17层超豪华建筑内的高档酒店。1~4层是购物商厦。客房别具一格，内部装饰温馨。酒店内还可以免费上网。

✉ Lot 907,Jl. Merbau P.O. Box 1165
☎ 085-432-432
FAX 085-433-433
RM （S/T）RM203~
室 228
交 从长途汽车站乘坐出租车约10分钟

高档　住宿

美里永恒公园城市酒店

餐厅 酒吧 游泳池 健身房 客房服务 英　MAP p.276-A

城市酒店内拥有被椰子树包围的宽广泳池，中庭花园内开满了芬芳的花朵，洋溢着异国情调。客房内配备舒适的浴缸。酒店的大厅有酒吧、休闲咖啡厅、餐厅，吸引着全世界的游客前来入住。

✉ Jl. Temenggong Datuk Oyong Lawai
☎ 085-440-288
FAX 085-419-999
HP www.vhhotels.com
RM （S/T）RM189.08~
室 168
交 从市区巴士总站乘坐巴士历时约10分钟到达

餐厅　酒吧　游泳池　健身房　浴室　客房服务　英 提供英语服务　中 提供中文服务

坐拥奇岩高峰的传说之地

姆鲁山国家公园

Gunung Mulu National Park

MAP p.236-E、p.239

观光小贴士

姆鲁山国家公园

乐趣指数		交通便利指数	
登山	★★★★·	步行	★★★★·
高山植物	★★★··	船只	★★★★·

交通方式

飞机■马来西亚航空/MAS Wing航空都有飞往姆鲁山机场的直达航班。哥打基纳巴卢→姆鲁山（每天各有1趟直达航班和非直达航班，约1小时50分钟，机票RM106~174） 美里→姆鲁山机场（每天有2趟航班，约30分钟，RM55~85） 古晋→姆鲁山（每天仅有1趟航班，约1小时35分钟，RM127~200）＊从机场乘坐出租车前往姆鲁山国家公园约5分钟

旅游咨询处■姆鲁山国家公园事务所 ✉Borsarmulu Park Mangement P.O Box 2413,Miri ☎085-792-300 FAX085-792-305 HPwww.mulupark.com

驾船漂流

入园手续■参观姆鲁山国家公园需办理入园许可证。当天在姆鲁山公园事务所办理即可。另外，在公园脚下的酒店内也可以办理。

入园费■RM30（5日之内有效）

旅游建议■建议跟团参观姆鲁山国家公园，这样可以节省自己办理许可证的时间。在古晋或美里的旅行社都可以报名参团。有时会因为恶劣的天气情况终止行程（报团→p.227）。在公园事务所可以预订酒店（集体宿舍RM41~、山间别墅RM200~）。

观光导览

姆鲁山国家公园设立于1974年，并在2000年11月被联合国列为世界自然遗产。姆鲁山国家公园是沙捞越州最大、拥有景点最多的国家公园。公园的中心坐落着海拔2376米的主峰姆鲁山，周边分布着热带雨林、石窟群等自然景观。这片神奇的土地在冰河时期未受到任何冲击，奇迹般地保留了下来，众多原始野生动植物也得以顺利地生存繁衍。据统计，姆鲁山国家公园内总共有1500余种花卉。其中，兰花种类多达170种，猪笼草的种类也有10余种。姆鲁山国家公园是一个充满魅力的地方，全部逛完至少需要3天时间。

醉心于嶙峋峥嵘的奇岩绝境
姆鲁山洞穴&丛林探险

下面介绍的4处洞穴统称为“Show Caves”。热衷冒险的游客，可以到洞穴深处探险。有多种探险路线可供选择，既有适合初次尝试者的旅游线路，也有地势复杂、环境恶劣的探险线路。

MAP p.278

拉冈斯洞穴 Langs Cave

在洞穴内回望拉冈斯洞穴的入口

该洞穴是一名洞穴专家在1978年发现的，洞穴的名字也以这位洞穴专家的名字来命名。洞穴内拥有多种错综复杂的钟乳石和石笋，还有透明卷曲石和壮观的石幔。拉冈斯洞穴是四处洞窟中最晚被发现的，也是面积最小的。

鹿洞穴 Deer Cave

鹿洞穴距离拉冈斯洞穴仅150米。据说在很久之前，鹿群曾栖息在这个洞穴内，因此被命名为鹿洞穴。通过高耸的巨大石灰岩壁入口后，便来到高150米、宽120米的黑暗的巨大空间内。黑漆漆的洞穴内倒吊着无数只野生蝙蝠和燕子，运气好的话，可以采集到名贵的燕窝。洞穴深处的洞顶会往下滴水，据说这是亚当和夏娃曾经沐浴的地方。

鹿洞穴内的蝙蝠纷纷往外飞

阿比山 Gunung Api

姆鲁山国家公园的魅力不仅仅在于洞穴。阿比山是一座石灰岩山脉。可以乘船从山谷深处涌出的淙淙溪流（乘坐木筏）顺势而下，约2小时到达山脉另一侧的原始丛林。喜欢丛林探险的游客可以下船在密林中找寻野生物种，然后在山间小屋（camp 5）住宿。第二天一大早出发，顺着陡峭的山坡向上攀登2.4千米，到达接近山顶的瞭望台，体会一览众山小的感觉。云雾缭绕中若隐若现的无数石峰，被叫作“Pinnacles”（尖峰石阵）。其中最大的高达45~50米。从山脚攀登至山顶约需3天时间。

令人叹为观止的尖峰石阵

风洞穴 Wind Cave

乘船向发源于姆鲁山的长河——Melinau河上游进发，到达风洞穴的入口。洞穴内斜坡和阶梯很多，其中一处叫作“国王房间”（King's Chamber）的大空洞比较有名，到处可以看到奇形怪状的石笋和钟乳石。

清水洞穴 Clearwater Cave

清水河流经风洞穴最深处，全长175千米。清水洞穴位于河流的尽头，是世界第九长度的洞穴。右侧的女士洞穴内有仿若圣母玛利亚像的石笋。走下上古时期的古老石阶，到达地底河流的源头处。据说，喝下这清澈甘甜的河水能够使人长生不老。

如何前往洞穴：

- ●公园总部→鹿洞穴、拉冈斯洞穴（单程约4公里，步行约50分钟）
- ●公园总部→风洞穴、清水洞穴（单程约3公里，步行约1.5小时，乘船约30分钟）

姆鲁山 Gunung Mulu

攀登姆鲁山国家公园内的最高峰——姆鲁山。建议带足4天的口粮以及登山装备。登山爱好者最期待的，是山顶的绝妙景色和征服自然的成就感。

高档 住宿

姆鲁山万豪度假村
Mulu Marriot Resort & Spa

MAP p.278

度假村修建在世界最古老的原始丛林内。客房为修建在木桩之上的长屋，旁边就是孟利脑河。

✉CDT62,Miri ☎085-792-388 FAX085-792-399 HPwww.royalmuluresort.com RM (S) RM285~ (T) 385~ 室目前处于装修中，仅有46间客房可以入住。交从机场乘坐巴士约5分钟

拥有世界上最大洞穴的国家公园

尼亚国家公园

Niah National Park

MAP p.236-E、p.239

观光小贴士

尼亚国家公园

乐趣指数

登山 ★★★··

洞窟探险 ★★★★★

交通便利指数

步行 ★★★★·

乘船 ★★★★·

交通方式

巴士→出租车■美里（长途汽车站）→尼亚石山村（历时约2小时到达，每天发车6次，RM10）→公园事务所（乘坐出租车约10分钟，RM10，步行约30分钟）

出租车■美里→公园事务所（约1小时到达，RM150）

旅游咨询处■尼亚国家公园事务所 Niah National Park ✉Po.Box81Batu Niah ☎085-737-454 FAX085-737-918 开周一至周五8:00~17:00

公园入口

入园手续■可在公园事务所提前预订好酒店。酒店均可接受电话预订。一日游无须预订酒店

门票■成人RM20、儿童：6~17岁RM7、6岁以下免费

观光导览

尼亚国家公园位于美里和民都鲁之间，距离美里以南大约110公里。公园占地面积3140平方千米，拥有非常巨大的洞穴，这些洞穴具有很高的考古价值。以公园事务所作为起点，沿着长满双叶科绿植的泥沼地前行3公里，到达一片裸露着石灰岩的荒凉地带。这片光秃秃的地表之下就是赫赫有名的巨大洞穴。从巨大洞穴再往前走是壁画洞穴，洞穴内部保存有1000多年前的壁画。从壁画洞穴出来之后是两条小路：Jl. Bukit Kasut路和Jl. Madu路。这两条小路比较好走，通往丛林深处。有时间的话，不妨在这两条林间小道观光，沿途可欣赏各种珍稀野生动植物。洞穴内部非常昏暗，建议带上大功率的照明设备。

巨大洞穴的光线完全被黑暗所吞噬

拥有4万年传奇历史的尼亚洞穴

洞穴内的壁画静静诉说着万年以前的历史。

MAP p.280

尼亚洞穴 Niah Cave

1957年，沙捞越州博物馆的工作人员汤姆·哈里森发现了这座洞穴。尼亚洞穴最高处高达60米，洞口至洞穴最深处的直线距离约250米，是尼亚的代表性洞穴。洞穴内还出土了4万年前人类的头骨和当时的狩猎工具，说明几万年前这里就有人类生活。这些文物具有很高的考古价值。洞顶生活着大约50万只蝙蝠。地面上积满了厚厚的蝙蝠粪便（quano），是非常好的天然肥料。另外，洞穴内还能发现一些名贵的白燕窝。

阳光照进洞穴

住宿设施

＊可在尼亚国家公园办事处预订酒店

- 山林小屋类型1 费用：RM318 客房数量：1
- 山林小屋类型2 （1栋2户/1室2床位）费用：RM265（1栋RM530），客房数量：2（1栋）
- 山林小屋类型4（1栋2户/1室4床位） 费用：RM159（1栋RM238.5），客房数量：8（4栋）
- 山林小屋类型5（1栋2户/1室4床位） 费用：RM106（1栋RM159），客房数量：4（2栋）
- 山林小屋类型y（1栋4户/1室4床位） 费用：RM42.40（1栋RM169.60），客房数量：20（5栋）

商人洞穴 Trader's Cave

距离公园总部最近的洞穴。这里曾是采集燕窝的工人的居住地，至今仍保留着100多年前的木头房屋。

壁画洞穴 Painted Cave

位于尼亚洞穴后面的小型洞穴。洞穴内部的墙壁上刻有壁画。据推测，这些壁画作于至少1000年之前，具有很高的考古价值。壁画现在已经严重褪色。

“亡者之棺”是以去往冥界的神船为主题的人工雕刻作品，深红色的外壁已经严重脱落，仅能从其精细的花纹中窥伺匠师的技艺。

洞内还发现了方舟形的石棺。据考古专家推测，这里曾经是原住民的一处墓地。

洞穴探险建议

①建议穿轻便、防滑的鞋子。
②务必携带手电筒、头灯等大功率照明电器。

真情提示

亲眼见证燕窝的采集

每年的8~12月、1~3月是燕窝采集期。当地的采集者搬着长长的梯子进入洞穴内，小心翼翼地采摘下生长在洞顶的燕窝。近年来，当地政府为保护燕子正常繁衍生息，已经开始逐步控制人们人工采摘燕窝。燕窝是由燕子用唾液和绒羽等凝结所筑的巢窝。燕窝具有非常高的医用价值，是非常难得的补品，在中国被当作名贵的药引。当地的食用方法是将燕窝和砂糖一起煮着吃，非常香甜可口。

珊瑚礁群中的五所乐园

兰比尔山国家公园

Lambir Hills National Park

MAP p.236-B、p.239

观光小贴士

兰比尔山国家公园

乐趣指数		交通便利指数	
景点	★★★··	巴士	★★★··
漫步	★★★★·	出租车	★★★★·

交通方式

巴士■美里→兰比尔山（开往兰比尔的巴士不在兰比尔国家公园停车。约30分钟，RM3）

出租车■美里→兰比尔山国家公园（约30~40分钟，RM60）

旅游咨询处■兰比尔山国家公园总部 Lambir Hills National Park HQ

☎085-471-609/630

FAX 085-408-030 8:00~17:00

入园手续■可在公园事务所或公园总部预订酒店。酒店均可接受电话预订。参观公园须持有许可证。

门票■成人RM20、儿童：6~17岁RM7，6岁以下免费

观光导览

绞木。让人不由自主地感叹大自然的鬼斧神工

兰比尔山国家公园设立于1975年，位于美里西南方，占地面积6952公顷。从美里市区乘车30分钟即可到达，可以乘坐巴士到达（不在公园门口停车），也可以乘坐出租车前往，交通方便。这里拥有各种各样的野生动植物，地势低洼处长满了兰花、苔藓等热带雨林植被，高地上生长着杜鹃花、椰子树等高原绿植，被称为野生植物的博物馆。公园内总共约有157种野生鸟类以及野猪、婆罗洲长尾猴等珍稀动物，是动植物爱好者和野生环境研究者的乐园。

尼亚国家公园内总共有13条旅游路线。较短的路线步行往返仅需30分钟，无须耗费太多体力。比较受欢迎的路线是从公园入口出发，步行去往Latak瀑布（Latak Water Fall）。Latak瀑布是兰比尔国家公园内最大的瀑布，水流从25米的高处飞流而下，非常壮观。一路上经过三处瀑布，可以在瀑布下游游泳、钓鱼、嬉水。公园森林中蚊虫较多，务必要携带驱虫剂。

从25米的高处倾泻而下的瀑布

〈住宿设施〉

山间小屋

●15栋 RM50~100（含税）

＊预订电话：（尼亚国家公园办事处·美里）也可前往公园总部预订

真情提示

一览神奇的“梦幻之湖”

在美里的东南部、布奴河上游的罗甘布奴国家公园内，坐落着沙捞越州最大的天然湖泊——罗甘布奴湖。这个湖泊最神奇的地方在于，它会随着雨量的多少改变形状。雨量充沛时，湖水丰盈，湖面饱满如圆月。而连续2~3周没有雨水时，丰盈的湖泊则会变成一弯泥沼，露出狼藉的湖岸。当地的渔民很会根据气候的变化把握捕鱼的最佳时机。他们通常选择雨量较少的2月、5月、6月打鱼。

交 从美里乘车（4WD车）约2小时

旅游咨询处→p.277

沙捞越州名列前茅的度假海滩

达迈海滩

Damai

MAP p.236-D、p.285-A

观光小贴士
达迈海滩

乐趣指数		交通便利指数	
景点	★★★★·	步行	★★★★·
海滩	★★★★·	船只	★★★★·

交通方式

巴士■古晋→达迈海滩（乘坐28号巴士约1小时15分钟，每天发车4次，RM3~4）
※古今假日酒店和沙捞越文化村有开往达迈海滩的巴士。成人单程票价RM12。

出租车■古晋机场→达迈海滩（1小时10分钟，RM73）

观光导览

达迈海滩位于古晋以北35公里。顺着山都望河向下游进发，驱车约1小时即可到达这里。山都望山海拔810米，其西北方向坐落着两处非常美丽的海滩度假地。

达迈海滩阳光和煦，微风荡漾，是非常安静的度假胜地。可以报团参加从古晋出发的达迈海滩一日游，既可以在海滩享受日光浴，进行水上运动，也能够顺道前往沙捞越文化村感受沙捞越州悠久的传统文化。

山都望山附近还有著名设计师阿诺德·帕尔默设计的18洞高尔夫球场和乡村俱乐部。这些娱乐场所建在绿林环绕的林间地带，环境幽美。

景点　　观光

沙捞越文化村

Sarawak Cultural Village

MAP p.285-A

沙捞越文化村总面积仅6公顷，里面坐落着7个少数民族聚集区。在此可以体验少数民族的生活，观赏他们的乐器、风俗仪式、传统工艺品等。参观者还可以挑战吹针、转陀螺等比赛。

开 9:00~16:45
休 无
RM 成人RM60，儿童RM30。5岁以下免费
◆文化表演　11:30~、16:00~
交 从古晋乘坐出租车约40分钟
HP www.scv.com.my

高档　　住宿

达迈普利温泉度假村

Damai Puri Resort & Spa

英 中　　MAP p.285-A

位于达迈海滩旁边的海滩度假村。度假村内共有两个泳池、五个餐厅、两家酒吧，并设有高档美容院。经过改装之后的客房内配备有空调、无线网络等设施。

✉ Teluk Penyuk,Santubong, P.O.Box 3058
☎ 082-846-900
FAX 082-846-901
HP www.damaipuriresort.com
室 207
RM (S/T)RM270~
交 从古晋乘坐出租车约40分钟

高档　　住宿

达迈海滩度假村

Damai Beach Resort

英　　MAP p.285-A

位于沙捞越文化村南面的豪华度假酒店。客房非常有特色，是仿照马来西亚Pedia族战士居住的传统木屋建成的，带给房客不一样的住宿体验。

✉ Teluk Bandung, Santubong,P.O.Box 2870
☎ 082-846-999
FAX 082-846-777
HP www.damaibeachresort.com
室 252
RM (S/T)RM230~
交 从古晋乘坐出租车约40分钟

极具民族特色的传统城市
古晋
Kuching

MAP p.236-D

古晋街头

观光小贴士
古晋

乐趣指数		交通便利指数	
观光	★★★··	步行	★★···
购物	★★···	出租车	★★★··
自然景观	★★···	巴士	★★···

交通方式

飞机■吉隆坡→古晋（〖马来西亚航空〗：约1小时45分钟，每天有6~8趟直达航班，单程机票RM159~459 〖亚洲航空〗：每天有14趟直达航班，单程机票RM144~169 哥打基纳巴卢→古晋（〖马来西亚航空〗：约1小时20分钟，每天有3趟直达航班，RM129~279 〖亚洲航空〗：每天有3趟直达航班，单程机票RM49~145＊从机场乘坐巴士前往市区约45分钟（运行时间：7:00~19:00 从机场步行至巴士站20分钟），RM4.8，乘坐出租车前往市区约20~30分钟，RM26（在机场服务处购票）

长途汽车■美里→古晋（经由诗巫，约15小时到达，RM80）

旅游咨询处■旅游信息咨询中心

✉ Sarawak Tourism Complex Jl. Tun Abang Haji openg ☎082-410-944 开 周一至周五8:00~17:00

航空公司■马来西亚航空☎082-220-618

观光导览

古晋是沙捞越州的首府，这里的居民以华人、马来人为主。近些年，沙捞越州的数个原住民族也逐渐迁移至古晋，使得这里成为新兴的移民城市。沙捞越河畔的北侧是马来人聚集区，而南侧居民多为华人。19世纪时期，英国人詹姆斯·布鲁克接受了当时的统治者文莱苏丹赐予的王位，自此诞生了东南亚历史上第一位白人国王。如今城市内还保留有许多科洛尼亚风格的建筑物。

科洛尼亚风格的建筑

古晋也被称为“猫之城”。市中心地区指的是沙捞越河南岸东西长约600米的区域。河畔旁边有几条滨海大道，非常适合散步。以市中心为起点，可以步行去往市政府大楼、集市、回教堂、寺院等景点。高档酒店主要集中在市区东侧，在观景房可以眺望到玛格丽特城堡。可以乘坐沙捞越河观光船绕古晋周边欣赏城市风光（每天17:30发船。整段观光行程历时约1小时30分钟，RM60。详情请咨询：082-240-366）。

人民公园

沙捞越州博物馆、伊斯兰博物馆位于市区南部，步行5~10分钟即可到达市中心繁华地段。另外，古晋也是去往巴咯国家公园和达迈海滩的观光起始点，在市中心可乘坐巴士前往以上景点。具体路线请咨询当地各大旅行社和交通局办公室。

位于河畔的高楼大厦

城市里随处可见关于猫的雕像

古晋周边
nvirons of Kuching
0 3km
N
达迈海滩 p.283
Damai
H 达迈海滩度假村 p.283
沙捞越文化村 p.283
Sarawak Cultural Village
H 达迈普利温泉度假村 p.283
达迈山都望海滩
Kuching Santubong Beach
南海
A
Kuala Bantubong
山都望
Santubong
Kg. Buntai
B
巴咯国家公园 p.290
Bako National Park
Teluk Gador
Kg. S. Mersan
Kg. Santin
Kg. Pasir Pandak
沙捞越红树林保护区
Sarawak Mangrove Reserve
公园事务所
Kuala Tala
. Telaga Air
Sungai Sibu
S. Buntal
Bako
Kg. Selabat
Kg. Penambai
Sungai Santubong
穆阿拉港
Muara Tebas
沙捞越红树林保护区
Sarawak Mangrove Reserve
Goebilt
马当野生动物保护中心 p.290
Matang Wildlife Center
Kg. Loba Kala
S. Bako
Kg. Semariang Batu
事务所
Kg. Matang
猫博物馆 p.286
Muzium Kuching
Jl. Bako
Sungai Sarawak
Jl. Kubah
沙捞越河
Beliong
Samarahan
Sungai
国家公园
ah National Park
Kg. Gita
古晋
Kuching
Pending
Tambirat
C
Kg. Maong
D
Kg. Sagah
巴河
Batu Kawa
Jl. Batu Kawa
Kg. Mapar
Kg. Paoh Penyo
Kg. Stampin
S. Kuap
Kg. Sandong
Kg. S. Bayor
Kg. Semeba
古晋机场
Kuching Airport
哥打萨马拉汗
Kota Samarahan
实蒙谷野生动物护育中心 p.290

古晋
Kuching
0 200m
N
王宫 p.288
Astana
Kg. Surabaya
沙捞越河
Kg. Gersik
华人历史博物馆 p.288
Chinese HistoryMuseum
Kg. Boyan
马尔盖里塔城堡
Kubu Margherita
集市
游客服务中心
印第安大街
India Street
旅游局
巴士总站
露天市场
Sungai Sarawak
大伯公庙 p.287
Tua Pek Kong Temple
独立大厦
p.288
Jl. Main Bazaar
城市连锁酒店 p.289
沙捞越回教堂 p.287
Masjid Bahagian Sarawak
力甫酒店
E
F
本森海鲜 p.288
p.288 亚洲工艺品中心
默迪卡广场
Padang Merdeka
Jl. Mosque
Jl. Tun Haji Openg
Jl. Tunku Abdul Rahman
玛格丽特大酒店 p.289
猫像
新加坡航空
纺织博物馆 p.288
圣托马斯大教堂
St. Thomas Cathedral
河畔华光酒店
p.289
国家公园事务所
p.289 独立宫殿酒店
古晋大酒店
古晋希尔顿大酒店 p.289
Jl. Padungan
河畔购物广场
顶级海鲜
p.288
Jl. Petanak
长屋
Jl. Mcdougall
新博物馆 p.287
Muzium Sarawak
Jl. Tabuan
p.289 古晋铂尔曼酒店
马来西亚航空
Jl. Song Thian Cheok
Song Kheng Hai Recreation Ground
Jl. Abell
民俗博物馆 p.287
Muzium Sarawak
水族馆
Taman Padungan
BB酒店
Jl. Padungan
猫像
帕顿甘
Padungan
Great Cat of Kuching
捞越伊斯兰博物馆 p.287
ium Islam Sarawak
英雄像
布达雅公园
Taman Budaya
蒂拉乌桑酒店
艾丽华酒店 p.289
里瓦酒店
印度教寺院
Hindu Temple
富尔酒店
Jl. Satok
Jl. Reservoir
Jl. Ban Hock

婆罗洲的奇妙之都 “猫城” 古晋

“Kuching”在马来语中是猫的意思。古晋是名副其实的“猫城”，关于猫的雕像以及艺术作品遍布城市各个角落，是古晋的一大特色。

为什么古晋的猫那么多

走在古晋的大街小巷，不时就会有猫的雕像映入眼帘。关于古晋这座城市名字的由来，当地人给出了这样的解释：这里到处生长着猫眼树（Mata Kuching），其果实形状大小犹如猫眼一般，故此而得名。在众多惟妙惟肖的关于猫的雕像中，最大的一座是位于端姑阿都拉曼大街和阿贝伊斯大街交叉口的雕像。这只猫体型庞大，表情丰富，深受市民们的喜爱，被看作是古晋的标志性建筑。另外，位于皇冠广场的数座猫咪雕像动作各异，萌态百出，非常可爱，很多游客跟它们拍照留念。

仿佛神兽一般，面朝四个方位的猫咪雕像

表情可爱的招财猫

体现猫咪生活的雕像

博物馆 古晋

猫博物馆

Muzium Kuching

MAP p.285-C

猫博物馆位于海拔60米高的Bukit Siol山上。馆内收藏有各种猫咪玩具、模型、照片等物件，让爱猫者流连忘返。旁边建有猫咪礼品店，可以挑选一些特色礼物带回国。

开 9:00~16:45 休 长假期间仅第一天休息，第二天正常营业

RM 免费（带普通相机入内加收RM3、带数码相机入内加收RM4、带DV入内加收RM5）

交 从市区乘坐出租车约20分钟。在市区乘坐快速巴士（2D或2C）约40分钟，RM1.50

古晋

观光

景点指南

古晋位于沙捞越河畔，以城市中无数的猫咪雕像而闻名。这里也是多种文化的交汇处，在博物馆内可以找寻到诸多文化的根源。

回教堂　古晋

沙捞越回教堂

Masjid Bahagian Sarawak

MAP p.285-E

建在沙捞越河河畔的回教堂，是古晋的地标性建筑。整座回教堂耗资RM100万，于1968年正式竣工。沙捞越回教堂的旧址是一座古老的清真寺，如今建起的大回教堂有着金光灿灿的圆顶，与沙捞越河隔岸相望。非伊斯兰教徒禁止礼拜期间入内参观。

交 从独立广场步行约5分钟

博物馆　古晋

民俗博物馆

Muzium Ethnology

MAP p.285-E

介绍沙捞越州的历史、文化以及自然环境的博物馆。旧馆内主要展示化石、古老的工具、原住民生活样貌等。新馆位于旧馆对面，馆内有关于沙捞越州处于英国、日本统治时期直至宣告独立期间的诸多历史照片和影音资料。

开 9:00~16:45，周六、周日、节假日10:00~16:00
休 长假期间仅第一天休息，第二天正常营业
RM 免费
交 从独立广场步行约5分钟

博物馆　古晋

沙捞越伊斯兰博物馆

Muzium Islam Sarawak

MAP p.285-E

东南亚最早的伊斯兰博物馆，主要介绍了马来西亚伊斯兰教的发展历史。馆内展示马来西亚、印度尼西亚、波斯、阿拉伯等东方国家的武器、货币、陶瓷器皿、美术工艺品等物品。距离沙捞越博物馆非常近。

开 9:00~16:45，周六、周日、节假日10:00~16:00
休 长假期间仅第一天休息，第二天正常营业
RM 免费
交 从独立广场步行约5分钟

寺院　古晋

大伯公庙

Tua Pek Kong Temple

MAP p.285-F

沙捞越州最早的中国寺院。大伯公庙位于两河交汇的河岸处，在风水学上，这里属于聚气养精的绝佳位置。但是后来河岸被黄土掩埋，大伯公庙离河口的距离变远了。大伯公庙位于华人历史博物馆（p.288）旁边，时间充裕的话，可以前去参观。

RM 免费　交 从独立广场步行约10分钟

博物馆　古晋

新博物馆

Dewan Abdul Razak Hall

MAP p.285-E

位于民俗博物馆对面的新建博物馆。馆内珍藏有马来西亚在英国、日本统治时期直至独立期间的历史资料和文物。博物馆入口处有特产商店。

开 9:00~16:45，周六、周日、节假日10:00~16:00
休 长假期间仅第一天休息，第二天正常营业
RM 免费
交 从独立广场步行约5分钟

景点 古晋

王宫

Astana

MAP p.285-E

位于沙捞越河北岸的白色平屋宫殿。第二代白人国王查尔斯·布鲁克为庆祝与其妻子玛格丽特结婚而下令修建的王宫。1942年，马来西亚被日军侵占后，这里成为关押犯人的囚牢。现在是沙捞越州元首的官邸，平日里不对外开放。

交 从码头步行约5分钟

红白相间的建筑物与周围的绿色植被相互辉映

博物馆 古晋

纺织博物馆

Muzium Tekstil

MAP p.285-E

展示沙捞越州原住民的针织衣服、纺织器具等的博物馆。

开 9:00~16:45（周六、周日、节假日10:00~16:00） 休 长假期间仅第一天休息，第二天正常营业 RM 免费 交 从独立广场步行约5分钟

博物馆 古晋

华人历史博物馆

Chinese History Museum

MAP p.285-E

19世纪时期，大批华人从中国南方迁居至马来西亚。博物馆内展示了有关沙捞越州华人移民的相关历史资料。

营 9:00~16:45（周六、周日、节假日10:00~16:00） 休 长假期间仅第一天休息，第二天正常恢复营业 RM 免费 交 从独立广场步行约15分钟

海鲜料理 美食

顶级海鲜

Top Spot

MAP p.285-F

位于立体停车场顶楼，在当地有很多回头客。门口的水槽中有各种鱼、虾、蟹等海产品。食客选择自己喜爱的海鲜，指定烹饪方式后入座等待用餐。牡蛎海鲜饭（左）是该店的招牌菜。

✉ Jalan Pandungan
营 17:00~24:00 休 无

诸国料理 美食

本森海鲜

Benson Seafood

MAP p.285-F

餐厅位于沙捞越河畔，价格便宜，味道鲜美。入夜时分，这里变得异常热闹。周末时更是人满为患。大虾、螃蟹等美味海产品个头儿大，并且很好吃。

✉ Lot 122&123, St49,Jl.Abell ☎ 082-255-262
营 9:00~23:00（节假日16:30~23:00） 休 无

购物商厦 购物

独立大厦

Plaza Merdeka

MAP p.285-E

独立大厦于2012年正式开业，是古晋最新的时尚购物大厦。大厦内汇集国际知名一线品牌和亚洲名牌，也有一些潮牌服饰店吸引年轻人的眼球。大厦内还有古晋唯一的一家星巴克咖啡厅。

✉ Jalan Pearl
☎ 082-239-408
营 10:00~22:00
休 无
HP www.plazamerdeka.com

百货 购物

亚洲工艺品中心

Arts of Asia

MAP p.285-E

婆罗洲原住民亲手制作的手工艺品店。木雕玩偶、特色饰品、各种挂件等精致的小玩意儿琳琅满目。逛街之余，可以到这里来淘一些好东西。

✉ 68 Main Bazaar
☎ 082-248-476
营 9:30~18:00（周日、节假日10:00~18:00）
休 无

高档 住宿

古晋铂尔曼酒店
Hotel Pullman Kuching

英 MAP p.285-E

位于沙捞越河沿岸的山丘上，是当地最高档的度假酒店。酒店大厅空间宽敞，装饰豪华。毗邻购物商厦，方便消费。

✉ 1A Jalan Mathies
☎ 082-222 888
FAX 082-222 999
HP www.pullmanhotels.com
RM （S/T）RM300~
室 389
预 ⑭
交 从独立广场步行约15分钟

高档 住宿

古晋希尔顿大酒店
Hilton Kuching

英 MAP p.285-E

位于沙捞越河沿岸，总共15层高。在顶楼观景房可以欣赏古晋市景。酒店内总共有5家餐厅，为房客提供周到热情的服务。

✉ Jl. Tunku Abdul Rahman
☎ 082-248-200
FAX 082-428-984
HP www.hilton.com
RM （S/T）RM274~
室 315
预 ⑩
交 从独立广场步行约10分钟

高档 住宿

河畔华光酒店
Riverside Majestic

英 MAP p.285-F

位于沙捞越河码头附近的高档酒店。总共有8种房型可供选择，房间内部面积较大，有着高高的天花板。毗邻购物商厦，外出购物方便。

✉ Jl. Tunku Abdul Rahman
☎ 082-247-777
FAX 082-425-858
HP www.riversidemajestic.com/rmh
RM （S/T）RM200~
室 241
交 从独立广场步行约15分钟

高档 住宿

独立宫殿酒店
Merdeka Palace

英 MAP p.285-E

位于独立广场旁边，是古晋最有名的星级酒店。客房内装饰得尊贵高雅，各种现代化设施齐全。酒店内有餐厅、美容院、酒吧等消费场所。

✉ Jl. Tun Abang Haji Openg
☎ 082-258-000
FAX 082-250-003
HP www.merdekapalace.com
RM （S）RM360~（T）RM370~
室 289
交 从独立广场步行约3分钟

高档 住宿

玛格丽特大酒店
Grand Margherita

英 MAP p.285-F

玛格丽特大酒店由新旧两处客房大楼组成。旧客房大楼四周种植着大量的山竹，环境优雅。在客房大楼的海景房内可以眺望到沙捞越河岸风光。酒店内有三家餐厅，可以品尝到西餐和中餐。

✉ Jl. Tunku Abdul Rahman
☎ 082-423-111
FAX 082-426-169
HP www.grandmargherita.com/gmh
RM （S/T）RM252~
室 288
交 从独立广场步行约15分钟

经济型 住宿

艾丽华酒店
Ariva

英 MAP p.285-F

公寓式的小型酒店。有免费Wi-Fi。

✉ No.9, Jalan Bukit Matal ☎ 082-250-958 FAX 082-259- 958 HP www.stayariva.com RM (S) RM400、(2Bed Room)RM640 室 60 交 从独立广场步行约15分钟

经济型 住宿

城市连锁酒店
Tune Hotels - Waterfront Kuching

英 MAP p.285-F

当地的连锁快捷酒店，价格比较便宜。

✉ Jalan Borneo, Off Jalan Tunku Adbul Rahman ☎ 082-238-221 HP www.tunehotels.com RM （S）RM28、(T)RM58 室 135 交 从独立广场步行约10分钟

餐厅 酒吧 游泳池 健身房 浴室 客房服务 英 提供英语服务 中 提供中文服务

碧海奇岩中的海洋天堂
巴咯国家公园
Bako National Park

MAP p.236-D、p.239、p.285-B

观光小贴士
巴咯国家公园

乐趣指数		交通便利指数	
海滩	★★★★·	出租车	★★★★·
漫步	★★★★★	巴士	★★★··

交通方式

巴士→船只■古晋→巴咯村（从长途汽车站乘坐6号巴士约45分钟，车票RM3） 巴咯村→公园总部（乘船约30分钟，单程船票RM47） ＊船票一般都包含在团费中。

旅游信息咨询■国家公园事务所（古晋）
National Parks Booking Office
Jl. Tun Haji Abang Openg ☎082-248-088（周一至周五8:00~17:00营业）
FAX 082-248-087 HP www.sarawakforestry.com

入园手续■可以在国家公园事务所办理酒店入住手续。可以通过电话、邮件等方式预订酒店。持参观许可证方可入园参观。

门票■成人：RM20，儿童：6~17岁RM7、6岁以下免费

国家公园内的住宿设施

红树林密布的入海口

观光导览

巴咯国家公园距离古晋东北方向约37公里，位于突出于海面的半岛之上。公园总面积为2727公顷，设立于1957年，是沙捞越州最早建立的国家公园。因为受季风影响和海水常年侵蚀，这里的地形沿海岸线向丘陵地带逐渐变化，非常奇特。公园内中央有一块像是舌头形状的巨型岩石。内陆地区有大片的热带原始丛林，在这里几乎可以见到婆罗洲所有的动植物。

巴咯国家公园内有各种娱乐项目，其中，游客最喜欢的是在公园内近距离观察各种野生鸟类。公园总部附近分布着几处观察小屋，置身于其中可以看到50多种鸟类的身影。巴咯国家公园的主人是长尾猴，在园内随时都可以见到它们可爱的面容。巴咯国家公园也非常适合丛林探险，总共有至少18种探险路径可供选择。2小时以上的丛林探险建议携带帐篷，可以随时随地休息。可以报团前往，也可以自己提前规划好路线，自行前往公园。

＜住宿设施＞

●山间小屋 类型5（1栋5户/1户3床位）
RM RM100（1栋RM150） 室12（6栋）

●山间小屋 类型6（1栋2户/1户2床位）
RM RM50（1栋RM75） 室4（2栋）

●山间小屋（1户4床位）
RM RM40（1床位RM15） 室48

保护区　　观光

实蒙谷野生动物护育中心
Semenggoh Wildlife Center

MAP p.285-C

以前，居住在郊区的居民喜欢将红毛猩猩当作宠物饲养。后来，政府下令规定不得饲养野生动物，并设立了实蒙谷野生动物护育中心，将这群失去父母、被人类饲养长大的红毛猩猩重新训练，然后放回森林中使其能够独立生存。从市区前往这里步行仅需20分钟。

〈咨询电话〉☎082-618-325 开8:00~10:30、14:00~16:30 ◆参观时间9:00~10:00、15:00~16:00 RM成人：RM10，儿童：6~17岁RM5、6岁以下免费 ＊无须持许可证参观，在门口登记 交从古晋乘坐K6号巴士约30分钟、RM3

保护区　　观光

马当野生动物保护中心
Matang Wildlife Center

MAP p.285-C

位于巴咯国家公园旁边的另一个国家公园——库巴国家公园内。这里是除实蒙谷野生动物护育中心之外的另一所较大的野生动物保护中心。中心内饲养着大猩猩、马来熊等珍贵野生动物。无须持许可证即可入内参观。

〈咨询电话〉☎082-374-869 开8:00~17:00
◆野生动物参观时间8:30~15:30
RM成人：RM20，儿童：6~17岁RM7、6岁以下免费
交从古晋乘坐出租车约40分钟，车费约RM60

Travel Information

旅行信息 中国篇

CHECK

出发前3天必须要检查的事项！

- □再次确认护照有效期、护照个人姓名等是否正确
- □备份护照复印件（个人信息页）
- □用来补办护照的个人证件照2张；户口本（正本、副本）
- □购买海外旅行伤害保险
- □准备好旅行支票、信用卡、国际借记卡
- □确认信用卡发卡行、保险公司驻马来西亚办事处的联络方式
- □根据行李清单准备好所需物品
- □将旅游行程、入住酒店、旅行社的联系方式告知家人或朋友
- □留存报刊
- □若身体有恙，需携带急救药物或做好突发状况应对措施
- □提前交清房租、将信用卡还清
- □托人照料家中的宠物和植物
- □处理冰箱中的易腐食品
- □如有必要，可将行李提前运至机场
- □提前查好开往机场的巴士或机场快轨的时刻表

出发日程安排

＊节假日、庆典日每年会有所变化。

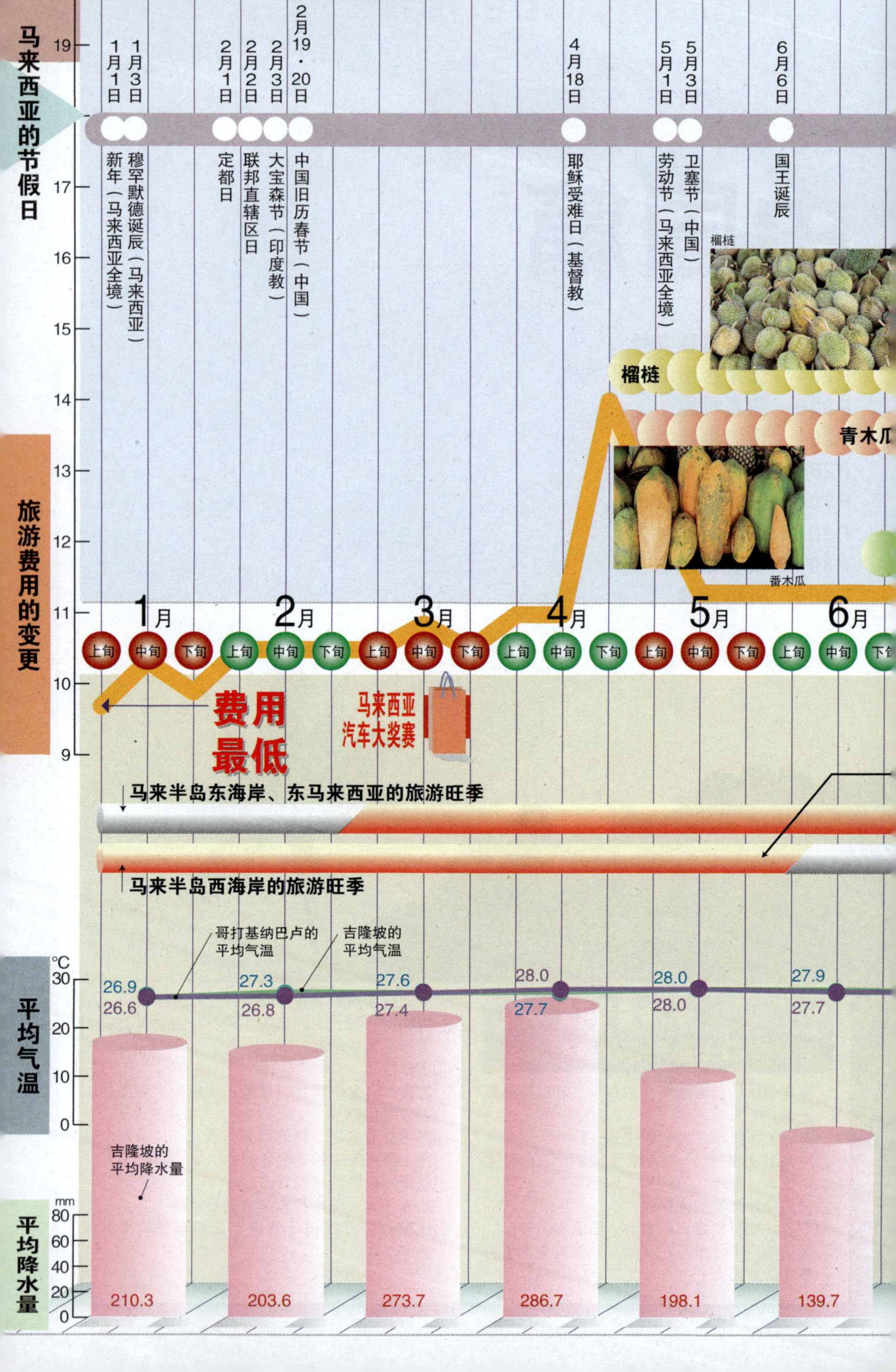

马=马来西亚　中=中国　伊=伊斯兰教
基=基督教　全=马来西亚全国

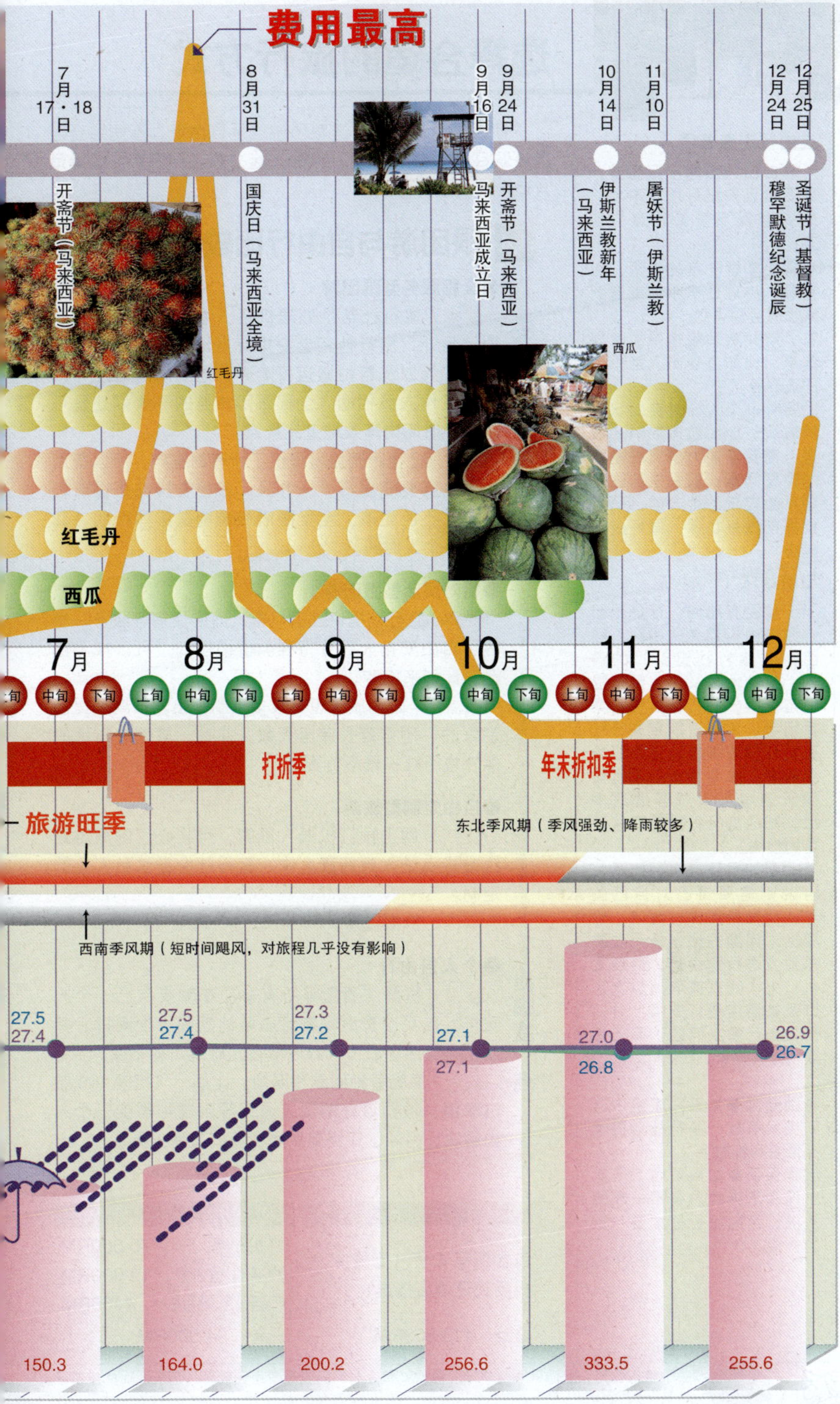

选择合适的旅行方式

可根据个人情况，选跟团游或是自由行。不妨综合考虑旅游目的、自身条件、和谁一起去等各种因素，选择最合适自己的出行方式。

跟团游与自由行比较

安全系数高

●全程服务型跟团游

〈优点〉旅行社帮忙办理机票、酒店预订等所有事项。另外，旅行社还会安排好当地的酒店、餐厅、交通工具以及帮忙搬运行李等，遇到麻烦时还可以请求工作人员相助。全程跟团旅游的一大好处是可以在短时间内高效地逛完景点。

〈缺点〉全程跟团旅游提供了所有的服务，所以费用较自由行要高出不少。并且，日程安排都是提前订好的，不能更改。全程跟团旅游都是集体行动，几乎没有个人时间。

●相对灵活型跟团游

〈优点〉旅行社提供往返机票、酒店住宿等服务，游客可自由安排大部分行程。价格较低，可以按照自己的计划来旅游。

〈缺点〉半跟团旅游也有较多限制，出发日期是提前定好的，不可延长滞留天数。并且，旅途中出现的意外旅行社一概不负责。

●自由定制型旅游

〈优点〉网上预订机票、酒店。可将心仪的旅游路线或景点纳入到行程之中，旅行社会提供私人化的定制。

〈缺点〉价格较高。

●个人自由行

〈优点〉机票、酒店等所有事项都需要自己一个人安排。自己花费时间制订旅游计划和行程安排。并且，在旅游地滞留天数通常会比旅游团多不少。

〈缺点〉面临各种问题和麻烦。比如，飞机晚点或航班取消、被预订好的酒店退订等问题都需要一个人去解决。另外，还需要熟悉当地的交通工具。

自由度高

半跟团旅游	自由行
包含所有车费（无导游、机场往返酒店接送）	打折机票 70 000RM 酒店住宿2晚 19 600RM 机场至酒店（出租车） 4400RM
总计 113 800RM	总计 94 000RM

自由行注意事项

自由行不同于跟团游，需要自己安排好所有事项。主要有以下需要注意的地方：

1. 需要掌握一定的英语，在买票、办理住宿手续或遇到麻烦时会用得到。
2. 了解并熟悉旅途中的常规信息。比如办理出入境手续的流程等。
3. 要有一个人应对突发状况的能力。比如航班取消、被盗，需要有能力解决旅途中的突发问题。特别是前往安全系数较低的地方时，一定要提前做好功课、做好应对措施。

旅游赔偿

是否有赔偿，这是跟团游和自由行最大的不同。跟团游（旅行社组织）的日期、目的地以及费用都是提前定好的，旅行社负责召集报团者。旅游法规定旅行社有责任按照旅游计划来服务参团者。如果旅行社没有按照承诺履行或游客遭遇事故，那么旅行社需要赔偿游客的损失。

但如果是自由行的话，游客则需要自己对自己负责。比如自己预订酒店、机票出现问题的话，是无法要求对方进行赔偿的。遇到飞机、火车晚点或取消班次，以及被酒店退订的情况时，需要自己解决问题，而无法获得任何赔偿。

特别赔偿◆如果在旅途中遇到突发事故，旅行社会提供补偿金和抚慰金。

旅程保证◆如果酒店、景点出现和承诺的内容不一致的情况，可向旅行社索要一定的补偿。

旅游小贴士 关于旅行费用：旅游旺季、春节、暑假、黄金周期间旅行费用会较高。马来西亚的旅游旺季是7~9月。

安排旅游行程的要点

选择跟团旅游的话，可以在旅行社提供的行程安排的基础上，添加一些自己的计划和安排，不过要追加一部分费用。下面为大家介绍自己安排旅游行程的要点：

●指定酒店　自己选择提高或降低客房等级。

●延长住宿时间　一般情况下，在旅程中最后入住的酒店可以延长住宿时间。如果需要参观的地方较多，可以要求延长住宿时间。

●抵达・出发时间　早晨出发和晚上出发的费用不同。抵达时间通常是定好的。

●停留时间的变更　如果需要在两个以上的城市停留，那么可以变更停留天数。

灵活利用定制跟团游

定制跟团游可以按照游客的意愿制订旅游计划，但一般会包含市区观光、自然欣赏、体验等项目，且各旅行社的报价也各不相同。可以在国内提前报名，也可以抵达当地之后，在当地旅行社或酒店报名参团。

＜例＞

●**丛林漫步（塔曼尼加拉）** 激流勇进、拉达柏谷瀑布等旅游项目可选。大约需要3个小时（p.128）

●**芭雅岛一日游（兰卡威岛）** 报团参观芭雅岛海洋公园，选择潜水、浮潜等项目（p.152）

●**哥打基纳巴卢夜间观光（哥打基纳巴卢）** 逛完夜市，在水上餐厅欣赏民族舞蹈、享用海鲜盛宴（p.254）

选择旅行社的重点

跟团旅游一定要选择好的旅行社。如果旅行社破产或关门，那么团费也难以追回。

〈选择旅行社的要点〉

●一定要选择口碑好、诚信度高的正规旅行社，即使出现问题也能得到合法的解决。

●逐条确认旅游合同上的内容（旅游条款和事项说明），确认无误后方可缴费。如果电话报名的话，建议等到旅游合同寄来，确认之后再进行报名。

●如果对方没有正规旅游合同，建议一定要慎重考虑，不要轻易就报名。

●注意是否有备份的旅游合同。如果没有，可以提出要求。

●赔偿金的返还条款要特别留意。

跟团旅游的类型

马来西亚跟团游大致可以分为两种类型。一种是以吉隆坡（KL）和新山为据点，到兰卡威岛、刁曼岛等海上岛屿旅游。另一种则是前往塔曼尼加拉和基纳巴卢山等地欣赏热带自然风光。

经由其他国家飞往吉隆坡的航空公司

●香港国泰航空公司（中国香港）

●中华航空公司（中国台北）

●泰国航空公司（曼谷）

●新加坡航空公司（新加坡）

●中国国际航空公司（北京）

●大韩航空（首尔）

※（　）内是换乘地点

如果报名的旅行社破产怎么办

可以确认该旅行社的旅游业从业许可证以及营业执照等证件，向其管辖地的政府部门投诉。

购买机票

网上轻松订机票

●春秋航空

www.china-sss.com

提供机票比价服务，经常推出特价机票。

●携程旅行网

http://www.ctrip.com

提供关于旅行的全方位服务，其中就有国际机票的查询与预订。

●去哪儿

http://www.qunar.com

不仅有机票预订服务，还有海外酒店预订业务。

●酷讯旅游

http://www.kuxun.cn

也提供国际机票信息，不妨上网去看看。

选择机票的要点

购买机票的途径不少，有售票代理点购买、旅行社购买、网络在线订票等。如果要购买特价机票的话，需要多比较多咨询，而且一般特价票会有很多制约，例如不能退票、无法指定座席等。另外起降时间也多是不尽如人意，不过有时价格低得实在很诱人，所以特价机票对不在乎其他条件的旅客来说还是很有吸引力的。这里提醒读者购买机票时，一定要考虑以下要点：航空公司、起降时间、服务质量，最好把这3项综合起来考虑再决定是否购买。

可以直接登录设有国际机票预订的网站，如携程网等搜索机票信息。另外有些旅行社或者旅游网站也会推出特价机票，如果有需要不妨多加关注。

充分利用机票比价信息

有些网站还提供机票比价业务，这样更方便购票。通常直飞航线票价会比中转航线的票价低，所以即使航线中途行经地点相同，如果有换乘，票价就会比较实惠，但耗时较长。

比较官方折扣机票

最好关注一下各个航空公司推出的官方折扣机票，其价格可能与其他公司推出的特价机票相差无几。不仅如此，还可以根据个人喜好指定座次，也能获得会员飞行累积里程数等多项优惠政策。

关注飞行里程累积奖励制度

持有会员卡的游客若想累积到更多的飞行里程数，最好仔细选择适合的航班出行。

根据需要调整出发日

出发日期和回国日期如果选在周末，一般机票票价都不低，因为这算是“旺季”，所以预订机票时，可尽量避开周末出行。

方便快捷的电子票

大多数航空公司都已开始使用E票（Electronic Ticketing，电子客票），其实就是纸质机票的电子版。只要购买了机票，一般都有会记录，这样即使把纸质机票丢失了，也可以根据订票的相关信息登机。现在,国内基本上所有的机场都简化了登机手续，只要在网络上购买了机票，还可以在线值机选座位，等到了机场用相关身份证件打印机票后即可办理登机手续。

预订酒店

酒店的类型

大型度假酒店（顶级·高档酒店）

多集中于旅游度假区和高原地区。住宿费每晚RM400左右。这些大型度假酒店有着各自不同的主题和特点，但大都充满着南国风情，有着出色的景致。度假酒店内通常会有健身房、美容院等各种设施。有的度假酒店还会为客人准备跳岛、丛林漫步等特色服务。

城市度假酒店（顶级·高档酒店）

高端旅行团会安排游客住在城市度假酒店。全球知名连锁城市度假酒店（文华酒店、希尔顿大酒店等）内通常有数百间客房，装修豪华。酒店内还有各国餐厅、健身房、商务中心、游泳池、美容院等设施，现代化设备完善，服务周到体贴且安全度极高。城市度假酒店的住宿费每晚RM300~500，旅游淡季时会有一定的折扣。

入住城市度假酒店的顶级客房，可享受最优质的服务。尊贵客房每晚消费在RM1000左右，会员来自世界各地。

标准酒店（中档酒店）

低端旅行团通常会安排游客入住标准酒店。在国内将此类酒店称作为都市商务酒店。标准酒店大都比较干净、整洁，各种现代化设施完备，带有游泳池和餐厅。这些酒店基本上选址于火车站、汽车站旁边，方便出行。每晚住宿费RM100~200，有时会推出特价房。

经济型酒店（旅馆）

绝大多数背包客会选择长期入住价格便宜的经济型旅馆。房客们一起住在多人间内（床位很多，多人入住同一间房）。也有男女混住的房间，并配备有淋浴设施。入住同一房间的客人们共同使用电视、冰箱、收费洗衣机等设施。卫生、安全方面相对较差。但入住这里的好处一是便宜，二是可以与其他背包客交流旅游心得。床铺费每晚RM10左右。单人间RM30~50。海滩度假村旁边常常可以见到这样的旅馆。须在当地直接订房，不接受国外提前订房。

务必提前选好酒店

3~10月是马来西亚的干季，在此期间到马来西亚半岛、东马来西亚旅游的游客比较多，酒店房源会比较紧张，但一般来说问题不大。岛屿上的酒店和东马来西亚国家公园一带的酒店通常比较难订，建议早做准备。春节、寒暑假期间更是人满为患。另外，赶上元旦、大节会时，会有不少新加坡游客前来游玩。马来西亚的节假日按照农历计算，每年的日期都不一样，最好提前在马来西亚政府旅游局官网确认一下。

●在国内预订酒店

除马来西亚的经济型旅馆外，其他的酒店均接受国外预订。可通过以下四种方法预订酒店。

1.通过旅行社预订

这是最简单、省事的方法。旅行社会告知客人酒店是否还有空房、房费价格等。

2.通过代理中心预订

喜来登等世界知名连锁酒店均设有酒店预订代理服务中心。可直接致电告知工作人员期望入住天数、客房类型来完成预订。如果对于景色、楼层有特殊要求，也可将其一一告知工作人员。

3.使用酒店优惠券预订

有的旅行社会和部分酒店合作，推出系列优惠券。游客们可持该免费优惠券预订酒店，价格上会享有一定的折扣。优惠券上面列有可预订酒店的名单。完成预定后，持相关证明（预订单据=凭单）可直接入住。部分酒店对于实际入住天数、房型有限制规定，但是价格要便宜不少。

4.网上预订

随着互联网的普及，越来越多的人通过网络来预订酒店。部分酒店会在网上推出特价房和团购房。绝大多数酒店都有自己的官网，可在比价之后直接在网上预订酒店。

旅游小贴士　单人间：国外的酒店几乎没有单人间（旅馆除外）。即便是独自出游也只能入住双人间，并按照双人间的价格支付房费。

护照与签证

申办护照所需材料

1.居民身份证原件、复印件
2.本人户口簿、户口簿首页、本人资料页、变更页
3.填写完整的申请表原件
4.申换护照需附上原护照
5.近期2寸淡蓝色背景彩色证件照1张
6.其他相关材料

费用与天数

200元工本费
5个工作日

马来西亚签证申请中心联系方式

北京签证申请中心

地址：北京市朝阳区麦子店西街37号北京盛福大夏110室，100125
电话：010-65913492 / 65913473

广州签证申请中心

地址：广州市天河北路233号中信广场1909，2016-17室，510613
电话：020-38772766 / 38773262

上海签证申请中心

地址：上海市长宁区黄金城道682号2楼（御翠豪庭），201103
电话：021-62121700 / 62121702

昆明签证申请中心

地址：昆明市西山区滇池路569号南亚风情第壹城;C4-1-1202，650228
电话: 0871-3190171

护照

无论是个人旅行还是团体旅行，只要是去往外国就需要护照。所谓护照就是国家对持有人的一种证明——也就是“官方的身份证明”。我国的护照分为普通护照、外交护照和公务护照三种，公民出境旅行办理普通护照即可，其有效期为护照持有人未满十六周岁的五年，十六周岁以上的十年。对已经拥有护照的人来说，则要注意确认自己护照的有效期限，如果期限不足则要申请更换新的护照。

●**护照申请** 第一次申办护照时，要先准备齐左栏表列出的相关材料，之后须亲自至本人户口所在地公安局的出入境管理处办理（个别城市可异地办理，具体请咨询相关部门）。如果因合理紧急事由请求加急办理，公安机关出入境管理机构也会受理的。注意，在申请完毕时，会收到一张标有日期的取证回执单，一定要好好保管，领取护照时会要求出示，也可以采取付费邮寄的方式获取护照。

●**护照的换发或补发** 护照有效期即将届满的（一般要求不少于6个月）、护照签证页即将使用完毕的、护照损毁不能使用的、护照遗失或者被盗的、有正当理由需要换发或者补发护照的其他情形，可以按照规定申请换发或者补发护照，其程序和第一次申办护照一样。

●**护照的变更申请** 如果护照上面的登记事项（包括护照持有人的姓名、性别、出生日期、出生地，护照的签发日期、有效期和签发机关）发生变更时，也要持相关证明材料，向该护照的签发机关申请护照变更加注。

签证

签证是对象国发行的入境许可证。通常在护照的签证栏上会盖有印章。为了鼓励更多中国大陆公民到访马来西亚，从2016年3月1日起马来西亚政府推行电子签证及电子入境计划。电子签证申请费用只需人民币200元，每次逗留不能超30天。具体申办事宜可登录马来西亚签证网站www.windowmalaysia.cn/visamalaysia进行了解。该网站详细罗列了申办电子签证所需的材料、申办流程、签证费用等内容。

这种特设的网上申请签证服务因为只针对中国大陆公民，所以有一些限制条件：

1.电子免签登记仅可从2016年3月1日至2016年12月31日开放给居住在中国大陆的公民，不含中国香港、澳门和台湾居民。
2.该电子签证为单次使用，所以不允许延期逗留。
3.在抵达马来西亚入境检查站时，必须出示以下文件:电子

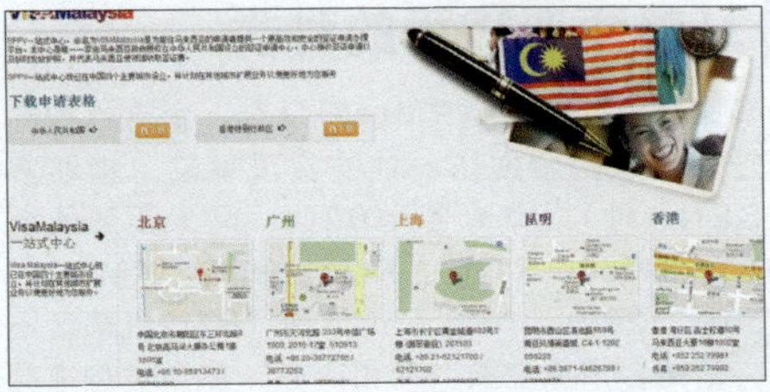

免签单、登机牌、足够费用（现金/信用卡或借记卡和银联标识/旅行支票）、确认往返机票单。

4. 电子免签登记只允许中国大陆直飞马来西亚并通过以下国际机场入境：吉隆坡国际机场(KLIA)及吉隆坡国际机场2号航站楼(KLIA 2)、柔佛士乃国际机场、槟城国际机场、吉打兰卡威国际机场、沙巴哥打京那巴奴国际机场、沙捞越古晋国际机场。

海外旅行损害保险

在国外万一碰到生病需要看医生的话，那么花费可能就会超出自己的预算。所以还是加入海外伤害保险比较安全。海外旅行伤害保险有很多种，分别对应伤害、疾病、财产赔偿、随身财物等。因此要清楚了解保险的种类、内容和支付条件后再选择合适的加入。可以在保险公司、旅行社等地方进行申请购买。购买前，可以先做一些了解。一般来讲，各个保险公司的保险内容差别不是很大，就看服务质量和信誉。推荐大家在负责组团旅行和购买机票的旅行社中申请，这样一来一旦出现意外，赔偿手续办理起来会比较方便顺利。每个保险公司都与相应的援助服务公司合作，方便在出现意外时可以用本国语言进行求助。而且还有24小时的紧急援助体系等服务，能为参保人提供不少安全感。另外，有的信用卡上附带保险功能，办理信用卡时确认一下有没有这项服务。

国际青年旅舍会员卡
Hostelling International

国际青年旅馆是非营利性组织（http://www.yhachina.com），在全球八十几个国家给出门在外的旅客提供四千多家经济实惠的住宿旅馆。虽然青年旅馆没有星级饭店的豪华，但相对都维持一定的水平，可以让客人认识来自世界各地的游人，也是一种令人难忘的体验。来这里住宿的人并没有年龄上的限制，只要申办了国际青年旅舍会员卡（YH卡，全球通用），就可以享受国内外国际青年旅舍住宿价格的优惠，同时还可以预订国外青年旅舍。

国际青年旅舍会员卡

申请所需文件： 会员申请表（可在线填写，也可下载填写邮寄到青年旅舍中国总部）

办理方式： 可通过网上办理，或在各家青年旅舍的前台办理，或到各代理商处办理

费用： 50元人民币

准备旅行费用

如何携带现金最安全?

如果报名参加短途旅游，个人独自出行时间较少，且在高档酒店入住的游客，建议同时准备现金和信用卡。

如果担心现金被盗或信用卡丢失，那么可以使用旅游支票（T/C）。

但是，无论如何也不要把巨额现金带在身上。一定要将部分现金保管好，以备发生意外时急用。

马来西亚货币的种类

马来西亚的货币是RM，即令吉。令吉也被称为马来西亚美元，是全国统一性的货币单位。辅助货币单位是SEN（仙），1令吉=100仙。马来西亚的纸币有RM100、RM50、RM10、RM5、RM2、RM1六种。硬币有50仙、20仙、10仙、5仙4种（RM2纸币已不再发行）。请结合预算金额、滞留天数、旅游类型来兑换货币。可以在马来西亚的机场、市区银行以及酒店内进行汇兑。

马来西亚的货币

硬币　（背面图案）

5仙（卡达山图案）

10仙（奥兰·阿利斯的手工艺品）

20仙（茉莉花）

50仙（槟榔）

＊1令吉硬币、1仙硬币和2令吉纸币已经不再流通和发行

纸币（图案内容）

1令吉（马来西亚风筝）

5令吉（犀鸟（大犀鸟））

10令吉（大王花）

20令吉（棱皮龟和玳瑁龟）

50令吉（端姑·阿卜杜勒·拉赫曼和椰子）

100令吉（基纳巴卢山）

注意 CHECK!

出发前，按照预算、停留天数和旅游类型决定携带现金的多少。必要时，也要准备信用卡和国际借记卡。

关于汇兑

在国内银行、马来西亚的银行、银行下属的货币汇兑处、酒店等地可以兑换人民币和令吉。通常酒店的汇率要高一些。银行的营业时间为周一至周五的9:30~16:00。周六、周日休息。关丹、登嘉楼州等宗教区域的银行周五也休息。

大城市的市区、主要观光景点以及大型购物中心一般都会设有政府批准的汇兑中心。

信用卡

高档酒店、大城市的购物商厦、特产商店和餐厅都支持信用卡刷卡消费。VISA卡在马来西亚全国通用，是最方便的银行卡。除此之外，在游客较多的商店还支持使用万事达卡、美国运通卡等。使用信用卡刷卡之前，先问一下是否支持该卡消费。信用卡在酒店办理入住手续或租车时还可以作为身份证明。

国际借记卡

使用国际借记卡，可在马来西亚的主要银行Bumiputera Bank和May Bank内的ATM上取现。机场内的ATM也是24小时都可以使用。

取现手续费在账户内自动扣除。

旅行支票

旅行支票就是给旅行者使用的一种支票，可以在银行内购买。其优势是安全，即便被盗或丢失也可以根据保留的票号在银行再次生效使用，安全度较高。旅行支票也可以用来兑换，并在一些大的酒店或者商场中直接当现金进行消费。

可以在办理外国货币业务的银行或邮局、发行公司分公司和一部分旅行公司购买旅行支票，购买时会收取一定的手续费。补办时需要提供旅行支票号码。

各银行和ATM机的取现额度不一样。就手续费和利息来看的话，信用卡取现最为划算。如果仅持信用卡的话，可能还有一些不便之处，建议综合个人实际情况，决定带哪种银行卡前去旅游。

主要银行卡

●VISA卡

HP www.visa-asia.com

●万事达卡

HP http://www.mastercard.com/cn

●美国运通卡

HP www.americanexpress.com

●中国银联卡

HP cn.unionpay.com

携带相关物品

携带物品清单

●带入机舱内的物品清单

- □护照
- □机票
- □现金（旅游支票、人民币）
- □信用卡
- □国际现金卡
- □海外旅游保险
- □旅程表
- □酒店预订确认表
- □国际驾照
- □国内驾照
- □照片备份
- □笔记用品/笔记本
- □旅游指南/地图
- □手帕/卫生纸
- □常备药物/体温计
- □电子计算器
- □照相机/录像机
- □存储器

●托运物品清单（托运行李箱内）

- □上衣
- □首饰
- □下衣
- □手帕
- □休闲鞋
- □背包
- □可折叠背包
- □折叠伞
- □睡衣
- □拖鞋
- □帽子
- □太阳镜
- □防晒霜
- □润唇膏
- □泳衣
- □沙滩鞋
- □化妆品/生理用品
- □吹风机
- □转换插头/变压器
- □洗漱用品
- □洗衣用品
- □塑料袋
- □简易缝纫用具
- □防虫喷雾
- □坐便器除菌器
- □闹钟
- □手电筒
- □小刀
- □备用电池
- □辞典
- □护照复印件

服装

马来西亚位于赤道附近，属于热带国家。但实际上，马来西亚受强烈的上升气流影响，厚厚的云层遮住了大部分直射阳光，最高气温很少超过35℃。马来西亚一年间日照时常几乎一样，昼夜长短大致相同。马来西亚四季不是非常分明，受季风影响，一年分为干季和雨季。马来西亚各地区的干季和雨季时间不一样，马来半岛东海岸受东北季风影响，每年的11月到次年2月是雨季。马来半岛西海岸由于拥有中央山脉，受季风影响较小，每年的6~9月是雨季。

到马来西亚旅游，建议准备T恤、长裤、短裤等夏季服装。如果担心室内空调偏冷，可以带几件长袖T恤和毛衣防寒。如果要去丛林或山上探险，建议携带长裤、长袖以防被蚊虫咬伤或擦伤。如果要去高档餐厅用餐或出席正式场合，建议携带一套正装。如果要去寺庙参观，那么更要注意服装上的要求。去清真寺的话，无论是男性还是女性都禁止穿着短裤、背心等过于暴露的服装。建议准备一条蜡染围巾，必要时可以派上用场。

检查行李

旅游时携带的行李取决于旅游天数和旅游目的。但是，为了旅途的方便，还是少带一些行李比较好。如果到吉隆坡等大城市旅游，日用品可以到当地购买，无须在国内准备。化妆品、药物等个人用品可以提前在国内准备好。建议出发之前列一份行李清单，这样就不会担心忘记携带了（参照左栏）。

●吹风机　高档酒店内通常备有吹风机。建议准备电源转换插头。（参照右页）

●电池　建议携带质量好的电池。

●旅行背包　旅行背包是逛街时的最佳选择。乘坐巴士、到海滩旅游的话可以携带旅行箱或手提包。旅程中，行李会变得越来越多，建议携带可折叠式箱包。

●保险盒　平时用来装项链、戒指等贵重首饰或其他贵重物品。

●防晒物品　防晒霜、润唇膏、帽子、遮光镜、沙滩凉鞋、扇子等。

●药物　止泻药、防蚊虫药物与喷剂、杀虫剂。

注意 CHECK!

马来西亚是热带气候，温度较高，湿气较重，季节变换不是很明显。下面为大家介绍一下到马来西亚旅游需要携带的物品和注意事项。

携带手机

在马来西亚使用自己从国内自带的手机的话，根据接受短信的方式以及使用的套餐，费用也是不一样的。所以一定要事先查看短信设置的菜单以及各个通信公司的网站。

国际漫游服务

如果手机可在全球范围内使用，只需在手机上简单设置一下，就可以在国外使用国际漫游服务。如果手机不支持在国外使用，那么需要在马来西亚租一部手机，然后插入自己的SIM卡，即可使用。因为是自己原来的号码，不需要换号，国际漫游服务费和手机通话费与在国内一样按时缴纳即可。但是，如果手机被偷或丢失，不法分子可能会长时间使用漫游服务，乃至产生高额的数据漫游费。国际漫游服务和普通漫游服务不太一样，使用时牢记注意事项。

购买或租借当地号码的手机

如果觉得交流没有问题，并且长期停留的话，可以购买或租借一部当地号码的手机。因为是当地号码，所以话费非常低，信号也非常稳定。在国内也有出售、租赁马来西亚当地手机号码的服务处。如果是结伴前往马来西亚或只在马来西亚特定区域停留的话，建议使用当地手机号码。

当地的Wi-Fi

吉隆坡市区的咖啡厅和餐厅内都提供免费Wi-Fi。酒店内的Wi-Fi是收费的，可以下载万能Wi-Fi上网。另外，可以登录马来西亚的Wireless@KL，实现免费上网。

飞机上对于行李的限制

将贵重物品和易碎物品装入收纳盒内，放入随身背包内。对于携带进入机舱内的行李，马来西亚航空是这样规定的：总重不得超过7kg、体积不得超过56X36X23（cm）（书籍、衣服和小型数码相机不限体积）。回国时，由于携带的行李会比来时多，建议将行李整理得紧实一些。

注意液体物品

所有的国际航班对于液体物品都有着严格的限制。包含喷雾剂在内的所有液体物品（医药、育婴乳制品、育婴食品等除外）要装入100ml以下的容器内，并且要用1L以下的带拉链无色透明塑料袋包好。过安检时要打开查看。对于托运的液体物品检查要更加严格。注意不要将打火机放入托运行李内，这样检查时容易查出，会浪费时间。

马来西亚的电压

马来西亚的电压是220V、50Hz。插座大多是三孔的（BF型）。高档酒店内大多备有吹风机。

旅行信息收集

马来西亚的节日

马来西亚是一个多民族国家，拥有印度教、伊斯兰教、佛教等诸多宗教，其节日和庆典也比较多。节日和庆典的时间每年会有所变动（2015年）。

1月1日　新年（New Years Day）

新年在马来西亚并非特别重大的节日，有的地方甚至不会放假。

1月3日　穆罕默德诞辰纪念日（Birthday of Prophet Muhammad SAW）

伊斯兰教预言者穆罕默德的诞辰纪念日。

2月3日　大宝森节（Thaipusam）

印度教信徒在这一天将铁签和针插在身上，在寺院里进行参拜。吉隆坡郊区的印度教洞穴非常有名。

2月19・20日　中国新年（Chinese New Year）

旧历新年，即春节。老百姓的门前会挂上灯笼，人们在街上舞狮。在这一天，华人经营的店铺会关门歇业。

4月18日　耶稣受难日（Good Friday）

这一天是耶稣受难日，信徒们会彻夜做礼拜。

5月3日　卫塞节（Wesak Day）

释迦牟尼诞生日。人们为庆祝佛陀的诞生、参悟和涅槃而庆祝。

6月6日　国王诞辰纪念日（Birthday of Seri Poduka Begindo Yang Di-Pertuan Agong）

这一天，全国放假并举办庆祝活动。每年6月的第一个周六是国王纪念日。

7月17・18日　开斋节（Hari Raya Puasa）

伊斯兰教徒的绝食月，这一期间会举行重要的庆祝仪式。

8月31日　马来西亚独立纪念日（National Day）

1957年，马来西亚脱离了英国的殖民统治，正式走向独立。在吉隆坡的独立广场会举行庆祝活动，全国各地也会举行国庆游行。

9月16日　马来西亚联邦成立日（Malaysia Day）

马来西亚联邦和沙巴州、沙捞越州、新山合并。

9月24日　古尔邦节（Hari Raya Haji）

伊斯兰教徒在这一天为麦加朝圣而举行的庆祝活动。

11月10日　屠妖节（Deepavali Day）

印度教最大的庆典。教徒们为以光明驱走黑暗而庆祝。

12月25日　圣诞节（Christmas Day）

基督教的节日

10月14日　回历新年（Awal Muharram）

伊斯兰教的新年。穆罕默德迁都马里那，回历由此开始编成。

马来西亚三大折扣季

马来西亚每年有三个折扣季。这三个打折季是：马来西亚GP打折季（3月中旬到下旬，游客可在这一期间观看F1赛事）、部分世界奢侈品牌参与的马来西亚购物嘉年华（7~8月）以及马来西亚年底折扣季（11月上旬到1月1日）。如果想到马来西亚购物的话，建议在这三个折扣季期间前往。

Kuala Lumpur Festival

2006年开始，每年的7月在吉隆坡举行传统手工艺表演、民族舞蹈秀以及街头艺人表演。

马来西亚联邦成立日

即马来西亚建国纪念日。1963年9月16日，加里曼丹岛的沙巴州、沙捞越州合并入马来西亚，组成了独立国家。在这一天，马来西亚全国举行盛大的庆祝游行。

马来西亚学校的假期

马来西亚的学校实行学期制，每年的1~5月和6~12月上课，学期中间和末期放假。年末的学期放假多达一个半月之久。有的父母会利用带薪休假的机会在学校放假期间外出游玩。这一期间是马来西亚的旅游高峰期，各种服务设施收费较高，建议提前预订酒店。

独立纪念日

中间休假

5月第四周到6月第一周

学期末休假

11月第三周到12月末

注意 CHECK!

马来西亚是多民族国家，有着丰富多彩的传统文化，这里的宗教仪式、节日庆典也非常吸引人的眼球。可以参照马来西亚节日表，体验一下当地的传统文化氛围。

马来西亚的可上网咖啡厅

收集旅行信息

●马来西亚旅游局（MTPB）

马来西亚政府旅游观光局发行全国各地的旅游指南。这些指南大多是英文版本，也有部分汉语版本。指南上面有旅游指南、酒店名册等信息。此外，还有高尔夫球场、国家公园以及节日庆典的相关指南。可以请求旅游局以邮寄或发送传真的方式将指南送至游客手中。打开马来西亚政府观光局的网页，还能查询到图文并茂的经典介绍，并可以下载打印。如果有问题，可以直接致电马来西亚政府观光局咨询（不能预订机票和酒店）。

网站：www.malaysia.travel/zh-cn/cn

●从旅行社获取旅游信息

在规模较大的旅行社可获取马来西亚的相关旅游信息。

●阅读相关的图书

此外，还可以在出发前读一些和马来西亚相关的书籍，欣赏一些当地的音乐、电影等来加深对旅游目的地的认识，增强旅行的乐趣。可以说，图书馆就不失为一个了解旅行地全面信息的好地方。

●电视、广播

电视，尤其是一些旅行专题片或者记录片，都会有关于马来西亚旅游的相关介绍，不妨在旅行前多注意收看。借助有声视频，可以先身临其境地跟着影像资料旅游一番，这更能加深实地旅游的美好感受。

●利用网络查询旅游信息

可通过专业的旅游网站或者旅游论坛里其他人的旅行攻略帖，全面实时地获取当地最新旅游信息。

在马来西亚上网

马来西亚在科技方面给人的感觉并不是特别发达，甚至有些落后。但实际情况却并非如此。早在十年前，手机就已经在马来西亚全国普及开来，在网络信息方面，马来西亚绝对不算落后。吉隆坡的网络系统非常发达，不但可以满足家庭上网的需求，街道上还有无线网络设备。

马来西亚的可上网咖啡厅

马来西亚可上网的咖啡厅较多，招牌上写有“internet Kaf'e”字样的，则表明该店内可以上网。在这里可以实现上网搜索、发送邮件。每小时收费RM4~。

个人笔记本电脑的使用

在高档酒店住宿时，可以使用个人笔记本电脑连接网络实现上网。在酒店上网仅需支付少量的费用即可，如果客房内有LAN热点，那么仅需连接好即可上网（连接电脑）。变压器、转换插头、网线、调制解调器是上网必备的工具。也可以通过电话线拨号上网的方式来连接网络。如果有疑问，可以与网络运营商联系。

北京首都国际机场

机场概况

北京首都国际机场，简称首都机场，1958年开始启用，是目前中国最重要、规模最大、设备最齐全、运输生产最繁忙的大型国际航空港，是中国民航最重要的航空枢纽。首都机场位于北京东北郊顺义区天竺镇，距市中心25.35公里，通航近200余个国内外城市，每周有5000多个定期航班，是北京乃至全国的重要空中门户和对外交往的窗口。

北京首都国际机场位置示意图

航站楼

北京首都国际机场共有3个航站楼。1号航站楼规模较小，约有10个登机口。2号航站楼的规模比1号航站楼大得多，可同时停靠20架飞机，并同时承担国内和国际航班的服务。1、2号航站楼之间有乘客连接通道，同时也可乘坐摆渡车互通。3号航站楼于2007年建设完工，规模比2号航站楼更为庞大，目前是国内面积最大的单体建筑。与2号航站楼一样，它也同时承担着国内和国际航班的服务。

停车场信息

首都机场1号停车场，位于首都机场1号航站楼正南侧，共有车位约600个，其中含小车位、中巴车位、大车位、无障碍车位，主要停放机场巴士、社会临时车辆及过夜车辆。

3号停车楼位于首都机场3号航站楼南侧，一层为商业区、派出所、办公区等；二层设有机场快轨车站，并设有前往3号航站楼的通道。3号停车楼目前开放地下一层作为旅客车辆停放区域，共有车位约3300个，其中含小车位、中巴车位和无障碍车位。

主要航空公司

中国国际航空公司（CA） T3
HP www.airchina.com ☎95583
中国东方航空公司（MU） T2
HP www.ceair.com ☎95530
中国南方航空公司（CZ） T2
HP www.csair.com ☎95539

国泰航空（CX） T3
HP www.cathaypacific.com
☎400-888-6628
亚洲航空（D7）T2
HP www.airasia.com
☎0512-85557711

机场交通

机场快轨（东直门—机场）

全长28.1公里，沿途设4个站，到达首都国际机场T3航站楼大约只需20分钟，十分便捷。另外，机场快轨与地铁2号线的东直门站和10号线的三元桥站均有换乘站。

出租车

北京出租车的费用按跳表计算，起步价13元；超过3公里后，每公里加2.3元。夜间行驶(23:00至次日5:00)计价器会自动加价20%。正规出租车上均有发票打印机，下车前记得索取发票，上面有出租车公司的电话，若不慎在车上遗失物品还可打电话询问。

机场大巴

北京市内巴士有10多条线路，票价15~30元，可就近选择停靠站搭乘。北京周边城市的，可选择往返于机场与天津、廊坊、秦皇岛、塘沽等城市之间的省际巴士，票价依距离远近而定。北京市区至机场巴士具体线路可参见下表。

市区至机场大巴线路

线路名称	主要途经点	运营时间（市内→机场）
方庄线	方庄（方庄体育公园东门南侧）→大北窑（南航明珠商务酒店）→T2→T1→T3	5:00~21:00
西单线	西单（民航营业大厦）→车公庄站（车公庄地铁站 B 出口）→雍和宫站（雍和宫地铁站 B 出口）→ T2 → T1 → T3	5:00~21:00
北京站线	北京站（北京站东街）→国际饭店→东直门（桥东 50 米路南报亭）—亮马大厦（西门）→ T2 → T1 → T3	5:00~21:00
公主坟线	公主坟→友谊宾馆→北太平庄→安贞桥→西坝河→ T2 → T1 → T3	4:30~22:00（21:00 后不经停安贞桥、西坝河）
中关村线	中关村（四号桥）→北航（北门）→惠新西街（惠新西街桥下，安徽大厦东侧）→ T2 → T1 → T3	5:00~22:00
上地、奥运村线	上地智选假日酒店→亚奥国际酒店→中科院地理所→大屯→北苑路大屯东→ T2 → T1 → T3	5:20~20:00
西客站线	西客站南广场→广安门（白广路北口东侧路南 50 米）→磁器口（路口西侧路南 100 米）→朝阳公园桥→ T2 → T1 → T3	6:00~次日1:00（旺季）
回龙观线	龙泽→回龙观西大街（龙华园）→回龙观东大街（矩阵小区）→天通西苑一区（北门）→白坊→未来科技城→ T1 → T3	5:30~20:30
通州线	通州区太阳花酒店→ 翠屏北里（西门）→北苑站（地铁站东侧）→北关站（北关桥南300米路东，皇木厂公交车站）→T3→T2→T1	5:30~21:00
北京南站线	北京南站北出口公交枢纽站台（A道）→T2→T1→T3	7:00~19:30
亦庄线	兴基伯尔曼饭店→北环西路→T2→T1→T3	8:00（全天仅一班）
四惠线	四惠交通枢纽→青年路（大悦城）→管庄（常营）→T2→T1→T3	从7:30到18:30，每半个小时运营一趟
王府井大街线	金宝街（丽晶酒店）→金鱼胡同（和平宾馆）→王府井大街（天伦王朝酒店）→王府井北口（华侨大厦）→美术馆(民航信息大厦西门)→T2→T1→T3	7:00和9:00，全天仅两班
望京线	中国民航管理干部学院→望京西园四区A门→望京花园西区→华彩商业中心→T2→T1→T3	从6:00到19:30，每半个小时运营一趟
世纪坛线	世纪坛→西客站北广场→甘家口→二里沟→动物园（交通枢纽）→西直门外（金茂大厦）→T2→T1→T3	7:00~18:00
石景山线	石景山（万商花园酒店）→万达嘉华酒店→鲁谷（远洋山水）→T2→T1→T3	5:30~20:00

机场常用电话

机场服务热线：010-96158

机场大巴 ：010-64594375

医疗急救站

T1航站楼：010-64540999

T2航站楼：010-64591919

T3航站楼：010-64530120

失物招领

T1、T2、T3航站楼：010-96158

上海浦东机场

机场概况

上海浦东机场与北京首都国际机场、香港国际机场并称为中国三大国际航空港。机场位于浦东新区的江镇、施湾、祝桥滨海地带，距市中心约30公里。目前，浦东机场中外通航公司已达到48家，通航60多个国内城市、90多个国际城市，是中国重要的对外交往的窗口之一。

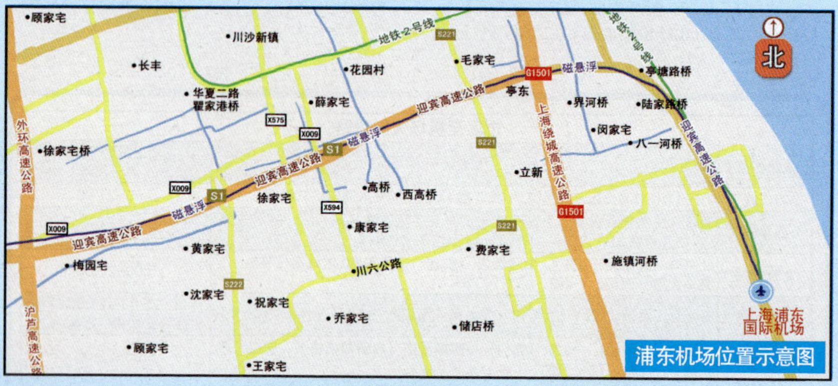

航站楼

上海浦东机场共有两座航站楼，两座航站楼之间有通道可互通，也有免费机场摆渡大巴，非常方便。

主要航空公司

中国国际航空公司（CA）
HP www.airchina.com
☎ 95583

中国南方航空公司（CZ）
HP www.csair.com
☎ 95539

亚洲航空（D7）
HP www.airasia.com
☎ 0512-85557711

中国东方航空公司（MU）
HP www.ceair.com
☎ 95530

国泰航空（CX）
HP www.cathaypacific.com
☎ 400 888 6628

大韩航空（KE）
HP www.koreanair.com
☎ 400-658-8888

机场交通

地铁

可以选择乘坐地铁2号线（绿色）到达或者离开浦东国际机场，不过，需要在广兰路站进行换乘。注意，2号线地铁在机场与广兰路站之间的运营时间为6:00~22:00，每8.5分钟发一趟，乘坐很方便。

磁悬浮（龙阳路地铁站—机场）

车票单程每人50元和往返每人80元（普通票）。运行时间为6:45~21:40。每日9:02~18:47，发车时间为15分钟一趟；7:02~8:42和19:02~21:42，发车时间为20分钟一趟。

地面公交

也可以利用地面公交到达或者离开浦东国际机场。目前，浦东国际机场共有大巴专线6条，外加浦东机场环1线和浦东守航夜宵线，乘坐也是很方便的。具体线路可参见下表。

地面公交线路

线路	始发站及首末班时间	主要停靠站	终点站及首末班时间	票价
1线	T1（7:00~23:00） T2（7:05~23:05）	虹桥机场T2、虹桥火车站	虹桥枢纽东交通中心（6:00~23:00）	30元
2线	T1（6:30~23:00） T2（6:35~23:05）		城市航站楼(静安寺)（5:30~21:30）	22元
4线	T1（7:00~23:00） T2（7:05~23:05）	德平路浦东大道、五角场（下行：邯郸路、国宾路；上行：东方商厦）、运光新村	虹口足球场（花园路）（5:30~21:30）	16~22元
5线	T1（6:30~23:00） T2（6:35~23:05）	龙阳路地铁站、世纪大道浦东南路（下行封闭）、延安东路浙江路（下行：人民广场；上行：洪长兴门口）	上海火车站（5:10~21:30）	2~22元
7线	T1（7:30~23:00） T2（7:35~23:05）	川沙路华夏东路、上南路华夏西路	上海南站（6:30~21:30）	8~20元
8线	T1（7:00~19:30） T2（7:05~19:35）	当局楼、海天三路启航路、交通队、海关仓库、航油站、东方航空、河滨西路卡口、机场保税区、金闻路闻居路、祝潘公路川南奉公路、千汇路南祝公路、南祝公路周祝公路、南祝公路祝成路、南祝公路卫亭路、盐仓、人民公路城东路、南汇汽车站	南汇汽车站（6:20~18:40）	2~10元
环1线	T1（8:00~19:15） T2（8:05~19:20）	当局楼、公安分局、指挥部（非高峰站）、海关仓库、航空公司、施湾	航城园（7:10~18:45）	2~3元
守航夜宵线	T1，到达层6号门处（23:00后至当日航班结束后45分钟） T2，五洲北路机场巴士电梯下口处（23:05后至当日航班结束后45分钟）	浦东机场T1与T2、龙阳路芳甸路站、世纪大道地铁站、延安东路浙江中路站、延安中路华山路站、延安西路虹许路站、虹桥机场T1	虹桥机场T1	16~30元

出租车

公里数	日间(5:00~23:00)	夜间(23:00至次日5:00)
0~3公里	14元（含1元燃油费）	18元
3~10公里	2.4元/公里	3.1元/公里
10公里以上	3.6元/公里	4.7元/公里

机场常用电话

航班问询服务热线：021-96990

行李寄存：T1：021-68346324
T2：021-68340076

机场投诉：021-68347575

失物招领：T1：021-68346324
T2：021-68340417

机场指南

广州白云国际机场

机场概况

广州白云机场始建于20世纪30年代，现位于白云区人和镇与花都区新华街道交界处，距广州市中心约28公里，是我国著名的航空枢纽之一。白云机场目前与30多家航空公司建立了业务往来，已开通国内、国际航线110多条，通航国内外100多个城市，在我国民用机场布局中占有举足轻重的地位。

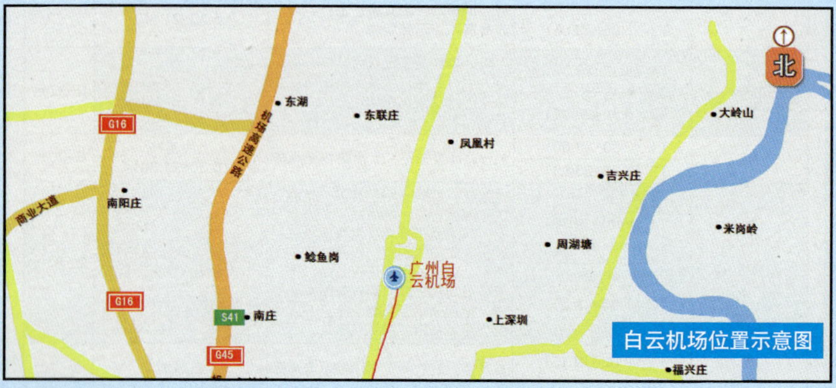

白云机场位置示意图

航站楼

广州白云国际机场航站楼包括地上3层及地下1层。其中，1层为到达层、接机大厅和商业层，2层为到达夹层，3层为出发及候机大厅，地下1层则通往地铁、停车场和机场酒店。

机场交通

机场大巴

机场大巴有两种：空港快线与机场快线。1~4号线及金沙洲线为空港快线，5~10号大巴为机场快线。同时，机场还有前往周边城市的城际大巴，乘坐很方便。

地铁

乘坐地铁3号线的北延伸段（体育西路至机场南站），可往来于机场与市区之间。机场地铁位于航站楼地下1层。

出租车

在到达厅外的A、B区到达通道内，均设有出租车乘车点。具体说来，A到达区乘车点设在机场A5号门外，B到达区乘车点设在机场B6号门外。如选择乘坐出租车，可到相应的到达区出租车乘车点排队候车。从市区前往机场，距离相对比较远，所以出租车费用也不低。

机场常用电话

客服呼叫中心：020-36066999

航站楼警务室：020-86137273

航站楼医务室：020-36066926

机场火警电话：020-36063119

行李寄存电话：020-36066859

机场行李查询：

020-36066763（国内）

020-86130102（国际）

Travel Information

旅行信息
马来西亚篇

马来西亚的传统民族舞蹈

马来西亚入境指南

1.入境前的注意事项

●护照

具有中华人民共和国国籍的公民，可获得最多90天的旅游签证或商务签证。需在出发前好办理签证。自行前往马来西亚的游客，须持单位工作证明，在当地公安局申领个人护照或委托国家旅游局批准的国际旅行社或该国际旅行社分社办理相关手续。入境护照有效期不得少于6个月。

●孕期旅游的注意事项

原则上，怀孕24周（6个月）以上的孕妇不允许入境。2012年9月10日，马来西亚政府颁布了新的入境管理条例。新条例规定，孕妇是否能够入境应遵从航空公司的相关规定。如果在怀孕期间旅游的话，建议事先咨询一下马来西亚驻华大使馆或航空公司。有的航空公司从乘客的安全方面考虑，会要求有特殊疾病的乘客在登记前出示医院开具的健康证明。

●防疫

入境时无须提供疫苗接种证明。但出于安全方面的考虑，有必要提前在国内接受脑炎、破伤风、狂犬病、A型肝炎等疾病的疫苗接种。

2.入境检查 Immigration

抵达机场后，沿着“IMMIGRATION”的箭头标志前往国外游客入境窗口，并向检查官出示护照和机票。检查完机票和护照之后，按照检查官的要求，将双手食指放在指纹机上静候20秒钟，接受指纹验证。

检查官会简单地问几个问题，比如：为什么来马来西亚旅游？打算待多长时间？等等。只需如实地将旅游目的和停留天数明确告知对方就可以了。马来西亚从2012年6月开始已经正式撤销了入境卡手续。

3.领取托运行李 Baggage Claim

办理了行李托运的游客，在入境检查完毕之后，带好机票和行李托运卡前往行李柜台处领取行李。如果没有找到自己的行李，需持行李托运卡（Claim Tag）到机场行李服务窗口Baggage Claim寻求工作人员的帮助。贵重物品建议随身携带，不要办理托运。

4.海关检查 Custom

领取行李后，前往海关处接受检查。打火机、易燃易爆品等违禁品会被扣下。

马来西亚的游客数量

1998年马来西亚经济危机时，游客数量降至谷底，仅为556万人左右。之后，这一数字逐渐攀升，2000年游客数量达到1022万人。2008年，虽然受到国际金融危机的影响，但马来西亚的旅游业仍蓬勃发展，游客人数也多达2097万人。继2012年年度游客数量刷新为2503万人，马来西亚也一跃成为世界第9大旅游国家。

马来西亚政府提出到2020年，游客人数达到3600万人次、旅游总收入达1680亿元、跻身于发达国家行列的宏伟目标。

免税范围

●免税商品

葡萄酒、蒸馏酒、啤酒1升以内，香烟25g以内，卷烟200支以内，雪茄50支以内；新衣服3件以内、新鞋（皮鞋）一双、电器产品一组；总金额RM200以内的化妆品、香皂、牙粉（香粉、护发素除外）；总金额RM200以内的纪念品、火柴100根以内；总价值RM75以内的课税烹饪调料。

●禁止携带物品

大麻(如若发现,可判死刑)。
飞刀、短剑、色情杂志。
火器、弹药需许可证，若持有磁带，则需在海关接受检查。植物、昆虫等生物、植物标本等若没有植物检疫所出具的报告，则需缴纳罚款，甚至面临拘留的危险。

马来西亚第二家园计划

马来西亚第二家园计划（MM2H）意在增加本国人口、吸引先进人才。根据这一计划，外国人可获得在马来西亚最长10年的居留权，在此10年可无限次出入马来西亚境内，10年之后可续签。申请成功者可携配偶、子女（未满21周岁、未婚）、父母（60岁以上）在马来西亚定居。

回国指南

出入境需办理很多烦琐的手续，建议留出一定的时间来准备好相关资料和文件。另外，有必要提前了解一下关于机场税和货币兑换等事项。

回国流程

1.办理登机手续

前往航空公司服务台处办理登机手续。提前将护照、出境卡、机票准备好，将以上资料出示给工作人员，领取登机牌。如果办理行李托运，则需要领取行李托运卡。拿到登机牌后，首先要确认登机口和登机时间，以免错过航班。服务台有时会排起长长的队伍。为防万一，建议提前1.5~2小时到达机场办理相关手续，以免错过航班。

2.出境检查

随身携带的货币总金额不得超过RM1000。如果超过RM1000，则需要在机场货币兑换处将超出的金额换成人民币，并在携带财产申报表上填写相应内容。如果携带外汇，如不超出规定金额则无须兑换。将护照和申报表递交给工作人员，很快就会办理好。

出境检查结束后，在登机之前如果还想再买点东西，那不妨逛逛机场里的免税店，进行最后的购物扫货吧。马来西亚免税店里的东西也很齐全。此时，千万别忘了注意一下开始登机的广播提醒，以免耽误登机。

3.等候登机

建议在登机时间前30分钟到达登机口等候，以免错过航班。进入登机口时，行李箱和随身包要接受X射线检查，同时工作人员会检查机票和护照。

4.填表

乘机过程中，乘务员会发放防疫问卷表，填好后交给工作人员即可。如果感到身体不适，要在表中如实填写，下机后会被送往当地防疫站接受进一步检查。另外，还需要填写一份“携带物品申报单”(全体乘客)。

5.乘机抵达

沿着“中国公民”的箭头标志前往入境检查处接受检查。检查时须出具护照、机票。有行李托运的，前往行李领取处等候领取。没有超出免税范围商品的，请拿着“携带物品申报表”前往绿色检查台接受检查。持有超出免税范围商品的乘客前往红色检查台接受检查，并提交申报表、支付税金。

整理行李

为方便出行、减少不必要的麻烦，需要将行李做分类整理。登机前将行李分为随身携带的行李和需要托运的行李。办理好托运行李之后方可进行出入境检查，注意不要将护照装进托运行李箱内。另外，贵重物品要随身携带。数码相机、单反、DV等高科技电子产品对X射线非常敏感，建议随身携带。托运过程中，磕碰是在所难免的，建议打包时装得紧实一些，避免破损。

机场建设费

马来西亚吉隆坡国际机场的机场建设费如下：国际航班RM61、国内航班RM9。购买国际往返机票时还要加收出境税。

汇兑

回国时，随身携带货币的总金额不得超过RM1000。机场汇兑手续费较高，建议在银行提前换成人民币。

注意 CHECK!

根据《华盛顿条约》的规定，绝大多数植物禁止携带出境。各个国家对免税范围也有着明确的限制和规定。

入境中国时的免税范围

- 酒精饮料　2瓶（12度以上，1.5升以下）
- 烟草制品
  香烟　400支
  雪茄　100支
  烟丝　500克

※其他如果超出免税范畴，需要课税，具体规定可参考中国海关总署官方网站。
www.customs.gov.cn

到达中国

1.检疫

出示在飞机上填写的体检表。旅行途中感到身体不适的人，要说出来，按照指示行动。如果身体没什么异常，提交完表格就可以离开了。

2.入境检查

入境检查通道分为本国人专用和外国人专用，只要到本国人专用的通道排队等着出示护照就可以了。护照上盖上印章之后入境审查完成。通常，入境检查非常简单。

3.行李的领取

在标有自己搭乘的航班号的行李领取处，领取自己的行李。行李没有出来或者有损坏时向工作人员提出来。

4.海关

如果所购入的物品属于免税范围则可以走绿色通道，如有需要申报的物品则要走红色通道。然后提交携带品、邮寄品关税申报书。当携带鲜花、蔬菜、水果、肉类、香辛料等物品时则要到检疫窗口进行检疫。

有另寄物品的人出示携带品、另寄品申请书两份，保管好盖有确认章的那张纸。另外，虽然是免税，但是所有人都要出示申请书，所以还是事先准备好会比较顺利。

品名	数量/价格
酒精饮料	2瓶（12度以上，1.5升以下）
烟草制品	
香烟	400支
雪茄	100支
烟丝	500克
＊生活用品 衣料、衣服、鞋、帽、工艺美术品和价值人民币1000元以下的其他生活用品，属于自用合理数量范围内的可免税，其中价值人民币800元以上、1000元以下的物品每种限1件。	
＊其他物品 进境居民旅客携带在境外获取的个人自用进境物品，总值在5000元人民币以内（含5000元）的； 非居民旅客携带拟留在中国境内的个人自用进境物品，总值在2000元人民币以内（含2000元）的，海关予以免税放行，单一品种限自用、合理数量，但烟草制品、酒精制品以及国家规定应当征税的20种商品等另按有关规定办理。	

马来西亚机场指南①
吉隆坡国际机场（KLIA）

吉隆坡国际机场修建于1998年，位于吉隆坡（KL）市区以南约50公里处。该机场是由日本著名建筑师黑川纪章主持修建的，航站大楼四周被绿色植被所包围，因此也叫作“森林机场”。

机场的构成

吉隆坡国际机场由主航站楼（MTB）、衔接中心（CP）和卫星大楼（STB）组成。主航站楼是机场的中心，国际航班、国内航班的登记手续，出入境检查，海关检查都在此办理。卫星大楼是国际航班的始发站和中转站，这里设有货币兑换中心。衔接中心位于两者之间，有58个移民局服务柜台和26个海关柜台以及12个行李输送带。

到达机场→入境

从北京乘坐国际航班到达吉隆坡国际机场，下机后抵达卫星大楼，通过衔接中心下到三楼接受入境检查。经由哥打基纳巴卢的航班直接到达衔接中心。沿着地面上所画出的国外乘客箭头前行，到达检查台。向检查官出示护照、出入境卡和所持现金申报表，接受检查。经过检查，接受安检、领取行李之后，前往海关。将海关申报表提交给工作人员，接受行李检查。

KLIA主航站楼和连接大楼

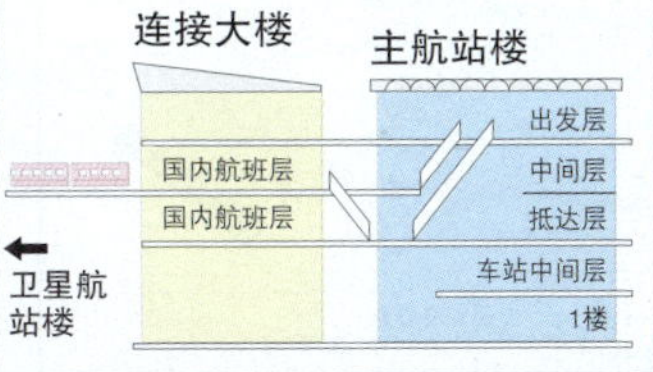

卫星航站楼大厅（4楼）

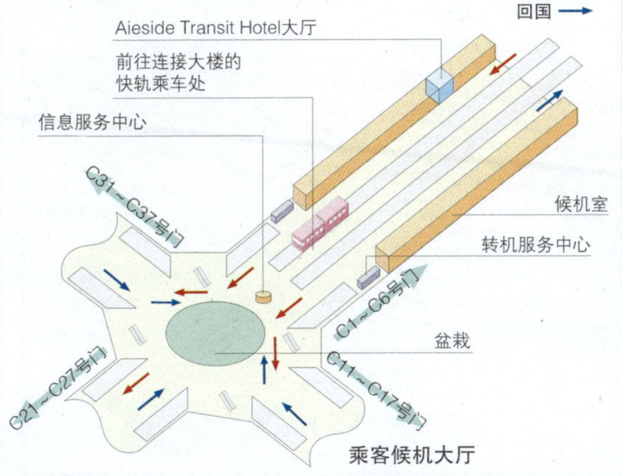

KLIA

KLIA是吉隆坡国际机场（Kuala Lumpur International Airport）的缩写。抵达大厅位于三楼、出发大厅位于5楼、4楼办理转机。KLIA是国际航班、国内航班的始发站。

MAP p.108-B

HP www.klia.com.my

卫星大楼和主航站楼之间的衔接

机场巴士穿梭于卫星大楼和主航站楼之间，乘客可以免费乘坐。

机场信息咨询中心

机场信息咨询中心免费发放马来西亚地图和相关资料，为外国游客提供简单便捷的旅游指南。机场信息咨询中心出售自主印发的定期刊物——*KLIA MAGAZINE*，主要介绍吉隆坡以及马来西亚的各种实用信息。杂志内附有机场地图、市区地图、交通指南和注意事项，价格比较便宜，非常实用。另外，马来西亚各个州也有自主发行的旅游刊物。

机场建设费

马来西亚吉隆坡国际机场的机场建设费如下：国际航班RM61、国内航班RM9。购买国际往返机票时还要加收出境税。

亚洲航空专用航站楼（LCCT）的机场建设费为：国际航班RM35、国内航班RM6。梳邦机场（Sky Park航站楼）的机场建设费为：国际航班RM65、国内航班RM9。

注意 CHECK! 机场四周被绿荫环绕，机场卫星大楼中央设有露天休息室，可以欣赏到室外热带雨林的风景。机场的外壁是透明的玻璃，让人赏心悦目，开放感十足。卫星大楼内还建有酒店，方便乘客住宿。

主航站楼内的设施&服务

便签

免费使用。

寄放行李

寄存行李处位于三楼。24小时营业。按行李尺寸和重量收费：RM18~48/日。投币式行李保险柜RM5（2小时）。

银行/汇兑

银行和汇兑中心位于5楼和4楼电梯拐角处。另外，每一层都有ATM取款机。

信息咨询中心

3楼海关处、5楼出发大厅登机服务台以及4楼电梯旁都设有信息咨询中心。总信息服务处位于卫星大楼正中央区域。

邮局/电话

邮局位于5楼出发大厅购物中心内。

营 8:30~17:00（周一~周六）

公共电话位于3楼抵达大厅的行李领取处旁边。5楼出发大厅入口附近也安置有多部公共电话。

餐厅/休闲咖啡厅

3楼抵达大厅内有咖啡厅。5楼出发大厅、购物中心内有休闲咖啡厅。星巴克、餐厅位于卫星大楼2楼。

免税店/礼品店

免税店位于3楼抵达大厅入境检查台后方和卫星大楼内。礼品店位于5楼出发大厅购物中心内。在免税店和礼品店可以买到风筝、蜡染制品等马来西亚特色商品。

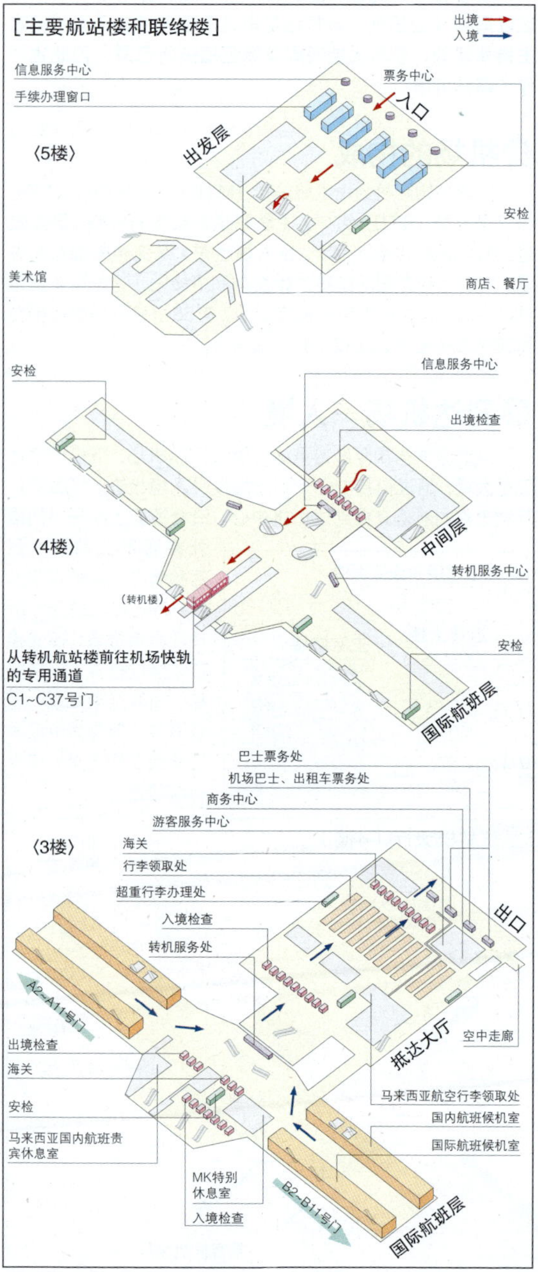

马来西亚机场指南②
换乘&购物指南

换乘

●国际线→国际线

换乘服务台位于卫星大楼，在这里办理换乘手续。

●国际线→国内线

在3楼出入境管理中心的国外乘客服务处接受入境检查、安检。然后去往4楼换乘服务台办理换乘手续。

●国内线→国际线

在3楼出入境管理中心的乘客服务处接受出境检查，安检。然后去往4楼换乘服务台办理换乘手续。

换乘时间

国际线→国际线、国际线→国内线、国内线→国际线、国内线→国内线的换乘时间最短为60分钟。

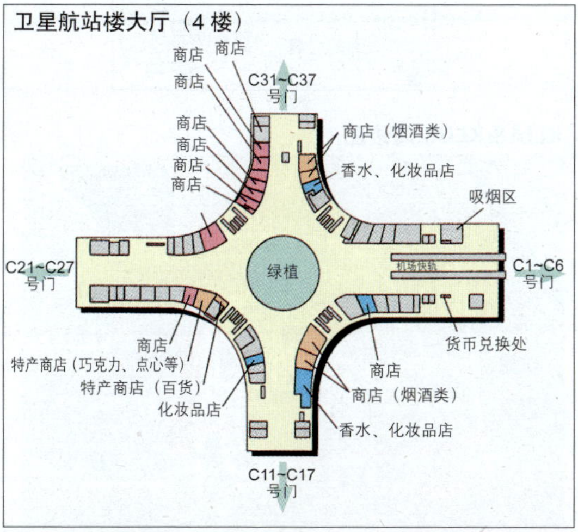

免税店
Duty Free Shop

酒水、香烟、奢侈品牌全部免税。

黄金中心
Gold Bazaar

黄金、白银饰品集中的大型贵重金属制品交易市场。

预订酒店、叫车

在机场3楼抵达大厅的服务台处可以预订酒店、叫出租车、购买巴士票，并可以在自动售票机上购买ERL（高铁车票），非常方便。24小时营业，并有热线电话。有时会有强行拉客的情况出现。

转机专用酒店

换乘深夜航班的乘客可以在“机场专用酒店（Airside Transit Hotel）”住宿。该酒店位于卫星大楼内，里面设有休闲咖啡厅、酒吧、健身馆、桑拿、商务中心，提供免费上网和传真服务，是专门针对需要等候转机的商务人士而开办的酒店。RM180/6小时，淋浴服务RM30。

☎03-8787-4848

airsidehotel@malaysiaairports.com.my

机场内的商店

商店大多位于机场4楼。这里既有古驰、香奈儿等国际一线奢侈品牌专卖店，也有亚洲名牌、马来西亚当地品牌以及出售酒水、香烟、化妆品、特色商品的免税店和礼品店。在这些商店内购物大多是免税的，如果在马来西亚错过了想买的纪念品，也可以在这里买到。中央区域是大大的绿色盆景，盆景周围全部都是商店。现金、刷卡消费都可以。

马来西亚机场指南③ KLIA2指南

KLCC（廉价航空公司）专用航站楼KLIA2毗邻KLIA。宽敞的候机大厅内有许多购物商店。

关于KLIA2

原来的LCCT机场已经接纳不了日渐增多的乘客，当地政府在2014年5月开始兴建了LCCT（廉价航空公司专用航站楼）KLIA2。该航站楼毗邻大型购物中心，有许多购物商店和餐厅。

前往吉隆坡市区

伴随着KLIA的修建，KL中环车站和KLIA相连接的火车线路也铺设完毕。KLIA快轨和KLIA快车也与KLIA2相连。从KL中环车站可乘坐机场快轨前往KL中环车站，车票RM35、历时约33分钟。从KLIA2也可以乘坐巴士前往各大城市。各巴士公司的车票不同，从KLIA2乘坐巴士前往KL中环车站的车票售价RM9~，历时1小时15分钟~1小时30分钟到达。KLIA2的航站楼和购物中心L1相连，外面还有出租车乘车处。

KLIA和KLIA2之间的衔接

KLIA和KLIA2之间相隔约1.5千米。从KLIA2可以乘坐机场大巴前往KLIA（RM1.50，每隔15分钟发车。也可以乘坐机场快轨前往KLIA，车票价格为RM2，历时约5分钟。

KLIA2出发大厅（4楼（LEVEL3））

※3楼（LEVEL2）是抵达大厅

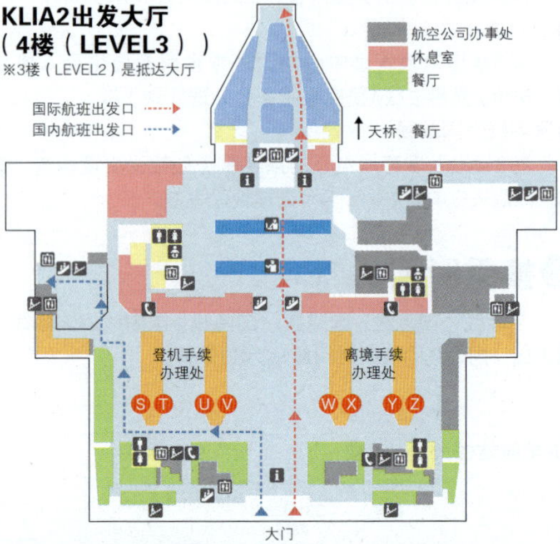

KLIA&KLIA2周边图

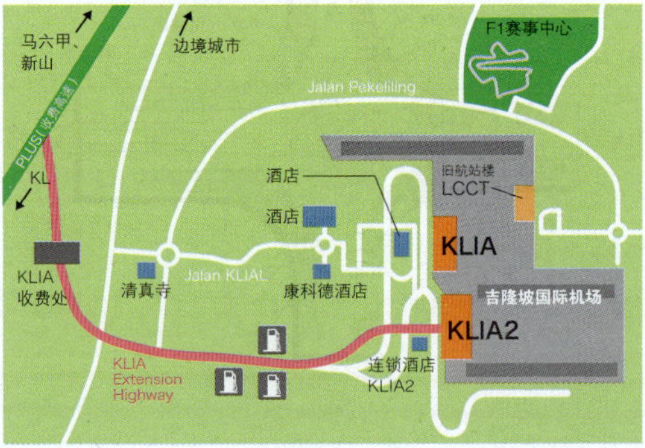

入境、出境手续的办理方法和换乘中转

在KLIA2办理出入境手续和在KLIA大致相同。行李安检处和登机口相隔较远，建议提前到达机场办理出境手续。如果在KLIA2转机，需要在下机后接受安检。因为安检和办理手续需要时间，建议用最快的时间办理好相关手续，以免耽误航班。

从吉隆坡机场前往市区①

到达吉隆坡机场后，可以乘坐机场快铁（KLIA Express）、出租车以及机场大巴前往吉隆坡市区。

●KLIA Express（机场快铁） KLIA Express始发于吉隆坡机场，终点站是KL中环站，中途不停车，车程28分钟。KLIA Transit（机场快线）始发于吉隆坡机场，终点站是KL中环站，中途停靠南湖镇、布城以及沙叻丁宜，车程35分钟。凌晨5:00~深夜1:00运行，每隔15~30分钟发车。车票均为成人RM35、儿童（2~12岁）RM15。在机场乘坐电梯可直达站台。车票可在售票处或机场大厅自动售票机处购得。

【KLIA2出发】乘坐KLIA机场快铁运行。

●出租车 马来西亚的出租车分为普通车和豪华车两种。乘坐普通车前往市区约需RM75、乘坐豪华车前往市区约需RM120。豪华车需提前购票上车。在机场3楼抵达大厅、机场大厅服务台处可以购票。乘车处位于3楼中央出口。乘坐豪华出租车从机场前往市中心历时约60分钟。

【KLIA出发】与机场抵达大厅相连接的购物中心内出售出租车乘车票。将目的地告知售票员，然后购买车票。

●机场大巴 机场巴士有Sky Bus和 Star Shuttle两种，运行时间为凌晨5:45至深夜0:30，每隔30分钟发车，历时约60分钟到达吉隆坡市区。乘坐Sky Bus去往中环地铁站，单程票价RM10、往返票价RM18。Star Shuttle开往富都汽车站、怡保、市区酒店。去往怡保的单程票价RM10、去往吉隆坡市区单程票价RM18。在机场3楼抵达大厅、航站楼对面的巴士乘车处购票。

【KLIA2出发】从KLIA2有开往各城市的巴士。

从中环车站前往酒店

到达中环车站后，可乘坐KL单轨列车、轻轨（LRT）或出租车（打表计价）去往市区各主要酒店。行李较多时建议乘坐出租车。在机场轻轨安检处可购票上车。乘坐出租车从中环地铁站去往武吉免登约需RM9~16。

在机场可能遇到的麻烦

如果遇到飞机晚点的情况，不能准时到达酒店的话，那么酒店会单方面取消预约。可以提前致电酒店方说明情况，通常情况下，酒店方会为客人保留客房。如果发生被盗、丢东西的情况，要第一时间联系机场保安或当地警察。

KLIA与KLA2之间的往返巴士和KLIA机场快轨

可乘坐往返巴士和KLIA机场快轨前往目的地。

梳邦（SAAS）机场 Sultan Abdul Aziz Shah Airport

梳邦机场全称为Sultan Abdul Aziz Shah Airport。原第三航站楼叫作“Sky Park Terminal”。这里有多条Fire Fly航空、马来西亚航空、亚洲航空的国际、国内航班，可直接飞往新加坡、印度尼西亚、泰国等国家。

从机场前往市区

从机场有两种方式去往吉隆坡市区。到达机场后，可以在抵达大厅出口处乘坐出租车前往市区。乘坐出租车需在服务台处购票。到达市区约需40分钟、车费约RM40。也可以乘坐U81号巴士（去往中环地铁站方向）前往市区。每隔15~30分钟发车。巴士乘车处位于机场外、主航站楼对面的停车场旁边。

从吉隆坡机场前往市区②

KL中环车站

KL地铁中环车站是吉隆坡市区交通的关键枢纽，与马来西亚火车、单轨列车（KTM）、轻轨（LRT）、吉隆坡机场快铁直接相连。也可以在这里乘坐出租车和巴士。去往吉隆坡主要景点、云顶高原也需在这里乘车。

火车票可在中环车站一楼购得。马来西亚长途火车售票处位于一楼，候车室位于二楼。

另外，中环车站还拥有KLCAT（吉隆坡城市航空站）分站，在这里可以办理马来西亚航空、国泰航空、太平洋航空、文莱皇家航空等各大航空公司的机票。这里同样可以办理行李托运，最晚在登机前两小时之内办理完毕。

车站内还有休闲咖啡厅、24小时便利店、照相馆、服装店等，满足乘客的饮食、购物需求。另外，车站旁边还有几所大型酒店，方便住宿。

LEVEL 1

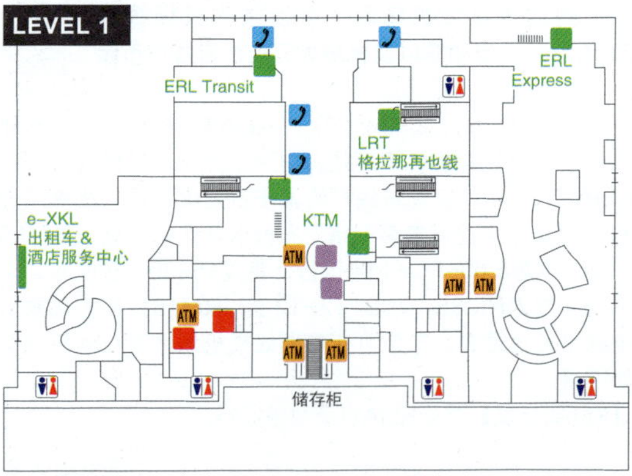

LEVEL 2

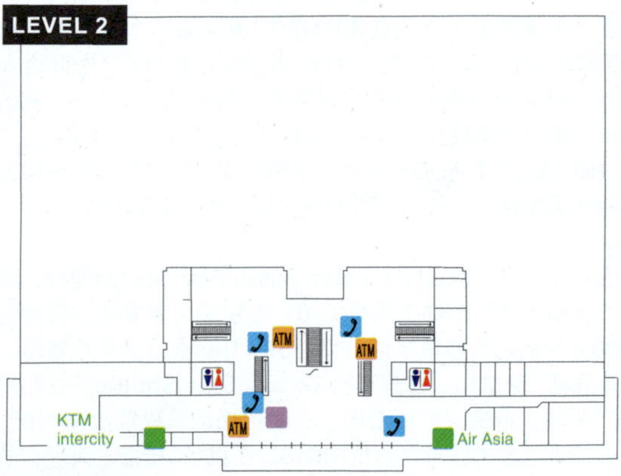

LEVEL 3

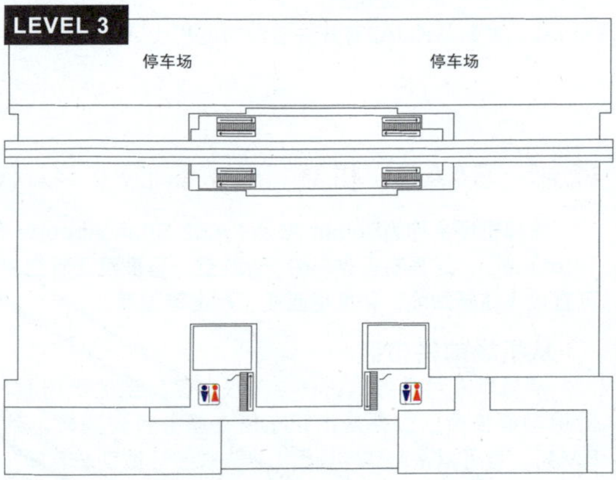

电话　洗手间　信息咨询中心　售票处　ATM　汇兑处

马来西亚国内交通
飞机①

北婆罗洲铁路火车站一带的景色

飞往各大城市主要景点

马来西亚的航空系统非常完善，航次较多，价格经济实惠。东马来西亚地区拥有诸多岛屿，适合车辆行走的平坦道路较少，所以飞机是去往这里的主要交通工具。从吉隆坡可乘坐马来西亚航空、成功航空以及亚洲航空的航班飞往全国各大主要景点。节假日、旅游旺季期间乘客较多，甚至会出现一票难求的情况。在马来西亚境内游玩的话，可以购买马来西亚航空发行的国内周游机票（Discover Malaysia Pass），在一周时间内可免费无限次乘坐马来西亚国内的任意航班。马来西亚周游机票可在国内或马来西亚当地的旅行社购买。

预订·购买机票

在国内，可以通过打电话、网上预订、售票点预订等多种方式购买马来西亚的国际航班和国内航班的机票。购票时以当日汇率为准。在马来西亚的航空公司办事处、旅行社代理售票点也可以直接购票。除以上方法外，还可直接前往机场售票大厅购票。但是机场一般距离市区较远，来回比较费时。建议提前在网上查好机票的信息，在最近的旅行社代理售票点购票。

乘机

乘坐国际航班转乘飞往槟城、兰卡威、哥打巴鲁等马来西亚国内航班时，需要从卫星大楼乘坐小巴去往主航站楼接受入境检查，并在登机出发口处接受全面安检之后，方可乘坐。如果是马来西亚航空运营的线路，国内航线的预约可以在中国的马来西亚航空办事处或旅行社进行。定好日程之后，可以在购买国际航班机票时一起预约。吉隆坡国际机场面积较大，请务必仔细确认登机口和登记时间，以免发生意外。

乘机注意事项

登机1小时之前开始办理登机手续，飞机起飞前30分钟停止办理。考虑到交通拥堵、突发状况等诸多意外情况，建议提前1个半小时到达机场。到达机场后，在登机服务窗口处办理行李托运、领取登机牌和行李牌。办理完上述手续之后，前往登机牌上标明的候机室等待登机。领取登机牌、登机时须出示护照。

马来西亚国内航班机场建设费

机票中包含了马来西亚国内航班机场建设费（RM9）。

前往机场时的注意事项

从市区去往吉隆坡国际机场（KLIA）可以乘坐机场快轨、出租车、巴士等交通工具。有时可能会遇上交通拥堵的情况，建议提前出发。从KL中环车站可乘坐机场快轨去往吉隆坡国际机场。但是，从酒店打车去往KL中环车站的话，有的出租车司机会因为路程太短而拒载。建议在酒店提前叫车或让酒店工作人员提前安排好接送车辆。吉隆坡市区的酒店一般都有叫车服务，但是会额外收取一定的费用。如果是早高峰期间，市区道路比较拥挤，可能会堵车，建议乘坐地铁或机场快轨。为保障提前1个半小时到达机场，建议比登机时间提前2个半小时从酒店出发。机场大厅的大屏幕显示各航班的班次和起飞时间。

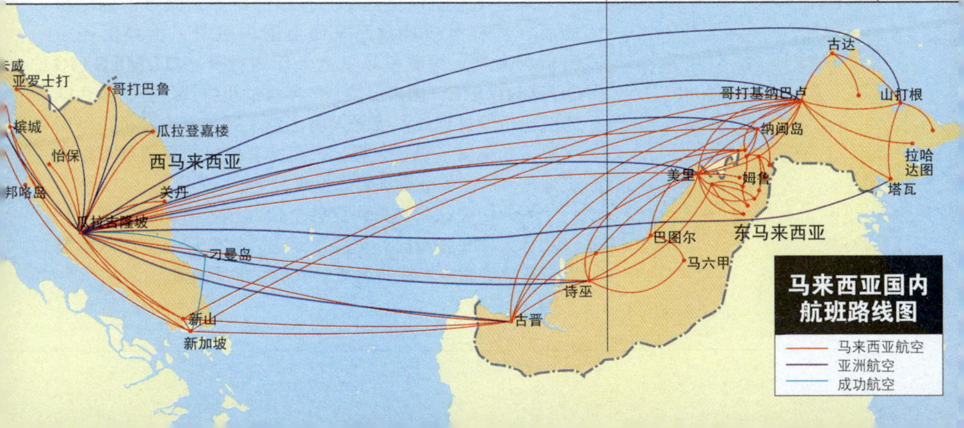

位于刁曼岛的机场

马来西亚国内交通 飞机②

主要航空公司的联系方式

●马来西亚航空
马来西亚全国热线电话
☎1-300-88-3000
（24小时免费热线电话）

●成功航空公司
HP www.berjaya-air.com
服务中心 ☎03-2119-6616
梳邦机场 ☎03-7847-1338

机舱内部空间以喜庆的红色为装饰基调

●刁曼岛
邦咯岛 ☎600-85-8888

●亚洲航空
吉隆坡 ☎03-7845-4543

廉价机票
KL-Kota Kinabalu…RM134
Kota Kinabalu-Penang…RM 144
Penang-KL…RM77
合计RM355
◎周游三大主要城市
折合人民币后，平均飞往每个城市机票仅为600元，非常便宜。打折机票的票价会根据乘机日期和航班有所浮动。廉价机票需提前三个月预订。

主要航线 （2013年1月）

吉隆坡始发的主要航线（马来西亚航空）

航线（目的地）	每日航次	所需时间	机票（单程、RM）
→槟城岛	9~10	约50分钟	205~336
→兰卡威岛	6	约55分钟	141~661
→亚罗士打	2~3	约55分钟	211~361
→新山	4	约45分钟	211~424
→哥打巴鲁	4~5	约55分钟	168~521
→瓜拉登嘉楼	3	约50分钟	211~346
→关丹	3	约40分钟	211~346
→哥打基纳巴卢	10	约2小时35分钟	326~676
→古晋	7	约1小时45分钟	276~872
→美里	3~4	约2小时15分钟	326~917

哥打基纳巴卢始发的主要航线（马来西亚航空）

航线（目的地）	每日航次	所需时间	机票（单程、RM）
→山打根	6~7	约40分钟	109~286
→拉哇岛	5~6	约30分钟	91~296
→古晋	2	约1小时20分钟	203~491
→美里	4	约55分钟	119~392

注：上述机票未包含机场建设费、航空保险等费用。

从国际线换乘国内航班

到达吉隆坡国际机场（KLIA）后，如果需要换乘国内航班，要先从卫星大楼乘坐机场轻轨去往国内航班候机楼，接受入境检查并前往登机口等候航班到来。梳邦机场和KLIA2也有不少国内航班，注意检查自己的机票，不要弄错了自己的航班。

乘坐国际航班抵达哥打基纳巴卢等大城市的国际机场后，同样可以换乘马来西亚国内航班。换乘时无须出机场大楼，沿着机场抵达大厅内标有“DOMESTIC DEPARTURE（国内出发）”字样的引导牌前行，抵达国内航班手续办理处。接受入境检查之后，前往登机口等候飞机。如果出了机场大楼，只要持有换好的机票就可以再次进入，所以务必要保管好机票。

另外，去往东马来西亚各个州（沙巴州、沙捞越州）以及各大主要城市时，需要出示出入境登记卡。出入境登记卡在乘机途中发放并填写，下机后接受检查。

注意CHECK!

马来西亚的国内航班主要是由马来西亚航空公司、成功航空公司、亚洲航空公司所运营的航班。购买机票时，务必仔细确认时刻表，以免与自己的行程造成冲突。

廉价航空公司

近年来，马来西亚涌现出了一批针对平民百姓、价格低廉的航空公司。这些廉价航空公司不但价格亲民，服务也非常周到，是平民出行最经济的选择。马来西亚比较知名的廉价航空公司是亚洲航空公司和Fire Fly航空公司。

为什么廉价航空公司能迅速得到人们的青睐？原因就在于其低廉的价格。而且，廉价航空公司支持网上订票，只需要轻轻一点鼠标，就可以预订好机票。并且，机票的价格比售票点要便宜得多。机票预订完毕之后，系统会发送一封带有序列号的邮件，凭序列号码到机场服务台换取机票即可登机。网上预订机票的费用中未包含机场建设费和燃油费，需额外支付。

机票的价格战愈演愈烈，各大主要航空公司也在机票价格上大做文章。马来西亚航空也推出了提前订票享受最低折扣的优惠活动，吸引广大乘客前来购票。

亚洲航空

亚洲航空是东南亚地区比较知名的航空公司，航线范围覆盖东南亚主要国家和地区，有多架飞机飞往马来西亚、泰国、印度尼西亚、菲律宾、日本等国家的直达航班。

亚洲航空公司的中心据点是KLIA廉价航空公司（LCCT），共有超过50条飞往国内外的航线。另外，亚洲航空在东马来西亚地区的哥打基纳巴卢和古晋也设有航班中枢，拉近了半岛地区和东马来西亚各主要城市之间的距离。此外，城市之间也有单独航线连接（槟城岛飞往哥打基纳巴卢、古晋），使得人们的出行变得更加方便。

长距离航班AIR ASIA X可从马来西亚直达日本、中国大陆、韩国、中国台湾地区、印度、斯里兰卡、豪州、沙特阿拉伯等国家和地区。

Fire Fly航空

Fire Fly航空公司以槟城岛和梳邦机场为中枢，连接马来半岛地区的主要城市和印度尼西亚、苏门答腊岛以及泰国南部城市。另外，还设有怡保—新加坡的航线。机舱内提供免费小吃。

廉价航空公司的可选服务及收费

●飞机餐

廉价航空公司的打折机票中未包含乘机过程中的服务费用。如需指定服务，则需额外收费。比如，飞机餐收费标准为：西餐、炒菜RM8~15、三明治等简易快餐RM7~13、饮料RM5~7。可在预订机票时提出要求。

●关于行李的有关规定

亚洲航空公司规定，乘客登机时可随身携带的行李、背包不得超过两个。行李、背包的尺寸不得超过56cm×36cm×23cm，重量不得超过7kg。Fire Fly航空公司规定仅能携带一件行李登机，如携带两件以上行李，则每件加收RM50。

另外，寄存行李也是需要收费的。以亚洲航空公司为例，国内航班15kg（含15kg以下）收费RM25、20kg（含20kg以下）收费RM30、25kg（含25kg以下）收费RM40、30kg（含30kg以下）收费RM60。国际航班分别收费RM50、RM65、RM80、RM95。而在机场服务台办理行李寄存时，国内航班15kg（含15kg以下）收费RM75、大于15kg每kg加收RM35。国际航班15kg（含15kg以下）收费RM105、大于15kg每kg加收RM50。

Fire Fly航空公司的ATR-72系列航班未满20kg不收取任何费用。如果携带行李超过20kg，需提前向Fire Fly航空公司提出申请并支付一定费用。乘坐B373系列航班时，国内线5kg（含15kg以下）收费RM60、10kg（含20kg以下）收费RM150、15kg（含25kg以下）收费RM225。国际线分别收费RM80、RM160、RM240。

在站点停靠的豪华卧铺列车

马来西亚国内交通 火车

列车的分类

马来西亚的长距离列车可分为普通列车、快速列车、夜间列车三种。卧铺车有硬卧、软卧以及经济铺、豪华铺几种座位。卧铺座可以躺下休息，上铺比下铺要便宜一些。列车内一般都有空调。建议带一件长袖外套，以免冷气过重引起感冒。

旅途中，乘坐火车可以欣赏沿途风光，更好地了解当地的风土人情。当列车穿行在原始丛林、植物园中时，更有一番游趣在心头。

主要线路

①马来西亚铁路西海岸线

西海岸线从马泰边界玻璃市州的巴东勿刹一直延伸到新加坡，途经槟城北海和吉隆坡，全长950千米。这里属于马来半岛的西岸，故被称为马来西亚铁路西海岸线。沿途经过草莓园、繁华街区、热带雨林等地区，一路上景色迷人。其中，沿途景色最具魅力的是豪华列车E＆O线（p.326）。这趟列车行驶在西海岸线边界上，一路上将最美丽的海景和丛林景色尽收眼底。最长的线路是穿行于新加坡境内的人民快车Ekspres Rakyat。晨光快车Ekspres Sinaran Utara是去往半岛北部城市的最快捷线路。乘坐晚间列车Senandung Langkawi穿越泰国国境，到达合艾，非常快捷方便（每天运行）。

去往新山、新加坡等半岛南部地区，可乘坐早晨发车的Ekspres Sinaran Selatan（每天运行）。乘坐晚间列车Senandung Sutera（每天运行），第二天一早可到达新山。

②马来西亚铁路东海岸线

东海岸线（Senandung wau夜间列车）始发于KL中央车站，衔接森美兰金马士与吉兰丹道北。金马士是西海岸线与东海岸线交界处。因连接马来半岛东岸的彭亨州与吉兰丹州，也被称为马来西亚铁路东海岸线。它的大部分线路位于马来半岛茂盛的热带雨林内，全长525千米，全程约需13小时。虽然这条铁路以东海岸线为名，但实际上全线只有终点站道北才接近马来半岛的东海岸，大多数路段都是穿行于丛林茂密的多山内陆地区，因此东海岸线又有“丛林铁路”之称，吸引了很多背包旅行者前来体验。夜间列车Senandung Timuran和快速列车Ekspres Sinaran Timur穿行于新加坡和马来西亚之间，每天发车两次。

③沙巴州铁路（→p.336）。

始发于哥打基纳巴卢，行至丹南，全长约134千米。另外，北婆罗洲铁路是专门为游客开设的线路，采用模仿殖民时代的老式蒸汽火车。

注意 CHECK!

马来西亚的列车以价格亲民、景色迷人而闻名。很多来自五湖四海的游客都喜欢乘坐马来西亚的列车，欣赏沿途的风光。

波罗洲北部火车道两侧的风景

如何订票

"Tempahan"或"Ticket"是当日票。预售票可在写有"Advance Booking"字样的服务窗口处购买。购票时告知售票员乘车时间、座位等级、目的地以及张数。大型火车站的售票窗口会标有列车出发的时间、始发地以及目的地。如果语言不通的话，建议前往火车站服务中心寻求帮助。节假日期间乘车人员较多，售票窗口会排起长长的队伍，建议提前购票。最早可提前一个月购票。可通过打电话、官网订票。电话订票时需在约定日期之前取票，如未及时取票，则系统会自动取消。网上购票时间为发车前30天，最晚提前2天订票。购票时可使用现金支付，也可使用信用卡、旅游支票支付。网上购票后，可持系统发送的验证码和个人身份证到火车站自动取票机、售票窗口处取票。电话订票可直接到售票窗口换票。

不论是普通车还是卧铺车，座席都分为硬座、软座、豪华座三种。豪华车厢内单独带有卫生间和空调。4~12岁儿童票价减半，3岁以下儿童免费乘车。车厢内有售货员推着小吃车来回走动，出售零食、饮料等食品。也可以到餐车购买食品。

从吉隆坡去往各大城市所需时间和票价（RM）

2013年1月

●快速列车·人民快车

目的地	所需时间	一等座	二等座
塞伦班	1小时30分钟	19	13
盖玛斯	3小时	35	20
新山	6小时	64	33
新加坡	9小时	68	34

●夜间列车（含卧铺车）

目的地	所需时间	一等座		二等座		座席	
		上铺	下铺	上铺	下铺	S	E
·以乘坐舒特拉夜间列车为例							
塞伦班	1小时20分钟	64	90	19	25	19	13
盖玛斯	3小时20分钟	85	106	26	32	35	20
新山	6小时50分钟	114	135	39	45	64	33
新加坡	8小时	118	139	40	46	68	34
·以乘坐兰卡威夜间列车为例							
怡保	3小时30分钟	53	62	28	34	22	12
太平	5小时30分钟	66	75	34	40	28	16
武吉免登	8小时	78	87	39	45	33	19
亚罗士打	10小时	92	101	45	51	39	22
集市	12小时	102	117	54	60	48	26
哈嘉	14小时	108	117	54	60	48	26

购票小贴士

可在当地火车票务代理售票点购票。西海岸线列车（特别是国际快速列车）通常乘客较多，平日里在火车站排队买票的人也不少，建议提前2~7天订票。

购票后，务必当场再次确认一下。各大主要车站的服务窗口和旅游咨询处免费发放列车时刻表，简单易懂。有的列车时刻表还附有票价信息，非常实用。乘车时，最晚在发车十分钟之前进站。如果不知道将要乘坐的列车停驶在几号站台，可以询问站内工作人员。建议将车票放在贴身口袋里，以防丢失。列车车厢内有英语、马来语广播。

吉隆坡—怡保区间快车ETS

吉隆坡和怡保之间有区间快车ETS相连接。从吉隆坡前往怡保仅需2小时10分钟即可到达，比其他列车快了1个多小时。周一~周五每天发车9次，周六、周日每天发车11次。旅途中经过迷人的丛林地带，宽阔无垠的平地和辽阔的白沙海滩，留给人们美好的回忆。可乘坐该列车前往怡保一日游。

●马来西亚铁路

HP www.ktmb.com.my

可直接在马来西亚铁路官网查询列车时刻表、路线、费用等详细信息。KL中央车站的全称是SENTRAL KUALA LUMPUR。

加享之旅

豪华雅致的东方列车 E&O Ekspres

横贯马来半岛的豪华列车，沿途可欣赏美妙的亚洲自然景色。

量身打造的“行走中的酒店”

装饰豪华的欧式风格豪华列车——E&O Ekspres东方列车连接马来西亚、新加坡和泰国。坐在这辆充满历史风情的列车上，能够体验马来半岛五彩缤纷的美丽景色。

车厢内的家具精致高雅，做工非常考究。这些名贵家私均采用产自东南亚的优质柚木作为原材料，并由亚洲知名工匠亲手打造而成。

世界知名大厨还会为你奉上亲手烹饪的各色美味，赶走旅途中的困乏。用餐完毕，不妨到酒吧车厢欣赏演出、品酒。听着优美的乐队演出，看着车窗外的摇曳树影，酌一口醇香的美酒，实在是惬意之极。

服务周到的列车工作人员

两晚三天的梦幻行程

在新加坡登上东方列车，缓慢地驶往曼谷。2015年的发车日为：1月17・27日、2月5日、3月1・9・17日、4月18日、5月4・15日、7月20日、9月5日、10月12・23日、11月1・8・15・23日、12月21日。发车日的12:15始发于新加坡的兀兰火车站，列车穿越国境线，晚上20:00抵达马来西亚首都吉隆坡。翌日早晨继续出发，前往槟城岛的巴特沃斯港。第三天经由桂河，于当日下午16:45分到达泰国首都曼谷华南蓬火车站。整段行程历时约53小时，一路上的美妙体验只有亲自体验过才知道。

此外，还有东方列车六天七晚游，从马来半岛北上，一路经过诸多景点。

根据车厢等级，可将车票分为三类。新加坡—曼谷双人车厢单程票价每人需要1.5万元人民币左右。车厢内带有两个座位、淋浴间、卫生间以及空调等设施。最高级的豪华车箱内配备有小型吧台、CD播放器、聚餐室等。这样的奢华环境和奇妙旅程让人难以忘怀。有兴趣的游客不妨买一张票体验一下。

体验美妙的列车之旅。到达不同的国度，体验不同人群的生活方式

Belmond豪华旅游

是东方快车豪华酒店集团(Orient-Express Hotels)推出的品牌，以豪华酒店与旅游体验为主打。

HP www.belmond.com

历史悠久的沙巴州铁路

洋溢东马来西亚历史情趣的传统列车。

横穿湿地地带的历史之车

沙巴州位于婆罗岛北部，境内拥有沙巴州唯一的一条铁路线——沙巴州铁路。该铁路由沙巴州政府直接运营，始发于首府哥打基纳巴卢，终点站是丹南，全程长约134千米。列车起始站点是哥打基纳巴卢机场附近的丹戎亚路火车站，沿中国南海向西南方向延伸，然后顺着帕达斯河向南通往内陆，终止于丹南。

该铁路始建于英国殖民时期，由婆罗洲公司主持修建，当时作为向外部运输锡矿石和橡胶的交通工具使用。1971年铁路上开始有蒸汽火车运行。即便是提倡无烟化的当前，行驶在这条铁路线上的火车仍旧保留着通过燃烧煤炭、木材来获取动力的古老推动方式。

列车每天发车3次（周一发车仅1次），途中经过丛林、海边、山地、植物园等景色优美的自然景区，不少国内外游客在闲暇时间会搭乘这趟充满历史趣味的列车，放松自己的心情。

旅游新体验 北婆罗洲SL观光列车

2000年，为大力发展沙巴州的观光旅游业，沙巴州政府与舒特拉公司合并成立了北婆罗洲铁路公司。铁路公司致力于沙巴州的铁路建设，将殖民地时期的蒸汽火车进行修复，使其重新回到历史舞台，开启了SL观光列车的新时代。公司还在铁路沿线修建了几个度假村。

这辆特殊的观光列车被称为“北婆罗洲列车”，它利用了沙巴州铁路的一部分线路作为观光路线，每周发车两次（周三、周六）。上午10:00正式从丹戎亚路出发一路南下，上午11:45到达距离始发站16.5公里的帕帕鲁。中途停车90分钟后，曲折返回丹戎亚路，历时约4小时。

旅途中可以随时向服务员提出要求，他们会提供满意的回复和帮助。午餐、零食、毛毯、空调等服务费用都包含在车费内。普通车票售价为：成人RM290（3~12岁RM185、2岁以下儿童免费）。车厢内有专门的纪念品商店，售卖印有北婆罗洲铁路LOGO的纪念体恤，有兴趣的游客可以购买一件作为留念。

在短途小型巴士大行其道的当下，已经难得见到这样的长途观光列车。特别是对于对观光列车抱有情怀的人来说，SL列车有着无穷的魅力。让我们登上这辆历史之车，回顾婆罗洲的历史变迁。

SL列车穿梭在婆罗洲的大地上。SL列车是当地政府奉送给列车观光爱好者最棒的礼物

[预订・咨询]
北婆罗洲铁路事务所
80人满员，建议提前预订车票。可以直接打电话预订，也可以在当地旅行社预订。
The Magellan Sutera Resort
☎088-318-888 FAX 088-317-777
✉nbrinfo@suteraharbour.com.my
HP www.suteraharbour.com

吉隆坡开往关丹的长途汽车

马来西亚国内交通
中、长途汽车

马来西亚交通网完善，市区道路宽敞，适合中、长途汽车行驶。这些中、长途汽车外观颜色鲜艳，座椅舒适，内部通常带有空调。吉隆坡汽车站有开往马来西亚各地的中、长途汽车。

如何订票

客流量较少的汽车无须提前订票，直接到乘车站点购票上车即可。但是有乘务员同行的巴士、夜间巴士以及车次较少的巴士票务紧张，需要提前订票。大部分旅行社和酒店提供订票服务，只要打个电话就能完成订票，非常方便。在汽车站售票窗口购票时，售票窗口一般会标明正在出售哪一趟、开往何地的长途汽车票，如果有不明白的地方可以直接询问售票员。乘客较多时，售票窗口会排起长长的队伍。有时售票员会因为购票乘客较多而不找零。

如何乘车

近年来，马来西亚地方城市的长途汽车站逐渐由市区向市郊转移。乘坐长途汽车的话，要先从市区乘坐出租车或巴士前往长途汽车站方可乘车。长途汽车的车票上写有长途汽车公司名称、路线、出发日期、时间、座次、乘车站点等信息。如果有不清楚的地方，一定要及时询问乘务员。上车之前需要检票，乘务员会将副联撕下，然后凭票上车。大件行李可放在车顶或车厢内，贵重物品务必随身携带。乘车时也要时刻提高警惕，以防强盗和小偷。

吉隆坡长途汽车公司

●Transnasional

24小时热线服务电话：

☎1300-888-582

吉隆坡最大的长途汽车公司，运行线路覆盖半岛各大主要城市。

HP www.transnasional.com.my

●Plusliner

HP www.plusliner.com.my

Plusliner ☎03-2070-1095

●富都汽车站

☎03-2260-1185

位于原KL中央车站，有开往怡保、槟城、新加坡的高级长途汽车。

※上述三家长途汽车公司公共服务热线：

☎1300-888-582

●Aeroline

☎03-6258-8800

位于吉隆坡市区，开往新加坡的高级空调长途汽车。票价相对经济实惠，乘坐环境舒适。

HP www.aeroline.com.my

富都汽车站售票窗口

吉隆坡的中长途汽车站

●富都汽车站

富都汽车站是吉隆坡规模最大，也是往来车次最多的长途汽车站。这里有去往马来西亚东海岸各个州的长途汽车。汽车站正面入口旁边是长途汽车咨询处，售票处位于一楼，乘车处位于地下一楼。

地上二层是短途汽车乘车处。大厅内的屏幕上滚动显示长途汽车的车次、路线、发车时间、停车时间、票价等信息。一楼还有餐厅供乘客用餐。如果有不明白的地方，可以询问站内的工作人员。

HP www.mypublictransport.com

注意 CHECK!

中、长途汽车是马来西亚最为经济便捷的交通工具。吉隆坡各大长途汽车站有开往马来西亚全国各地的长途汽车。

●布城汽车站

距离太子世界贸易中心（PWTC）、The Mall购物商厦非常近，仅需步行1分钟即可到达。这里有发往瓜拉登嘉楼、哥打基纳巴卢等城市的长途汽车，大大缩短了关丹和瓜拉登嘉楼之间的距离。很多车次是夜车，一般晚上9点之前发车。汽车站二楼是快餐店。

●中央市场汽车站

位于唐人街和苏丹大街交叉口处的长途汽车站。这里的大部分车次是开往关丹方向的。也有开往梳邦机场方向的长途汽车。

●蒂蒂旺莎汽车站

位于蒂蒂旺莎地铁站附近。有开往关丹、金马仑高原、云顶高原、彭亨州的长途汽车。总共有六七家长途汽车公司的车辆在此运行。

●南部综合汽车站（TBS）

南部综合汽车站是市区新建的综合服务性交通枢纽，KTM电动火车、RLT安邦线、KTIA都从这里发车。另外，去往新加坡、马六甲、新山方向的长途汽车也在这里发车。

HP www.tbsbts.com.my

●东马来西亚的中・长途汽车

●哥打基纳巴卢（去往因阿纳姆北部・东北部方向）

位于州图书馆以南仅100米。早晨7:00开始发车。大部分汽车开往基纳巴卢山（公园总部）、拉瑙、山打根、斗亚兰等方向。每天有两趟开往沙捞越州的车次。

●山打根

位于市区西面、文化交流服务中心正前方。开往哥打基纳巴卢方向的长途汽车早晨6:30开始发车，车次很多。其他还有去往斗亚兰、圣保罗教堂方向的长途汽车。

●古晋

位于古晋市区东南方向约5千米。开往诗巫、美里方向的长途汽车较多，每天发车数次。

●美里

距离市区以北4千米。主要运行开往古晋、兰比尔国家公园、尼亚国家公园方向的长途汽车。

乘客们排队乘坐长途汽车

乘坐长途汽车时的注意事项

首先要特别注意的一点是发车时间。马来西亚的长途汽车在开车10分钟之前，会根据乘客人数而决定是否立马发车。只要满员，司机会立即发车。如果没能赶上车的话，车票无法退回，所以要尽可能早地赶到车站。

南部综合汽车站

东马来西亚的中、长途汽车站

东马来西亚主要的巴士站点分布在沙巴州和沙捞越州的哥打基纳巴卢、山打根、古晋、美里等城市。从这里乘车可去往附近的多个国家公园以及观光景点。有多家汽车公司的长途汽车在这里运营，这些长途汽车一般上午发车，但是车次较少。特别是去往偏远地区的车次更少。建议提前确认车次并订票。

马来西亚国内交通
出租车&租赁汽车

吉隆坡市区的出租车大都是打表计价

乘坐出租车时的注意事项

打表计价快捷省时，方便结算。小城市的出租车有的不打表计价，需要与司机提前商议好价钱。出租车司机大都会说英语，所以大可不必担心交流问题。

在边境城市乘车时，有时会碰上临时检查证件的情况。所以建议一定要将护照随身携带。

出租车

出租车具有快捷、省时的优点。无论是长途跋涉还是短途出行，都是非常方便的出行交通工具。

出租车的种类

马来西亚国内的大部分出租车都是四门式轿车。一些崎岖难走的偏远地区通常将四轮马车作为代步工具。比如邦咯岛上唯一的交通工具就是人力车。街边的出租车招停点都标有大大的TEKSI字样。搭乘出租车时，只需在招停点处静静等候即可。

吉隆坡等大城市的出租车都是打表计价（p.55）。小城市、偏远地区地方的出租车不太规范，可以跟出租车司机讲价。

乘坐出租车出远门时，建议拼车。可在长途汽车站、繁华街区候车。长假期间交通拥挤，不建议乘坐出租车。

如何乘车▶在酒店、大型超市门口都设有出租车招停点。挥手示意一下，就会有出租车过来接客。吉隆坡的出租车是打表计价。高速公路费需额外支付。

主要区间所需时间和价格（大致）

乘车区间	所需时间（单程）	费用（RM）
吉隆坡⟷槟城岛	约4小时30分钟	420~
吉隆坡⟷马六甲	约2小时	200~
吉隆坡⟷新山	约4小时30分钟	350~
吉隆坡⟷拉瑙	约4小时	350~
吉隆坡⟷关丹	约3小时	450~
太平⟷亚罗士打	约2小时	200~
怡保⟷槟城岛	约1小时30分钟	180~
怡保⟷哥打巴鲁	约6小时	420~
新山⟷丰盛港	约2小时	180~

汽车租赁公司

Avis
☎03-7803-7555（本社）
☎1-800-88-2847（马来西亚国内免费服务电话）
HP www.avis-japan.com

Hertz
☎03-2148-6433
☎03-7718-1266（预约）
☎1-800-88-3086（马来西亚国内免费服务电话）
HP www.hertz.com

租赁汽车

马来西亚的道路比较宽敞，公民们具有良好的规范意识，非常遵守交通规则。在马来西亚租车自驾游并非难事。1993年，西北高速公路（North West Highway）正式开通，由国境城市新山出发，经由吉隆坡，直接去往泰国境内和马来西亚东海岸地区。该高速公路的建成大大缩短了人们出行的时间，拉近了城市之间的距离。马来西亚的车辆靠左侧行驶，驾驶员必须系安全带。吉隆坡繁华地段会经常出现堵车的情况，建议绕开市区行驶。租赁汽车的费用中不包含油钱，需自己加油。

如何租车▶机场、租车公司、旅行社、酒店服务台处都可以租车。Avis、Hertz是马来西亚比较知名的租车公司，在中国国内可通过网站、邮件提前预约租车。届时，只需向租车公司出示网站或电话中提供的验证码即可。租车时须出示国内驾照/国际驾照、个人身份证、护照。为防万一，建议购买一份保险。有的租车公司不附带保险，需自己购买。如果是租赁自行车，则一般不需要购买人身保险。可以现金支付，也可以刷卡支付。

马来西亚国内交通
乘船

在海面上飞速前行的快艇

乘船出游的魅力

马来西亚分布着许多海上小岛，前往这些岛屿的唯一方式就是乘船。乘坐观光巡游船只畅游在五光十色的市区河面、孤岛海面上，也是一段非常美好的旅游记忆。

如何乘船▶乘船去往各大度假岛屿，可在码头售票处、船运公司、旅行社购买船票。船票价格会根据航线长短、乘船人数、船只等级有所变动。普通船只无须提前订票。快艇、去往孤岛的船只较少，建议提前一天订票。可前往当地码头订票，也可以在官网或最近的旅行社订票。有时不按点发船，建议提前到达码头等候发船。

主要区间所需时间和价格（大致）

航线	所需时间	单程票价
兰卡威岛⟷吉打州	1小时45分钟	RM23
兰卡威岛⟷槟城岛	2小时45分钟	RM60
槟城岛⟷巴特沃斯	20分钟	RM1.20
邦咯岛⟷姆鲁国家公园	30分钟	RM2
乐浪岛⟷瓜拉登嘉楼	1小时30分钟	RM55
卡帕斯岛⟷马兰	15分钟	RM25
停泊岛⟷巴东勿刹	30分钟	RM35~50
刁曼岛⟷丰盛港	1小时30分钟	RM35
拉哇岛⟷丰盛港	30分钟	RM30
诗巫⟷丰盛港	30分钟	RM35~45
诗巫⟷丹戎武雅	30分钟	RM35~45
纳闽岛⟷哥打基纳巴卢	2小时30分钟	RM34~39

※上述时间、费用为快艇、快速轮渡的船票价格。

马来西亚近郊游
丽星游轮

丽星游轮Star Cruise是马来西亚豪华游艇公司最具代表性的巡游船只。登上这艘庞大的顶级豪华游轮，你会看到一个不一样的海上世界。下面为大家详细介绍一下这艘游轮。

丽星游轮舒适的房间

丽星游轮共计13层，造型庞大，像是一座小型的海上城市。装饰精致的餐厅、酒吧、舞厅、健身馆、游泳池等娱乐设施一应俱全，犹如一座陆地上的娱乐城。船舱内环境奢华而舒适，有各种国际美食让游客大饱口福，异域歌舞表演更是令人大开眼界。主要巡游航线有：三天四晚游：槟城→普吉岛（泰国）→呵叻（泰国）；槟城岛出发（周三、周四、周五、周六）的两天一晚游。

游轮上的露天游泳池

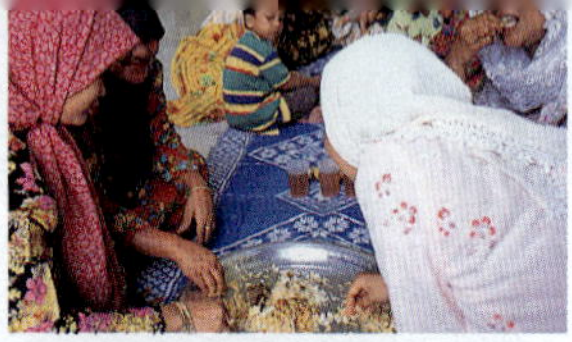

最好先了解
马来西亚的风俗习惯

用餐礼仪和禁忌

猪肉是伊斯兰教徒的一大禁忌。他们认为猪肉是不干净的，在他们的一生中，猪肉是最碰不得的东西，当然也不能够食用。其他肉类也要经过处理方可食用。印度教、佛教信徒不能吃牛肉。马来人吃饭时，通常用右手直接抓着菜、饭团送入口中食用。但是近些年来，由于西方文化的渗透，一些高档餐厅、西餐厅也会为食客提供刀叉。有的中餐馆也提供筷子。

马来西亚的烟酒

伊斯兰教禁止教徒饮酒、吸烟。虔诚的伊斯兰教徒严格遵守这一教义，坚决与烟酒划清界限。特别是在宗教氛围浓厚的东马来西亚地区，一些酒店、餐厅甚至不向客人提供任何酒水、香烟。但是在吉隆坡、哥打基纳巴卢等大城市的华人聚集区，则能够很容易买到香烟和酒水。

服务

马来西亚的服务水平相对落后，在酒店、餐厅、超市等消费场所，经常可以见到工作人员聚在一起聊天，将顾客冷落在一旁的场景。服务员上错菜、忘记服务内容的情况也时有发生。通常，越是高档的消费场所，服务水平就会越高。在高档酒店、高级餐厅用餐几乎不会出现上述情况。出门在外，有些事情不必太过在意，重要的是保持一个良好的心态和心情。

马来西亚的宗教

马来西亚是一个多民族、多宗教信仰的国家，国民信仰自由。除了国教伊斯兰教之外，还允许有其他宗教信仰。马来人多信奉伊斯兰教，华人多信奉佛教、道教、儒教，印度人多信奉印度教。其中，以伊斯兰教信徒的人数为最多。他们平日里严格遵守着伊斯兰教的教义，不喝酒，不吃猪肉，女性需佩戴头巾出门。宗教信仰不仅根深蒂固地扎根在人们的观念中，还深刻地影响着信徒们的生活。

宗教规则和礼法

马来西亚公民多信奉伊斯兰教。外国游客在马来西亚境内旅游时，也应当尊重他们的宗教信仰，杜绝任何有违伊斯兰教教义的行为。首先，伊斯兰教徒每天要在黎明、正午、日落前、日落后、睡觉前进行五次祷告，并在每周的周五到清真寺做礼拜。伊斯兰教信徒认为做祷告是一件

非常重要的事情，祷告期间千万不要打扰到他们，这会被认为是恶意冒犯的行为。另外，在清真寺、佛教、道教寺院参观时也务必要注意以下几点：不要穿着过于裸露的服装；入内参观时需披一条头巾遮挡面部（头巾一般可在入口处租赁）；殿堂内禁止拍照、禁止穿鞋进入。到这些场所参观时，建议避开周五正午的礼拜时间。跟长辈打招呼时，要握住他的右手，并轻轻摇动以示尊重。

禁止事项

马来西亚人认为左手是不干净的，他们在用餐、取东西时只使用右手。所以跟他们接触时尽量不要使用左手。并且，他们认为头部是最神圣的部位，所以千万不要用手触摸他们的头部。另外，也不要用食指对着他们指指点点，但是可以用大拇指指向对方。旅游时，也尽量不要提及涉及政治、批判政府的话题。

知道更便利
马来西亚实用信息

饮用水

马来西亚是热带国家，气候炎热，平日高温干燥，及时补充水分显得尤为重要。马来西亚的水源相比国内不太干净，水龙头流出的水不能直接饮用，需要煮沸杀菌后才能保证安全性。另外，酒店客房内一般会为房客准备瓶装矿泉水和电热水壶。餐厅、酒吧内也备有矿泉水和开水。也可以在酒店烧开后装到水壶里随身携带。如果嫌麻烦，也可以在马来西亚街边的小超市直接购买矿泉水饮用。随身水壶RM1.2~1.5。

洗手间

马来西亚的居民除华人之外，都没有使用厕纸的习惯。他们的马桶大多数是智能自动冲洗式的。大型超市、酒店、娱乐场所内的马桶也多为自动冲洗式的，厕所内通常不配备厕纸。建议中国游客到马来西亚旅游时，随身携带纸巾或卫生纸，以备急用。街边有收费公厕，每次收费RM0.2~0.5。建议随身携带一些零钱。

电源・电压

马来西亚的电压为220V、50Hz。电源插座与中国一样，为三孔插头，所以无须准备插头转换器。另外，高档酒店的客房内一般都备有吹风机。经济型宾馆的设施较高档酒店稍微差一些，如果住在这里的话，建议带一些必要的电器产品。

楼层叫法

马来西亚的楼层是英式标识。1楼为GF（Grand Floor）、2楼为1F（First Floor）。

车辆

在马来西亚旅游时，一定会对当地自行车和汽车的数量感到震惊。特别是市区繁华地段，经常会发生堵车的现象。虽然马来人非常遵守交通规则，但是为了防止意外情况发生，不建议交通高峰时出门。

Wi-Fi

参照p.303、p.305。

注意水源

马来西亚贫困山区的水管已出现老化现象，不排除包含众多细菌的可能性，因此一定要留意马来西亚的水源是否干净。建议购买矿泉水饮用，或在酒店烧一壶开水随身携带。

注意厕纸

马来西亚的老式厕所内没有厕纸，上完厕所后，利用旁边的水管冲洗私处。建议随身携带厕纸或纸巾。

交通

吉隆坡每天都会发生早晚两次交通大拥堵，当地人已经见怪不怪。究其原因，是因为每天清晨和下午，父母会开车或骑车接送孩子上学和回家。特别是马来西亚的有钱人，他们担心孩子被绑架，通常会亲自开车接送小孩子。每当上下学期间，学校门口都挤满了各式各样的车辆，好不壮观。

市区里的公用电话，电话卡可在小店购买

让旅行更安心

马来西亚的电话&邮政

电话卡

TM电话公司是马来西亚最大的电话公司。TM电话公司推出的iTalk电话卡拨打国内电话和国际电话都非常便宜，适合到马来西亚旅游的人使用。iTalk电话卡有RM10、RM20、RM30、RM50四种面值。

iTalk电话卡使用方法：拨打指定电话号码，输入卡号。根据语音提示，输入对方电话号码。如果使用当地手机拨打，输入卡号两次之后则系统设为默认。

马来西亚各城市区号

吉隆坡03　怡保04　新山 07
马六甲06　槟城 04
哥打巴鲁088　古晋 082

拨打国际长途省钱秘诀

●购买当地的电话卡

除了在当地电信服务窗口购买拨打国际长途的专用电话卡之外，还可以到中国城，购买专门的电话卡。其使用方法和国内的IP电话卡差不多，卡背后有详细的操作说明。

●利用方便快捷的互联网

通过网络可随时和世界连线。利用Skpye 等网络即时联络工具，也能随时随地和家人、亲戚、朋友联系，不过这要取决于在当地使用网络是否方便。马来西亚吉隆坡等城市网络现在也比较发达，几乎所有的酒店、餐馆或者咖啡厅等场所都有免费的无线网络可用。

市内电话&长途电话

●酒店电话　首先按下外线号码（0或9），听到提示音后拨打对方号码。电话费于退房时一并结算。酒店电话收费相较公共电话收费高一些。

●公共电话　马来西亚的公共电话分为投币式和刷卡式两种。投币式电话有RM0.10、RM0.20、RM0.50几种额度。机场内的公共电话可刷卡。

公共电话的种类▶投币式Telecome Malaysia电话和电话卡式公共电话两种。

国际电话

马来西亚向国内拨打电话有直接拨打和通过接线员中介拨打两种方式。直拨的方式费用较低。

●电话直拨　如果用酒店电话直拨，需要先拨连接外线的号码。另外，费用可能不低，这点要注意。如果用公共电话可以投币拨打。

以拨打中国北京电话010-12345678为例：

00（国际冠码）→ 86（中国）（国家代码）→ 010（北京，前面的0去掉）（区号）→ 12345678（对方电话号码）

●使用电话卡直拨　从当地的唐人街或者马来西亚的电话公司购买预付费电话卡，使用这些卡能够获得较大幅度的优惠，不过要注意电话卡的有效使用期。拨打时首先输入指定的电话号码，再根据提示输入电话卡号，最后拨打对方的电话即可：

电话卡背面提示首先输入的号码 → 语言选择 → 卡片密码 → 00+中国代号（86）→ 北京区号（10）→ 电话号码（12345678）

●使用手机直拨　如果携带手机，而且办理了国际漫游服务，可以直接用手机进行联系，不过费用可能不低。

旅游小贴士　电话用语：叫号电话（Station Call），拨打固定电话号码。叫人电话（Person Call），接线员找到指定的人接电话。若要找的人不在，就不收费。

注意 CHECK!

马来西亚的邮局较多，快递、邮寄包裹业务比较发达。下面为大家详细介绍一下马来西亚邮政业务的种类以及如何办理业务。

适合当礼品的精美邮票

邮政&快递

从马来西亚向中国邮寄

明信片RM0.50、信件（20g以内）RM1.40，若超过20g，则按每超10g收费RM0.60计算。包裹（250g以内）RM18、200~250gRM30、20kg以内RM79。

邮局

马来西亚的邮局平时非常忙碌。邮局服务窗口实行编号业务制，不同的服务窗口办理不一样的业务。在“Stem”窗口可办理邮寄业务。

寄信

信件可直接投递在邮局门口或街边的信箱中。信箱可分为三种：市内信箱、跨州信箱以及国际信箱。当然，也可以在酒店服务台或邮局邮寄信件。在偏远地区或小城镇，仅在指定地区设有信箱。黄色的信箱是快件专用信箱。

EMS（Poslaju Malaysia）

重要文件和小型包裹建议用EMS（ Express Mail Service）。可在邮局办理。纸质文件（500g）RM47、超过500g，则每超500g加收RM12（~1kg）。小型包裹（500g）RM64，超过500g，则按每超500g加收RM15（上限为30kg）。另外，包裹体积不得超过6000立方厘米（长×宽×高）。

快递

低于20kg的物件可使用快递邮寄。快递分为航空件、SAL件、船运件以及EMS几种。航空件4~7天、SAL件2~3周、船运件1个月左右送达。邮寄时，需要提供海关申报表。另外，邮局不提供打包服务，需要自己准备包裹用的绳子和纸箱。若希望对方尽快收到己方邮寄的贵重品、重要文件，可使用国际快递服务（Courier Service）。到达中国最快仅需2~3天。马来西亚比较知名的快递公司有DHL、FedEx、OCS、TNT等。各个公司收费标准不同，一般为1kg以下收费RM100、5kg以下收费RM200。

邮局业务的办理时间

通常情况下，马来西亚大部分邮局的营业时间为周一~周五的8:30~17:30、周六、周日休息。吉隆坡中央邮局和部分邮局周六也办理业务（截止时间为13:00）。另外，缴费、证件挂失与更新等业务也可以在邮局办理。建议避开业务办理高峰期，在中午时分前去。

HP www.pos.com.my

马来西亚的邮政单词

SETEM	邮票
POSKAD	明信片
SURAT	信纸
PENDAFTARAN	文件
BUNGKUSAN	小型包裹

检查邮件

邮寄物品时，需要接受海关检查。宣扬暴力、色情的书刊、影音资料会被收缴。

传真

传输资料时，使用传真也非常方便。A4纸每张收费RM15。酒店内的传真服务收费较高，非房客也可以使用。

旅游小贴士

DHL ☎1800-888-388、OCS ☎03-2026-8629
可直接拨打快递公司电话，快递员会上门收件、寄件。

旅行安全管理

重要的联系方式：

警察局、消防车、救护车

☎999

火灾　☎994

中国驻马来西亚大使馆

地址：马来西亚吉隆坡市安邦路229号

网址：www.fmprc.gov.cn/ce/cemy/chn

中国驻古晋总领事馆

总领馆地址：马来西亚沙捞越州古晋市，王长水路10段276号，93200

中国护照、旅行证、公证认证电话咨询：

082-238344（周一至周五下午2:30~ 4:30）

受理时间：9:00~11:30（周一至周五，节假日请参考放假时间）

中国公民领事保护电话咨询：082-414818 或 012-8861953

网址：kuching.chineseconsulate.org/chn

中国驻槟城总领事馆

总领馆地址：28 B&C, Jalan Tunku Abdul Rahman 10350 George Town,Penang, Malaysia

总领馆电话：0060-42189795

中国公民领保与协助电话：0060-111059 2308

网址：penang.china-consulate.org/chn

中国驻哥打基纳巴卢总领事馆

总领馆地址：Palm Court, Lot 7, No 3, VIP Lot, Lorong Pokok Palma Rajah, Jalan Lintas,88000 Kota Kinabalu, Sabah, Malaysia

电话：0060-88385481，88393061

中国公民领保电话：0060-149857312

网址：kotakinabalu.china-consulate.org/chn

失窃・遗失物品

护照

1.前往警局

2.申请补办新护照

护照遗失后，先到警局备案，并请求警察（Tourist Police）开具护照失窃、遗失证明。持证明前往中国大使馆或者总领事馆处办理护照挂失，并补办新护照。若有紧急情况需要，可办理紧急回国证明。办理以上证明时需提供户籍本。

3.回国

前往出入境管理局，办理签证和入境审查（需核实机票）。办理以上手续之后方可离开马来西亚境内。

中国公民领事保护电话：

0086-10-12308或0086-10-59913991（24小时）、006-03-21636853、006-03-21645301

中国公民旅行证件/公证/认证电话：

03-21645250、03-21645272

机票

1.前往航空公司

与当地航空公司取得联系，告知机票丢失。

2.补办机票

持护照、个人身份证等能够证明本人身份的证件前往航空公司进行补办。通常情况下，在机场服务台处即可接受办理。有的机场要求比较严格，需持电子机票方可补办。

信用卡

1.联系发卡银行、当地警察局

拨打信用卡发卡银行的24小时热线电话，进行电话挂失。

2.补办

然后前往警察局开具信用卡遗失证明，并与驻马来西亚中国大使馆取得联系。各发卡银行补办手续有所不同，按照工作人员的指示准备好相关手续。

旅行支票

1.联系支票发行所，进行挂失

第一时间拨打支票发行所进行口头挂失。然后前往警察局开具相关遗失证明。

2.补办

如遗失支票是由本人持身份证明或护照办理的，则可在2~3日内成功补办。

注意CHECK!

在异国旅游，首先要确保人身安全。其次要注意保管好财物。尽量不要去危险的场所，贵重物品要随身携带，不要跟奇怪的陌生人打交道。

紧急情况下的应对

失窃●吉隆坡、新山等城市的犯罪率较高。在繁华的商场内、电车上，甚至酒店内时有失窃的情况发生。在乘坐电梯时要特别注意，盗窃团伙可能就在你身边。其中一人会故意丢东西在地上吸引其他人的注意力，其余团伙会趁机窃取财物。

对策▶经常出入高档酒店、餐厅的高消费人群与刚在ATM取款后的现金携带者很容易成为盗窃团伙的目标。另外，外国旅游者也是盗窃犯觊觎的对象。建议不要携带大量现金或贵重物品外出。在商场独自购物时，将行李或随身物品放在胸前，时刻保持警惕。如果怀疑被不法分子盯上，要往人多的地方凑或进到店里躲避。

抢劫●在吉隆坡也经常发生飞车党抢夺背包的事件。如果遇到飞车党夺包，千万不要与之发生冲突，毕竟，生命和健康才是最重要的。

对策▶靠道路右侧行走，并将手提包或行李放在身体右侧。不要在深夜时分独自外出，也不要前往偏僻的地方。

酒店突发情况●酒店也是事故多发地。比如，在前台被陌生人搭讪时财物失窃、放在房间内的贵重物品不翼而飞……有的犯罪分子甚至会乔装打扮成酒店工作人员的样子潜入房内行窃。

对策▶在自助餐厅取餐时，切忌将行李放在椅子或桌子上离开。在酒店住宿时，务必要将护照、现金、贵重物品等随身携带或锁进保险箱，不要随意丢在房间内。另外，行李箱不用时，要保持上锁状态。如果没有密码锁，千万不要将贵重物品放入行李箱。

形迹可疑的危险分子

马来西亚人大多纯朴善良，但是也有一些心存恶意的不法分子。他们以国外游客为目标，将犯罪之手伸向他们的背包或行李箱。有的犯罪分子甚至假意邀请客人去到家里，参与赌博骗局捞取钱财。在国外旅游，一定不要和形迹可疑的人打交道，遇到危险情况时，要保持冷静。

乘坐出租车的注意事项

乘坐出租车时，将目的地告知司机，谈好价钱后再上车。如果对方提出不合理的收费时，不要与其争吵，选择乘坐下一辆即可。在酒店乘坐出租车时，建议在前台处叫车。女性游客千万不要夜间独自乘车。

安全旅游注意事项

马来西亚的治安状况相对较好。但是近年来，大城市的犯罪率呈上升趋势。特别是国外游客，很容易成为犯罪分子的首选目标。在城市繁华地段或大型商场购物时，一定要将行李抱在胸前，时刻保持警惕。在餐厅吃饭时，也要将行李放在触手可及的地方。

海外旅行伤害保险

在国外旅游时，可能会遇到失窃、抢劫、生病、事故等突发状况。为将损失降至最低限度，建议购买海外旅行伤害保险。除了基本保险项目之外，还有其他保险内容可供选择。可在旅行社、当地保险公司购买保险。大部分保险公司都有中文翻译，交流无障碍。

户外运动时注意不要受伤

马来西亚的巡逻警车

预防接种

接种疫苗并非强制性内容。但是从安全方面考虑，也有其必要性。比较常见的疫苗有破伤风、A·B型肝炎疫苗等。须经专业医生全面检查之后方可进行疫苗接种。

药店

头疼药、胃药、感冒药建议随身携带。马来西亚的药店标有“Pharmacy”字样。在大型超市、购物商厦内的“Watsons”“Guardian”“Caring”也可以购买药物。购买药物后，务必要遵照医嘱或说明书服用。如服药后感到不适，要及时就医。

榴梿和啤酒不要一起食用

在马来西亚，千万不要将榴梿和啤酒一起食用。这在马来人看来意味着死亡。虽然未得到医学论证，但是已有过许多的先例。榴梿虽贵为水果之王，但是其果肉热量很高，高血压、糖尿病、心脏病患者过量食用后会诱发疾病。所以，一天内最多只能吃两个榴梿。另外，吃榴梿后喝碳酸饮料会引起剧烈呕吐。大量的呕吐物甚至会导致食管堵塞，造成窒息。

谨慎对待水果之王——榴梿

旅行健康管理

注意事项

为确保旅程中的身体健康，首先，根据自身体质、体力好坏制订旅游计划。其次，还要对马来西亚的卫生状况、流行性疾病有所了解，提前做好预防措施。可登录马来西亚旅游局官网或驻马来西亚大使馆服务中心网站了解马来西亚流行性疾病、传染性疾病的信息和预防措施。吉隆坡、槟城、新山、怡保等各大主要城市的卫生设施非常完善，医疗技术也不逊于中国。在国家公园或热带雨林游玩时，做好防蚊虫叮咬的措施。这里的热带蚊虫会传染登革热，一旦被传染，后果将不堪设想。

在山区地带旅游，要谨防破伤风、霍乱、疟疾、脑炎、肝炎等突发性传染疾病，有必要时需提前接种疫苗。感到身体不适时，要及时就医。独自旅游时，一旦遇到紧急情况，要及时向酒店工作人员或周围热心群众寻求帮助，以免情况恶化。购买人身意外保险可以将损失减小到最低限度。

饮食方面的注意事项

到国外旅游难免水土不服，饮食方面要特别注意。不要胡吃海喝、暴饮暴食，谨防食物中毒、痢疾、肠胃炎等疾病。生鱼片、刺身等食物尽量少吃，也不要过度食用刨冰、冰激凌等刺激肠胃的冷饮。马来西亚的水是硬水，水质较好。但是部分落后地区的水管经久未修，饮用水的质量无法得到保证。有的地区甚至饮用井水。摄入不干净的水源会导致痢疾、胃肠疾病的发生，建议在超市购买矿泉水，或在酒店烧好开水随身携带。

注意 CHECK!

旅途中，可能会由于天气情况、饮食卫生、身体状况等诸多原因引发疾病。让我们来了解一些旅途中常见的疾病以及紧急救治措施。

需特别注意的疾病

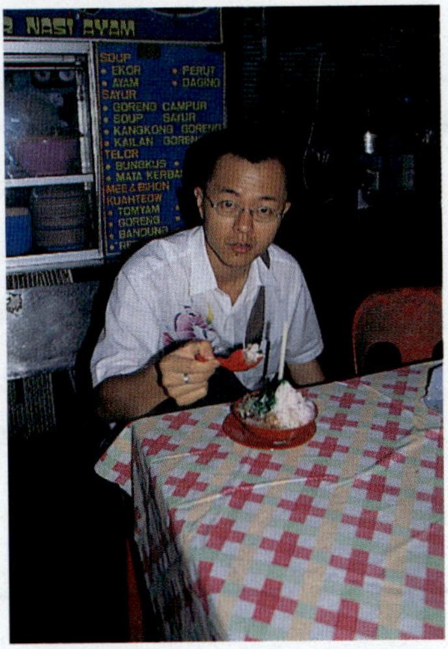

急性肠胃炎●腹痛、腹泻、发热、呕吐是急性肠胃炎常见的几种症状。诱发急性肠胃炎的原因较多，细菌种类和数量不同，发病时机也各异。症状较轻的肠胃炎需补充大量水分。如果较为严重的话需及时就医。出现腹泻和发热的情况，需要到医疗机构接受治疗，一般1~2天之后方可完全恢复。

疟疾●虐蚊、疟疾病原虫体内都携带有疟疾细菌，一旦疟疾病菌进入人体或血液组织中即可发病。疟疾的常见症状是恶寒战栗、头痛、腹泻、四肢疼痛，并伴有40度以上的高烧。在山区地带旅游时需格外注意，建议带好蚊香、驱虫剂、蚊帐等防蚊虫装备。

登革热●登革热是以热带蚊虫为媒介的热带传染病。与疟疾相反，患病者大多是城市人口。一旦感染登革热，会出现发热、全身疼痛、起疹等症状。

赤痢●赤痢病菌通过水、食物传染。经过几小时至3天的潜伏期之后，会出现腹泻、发烧、腹痛等症状，情况严重的话还会便血。一旦被感染赤痢，需立即隔离，并注射抗生素。如有以上症状，请即刻就医。

伤寒●饮用水、食物是伤寒的传染源。发病时，会出现40度以上的高烧、胸部与腹部疼痛、粉红色疹等症状。感染伤寒后，需住院治疗，最短疗程为10天。

霍乱●霍乱通过口腔摄入的食物传染。主要症状为强烈腹泻、呕吐，并伴随有大量脱水带来的虚弱症状。感染霍乱后需及时就医。

A型肝炎●通过饮用水、食物、餐具传染。潜伏期15~50天，平均发病周期为28天。主要症状是高烧、恶心、食欲不振、黄斑等。发现感染后须立即就医，接受住院治疗。

患病

旅途中，一旦发现患病，需立即向身边的人寻求帮助并前往最近的医疗诊所接受治疗。最能帮助你的就是酒店的工作人员。普通酒店内都有会说汉语的工作人员，将自己的状况告知对方，在对方的建议下寻求解决办法。另外，还可以向驻马来西亚中国大使馆寻求帮助。新加坡也有华人诊所，所以也大可不必担心语言不通的问题。如果购买了海外人身保险的话，可以致电保险公司，对方会安排救护车、联系医院，并报销医疗费用。

紧急救治

马来西亚的医疗急救电话是999。救护车会把病人送到最近的大型医院（General Hospital）。马来西亚的私立医院（Private Hospital）医疗技术相对较好，所以尽可能地到私立医院接受治疗。如果不是情况严重的疾病，则不用太过忧虑。

旅行会话（马来语）

语言是人们之间相互交流必不可少的工具。掌握一些日常寒暄用语、礼貌用语会对我们的旅程有所帮助。本书为大家归纳了一些旅途中常见的对话用语，让我们一起来学习一下。

基本用语●实用单词&对话

早上好！	Selamat pagi.
您好！（早上至14:00左右）	Selamat tengahari.
您好！（14:00以后）	Selamat petang.
晚上好/晚安！	Selamat malam.
谢谢！	Terima Kasih.
不客气！	Sama-sama.
是。/不是。	Ya./Tidak.
对不起	Maaf.
多少钱?	Berapa?
再见！	Selamat tinggal.
回头见。	Jumpa lagi.
请给我这个。	Bagi saya ini.
请问您的名字是?	Siapa nama anda?
我叫李平。	Nama saya Yamada.
还有房间吗?	Ada bilik kosong?
可以看一下房间吗?	Boleh saya lihat biliknya?
请结账。	Tolong kira.

基本单词

1	satu	银行	bank	胸	dada	便宜	murah
2	dua	邮局	pejabat pos	飞机	kapal terbang	好的	baik
3	tiga	信纸	surat	出租车	teksi	星期天	Ahad
4	empat	包裹	bungkusan	火车	keretapi	星期一	Isnin
5	lima	邮票	setem	巴士站牌	perhentian bas	星期二	Selasa
6	enam	医生	Doktor	右	kanan	星期三	Rabu
7	tujuh	药	ubat	左	kiri	星期四	Khamis
8	lapan	眼睛	mata	北	utara	星期五	Jumaat
9	sembilan	鼻子	hidung	南	selatan	星期六	Sabtu
10	sepuluh	嘴巴	mulut	东	timur		
100	seratus	牙齿	gigi	西	barat		
1000	seribu	肚子	perut	买	beli		
10000	tandas	背	belakang	付钱	bayar		

逛街时的实用单词&对话

●请帮我叫辆出租车。
Tolong panggilkan teksi.

●（向对方出示）请带我到这儿。
Tolong pergi kealamat ini.

●火车站在哪里？
Di manakah stesen keretapi?

●我要一张开往怡保的车票。
Saya mahu beli tiket ke Ipoh?

●请问这趟火车开往哪里？
Keretapi ini menuju ke mana?

●请问博物馆在哪儿？
Di manakah muzium?

●我想看看这个。
Boleh saya lihat ini?

●可以看看其他的吗？
Boleh saya lihat yang lain?

●可以试穿一下吗？
Boleh saya cuba pakai?

●可以便宜一点儿吗？
Bolehkah harganya dikurangkan sedikit?

●总共多少钱？
Berapakah harga semuanya?

●请问有会说汉语的人吗？
Adakah sesiapa yang boleh berbahasa Jepun di sini?

●请问这里的招牌菜是什么？
Apakah masakan yang paling sedap di sini?

●请问这道菜怎么称呼？
Apakah jenis masakan ini?

●菜非常好吃。
Sedap sekali masakan di sini.

●可以用旅行支票付款吗？
Boleh bayar dengan cek Pengembara?

●可以兑换人民币吗？
Tolong tukar wang.

●可以借用一下您的电话吗？
Boleh saya pinjam telefon?

●这附近有医院吗？
Adakah hospital dekat kawasan ini?

●我头疼。
Kepala saya sakit.

●我发烧了。
Ada demam.

●我腹泻。
Saya cirit-birit.

●请问现在几点了？
Sekarang pukul berapa?

●请等一下。
Tunggu sekejap.

马来语的书写和音调

英语是马来西亚的第二外语，大部分马来人都会说英语。但是，在寒暄、致谢、表达感情时，马来语比英语更能准确地表达出内心的情感。

马来西亚是一个多民族的国家，马来语作为通用语言，简单易懂是其第一大特点。马来语的元音比较少，发音比较容易，并用希腊字母书写，掌握起来比较快。马来语与印度尼西亚语有许多共通点，掌握印度尼西亚语的人很快就能学会马来语。

马来语的发音虽比较简单，但需注意以下几点：①b、p、d、k、g等爆破音位于句尾时不发爆破音。②e音节发音有两种，一是e（鹅发音），另一个是e（ae发音）。③c是卷舌音，和汉语拼音zh一样。④词尾的t、k不发音。

旅行会话（英语）

英语是马来西亚的第二语言，熟练掌握英语可以在马来西亚通行无阻。餐厅、机场、酒店内的工作人员大都会说英语。让我们来学习一些旅程中比较常见的英语对话和单词。

基本用语●实用单词&对话

早上好	Good morning	对不起	I'm sorry	请问你叫什么名字?	What's your name ?
晚上好	Good evening	我（我们）	I (we)	男性（们）	man (men)
再见	Good bye	你（你们）	you (you)	女性（们）	woman (women)
是的	Yes	他（他们）	he (they)	不知道	I don't understand.
不是	No	她（她们）	she (they)	帮帮我!	Help!
谢谢	Thank you	多少钱?	How much is it?	我不会说英语	
不客气	You're welcome	我是中国人	I am Chinese.	I can't speak English.	
打扰了	Excuse me	我叫……	My name is ...		

基本单词

今天	today	10000	ten thousand	好的	good
明天	tomorrow	右	right	坏的	bad
昨天	yesterday	左	left	贵的	expensive
早上	morning	上	up	便宜的	cheap
正午	noon	下	down	热的	hot
傍晚	evening	大的	big(large)	冷的	cold
晚上	night	小的	small	去	go
上午	morning	长的	long	来	come
下午	afternoon	短的	short	买	buy
周	week	多的	many(much)a lot	吃	eat
月	month	少的	a few (a little)	看	see,look,watch
日	day	早的	early	走	walk
1小时	one hour	快的（速度）	fast,quick	付钱	charge
1分	one minute	慢的	late	乘坐	ride
100	one hundred	速度	slow	下车	get off
1000	one thousand				

基本用语

预约	reservation	旅游咨询处	Tourist Information	出发时刻	departure time
观光	sightseeing	美术馆	art museum	准时	on time
半日游	half day sightseeing tour	遗址	remains	晚点	delayed
一日游	one day sightseeing tour	寺院	temple	登机牌	boarding pass
歇业（闭馆）	closed	禁止未成年人入内	No Minors	换乘	transfer
营业（开馆）	open	禁止饮食	No food or drink	警察	police
售票处	ticket office	禁止拍照	no photographs	邮局	post office
单程	one way	禁止入内	no admittance	人行道	crosswalk
往返	round trip	禁止触摸	Don't Touch	游玩	play
找零	refund	禁止开闪光灯	no flash photography	住宿	stay
指定座位	reserved	身份证明	ID required	停下（路牌）	stop
禁烟座位	no smoking seat	停止	stop	可怕的	scary
吸烟区	smoking seat	入口	entrance	大使馆	embassy
使用中	occupied	出口	exit	医院	hospital
空位	vacancies	减价	sale	市场	market
无空位	no vacancies	售罄	sold out	晴天	clear weather
洗手间	bathroom	巴士	bus	阴天	cloudy weather
故障中	out of order	出租车	taxi	下雨	rain
打折	discount	电车	train	狂风	storm
手续费	handling charge			天气预报	weather forecast

马来语和英语的普及程度

马来西亚是一个多民族、多语言的国家。其境内人数最多的居民是马来人、华人和印度人，他们分别使用马来语、广东话/闽南话和泰米尔语。马来语作为国语，由学校专门开课教授学习。马来西亚曾长期处于英国统治之下，英语是仅次于马来语的第二大语言。马来西亚的英语具有鲜明的地域特色，发音、书写与国际英语有些许差别，是本土化的马来式英语。举一个代表性的例子：比如在肯定句的后面加上“or not? ”，就成为了疑问句。而附加疑问句可全部用“isn’t it? ”表示。初来乍到的国外游客可能对这样的英语表达方式感到不太适应。

基本会话

●请问我的座位在哪儿？
Where is my seat?

●我可以把座位放下来吗？
May I put my seat back?

●想喝点什么饮料？
Would you like anything to drink?

●请给我一杯咖啡　Coffee, please.

●我感到不舒服　I feel sick (bad)

●请回到座位上
Please return to your seat.

＜机场＞

●您的旅行目的是？
What is the purpose of your trip?

●观光。　Sightseeing.

●我的行李箱不见了。
I can't find my luggage.

●我想换些钱。
I would like to change some money.

●有需要申报的物品吗？
Do you have anything to declare?

＜酒店＞

●我叫李平。我之前已经预订了房间。请帮我办理入住手续。
I have a reservation for Yamada.
Can I check in?

●我没有预订。请问还有房间吗？
I did not make a reservation.
Do you have a room?

●这里有会说汉语的人吗？
Is there anyone who can speak Chinese?

●请给我123房的钥匙。
Can I have the key to room 123?

●请问有我的信件吗？
Do you have any messages for me?

●可以再续一晚吗？
Can I stay one more night?

●电视坏了。
The TV doesn't work.

●请帮我取一下行李。
Please take down my luggage.

●我把钥匙落在房间里了。
I have left my key in my room.

●能帮我邮寄一下吗？
Can you mail this for me?

●我的行李可以在这里寄存到8点离开吗？
Please hold my luggage until my departure at 8p.m.

●请帮我叫辆出租车。
Will you call a taxi?

＜餐厅＞

●招牌菜是什么？
What dish do you recommend?

●我想要一份跟那个人一样的套餐。
I would like the same dish as those people over there.

●请选择葡萄酒。
Please select a good wine for this meal.

●菜还没做好吗？
Our order has not come yet.

●我点的不是这道菜。
This is not what I ordered.

●请结账。
Check, please.

●找错钱了。
I think my change is wrong.

＜购物＞

●需要帮忙吗？
May I help you?

●我只是看看
No, thanks. Just looking.

●可以试穿一下吗？
Can I try this one on?

●可以便宜一点儿吗？
Can you give me a discount?

●我要这件。
This one please. / I'll take this.

●可以刷卡吗？
Can I use this credit card?

＜娱乐场所＞

●请问今晚有什么节目？
What is showing tonight?

●我还能买到票吗？
Can I still get a ticket?

●请问门票多少钱？
How much is the ticket? / How much is it to get in?

＜回国途中＞

●请帮我安排禁烟区的座位。
A no smoking seat, please.

●请帮我安排靠近过道的座位（靠窗座位）。
An aisle seat (window seat), please.

●我想和朋友坐在一块。
I would like to sit on the next to my friend.

●请帮我再确认一下机票。
May I reconfirm my flight?

●5月10日，李平，640次航班，飞往北京。
May 10th, flight number 640 to Beijing. My name is Liping.

＜街上＞

●请问这是开往XX方向的巴士吗？
Is this bus going to ○○？

●请问什么时候到目的地？
Could you tell me when I'll reach my destination?

●我想往中国寄信。
I would like to mail this letter to China.

●请问可以拍照吗？
Can I take a picture?

●请问能和您合影吗？
Can you take a picture?

●请问什么时候关门？
What time do you close?

●美术馆离这儿远吗？
Is it far from here to the art museum?

遇到麻烦时

●我的护照丢了。
I lost my passport.

●我的手包被偷了。
My bag has been stolen.

●请报警。
Please call the police.

●请帮我开具失窃证明。
May I have a report of the theft?

●请帮我挂失银行卡。
Please cancel my credit card.

●请帮我补办旅行支票。
Please reissue my traveler's checks.

●我想看医生。
I would like to see a doctor.

●我发烧/头疼。
I have a fever./I have a headacke.

●我腹泻。
I have diarrhea.

●我肚子疼。
I have a pain in my stomach.

●我买了海外旅行保险。
I have travel insurance.

●请帮我叫救护车。
Please call an ambulance.

●我没赶上飞机。
I have missed the flight to Tokyo.

●请帮我订一张能尽快出发的航班。
Please make a reservation for the next available flight.

●请给我退款。
Please give me a refund.

购物

旅途中遇到心仪的衣服一定不要手软。但是，如果买到不合身的衣服将会非常遗憾。时间允许的话，可以要求店主量身定做一套合体的衣服。下面为大家介绍一下关于服装定做的单词。

衬衣 shirt

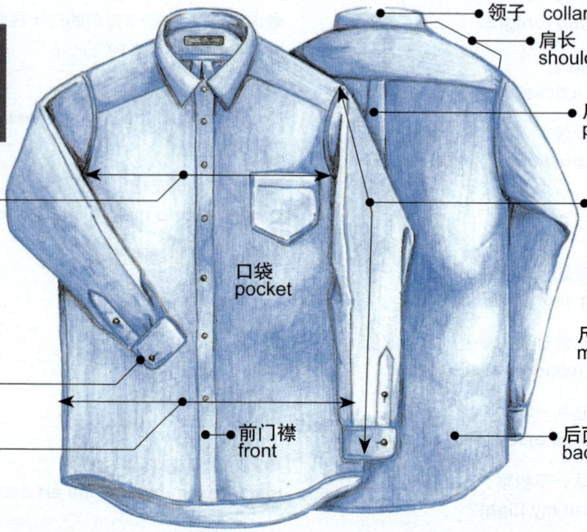

面料 material	毛料 wool	纽扣 button	(针织衫等)针织 knit wear
真丝 silk	麻 linen	袖扣 cuff links	套头针织衫 pullover
棉 cotton	人造纤维 man-made fabric	线迹 seam	开衫，对襟毛衣 cardigan sweater

●有点紧（松、长、短、普通、艳丽）。
It's a little small (big, long, short, plain,gaudy).

●请给我大一码的。
Could you bring me one size larger?

●同样这款有别的颜色吗？
Do you have a same thing in a different color?

绣花装饰（手工，机器）
embroidering (by hand, by machine)

颜色

- 橘色 orange
- 淡蓝色 light blue
- 粉色 pink
- 白色 white
- 黄绿色 yellow green
- 深蓝色 blue
- 红色 red
- 黄色 yellow
- 绿色 green
- 紫色 purple
- 茶色 brown

鞋 shoes

漆皮
patent-leather
enameled shoes

绒面
suede

真皮
leather

包 bag

（包内）隔断
divider

肩带
strap

拉链
fastener / zipper

口袋
pocket

铆钉
stud

皮 leather	羊皮 goat skin	鸵鸟皮 ostrich leather	钱包 wallet
小牛皮 calf leather	蛇皮 snake skin	人造革 artificial leather	零钱包 coin purse
鳄鱼皮 crocodile	猪皮 pig skin	小羊皮 kid skin	

米色/浅驼色
beige

黑色
black

灰色
grey

如何表示颜色色调

鲜明、鲜亮
vivid

明亮、清晰
bright

带点灰色的
graysh

浅色的
pale

深色的
deep

亚光
dull

亮的
light

暗的
dark

●能否给我看看更亮的颜色？
Could you show me a little brighter?

●能否给我看看这两种颜色的中间色？
Could you show me something in between these two shades?

问路

在陌生的地方游逛，稍有不慎就会迷路。遇到这种情况时，千万不要着急。最好的办法是向身边的路人寻求帮助。以下为大家介绍一下问路的表达方式。

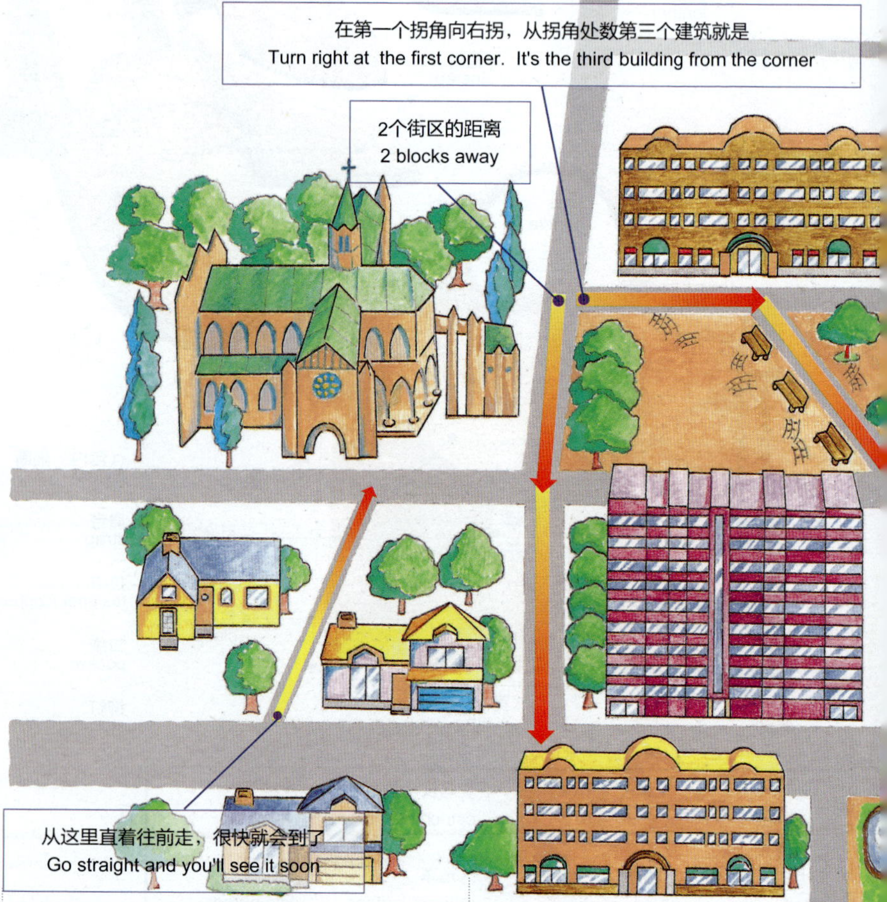

●请您在地图上指出它的位置好吗？

Could you show me the location on the map?

●我迷路了。

I'm lost.

●这里是哪里呀？请你在地图上指出来好吗？

Where am I now ?Please show me on this map?

●在~那侧有什么标志吗？

Are there any landmarks near ~?

●东、西、南、北

east,west,south ,north

●禁止入内

no admittance/no entry

●左侧通行

keep (to the) left

●站在左边

stand on the left

●观光景点

sightseeing spot/tourist attraction

●旅游信息中心

Tourist Information

●美术馆

art museum

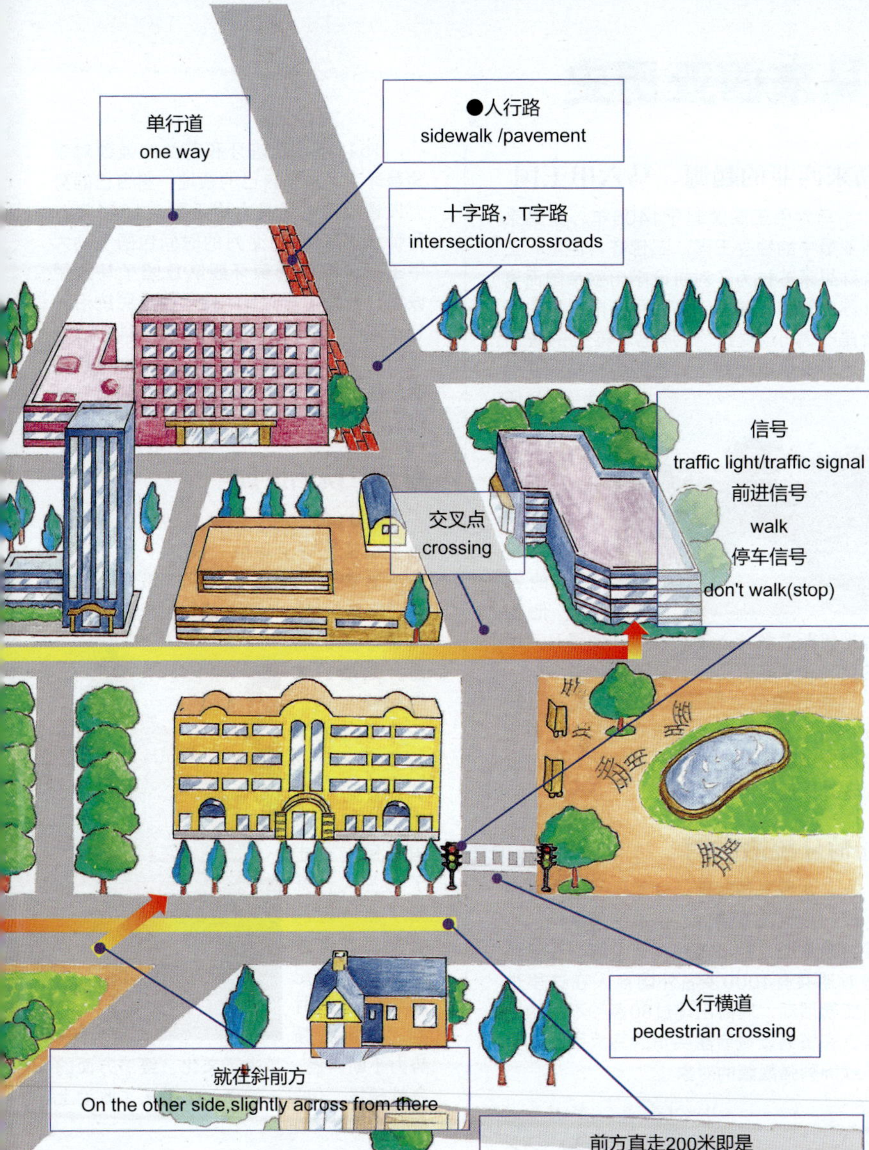

●名胜古迹
remains/ruins

●城堡
castle

●禁止停车
no parking

●请慢行
slow (down)

●向左（右）转
turn left (right)

●目的地
direction

●距离
distance

●方向
direction

●步行
on foot

●乘车
by car

●步行即可到达
walking distance

●高速公路／机动车专用道
highway/motorway

●从这里步行大约要15分钟
It takes about 15 minutes on foot.

马来西亚历史

马来西亚的起源、马六甲王国

马六甲王国源起于1405年，是马来西亚最早的独立王国。三佛齐（巨港）王子拜里米苏拉为了对抗麻喏巴歇帝国而离开苏门答腊，建立了马六甲帝国。马六甲曾是一片小渔村，在拜里米苏拉的统治下逐渐发展成为海上贸易的中转站，并广为世人所知。来自波斯、阿拉伯、印度的伊斯兰商人是这里的常客，他们也把伊斯兰教传入了马六甲，使得马六甲的贸易和宗教达到空前的繁荣。

当时的马六甲王国遭受着暹罗（泰国）的武力骚扰，为寻求政治庇护，成为中国明朝的朝贡国。贸易之都马六甲可以说是马来西亚的起源。

葡萄牙统治时期

马六甲王国时期，这里作为东方诸国（现印度尼西亚诸岛）生产的黑胡椒的重要贸易基地，经济得到飞速发展。在最鼎盛时期共有4000多名外国商人在这里进行贸易活动，同时出现过80多种不同的语言。在贸易领域崭露头角的马六甲，成为了欧洲列强觊觎的对象。

1511年，西班牙和荷兰的强劲对手葡萄牙为了扩张自己的领地，将自己的势力慢慢渗透进了马六甲王国。1641年，葡萄牙军队用了1个月的时间包围了马六甲王国，随后葡萄牙舰队攻陷了马六甲城堡，开始了长达约130年的殖民统治。1545年，基督教领袖弗朗西斯科·沙勿略造访马六甲，并开始大范围的传教活动。现在的马来西亚境内至今仍保留有当时的基督教建筑。

荷兰统治时期

1641年，荷兰海军在马六甲海峡击败了葡萄牙守卫军队，成为了马六甲的新统治者。现在在马六甲市郊外还有一座“葡萄牙村”，这里的村民大多是当时葡萄牙人的后裔。之后的大约3个世纪内，马六甲都处于荷兰的统治之下。直到18世纪后半期，英国殖民者赶走了荷兰人，开始了新一轮的统治。在这段长达5个世纪的殖民统治时期，欧洲列强势力不断入侵，带来了文化、经济方面的良性碰撞，但另一方面，也带来了政治上的长期混乱不堪。

英国统治时期

1786年，英国殖民者将侵略之手伸向了马来西亚。英国海军上校奉英国东印度公司之命来到马来西亚，当时正值吉打州土邦内忧外患时期，吉打州苏丹被迫将槟城岛割让给东印度公司。以此为开端，英国殖民者对马来西亚的统治范围不断扩大。1795年，英国统治势力开始入侵马六甲。经过与葡萄牙、荷兰军队激战之后，英国最终取得了马六甲地区的统领权。1824年，马六甲完全处于英国东印度公司的统治之下。不久之后，英国东印度公司解散，马六甲地区也于1867年正式成为英国的殖民地。

1841年，为保护北婆罗洲（现沙捞越州）的原住民，英国商人兼探险家詹姆斯·布洛克(James Brooke)被推选为沙捞越州的首领。马来西亚的王权也逐渐向沙捞越州集中。英国殖民者对马来西亚的统治一直持续到第二次世界大战爆发。

日本占领时期和走向独立之路

1941年，太平洋战争爆发。1942年1月，日本军队占领了除新加坡以外的马来亚联邦全境。翌年，日本军队势力扩张至新加坡。1945年，日本战败，从而结束了对马来西亚长达三年的统治。

日本从马来西亚撤军之后，英国殖民者重新接管了这里。当时的英国殖民者占领了除新加坡以外的整个马来亚联邦，并在境内确立了各民族平等互利的原则。但是，这项政策遭到了在日本统治时期享受优等待遇的马来人的强烈反对。因此，1948年，英国统治者授予马来人特权。而反对这一歧视政策的人群受到压迫，被迫转移到马来西亚北部地区，进行游击反抗活动。

在1955年的全国总选举中，马来民族统一机构UMNO、马来亚华人协会MCA、马来亚·印度人会议MIC等组织结成联盟，于1957年8月31日促成了马来亚联邦的完全独立。

马来西亚的第一任首相是端姑·阿卜杜勒·拉赫曼，他力图将马来亚联邦、新加坡、沙巴州、沙捞越州以及文莱结成马来西亚联邦。1963年，除文莱之外，上述国家和地区正式结成马来西亚联邦。其中，反对马来人优待政策的新加坡于1965年正式脱离联邦。

同盟结成之后，各个国家和地区之间虽然发生过一些纠纷，但是从大局考虑，它们于1967年共同成立了东南亚诸国同盟会（ASEAN），并采取积极的外交政策。1970年，马来人优待政策逐渐被废除。1980年，在马哈蒂尔首相的统领下进行了彻底的经济改革，马来西亚成为东南亚地区经济快速发展的楷模。

马来西亚的历史变迁

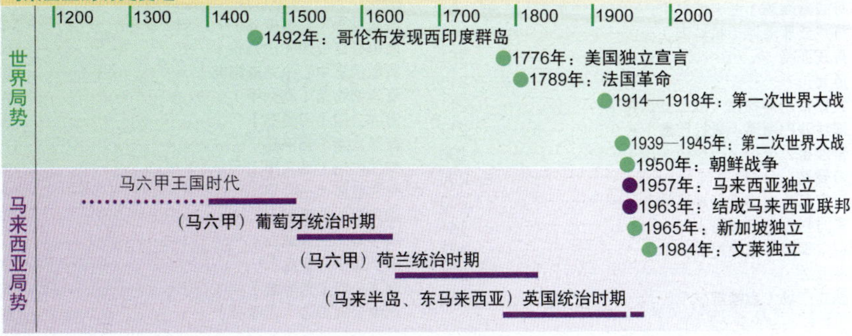

索引

观光

美容

酒店

餐厅

购物

乐游全球丛书
翻译委员会

丛书翻译统筹

潘寿君

翻译审订（以音序排名）

陈燕生　程长善　侯　越　潘寿君　王　怡　谢立群
颜　悦　陶芳英　张建邦　张文颖　张志军　周　洁

翻译成员（以音序排名）

陈　晨　迟晓春　董娜娜　宫　静　郭攀霞　郭文雅　韩佳梅
黄叶清　黄奕纬　凌　艳　刘东婧　刘　芳　柳慕云　罗芳芳
满新茹　潘　丽　裴　玺　任二青　宋坤辉　王丽珠　王　平
吴媛媛　徐　超　徐　琳　徐珊珊　阎婷婷　杨　欢　张静超
张乐乐　张　楠　张　萧　张亚林　张　永　张　玉　赵季玉
赵　丽　郑　凤　钟萍萍　周　微　宗文玉

Staff

Writers & Editors —

(有)あぐ　AG Co Ltd.／(株)Adventure JAPAN
田畑則子　Noriko TABATA
櫻井　央　Hiroshi SAKURAI
シミン・リー　Shimin Lee
曽根美桜　Mio SONE
小山内美貴子　Mikiko OSANAI
小川睦子　Tokiko OGAWA
根岸麻高　Asa NEGISHI
原田理枝　Rie HARADA
甘利晋一　Shinichi AMARI
金田　弘　Hiroshi KANEDA
楽天舎書房　Rakutensya Shobou

Photographers —

田畑則子　Noriko TABATA
櫻井　央　Hiroshi SAKURAI
根岸麻高　Asa NEGISHI
リム・ジア・フィ　Lim Jia Hui
丸山幸子　Sachiko MARUYAMA
稲垣徳文　Norifumi INAGAKI
是枝右恭　Ukyo KOREEDA
佐藤文彦　Fumihiko SATO
庄司康治　Yasuji SHOJI
戸澤裕司　Yuji TOZAWA
松島正二　Syoji MATSUSHIMA
yOU(河崎夕子)　yuko KAWASAKI
森本ごう　Go MORIMOTO
平山和充　Kazumi HIRAYAMA

Illustrator —

森田宏子　Hiroko MORITA

Designers —

岩田伸昭　Nobuaki IWATA
為田　洵　Jun Tameda
オムデザイン OMU
道信勝彦　Katsuhiko MICHINOBU

Cover Designer —

鳥居満智栄　Machie TORII

Map Production —

(株)千秋社　Sensyu-sya
(株)オゾン　Ozone

Map Design & Graphic Map —

(株)チューブグラフィックス TUBE
木村博之　Hiroyuki KIMURA

Editorial Cooperation —

(株)ハイフォン HYFONG
高砂雄吾　Yugo TAKASAGO
LINXMAS
セニョーム　Senyum Japanese Magazine
林　弥太郎　Yataro HAYASHI
Michael NENDICK
石田鬼美香　Kimika ISHIDA
川崎英子　Hideko KAWASAKI
高橋正子　Masako TAKAHASHI

Special Thanks to —

マレーシア政府観光局　Tourism Malaysia
サバ州政府観光局　Sabah Tourism Board
マレーシア航空　Malaysia Airlines

北京市版权局著作权合同登记图字：01-2015-0680
审图号：GS（2015）2509号

总 策 划：刘　权
执行策划：陈凤玲
责任编辑：张　娟

图书在版编目（CIP）数据

马来西亚 / 实业之日本社海外版编辑部编著 ; 张乐乐译. -- 北京 : 旅游教育出版社, 2017.1
（乐游全球自由行）
ISBN 978-7-5637-3489-4

I. ①马… II. ①实… ②张… III. ①旅游指南－马来西亚 IV. ①K933.89

中国版本图书馆CIP数据核字(2016)第283151号

乐游全球自由行
马来西亚

实业之日本社海外版编辑部　编著
张乐乐　译

出版单位：旅游教育出版社
地　　址：北京市朝阳区定福庄南里1号
邮　　编：100024
发行电话：（010）65778403 65728372
65767462（传真）
本社网址：www.tepcb.com
E-mail：tepfx@163.com
排版单位：北京旅教文化传播有限公司
印刷单位：北京利丰雅高长城印刷有限公司
经销单位：新华书店
开　　本：880毫米×1230毫米　1/32
印　　张：11.25
字　　数：477千字
版　　次：2017年1月第1版
印　　次：2017年1月第1次印刷
定　　价：66.00元

（图书如有装订差错请与发行部联系）